国家社会科学基金资助

语境视角下合作信息查寻与检索的行为机制及相关性模型

韩　毅　等　著

科　学　出　版　社
北　京

内容简介

本书主要内容为：构建了语境视角下合作信息查寻与检索行为研究的理论框架，以及详细探讨与总结不同语境类型的合作信息查寻与检索的行为特征与影响因素结构。全书共分7章，包括：引论、合作信息查询与检索行为的研究框架以及合作信息查询与检索的行为特征与机制Ⅰ、Ⅱ和Ⅲ等。

本书可作为高等院校从事信息行为研究的教师及研究生的研究参考书，也可作为政府信息治理、企业知识管理、网络信息管理人员的扩展阅读材料，尤其对以合作、协同工作为研究对象的人员具有重要的参考与借鉴价值。

图书在版编目(CIP)数据

语境视角下合作信息查寻与检索的行为机制及相关性模型 / 韩毅等著. —北京：科学出版社，2020.9

ISBN 978-7-03-066076-3

Ⅰ.①语… Ⅱ.①韩… Ⅲ.①信息检索-研究 Ⅳ.①G254.9

中国版本图书馆 CIP 数据核字（2020）第 172959 号

责任编辑：冯 铂 刘 琳 / 责任校对：彭 映
责任印制：罗 科 / 封面设计：墨创文化

科学出版社 出版
北京东黄城根北街16号
邮政编码：100717
http://www.sciencep.com

成都锦瑞印刷有限责任公司印刷
科学出版社发行 各地新华书店经销

*

2020年9月第 一 版 开本：787×1092 1/16
2020年9月第一次印刷 印张：21 3/4
字数：520 000

定价：199.00 元

作者名单

韩　毅　杨晓琼　李　健　樊志伟　胡　蓉　李　鹏
韩芳芳　刘　佳　周　畅　童　迎　王　翰　伍　玉

前　　言

信息行为研究作为情报学的核心领域之一长期受到大量学者的广泛关注，目前已经成为情报学的显学。无论是特定类型、特定系统的用户信息行为特征识别还是普泛化意义的信息行为机制揭示，无论是面向富信息人员信息行为的数字生存理想追求还是面向贫信息人员信息行为的数字鸿沟消除，无论是基于用户信息行为的数字经济蓬勃发展还是基于用户信息行为的网络空间治理和共同体构建，它们既昭示着信息行为研究欣欣向荣的不竭原动力，也暗示着信息行为研究拓展与渗透的方向和突破面。

合作是人类社会发展的天然属性，隐式或显式地存在于个体的社会活动中，因而以个体为主的信息查寻与检索实践中必然大量存在合作信息查寻与检索现象。合作信息查寻与检索作为信息查寻与检索的子领域，是用户在特定语境下产生的一种行为方式，它是人类社会合作行为方式的一种映照。为了全面反映用户信息行为的结构谱系，需要在多元化层面上全面审视用户的群体信息行为，这对于完整认知用户信息行为全谱系结构、全面映射社会行为方式、深刻理解人类社会的运行机制具有重要的现实与理论意义。

任何信息行为都发生在一定语境中，合作信息查寻与检索已有研究成果都证实了语境因素的特定价值。借鉴已有研究成果，本书从语言、语义、语用三个方面阐释语境的基本内涵，从语境的时空关系及动态属性描述语境的多维性，从与背景、环境、情境的比较中揭示语境的横断性与普适性，在信息查寻与检索认知视角基础上构建合作信息查寻与检索的语境关系结构，从方法论视角探讨语境的方法论特征。

针对合作信息查寻与检索的特殊性，本书构建了合作信息查寻与检索的嵌套语境结构模型。该行为语境模型作为一种方法论，从整体上反映了行为主体与环境的交互作用关系，强调主体与环境的协同与互依互塑关系，为合作信息行为现象的解释与预测提供了方法论基础。依据该语境结构设计的本书研究框架既体现了不同语境在信息查寻检索领域的价值与作用，也凸显了社会文化语境、组织语境、查寻检索语境、认知语境间的相互转化与动态渗透。同时表明：信息查寻与检索是主体任务执行及问题解决过程中改善自身知识结构的一种方式，是主体智能发展的基本环节；合作信息查寻与检索是主体信息查寻检索的一种形式，是主体自发或自觉利用群体智能解决信息查询、选择与利用的方式。

本书依据合作信息查寻与检索行为参与主体间关系疏密程度及合作过程的规划程度选择企业合作团队、高校科研团队和网络社群团队为研究对象，应用案例和个案分析、调查问卷及结构方程模型等方法技术，深入分析合作信息查寻与检索的行为特征及其影响因素，结果发现：在合作信息查寻与检索的触发阶段，个体语境认知的认同是关键核心要素，个体的知识结构体系是辅助因素，前者决定参与动机，后者影响参与强度；合作信息查寻与检索的演化发展本质上是这一过程中所形成社会关系结构的重构、优化与嬗变过程，是特定语境的断裂、连接与重组过程；合作与共享的社会价值观念或意识状态是在合理社会分工下实现社会智能最大限度共享的利他主义，伴随着这种社会合作价值观念的扩展与延伸成为社会文化的重要组成部分，反过来又成为个体社会化成长过程中必然的自反性学习与教育内容。

信息查寻与检索的核心问题之一是相关性判断，多人合作语境下的相关性判断显得更为复杂。在深入研读合作信息查寻与检索相关性问题研究文献的基础上，通过案例扎根编码并结合文献研究成果，本书从客观性判据、主观性判据两个方面识别出合作信息查寻与检索的相关性判据，利用自制量表搜集数据并采用因子分析方法确定合作信息查寻与检索的相关性判据集合。基于相关性判据集合设计调查问卷，采用结构方程模型方法识别和检验相关性判断的影响因素并构建影响因素模型，在合作信息查寻与检索过程模型基础上结合相关研究成果构建相关性判断模型和相关性匹配模型。

所有这些点滴认知都是笔者 10 余年来的累积结果。从 2005 年开始步入信息行为研究领域以来，一直期望能够找到相对有独特意义的子领域做持续研究。2007 年夏天，Peter Ingwerson 来校交流访问，在聆听其讲座中有幸捕捉到他所谈及的合作查寻研究问题，后来拜读了他的中文译著《转折—在情境中集成信息查寻与检索》和英文原著《The Turn—Integration of Information Seeking and Retrieval in Context》，萌生了从语境视角探索合作查寻与检索行为特征及行为机制的想法。后来通过不断搜集相关文献，把学习过程的一些想法撰写成项目申请书，先后获批了学校、教育部及全国哲学社会科学规划办公室的项目，也基于这些项目发表了一些研究论文。本书集成了这些年来我们团队关于合作信息查寻与检索的认知与研究结果，既包含我个人的点滴思考，更多的是项目组成员的智慧贡献。付梓出版既提供了对过去认知结果的一次集体修正机会，也期望藉此实现对历史过往的记忆再现。

在本书付梓之际，感谢全国哲学社会科学规划办公室、重庆市社会科学规划办公室、西南大学社会科学处给予的关心、支持与指导；感谢对本项目成果提出宝贵意见的各位鉴定专家及同行专家；感谢参与项目问卷调查、个案访谈的所有研究对象对项目数据搜集的支持与配合。

感谢研究生导师邓小昭教授把我引入信息行为研究之门，让我领略到科学研究之乐趣与责任担当；感谢合作信息查寻与检索行为研究先驱们提供的思想启迪，他们的巨人肩膀为我们提供了登高瞭望的机会；感谢项目团队成员和四届硕士研究生学生五年多时间的辛勤劳动，正是大家通力合作才有课题的顺利结题和本书的最终付梓。同时感谢妻子杨晓琼女士和儿子韩霏杨，他们不仅没有抱怨我因要完成科研工作而缺失对家庭的照拂与关注，反而在各个方面给予积极支持和帮助，在此只能对我责任缺失所造成的未知影响表示深深的歉意。

本书是全体项目组成员的智慧结晶，尽管我们非常努力，但其中的错讹之处在所难免，尤其是因本人的水平与疏漏引发的所有问题，责任全由我一人承担。敬请诸位方家不吝赐教，不胜感激。

以此记之，是为序。

2020 年 5 月于重庆北碚

目　录

第1章　引　　论

自情报学诞生以来，信息检索就是情报学的两大核心研究范畴之一(White and McCain，1998)。从早期的系统范式到后来的用户范式及认知范式，信息检索有两个暗含的基本假设(Hansen and Järvelin，2005)：信息检索是单用户的活动，同时也是无记忆过程，因而无论是检索系统的设计还是用户行为研究都是以单用户为研究重点。然而，种种原因导致信息查寻与检索过程或多或少存在合作现象，尽管很早就有学者较为敏感地注意到这一点(Taylor，1968)，但由于整个学术共同体的研究偏好和研究惯性，该现象并没有得到学术界与业界的广泛重视，直到20世纪90年代因合作信息技术(如Web2.0和计算机支持的协同工作(computer supported cooperative work，CSCW))的充分发展，才使该领域的研究得以深入展开。本章作为引论，主要从几个案例入手来分析信息查寻与检索过程中的合作行为，从研究历史演化来阐述合作信息查寻与检索的内涵，在阐释相关概念的基础上说明本研究的问题、思路与研究意义。

1.1　合作信息查寻与检索的几个案例

当处理的问题较为复杂，已经超出处理者能力范畴时，与周围的朋友、同事合作处理问题是一种常态。在这个过程中，可能涉及合作查寻相关信息，通过比较和融合来自不同来源的信息，从而形成问题解决方案。所以，信息查寻与检索过程中的合作现象较为普遍，下文将分析三个现实社会中经常遇到的案例。

- 案例1.1

刘齐是一家管理咨询公司的高级分析员。他及其工作团队刚获得来自一家手机生产厂商的咨询任务：该手机厂商目前已经开发了一款新的智能手机，期望调研该新产品的市场前景，并分析与竞争对手同类产品的比较优势。

得到该任务后，刘齐及其团队迅速召开了会议，决定把该工作任务分解成以下部分：设计一个实验来考察当前新产品与过去相关产品的差异性(比如用户界面，功能人性化，新增功能的用户认可度等)，搜索网络及其他媒体有关该新产品的评论与反应，确定几家现实的竞争对手并调研其同类产品的技术水平及市场状况等；在协调基础上，刘齐根据团队成员的工作经验、专业差异等给成员分配工作任务和确定任务进度安排；在任务完成过程中，团队不定时召开面对面会议或视频会议，讨论工作中遇到的难题并共享经验，同时把相关问题或经验写成备忘录放在公司内部的工作群目录中；当团队成员完成各自的信息分析报告后，再由刘齐完成信息合成，生成总体研究报告，并按咨询任务合同要求向咨询客户提交分析报告。此后，咨询方可能会根据分析报告的内容提出一些质询意见，或要求补充某方面的数据和提供原始数据，或提出一些新的延伸性和扩展性的分析要求。当然，在该分析过程中，团队也可能发现一些咨询方没有提出的新的问题，为应对未来的市场需求而提前做一些预测性调查研究。

刘齐在工作中发现，尽管团队经常在一起合作完成多项咨询工作，但合作过程还是存在诸多问题，比如：因为问题理解出现偏差导致查寻检索到信息后无法解决问题，数据查寻过程中出现的问题(如检索词使用、检索工具选择等)无法及时沟通，共享的知识经验或教训并没有完全在工作中得到有效利用，公司内部 CSCW 支持系统难以满足协作工作的要求(如缺乏即时提醒功能，难以共享太大文件等)，工作进度控制非常困难，等等。

对案例 1.1 的进一步分析：该案例呈现的典型语境是一个长期、稳定团队共同合作完成有明确任务的复杂工作，是组织中典型的团队工作模式。由于任务复杂，因而需要团队组织者或协调者依据团队成员的特长进行工作任务分配，团队成员在完成任务过程中需要频繁地信息查寻检索和共享查寻检索中的经验教训(有时甚至需要团队成员共同完成查寻检索任务)，通常团队会利用组织提供的信息系统和其他的信息交流工具实现彼此间的信息沟通，最后团队通过共享每个成员的任务完成结果来解决给定的任务。该语境的典型特征包括：任务明确，团队稳定，团队成员任务完成中的合作参与和信息共享意愿强烈，组织提供支持协同工作的技术平台支撑且通常有激励合作共享的管理措施等。就团队成员关系紧密程度来看，这类合作信息查寻行为发生情境可称之为稳定化语境。

● 案例 1.2

李武是一所医科大学的教授，主要研究领域是神经科学，当前正带领一个团队研究利用基因编程技术治疗神经疾病的新技术，该团队包括一些青年教师、国外合作者、生物技术公司、合作医院、一群攻读学位的硕士生和博士生以及博士后。

李武每天的工作任务是浏览主要的生物医学杂志文献(尤其是预印本文献)和新的相关会议文献，参与网上论坛的一些讨论，与国外合作者进行电子邮件交流和视频讨论，给课题组成员、研究生及博士后布置工作任务，定期或不定期地通过面对面会议、询问等来检查工作任务完成情况。他要求博士生和博士后系统搜集文献并制定研究方案，把研究方案交由硕士生具体完成。他经常指导那些没有经验的查寻者或对该领域不熟悉的查寻者如何进行文献查寻，有时通过会议来讨论查寻策略，甚至在讨论现场进行操作演示。他的团队把搜集的文献存储到一个数据库系统中，但该系统只能存储文献，没有提供把各种文献和个人信息进行融合和分析的功能，因而他及其团队需要不停地再次浏览相关内容以寻求新的思路。

另外，李武还要不定期造访参与研究活动的生物技术公司，了解他们实验技术转化的研究进展情况，或通过他们的网站及图书馆了解最新的信息，有时还需要咨询一些人员的具体情况；他还经常到合作医院了解相关技术产品的实际治疗效果，并与相关医生讨论存在的问题并共享他们的一些经验，把存在的问题带回实验室交给研究团队展开新一轮研究。

在工作过程中，李武常有这样一些困惑：团队成员的一些经验在学生毕业离去后无法很好地向下一批学生传递，尽管可以写成文档但共享文档的解决效果似乎不明显，经常要做一些重复性的教育工作；没有比较好的系统既能存储搜集各种正式和非正式文献，同时也能完成信息分析、抽取工作，尤其是辅助完成研究方案设计；团队成员水平参差不齐，对很多问题难以达成共识。

对案例 1.2 的进一步分析：该案例呈现的典型语境是一个研究方向明确的学术团队的工作场景。团队中有明显的领导者，随着时间推移团队成员也会动态调整；团队具体工作任务会经常发生变化，且具有较强探索性，主要工作任务是处理各类信息(包括浏览、查寻、检索、分析信息和问题解决方案设计)；团队需要功能复杂的信息系统帮助管理各类信息资源，需要各种交流工具实现实时、延时信息交流。该语境的典型特征是：任务方向明确但具体任务不确定，团队有确定的领导者但成员不稳定，信息交流共享频繁，需要支持协作工作的技术平台支撑，等。就团队成员关系紧密程度来看，这类合作信息查寻行为发生情境可称之为半稳定化语境。

● 案例 1.3

张宁是一个刚 40 岁出头、事业发展顺风顺水的公务员，半年前成功地完成了直肠癌手术，如今请假在家休息。刚开始检查出患有癌症时，她的生活一下子失去了绚丽的色彩；现在她相信只要自己保持一种积极的心态和健康的生活方式，一定能和很多创造奇迹的癌症患者一样健康长寿。如今她时常关注自己的疾病，经常通过健康网站和一些搜索工具了解有关直肠癌的新知识和新信息，同时她还加入了几个直肠癌 QQ 和微信群，经常与群中的患者共享自己查寻到的一些新信息，鼓励那些绝望的患者重拾生活的勇气，并根据自己的经验提出一些建议。

最让张宁骄傲的事是自己组织了一个直肠癌健康论坛，该论坛的参加者主要是各种不同程度的直肠癌患者、医生、护士、研究人员以及一些志愿者。该论坛一方面可供大家分享有关直肠癌的最新研究进展，一些治疗药物的服用经历，及一些民间偏方的使用经验；另一方面还给患者提出的一些问题提供帮助。张宁发现当有患者提出问题时，无论是医生、护士、研究者等专业人士，还是那些没有这方面专业知识的人都会各自通过相应地查寻检索给予积极的响应，有时甚至会有几个人共同协商查寻检索相关信息。而且，对于查寻到的一些不确切的信息，通常她们还邀请医生、护士、研究者等专业人员为之进行评判。张宁欣喜地看到，一些患者家属和朋友也加入这个论坛，这不仅有利于患者家属和朋友了解他们的状态，也能促使他们更好地融入这个合作的圈子中。

对案例 1.3 的进一步分析：该案例呈现的典型语境是一个社会化的日常生活问题合作解决场景。与前面两个案例不同的是，本案例中的参与者并非都是富信息人员，他们是因为现实生活需要而形成的一个信息交流群体；该群体中部分信息素养较差的人员较难完成相关信息的查寻与检索，因而需要寻求群体中其他成员的帮助；群体中一些富信息人员，在一定情况下会根据请求者需求提供一些帮助性信息，即使没有富信息人员的信息帮助，群体中部分成员出于社会道德责任或互助精神也会自发地通过合作查寻以帮助求助者得到需要的信息；这类群体主要由共同兴趣爱好或共同需求而聚集。该语境的典型特征是：群体成员关系平等且一般不稳定，没有明确任务，信息交流共享频度取决于成员的需求和成员的自愿，借助一定的技术平台形成虚拟网络社区等。就团队成员关系紧密程度来看，这类合作信息查寻行为发生情境可称之为非稳定化语境。

现实生活中这些合作现象非常普遍，以上 3 个案例都是现实社会中典型的合作信息查寻与检索现象。在单用户查寻与检索占主导地位的历史情景下，这些现象并没有得到足够的重视。今天，随着信息技术的发展和数字化网络化生存的普遍化，我们有能力与机会对这些现象进行深入研究，以揭示这些现象的本质规律并研究相关的技术以满足这种社会需求。

1.2　合作信息查寻与检索的研究简史

随着人类面临问题复杂程度的增加，完成任务广域性的扩展，以任务团队方式解决问题已经成为一种普遍形态，因而支持合作信息获取的合作查寻与检索必将成为检索领域的基本形态。20 世纪 60 年代末首先在图书情报领域揭开合作查寻与检索的研究序幕，接着计算机领域因为解决组织团队协同工作的需要而展开 CSCW 研究工作，后来又引发了教育领域的 CSCL (computer-supported collaborative learning) 和通信领域的 CMC (computer-mediated communication) 研究，但主要的研究力量分布于图书情报领域与计算机领域，实践领域则是作为外在重要力量影响着研究的方向与范围。

1.2.1　图书情报领域的合作信息查寻与检索研究

1. 早期感知性探索

早在 1968 年，Taylor (1968) 通过观察发现了检索过程中的合作现象：在开始阶段，检索者总会在与同事咨询讨论和到图书情报中心进行检索间做出选择。在与同事进行咨询讨论的过程中，可能发生这样一些情形：通过同事获得需要的信息以解决问题；如果不能获得足够满足需求的信息，检索者希望能够得到一些启示、建议或指导。在检索实施过程中可能与图书馆员进行交互，以获得他们的经验帮助。他认为：无论是与同事间的交互还是与图书馆员间的交互，都可以看作是检索中的合作行为。15 年后，Sheperd (1983) 也观察到同样的现象：在检索早期，检索者常在与同事的交互中获得参考文献。

在 Wilson 提出的检索模型中事实上也嵌入了合作信息查寻与检索的要素。在 Wilson 1981 年提出的模型中，“其他人”的价值是信息检索的非正式方式，通过“信息交流”与“信息传递”获取所需信息，本质上是人与人之间的合作过程；在其 1996 年的修正模型中 (Wilson，1999)，“人与人之间的关系”是检索过程的重要干扰变量，这种干扰可能是对信息需求与检索过程的正向修正，也可能是负向的，本质上体现为人与人之间的合作关系。

Kuhlthau (1991) 在研究检索行为时发现：高中学生在信息检索中存在一个非常重要的“选择”阶段，典型行为方式是与他人 (如同学、老师或其他人) 商量，利用他人经验或吸取他人教训是检索过程中经常出现的环节，对此 Levy 和 Marshal (1994) 总结到：对于检索系统来说，支持交流和合作与支持检索活动同等重要……实际上，支持后者必须要支持前者。Ackerman (1994) 更进一步指出：信息检索者除可从系统获取支持与帮助外，还可从其他的社会关系中获益，从而提高信息检索的效益且减轻用户的努力程度；对此，Karamuftuoglu (1998) 通过实证研究指出“合作检索可提高不同领域间知识的生产与交流”。

可以说，在进入 21 世纪以前，部分敏锐的图书情报领域学者已经注意到了合作信息查寻与检索现象的存在，但当时的研究都是零星和感知性的，更多体现为繁荣的单用户检索研究中灵动闪烁着的智慧的火花。这些开拓性的研究成果，一方面通过观察揭示和发现了合作查寻与检索现象存在的普遍性，另一方面探讨了合作信息查寻与检索的作用与价值，为信息检索领域的研究拓展指明了新的发展方向。

2. 深入拓展研究

Twidale 等(1997)以浏览为对象较为深入探讨了该行为过程中的合作。他们把传统图书馆中的合作分为三类：用户与馆员间的合作、馆员间的合作以及用户间的合作，并提出合作查寻与检索应包括共享检索结果与检索过程两个方面，其中依时间和空间的差异又可分为同时同地、同时异地、历时同地与历时异地等诸多不同的情况。用户与馆员间的合作最典型的就是参考咨询与定题服务，研究成果较多，但主要集中在同时同地；馆员间的合作研究不多，应是以后的研究重点；用户间的合作在传统图书馆研究中不受重视(原因在于不同用户间的关联一般是隐性的)，但在数字图书馆领域却得到了较高的重视。他们在数字图书馆的应用调查中发现：用户间的合作查寻与检索包括联合检索、协作查寻、咨询等。基于这些研究成果，他们在兰卡斯特大学(Lancaster)建立了 ARIADNE 系统，该系统集成了前述的一些合作思想。他们强调：真正以用户为中心的系统必须承认与支持用户间的合作查寻与检索关系。可以说，该研究为合作查寻与检索在 21 世纪的深入发展奠定了非常重要的基础，同时揭示了技术在合作查寻与检索研究中的基础性作用。自此拉开了图书情报领域以现实场景为基础的合作信息查寻与检索研究。

相关性判断是信息查寻检索过程中的核心话题，Zhang(2002)以实验的方式讨论了合作相关性判断问题，期望能发现合作情景下的相关性判断与传统单用户相关性判断的差异。他以团队作为研究对象，讨论了团队的共同意见对相关性判断的重要影响，指出团队中权威人士的意见很可能对合作检索过程起决定性的支配作用。当然，他这里的“相关”是指对问题解决的切题性，至于是否将对检索系统的相关性判断模式产生影响并没有被讨论。

Talja(2002)通过案例研究发现：从信息偶然共享到合作构建查寻与检索的过程中，主要有四种类型的共享，即战略共享、范式共享、定向共享、社会共享。另外，她还探讨了合作共享的主要影响因素，以及数字图书馆在支持合作检索中的作用(如合作关键词构建，信息检索，过滤与问题解决等)。研究表明：合作查寻与检索是一个广泛的连续变化体，不同类型的合作需要不同的系统检索功能来支撑。Goker 等(2005)以网络信息查寻与检索为例进一步讨论了单用户检索与多用户合作检索间的差异和具体情境中合作检索的影响因素，指出网络检索工具应该提供合作检索功能以提高检索效率及社会智能的复用率。

Sonnenwald 等(2004)应用实验方法及人种学研究了研究生、博士后、大学教师及科学家在科学研究中的合作知识交流问题，比较了面对面模式及远程模式使用合作检索系统完成工作的流程，指出“小组成员为了支持其工作环境需要三种类型的信息：情景信息、任务和过程信息、社会情感信息”，并探讨了各种技术方法在支持信息获取方面的作用。

Fidel 等(2010)应用多维方法分析了人类信息行为，指出与合作信息查寻相关的维度包括：参与者的维度、任务环境维度和组织化的分析维度。通过对微软设计工程师合作查寻与检索具体案例的分析，他们提出了采用多维方法的合作检索研究方法论观点，认为“合作信息查寻不仅是为了信息的目标服务，还应该有服务社会与组织的目标”，建议检索系统应设置参与者之间互动的功能，增强检索者获得或跟踪他人的知识、思想和意见的能力。

Hansen 和 Jävelin(2005)研究了专利申请过程的合作信息查寻问题。他们通过半结构化和开放式的访谈、电子日记、集中观察等方式收集了 9 个专利工程师合作信息查寻与检索活动的数据。研究表明：合作查寻与检索对专利申请审批过程中相关工作(如规划任务、问题定义、搜索选题、查寻制定、搜索路径和查寻建立、相关性评估等)的完成非常重要。他们呼吁：在信息查寻与检索时，要超越单一用户的交互式框架和模型，向合作交互式框架及模型发展。

Blake 和 Pratt(2006)通过观察医学与公共卫生领域科学家的合作信息查寻与检索行为，详细分析了这些行为中的合作信息综合过程，并构建了他们的信息行为模型，最后他们还就信息检索系统如何有效支持合作检索提出了一些建议。

Reddy 和 Spence(2008)以医疗护理急诊部门为对象研究了多学科团队在解决组织化活动过程中的合作查寻行为(主要涉及团队信息需求及引发需求的原因)。他们通过调查及访谈发现：团队信息需求有 7 种类型，引发这些信息需求的原因主要有 3 种(技能的缺乏、信息可达性及复杂的信息需求)。这些信息需求部分与医疗护理有关，但更多涉及的是与组织有关的信息；他们发现通过面对面交流的合作查寻效率非常高。

在图书情报领域，还有少量单纯应用规范化方法从理论上分析合作信息查寻与检索相关问题的研究。比如，Bhandar 等(2007)通过案例研究讨论了合作检索中社会人际关系的作用并分析了其在检索系统构建中的应用；Hertzum(2008)从理论上分析了合作信息查寻的基础及影响因素，认为在研究合作检索时至少应考虑以下六方面的因素：目的、类型、角色、活动、粒度、连接程度；Procter 等(1998)从时间与空间两个维度把合作查寻与检索划分为：同时同地、同时异地、历时同地、历时异地 4 种基本形态；Twidale 等(1997)根据合作检索是发生在检索过程中还是发生在得到检索结果后把合作检索分为基于检索过程的合作与基于检索结果的合作，前者主要包括合作识别信息需求(尤其是挖掘潜在信息需求)、合作选择信息源与信息系统、合作制定检索策略、合作进行检索结果判断、合作完成决策方案的实施等，后者主要包括交流共享检索结果、共享检索经验、共享决策方案等。

尽管在图书情报领域从系统、技术角度来展开的研究不多，但也有部分学者进行了大胆的尝试。比如，Naderi 等(2007)设计了个性化的合作检索系统，讨论了不同用户间的检索提问相似性自动化计算问题及相关算法；Jung(2007)设计了多 Agent 智能系统，通过建立有效的语义本体使本地与远程相互协调来解决检索页面的准确理解。

总之，从 20 世纪 90 年代晚期开始，图书情报领域关于合作信息查寻与检索的研究逐步走向深入。在研究范围上，不再局限在检索领域本身，而把与检索有关的交流过程也纳入研究范畴之中，揭示出合作检索不仅在图书馆情报领域价值非凡，在其他有信息交流与传递的实践活动中，也将有巨大的潜在发展空间；在方法学上，不仅使用常用的逻辑思维方法，而且大量应用调查、观察、实验等定性定量方法来进行实证研究，还引进、开发出了一些新的研究方法；在研究内容上，不仅揭示了合作检索与传统单用户检索的差异，指出了当前在信息检索理论及模型研究上的缺陷，另外依据合作检索的要求从检索界面、检索功能、检索算法及系统实现等方面进行了探讨，而且涉及合作检索社会机制等宏观问题。这些研究结果都揭示出：合作信息查寻与检索有诱人的发展前景，仅局限在图书情报领域不能解决所有问题，必须进行多学科合作、整合各方面的研究力量来共同完成这项复杂的研究工作。

1.2.2　计算机领域的合作信息查寻与检索研究

随着科学技术的迅猛发展，每件商品的知识含量越来越高，组织(主要指企业)任务完成过程也越来越复杂，为了高效完成工作任务，越来越多的组织采用团队工作方式。随着网络技术的发展，如何通过网络来协调团队成员的工作、共享团队工作经验与教训开始得到重视和普及，计算机领域逐渐形成了 CSCW(computer supported cooperative work)的研究领域。它们将注意力从单用户扩展到多用户，研究用户间在合作任务完成过程中的相互关系，并通过技术的开发来支持与加强人与人之间、人与计算机系统间的交互活动。

一方面，学者们通过实地考察来研究团队任务完成过程中的合作现象，如 Poltrock 等(2003)以微软的设计团队及波音公司的硬件设计团队为例，分析了团队内部如何合作查寻检索并共享外部信息。他们对设计团队负责人、成员及其他工作人员进行了两轮访谈，对获得的数据进行分析，分离出了合作信息检索的 5 种策略：合作确定需求、合作构建查寻、合作查寻信息、交流信息需求与共享检索结果、协调检索活动。这些检索策略制定过程与传统信息检索策略过程基本一致，主要差异在于策略形成是群体用户的协商结果，其实现是基于任务的合作团队共同努力的结果，研究表明其查寻检索结果的准确性、完备性与适用性更好。

另一方面，在充分理解团队合作信息查寻与检索过程整体认知的基础上，CSCW 研究群体开发了各种原型系统与试用系统，并利用这些系统展开了深入的实验研究。

Stein 和 Maier(1995)研究了合作检索的合作会话机制，设计了原型系统 MERIT，实践证明该系统能较好地实现用户合作检索中的结构化问题处理；Sicilia 和 Garcia(2004)利用模糊集合理念设计了合作检索的原型，通过用户合作中的交流历史进行模糊关联与模糊分类，从而解决合作检索中两个关键问题：用户间的紧密度(closeness)和检索交流中的感知相关性(perceived relevance)计算；Stojanovic 和 Stojanovic(2004)设计了基于本体的用户合作提问精化系统，通过精化可使合作检索的模糊提问逐步转换成显性的准确提问。

基于查寻检索过程的合作，人们开发了合作浏览系统、检索可视化系统等，典型系统如 Sidler 等(1997)的 CoBrow 系统与 Twidale 等(1997)的 ARIADNE 系统。在 CoBrow 系统中，可为互不相识的两个或多个在浏览相同或相似主题的用户提供交流机会，分享对主题的认知；在 ARIADNE 系统中，浏览器可提供其他用户活动的信息与数据，浏览过程的有效交流和学习行为。

基于查寻检索结果的合作，人们开发了推荐系统、注释与评价系统、后控词表系统等，典型如 Maltz 和 Ehrlich(1995)的 Tapestry 系统、Resnick 等(1994)的 Grouplens 系统与 Ginsburg(2008)的 Annotate 系统。在 Tapestry 系统中，允许用户对系统中的文献加以注释，其他用户不仅可以查阅检索结果，而且还可以根据注释来检索；在 Grouplens 系统中，可为用户展示新闻组中其他用户对相关内容的评价与注释结果；Annotate 系统主要用于内联网(Intranet)环境中的合作检索与查寻，它支持三种注释形式：自由文本格式的表单注释、定量评价、对发表注释的详细解释与说明。

计算机领域的学者更多从组织工作任务完成角度来研究合作查寻检索问题，在应用层面研究上取得了更多的研究成果；他们利用自身的技术优势来解决合作检索的实现问题，而且他们对图书情报领域的合作检索进行了扩展，认为不仅包括用户间的合作还应该包括用户与计算机系统的合作及计算机系统间的合作，这为深化合作检索研究提供了更为广阔的空间；另外，他们在组织范围内以任务驱动为基础来研究合作检索问题，具有更现实的目标性，研究结果的适用性也较强。

1.2.3 其他实践领域的合作信息查寻与检索研究

Reddy 与 Dourish(2002)以都市教学医院外科重症病房中的医生、护士及药剂师为对象，研究了他们之间的合作查寻与检索。经过 7 个月的持续观察，通过正式与非正式的访谈、观察及内部沟通获取了相应数据。通过数据分析发现：为有效完成病人的治疗，医生、护士及药剂师间的合作检索必不可少；员工的工作节奏对于合作查寻检索既是一种资源也是一种约束。因而他们提出：信息检索应从数据库查询模型转移到在工作活动中的嵌入式信息检索；信息检索系统不再仅局限在信息存储与检索地点，也包括工作地点。

Sonnenwald 与 Pierce(2000)通过分析指挥与控制工作文件、观察模拟指挥与控制演练和重大事件的访谈，揭示了模拟指挥中的合作行为与方式。他们指出：通过社会网络支持团队成员间的信息交流，能使团队成员达成对形势的共同认识；整个合作信息获取过程是存在竞争的合作过程；指挥官在整个合作信息获取过程中处于关键地位并发挥重要作用。

Prekop(2002)采用扎根理论方法，通过分析军事演习中工作组的会面行为及相关访谈数据，揭示了工作组间的合作信息获取行为由信息检索任务、信息检索方式、信息环境三要素共同决定；良好的合作效果来源于环境提供的支持条件，开发相应技术来支持合作行为并使合作能被有效理解是将来的重要发展方向。

另外，在数字图书馆、个性化服务、网络搜索引擎、电子政务、电子商务等领域也需要利用合作检索的理念、方法与技术。在数字图书馆中，无论是资源的发现组织过程还是信息服务过程都需要合作信息检索的技术方法；在个性化服务研究领域，重用与共享他人的检索结果，减少系统的时间支出与空间消耗，也离不开合作检索；在网络搜索引擎中，合作信息检索的理念与技术对于用户如何共享检索结果及利用相关检索概念而言不可或缺；在电子政务与电子商务中，无论是同级部门之间还是上下级部门间都需要合作检索来解决问题，嵌入式合作检索方式对相关工作的支持也非常重要。因此，如何满足实践领域丰富而细致的诉求是合作查寻与检索的理论与技术研究必须要认真思索的问题。只有当我们识别出社会需求并充分满足社会的需求时，信息检索领域的发展才具有不竭的动力。

1.2.4 总结与展望

简单回顾合作信息查寻与检索的研究历史可以发现：研究内容从简单的现象识别到本质探索，不仅涉及理论及实践应用问题，而且还涉及相关的社会环境问题；研究方法不仅包括传统的逻辑思辨过程，更多采用了实验法、访谈法及观察法，使研究结论的科学性大大增加；研究参与力量的形成首先是图书情报领域点燃了星星之火，计算机领域使之形成了燎原之势，广大实践领域提出了迫切而丰富的现实需求。

从合作信息查寻与检索的发展脉络上看：图书情报领域的研究者更多从用户层面、系统交互界面及查寻检索机制等来展开研究；计算机领域的学者和工程师则更多利用自身的技术优势来实现图书情报领域的理念，把检索过程与交流过程有机结合起来拓展相关的研究领域；而实践领域的研究着墨不多，很多诉求并没有完全发掘出来。

由于检索领域单用户范式的主导地位，检索过程中的合作协同现象没有得到足够的重视，这对于全面深刻理解人类真实信息活动显然是不利的；即使已开展的有关合作信息检索的研究，不同研究领域的学者们还各自为战，很多问题没有得到系统深入探究，由于多方面的原因，很多研究成果也没有完全整合到检索系统的构建中；实践领域的诸多诉求并没有得到很好的响应，更遑论解决。

当下，合作信息查寻与检索研究领域还存在以下一些问题：①其内涵与实质并没有完全揭示出来，与信息交流领域的关系需要明晰，在数字化网络化语境如何实现二者的集成是非常值得关注的发展方向；②研究力量分散：图书情报领域从用户及认知维度来探讨问题，计算机领域主要从技术角度来解决问题，如何开展跨学科与多学科间的合作将是未来的重要论题；③研究分散失衡：西方语言与文化环境下的研究比较多而其他语言及文化环境下的研究较少，基于结果的合作检索研究较多而基于检索过程的合作检索研究较少，理论领域的研究较多而实践领域的研究较少，现实物理空间中的研究较多而其他空间(如网络空间、不同文化空间等)的研究较少，在未来研究中有必要改变这种分散失衡的研究状态。

1.3　合作信息查寻与检索的内涵及类型

信息查寻与检索发展历史上出现过三种基本研究范式。首先出现的是系统范式，主要探讨检索系统的构建及检索算法，大部分核心工作是由计算机领域出身的学者完成；其次是用户范式，主要探讨信息检索过程中的用户行为，关注用户与检索系统的交互过程，强调系统设计应以用户为中心，方便用户利用；三是认知范式，主要探讨用户检索过程的用户心理过程，关注用户与检索系统交互过程中的社会认知过程，强调基于检索过程的用户内在知识结构的改善与问题解决。这三种研究范式都有一个暗含的前提与假设，即检索过程是由单用户完成，它们忽略了检索过程普遍存在的合作现象。

检索过程是用户与检索系统或检索工具的交互活动，即系统以拥有或控制的资源来满足用户的信息需求。为了解决单个检索系统因资源的有限性而难以满足用户需要的问题，需要集成不同检索系统，使系统间达成相互合作(典型的如元搜索引擎，各种无缝连接的检索系统等)，并开展诸如跨系统检索技术、跨语言检索等方面的研究。用户与检索系统间的交互，本质上是用户与计算机检索系统间的合作，为了提高检索效率，计算机检索系统与用户间需要相互适应：系统设计需要考虑用户的行为规律以方便用户的方式呈现检索系统，用户需要掌握检索系统的基本使用方法与检索技巧，即用户与系统间的相互构型，通过不断的构型达成双方的共识。而针对用户间合作问题的研究相对缺失。

从用户与检索系统的动态交互关系来看：检索系统间的合作(即机-机合作)是高度结构化的合作，尽管不同检索系统在信息组织、检索算法及提问解析等诸多方面各不相同，但这种结构化系统的映射相对来说更容易形式化处理；用户与检索系统间的交互所体现的合作关系，由于用户需求的非结构化程度比较高，因而该合作过程可称之为半结构化合作，处理难度相对来说较高；而用户与用户间的合作，是一种完全非结构化的合作，多数情况下是随机偶然的被动事件，其研究手段与实现的方式方法也要复杂得多，因而其处理难度非常高，需要集成多种方法来设计精巧的研究方案。

目前，无论是系统范式中的系统集成还是用户、认知范式中的交互认知都是检索领域的核心研究内容，但只有充分发展了用户间的合作这个潜在发展领域，信息检索研究的整个图景才是完整与和谐的。所以，合作信息查寻与检索的研究不能脱离检索领域的历史演化范畴，不能独立于传统的检索研究内容存在，而应该是彼此协同发展，创生出信息检索领域研究的丰富图景。

1.3.1 查寻、检索及合作的关系

在每天的生活、工作和学习中，我们总是有意或无意地查寻各类信息来帮助解决各类问题，或偶然发现各种自己或团队感兴趣的信息。这里的信息查寻是一个范围宽广的概念，不仅包括查找(searching)和检索(retrieving)，还包括信息浏览(browsing)、共享(sharing)、评估(assessing)和融合(synthesizing)等，有时甚至包括信息感知(sense-making)。因而，信息检索仅是信息查寻中的一种形式，两者的差别在于通常信息检索有明确的信息需求与目标，能较为准确地判断查找到的信息的相关性。

合作行为是人类行为的一种普遍形态，通常指其工作以团队方式展开，典型的如体育项目中的足球比赛、篮球比赛等，或是流水生产线中的不同工艺阶段等。团队中每个成员都为共同的目标贡献自己的力量，团队中不一定存在核心，团队成员可能熟悉也可能不认识。

既然合作是人类一种普遍的行为方式，因而团队合作共同完成任务过程中的共同信息查寻与检索也就是必然的一种普遍的行为方式，即合作信息查寻与检索是查寻检索领域与合作行为间的一个交叉领域(图 1-1)。

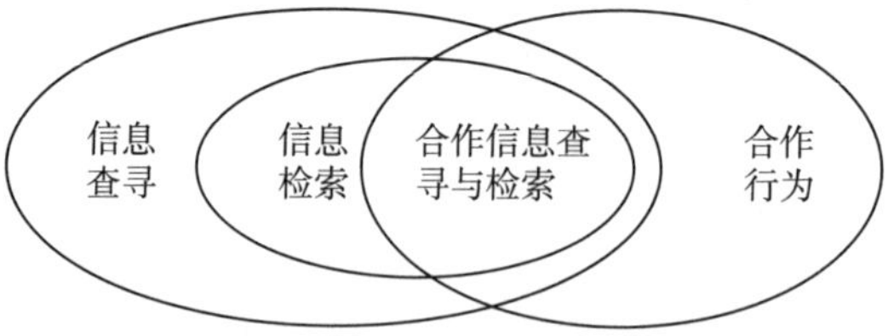

图 1-1 信息查寻、信息检索与合作行为间的关系

从图 1-1 可以看出，合作信息查寻与检索事实上可以从两个方向进行解读。从信息查寻与检索方向来看，当一个查寻检索工作比较复杂时，如果需要多人进行合作处理，则可以促进合作查寻与检索行为的发生；从团队合作行为来看，无论是有无明确任务指向，团

队成员的合作行为中通常都包含有共同的信息获取和信息处理过程，这样可以利用群体的力量实现高效的信息获取与信息处理。

需要说明的是，无论是信息查寻与检索行为还是合作行为，本质上都源起于用户面临的工作任务及相关的语境(如组织情境、文化情境、社会情境等)，其行为进程及行为选择依赖于个体及群体的价值观与决策函数。

1.3.2　合作信息查寻与检索的内涵

合作信息查寻与检索作为检索领域的新理念与技术方法已经有不短的发展历史，但由于单用户理念的统治地位及合作查寻与检索支撑技术方法的欠缺，长期以来没有纳入主流研究视野。随着技术(尤其是社会网络技术)的发展，合作信息查寻与检索现象日趋繁盛，因此系统地开展相关研究已经具备基本的环境条件。要实现对合作信息查寻与检索全面的系统探讨，首先应建立对之较统一且能对当前实践活动及未来发展趋势有统领作用的概念认知。

在合作信息查寻与检索的历史发展过程中，学者们因出发点或视角差异，不仅使用了不同的名词术语来描述合作查寻与检索现象，而且也给出了各不相同的内涵表述。

1. 基于用户行为过程的相关定义

Dumais 等(2000)认为，“合作信息检索(collaborative information retrieval，CIR)描述的是任何在一起共同解决信息问题的信息行为”。该定义首次在 ACM 的 CHI 会议上提出，其内涵更多是指人机界面中的人机协同。

Poltrock 等(2003)认为合作信息查寻与检索的核心是合作信息行为(collaborative information behavior，CIB)，他们把 CIB 定义为“一类或一组人开始确认和解决一个共享信息需求的一系列活动”。

Hansen 与 Järvelin(2005)指出：“合作信息检索是与特定问题解决活动相关的信息存取活动，该活动可能是隐性也可能是显性的，它包含了人与人之间的直接交互行为，或者是与工作任务有关的信息查寻与检索过程，或在特定工作环境或更开放的社区或环境中以文本为中介的人与人之间的交互过程”。该定义的核心是与特定问题解决有关的合作或协同信息存取。

Foster(2006)在《情报科学与技术年度评论》(ARIST)中首次把“查寻”与“检索”共同使用，在归纳众多研究成果后，把该现象命名为合作信息查寻与检索(collaborative information seeking & retrieval，CIS&R)，并把合作信息查寻与检索定义为：“有关信息查寻(seeking)、查找(searching)、检索(retrieval)过程中使个人走向合作的系统和实践研究”。该定义试图集成以人文为重点的“查寻”和以技术为核心的“检索”的基本理念，强调以系统和实践为中介的主体间共同合作解决信息存取。

Naderi 等(2007)认为：合作信息检索是一种流行的基于社会化的信息检索方法，它保存了以前用户与系统的交互，从而能更有效地响应后来用户的查寻。合作信息检索能从不同的用户与系统的交互中进行学习，从而改进用户检索效率。

Hertzumd(2008)为合作信息查寻与检索下的定义是：“检索者通过合作的信息查寻活

动(该活动与合作背景相关)，使信息成为行动者工作共享的一部分，如信息查寻(诸如信息需求识别、潜在需求挖掘、可能信息源识别、咨询与选择信息源、选择相关信息等)和合作背景(如共享字符信息与共享意义)”，是“信息查寻与合作背景的联合行为”。

Hust 等(2009)认为：合作信息检索通过不同用户和搜索引擎的交互，来改进用户的检索体验，后来的具有相似兴趣和查寻的用户，能从合作信息检索系统中自动保存的搜索过程知识中受益。该定义更多地强调了合作信息查寻与检索的社会复用功能。

从用户行为过程来研究合作查寻与检索内涵是图书情报领域的基本范式，更多地强调了该过程是社会情景中的一种用户外显行为，是基于相同(相似)兴趣爱好或共同问题解决的主体间的一种合作信息获取利用行为，根本目标是为了满足用户自身信息需求且最大限度地复用社会知识经验，从而以经济、快速、可靠、共享的方式解决信息的获取利用。

2. 基于技术视角的定义

从技术角度来分析，合作信息查寻与检索的内涵主要产生于计算机领域的 CSCW (computer supported cooperative work)研究。尽管早期 CSCW 研究中对合作信息查寻与检索没有明确定义，但综合相关文献可以发现研究者的基本共识是：合作信息查寻与检索是人与人之间的相关合作活动，可能表现为同步或异步活动、基于传统人与人之间的或以计算机为中介的交流活动、松散或紧密的耦合活动，等等。

Kromer 等(2008)认为：合作 Web 搜索(collaborative web search，CWS)是一种在查寻者之间通过隐性协作来进行知识交换的新的搜索模式。这种隐性协作的知识交换是系统对后来查寻的相似性计算，并通过一定的技术方法实现前后具有相同或相似查询的用户之间的知识共享。

Foley 和 Smeaton(2007)认为：合作信息检索(collaborative information retrieval，CIR)是指在信息检索过程中应用多种不同的技术来支持用户间的合作，这些技术可能作用于检索过程，也可能作用于检索结果。

Agarwal 和 Poo(2009)认为：社会信息检索(social information retrieval，SIR)是指通过利用其他用户的专门知识来帮助用户获取满足他们信息需求的一组相关技术。

基于技术视角对合作信息查寻与检索的界定更多关注网络环境下实现合作的技术方法研究，更强调技术对合作检索过程与检索结果共享的支持性，在实践上也开发了大量的试验系统或原型系统，但由于 CSCW 研究本身主要集中在组织范围内，尤其是利用组织的网络环境、以任务完成为基础和强调合作的战略或战术支撑作用，因而其局限性也相当明显。而基于用户行为过程的合作信息查寻与检索认知更多关注用户的信息行为特征研究，在更宏大的社会场景中探讨合作信息查寻与检索过程中的模式与规律，更强调合作信息查寻与检索过程中的情景影响因素分析。所以，有必要实现这两种分别以技术导向和社会导向为研究视角的认知融合，这不仅有利于提高合作信息查寻与检索的效率，也有利于更加全面准确地把握合作信息查寻与检索的内涵。

那么，应该怎样来认识合作信息查寻与检索呢？我们认为：合作信息查寻与检索是指检索主体基于共同的兴趣爱好或为完成任务与他人共享检索过程与检索结果的信息交流活动，本质上是群体范围内的知识共享和共识形成过程。

首先，合作信息查寻与检索的产生根源是主体间有共同的兴趣爱好或特定的任务目标。检索行为产生的前提是主体对特定信息有不足感(客观信息需求)及求足感(实现需求的动机)，无论是扩展自身的兴趣爱好还是为完成特定任务都是为了满足自身的信息需求。在一定条件下主体间之所以进行合作，其外在原因在于问题本身的复杂性或自身信息素养的缺陷，而内在原因在于可利用群体知识经验的相对无限性解决个体知识经验的相对有限性，实现广域范围内的社会智能复用。在数字化网络化信息环境中，主体的信息行为范围可最大限度地扩展，因而可实现有共同兴趣爱好的最大人群聚集；同样，为了完成任务，可以在分布式网络空间中最大限度地共享彼此的知识经验。但与一般性的知识共享不同的是，合作信息查寻与检索中有明确的方向性目标，共享迭代有一定的收敛条件，即最终会在一定条件下达成群体共识，而不仅仅是知识或信息的共享。因而，我们需要研究一定语境范畴中群体成员间的合作触发条件和共识形成的收敛条件，及合作过程演化的作用机制，尤其是兴趣爱好或任务、合作环境、合作者特征等对合作过程的作用方式。

其次，合作信息查寻与检索表现为一种信息交流活动。它可能是主动有向的(如科研团队的合作信息查寻与检索)和主动无向的(如社会合作中的信息或知识推送)，也可能是被动有向的(如人肉搜索过程的信息接收过程)和被动无向的(如搜索引擎的后控词表机制)，可能是显性过程(如组织内为完成任务的合作信息查寻与检索)，也可能是隐性过程(如网络上的各种问题解答)。该交流过程不仅表现为基于信息需求的信息对象与内容的心理认知过程，也包括以认知结果为基础的语词分析与确定、检索系统选择、检索方式与途径选择、检索结果的相关性判断等行为过程，还包括对检索结果的直接利用。因此，需要研究实现不同过程的功能要求、心理特征、行为模式，并以此为基础开发相应的技术方法。

第三，合作信息查寻与检索的实现依赖于强有力的技术支撑。该过程在不同的时空范围内完成，可能是同时同地过程、同时异地过程，也可能是异时同地过程、异时异地过程，不仅包括传统意义上人与人之间的直接交流，还包含以计算机检索系统为中介的用户间的间接交流，甚至还应包括用户与计算机系统间的合作以及计算机系统间的合作。这些过程的实现必须建立在强有力的技术基础上，如合作触发检测技术、情境相似性计算技术、交互技术、可视化技术等，对异地合作信息查寻与检索尤其如此。因此，需要研究实现合作信息查寻与检索的关键技术方法，并基于这些技术方法开发相应的检索系统。同时要充分集成现有的技术方法体系，构建实践合作信息查寻与检索的协同信息环境。

最后，合作信息查寻与检索提供了广域范围内的社会智能复用机制。它作为一种信息交流过程，强调的是信息共享，是不同主体间广域范围内的信息共享。通过主体间的合作信息查寻与检索，可以最大程度地共享彼此的知识经验(领域知识与查寻检索知识)与检索结果，形成一种社会智能的复用机制，最大程度地节约社会劳动力和提高社会智能利用效率。而这种社会智能复用可能是源起于共同的兴趣爱好，也可能是共同的任务完成或问题解决目标，可能是一个规划过程，也可能是随机偶然过程，可能是显性过程也可能是隐性过程。因此，需要研究引发这种信息共享的社会机制、作用机理、影响因素并构建相应的模型。

需要说明的是，我国部分学者(尤其是计算机领域的学者)把 collaborative 翻译成“协同”(这可能与 CSCW 中使用 cooperative 有关)，但我们认为翻译成“合作”更为准确。一般在理解“协同”时主要指同时或连续的行为，而且暗含有机器、机械等无生命对象在一定指令程序下协同动作的韵味；而“合作”不仅可以包括机器设备间的协作行为，更强调人与人之间的关系，它是一种人类文明程度的标志，不仅包括同步或同时的协作行为，还可以是异步或历时的协作行为。因此，一般在谈及合作信息查寻与检索时，主要是指用户间在信息获取过程中的合作行为与方式，有时甚至包括共同的信息处理模式以及技术方法体系。

1.3.3 合作信息查寻与检索的类型

相同或相似的研究对象内涵认知可为研究者提供共同的概念理解和研究逻辑基础，但深入、全面的研究通常需要从不同层次、不同视角、不同侧面对研究对象展开分类研究。一方面可丰富对研究对象的认知，另一方面可为研究展开尽可能地提供丰富的路径与视角。

1. 基于合作时间的类型划分

在合作时间范畴上，信息查寻与检索的合作既可能是在同一时间点(通常是压缩的时间段)，即用户间合作完成检索过程或即时共享检索结果，可称之为同时合作信息查寻与检索；也可能是在不同时间点，主要表现为用户间共享检索结果或共享检索过程经验的信息交流过程，称之为历时合作信息查寻与检索。

在数字化网络化不发达的信息环境下，一般是同时合作的情况更可能出现(如组织内任务团队为完成任务的共同信息查寻，科研团队为完成科研项目的共同资料查寻与资料共享)，历时合作仅在少数情况下出现(如在联机检索中的后控词表机制)。随着数字化网络化信息环境的完善，不仅相同地点的不同主体可实现同时合作与历时合作，不同地点的不同主体也可实现同时合作与历时合作，这为合作信息查寻与检索的研究提供了前所未有的机遇与挑战。

2. 基于合作空间的类型划分

此处的空间是一个非常宽泛的概念，它不仅涉及一般意义上的物理空间形式，而且还包括知识空间、心理空间、文化空间等，因此亦可称之为合作语境。正是由于这些空间状态的交叠使合作信息查寻与检索研究变得极为复杂和困难。

尽管在数字化网络化信息环境中不同主体间的物理距离已经大大缩短，但在具体现实中这种距离仍然存在。主体间在现实物理空间中较为紧密的可控空间中的合作查寻与检索称之为同地合作信息查寻与检索，较为遥远空间的称之为异地合作信息查寻与检索。同地合作信息查寻与检索除可利用网络空间来有效实施之外，还可利用相互间的紧密关系进行面对面交流；而异地合作信息查寻与检索一般只能通过网络空间来完成相应的合作过程。

知识空间是主体的知识要素所构成的特定组织形式，共同的知识空间是合作查寻与检索构建的基础之一。合作信息查寻与检索中合作者间的知识空间一般来说是不尽相同的，那么这些不同知识空间的合作者在完成相同或相似主题检索时的心理与行为特征规律、引发合作查寻与检索障碍(如检索主题认知、检索方式方法选择、检索相关判断标准等)的主要因素及解决办法、合作过程的信息交流等将是其中需要澄清与认识的重要问题。

心理空间主要是指不同心理结构、不同心理类型、不同心理发展层次、不同气质类型、不同人格特征等组成的空间形式。心理空间是合作信息查寻与检索的心理基础与语境要素，不同的心理特征组合将导致合作查寻与检索的过程及作用机制差异，清楚认识其中的规律对于构建高效的合作信息查寻与检索系统来说具有重要的理论价值与实践价值。

文化空间主要是指不同文化特质所构成的观念形态。比如：不同文化类型（如基于共同宗教信仰的文化、基于共同文明内涵的文化及亚文化）对合作查寻与检索的影响及机制，对于跨文化的合作信息查寻与检索研究有重要的现实与理论意义。

当前，我们对物理空间的研究较多，知识空间有不同程度的涉猎，但心理空间与文化空间的研究相对较少，这应引起研究者的重视。

3. 基于合作发生阶段的类型划分

根据合作发生阶段可分为两种类型：共享检索结果和合作完成检索过程。事实上，共享检索结果在传统的信息检索系统中已经存在，比如后控词表的利用；合作完成检索过程在传统信息检索中也少量存在，如联机检索中对保存检索式的复用。由于技术的限制，传统信息检索系统难以实现在同时状态下不同用户共同进行检索过程的谋划及实施。

在早期的合作检索研究中，学者们更侧重于对共享检索结果的研究，如后控词表机制、共享检索词与检索式、共享检索结果等，该共享层次所涉及的合作程度较低，一般是一方利用另一方的结果，较少有交流与反馈作用过程；对于提供合作检索功能的系统来说，通过主题相关等就能较好地实现这种合作检索形式。从本质上来说，这种合作查寻与检索更应该称之为基于系统的检索结果传递，合作双方的相互影响较小。

而合作完成检索过程则是一种深层次的合作信息查寻与检索关系，合作双方不仅传递检索过程信息，而且还共享检索结果信息，通过这种传递与共享来达到合作双方的相互影响、相互提高，如：合作识别信息需求，合作选择检索系统，合作选择检索途径与检索语词，合作相关性判断，合作筛选、鉴别、吸收与利用信息，合作形成决策方案，等等。在当前的数字化网络化信息环境下，深入细致地加强有关合作完成检索过程的研究，揭示合作信息检索过程中信息交流共享的机制与规律显得十分迫切与必要；而且如何构建适用于这些合作查寻与检索机制的交互检索系统将是将来重要的研究内容。

4. 基于合作强度的类型划分

这里的合作强度主要是指合作主体间关系疏密程度及合作过程的规划程度，根据合作强度的差异可分为：偶遇合作、社会合作、嵌入合作、战略合作。

偶遇合作（occasional collaboration），指合作双方随机地不可预见地使用相同检索系统且使用相似（同）检索词或检索式或使用相同的浏览路径形成的合作。这种合作事先没有任何预兆，具有很大的不确定性，不过在现实环境中这种情况非常容易发生，如检索系统中的后控词表使用。在实时合作信息查寻与检索时偶遇到使用相同检索词或检索式的人，这种合作强度相对较小，具有较高的偶然性与突发性。

社会合作（social collaboration），指合作双方基于共同的兴趣爱好或为完成共同任务在特定空间（如论坛、讨论组等）中通过某种默契而共同查寻、检索及共享特定信息。这种合作形式的典型特征是合作者间有共同的兴趣爱好或特定的共同目标且合作者间一般没有现实的亲密关系，大家通过合作信息查寻与检索，共享彼此的特定领域知识与查寻检索知识经验，即共享检索过程和检索结果。典型的如人肉搜索，即社会成员基于论坛或讨论组通过合作信息查寻与检索完成特定查寻任务。

嵌入合作(convergence collaboration)，指合作双方将彼此纳入自身的查寻检索流程之中，共同开拓、完成检索过程，如对检索潜在需求的识别、对检索概念或语词的选择、对检索系统或搜索引擎的选择、合作相关性判断等。这种合作形式的主要特征是合作双方比较熟悉，彼此的信息需求相似，有共同的任务需要，合作过程的规划程度高，典型的如科研团队共同完成检索任务。

战略合作(strategic collaboration)，是指合作双方建立长期的合作共享关系，不仅涉及信息的共同获取与交流，而且涉及将相关信息应用到实际问题的解决中形成合作智能。这种合作形式的主要特征是合作双方的关系亲密，合作具有较强的规划性，主要是以组织持续的信息需求为出发点的合作信息查寻与检索，典型的如组织中特定机构(如生产部门、销售部门、研发部门等)的问题解决。

从上面的讨论可以发现，合作信息查寻与检索的研究既可能是合作群体的行为特征、行为演化及收敛过程机制、行为影响因素、行为效果，也可能是支持合作行为的技术、方法、系统等。本研究侧重于合作信息查寻与检索行为有关的内容，不涉及相关的技术方法，而且主要是从合作强度划分来探讨不同类型的行为特征与行为机制，并归纳出一般性的理论体系。

1.4 合作信息查寻与检索的相似概念及相关概念

1.4.1 相似概念

相似概念是指在合作信息查寻与检索的历史发展过程中由于研究视角、发展脉络、个人偏好等影响而产生的有较为一致内涵的一些概念，比如合作信息查寻(collaborative information seeking)，合作信息检索(collaborative information retrieval)，合作搜索(collaborative search)，社会化搜索(social search)，共同搜索(concurrent search)，合作探索式搜索(collaborative exploratory search)，共同浏览(co-browsing)，合作导航(collaborative navigation)，合作信息行为(collaborative information behavior)，合作信息融合(collaborative information synthesis)，合作过滤(collaborative filtering)，等等。

根据前面的讨论，合作方式可能是人与人之间、人与系统之间及系统与系统之间的合作，合作的状态可能是目标明确的也可能是没有明确目标的，因而本书根据合作的参与者和合作的目标性两个维度对上述相似性概念进行了适当的区分(图 1-2)。从图 1-2 可以发现：合作信息行为是最大的概念，几乎包含了所有的内容；合作信息查寻、合作信息检索与合作信息融合是目标性明确的人类行为，但在一些语境下合作信息查寻的目标性相对弱一些；相对来说，共同探索搜索、共同/合作搜索、合作浏览是目标性不太明确的合作行为，而合作导航、合作过滤基本上是系统主导的机器合作行为。

在此，本书不打算去详细讨论这些具体概念之间的细微差异。只是需要说明的是，本书使用的合作信息查寻与检索概念除了不包含与系统相关的内容外，主要涉及的是人类信息行为中的合作现象，可能是目标明确的也可能是目标不明确的，即图 1-2 中虚线所囊括的所有内容。

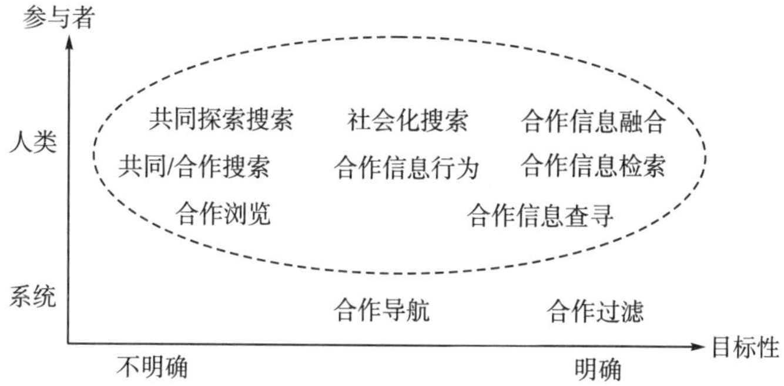

图 1-2 合作信息查寻与检索相似概念间的关系

1.4.2 相关概念

相关概念是指其他学科发展起来的研究合作信息查寻与检索现象所形成的概念或范畴。尽管不同学科的侧重点可能不同，关注的重心各异，但在一定程度上可为本学科的研究提供借鉴。下面主要讨论 3 个相关概念：计算机支持的协同工作(CSCW)、以计算机为中介的通信(CMC)、计算机支持的合作学习(CSCL)。

1. 计算机支持的协同工作(CSCW)

CSCW 是一个交叉学科领域，主要包括界面设计、群体决策、以系统为中介的信息交换、利用和组织行为等内容，其目的是研究和设计支持各种各样协同工作的应用系统，该软件系统通常称之为“群件”(groupware)。该领域吸引了众多学科的研究者和实践者，如社会心理学，社会学，计算机与信息科学，经济学，组织理论，教育学，人类学，等等。

该概念首次由美国 MIT 的 Greif 和 DEC 的 Cashman 于 1984 年提出(Grudin，1994)，其基本内涵是指借助计算机及网络技术协调与协作地域分散的群体共同完成一项任务或工作，具体研究内容包括群体工作方式研究和支持群体工作的相关技术研究、应用系统开发等。通过建立协同工作的环境，改善人们进行信息交流的方式，消除或减少人们在时间和空间上的相互分隔的障碍，从而节省工作人员的时间和精力，提高群体工作质量和效率。目前 CSCW 的主要应用领域包括：远程教育、合作科学研究、电子商务、电子政务、远程医疗等。

应该说，CSCW 的主要工作是研究如何以计算机为工具支持组织的合作活动和协同行为，要实现这样的目标必须充分理解组织行为中以团队为工作方式的群体行为属性和特征，强调以组织复杂事务流程为核心的工程技术问题，在这一点上，它既可以为合作查寻与检索提供方法技术和工具性支持，也可以为稳定语境的行为研究提供实践场景。

2. 以计算机为中介的通信(CMC)

交流是通信理论中的重要概念，也是图书情报学中的核心概念。任何一个交流过程都包括两个最基本的过程：一是信源基于某种判断利用通信工具的信息传递过程；二是信宿基于自身的需要接收信息并吸收利用信息的过程。交流过程严重依赖于交流手段与工具，以计算机为中介的通信(computer-mediated communication，CMC)是众多交流形式中的一种，也是目前主要的一种交流形式，比如电子邮件、网络视频会议、各种社交软件、各种自媒体等，这些交流形式中包含了丰富的合作过程与行为。

从合作信息查寻与检索的视角来看，CMC 为该过程提供了基本的信息传递与共享工具。一方面，在合作信息查寻与检索的初始阶段，团队成员在问题识别、查寻检索策略制定、人力资源任务分配等阶段需要利用 CMC 进行详细讨论，形成团队共识；另一方面，当这些基本共识形成后，个体在具体完成查寻检索任务过程中，团队成员也可利用 CMC 了解不同成员的任务进展、可能遇到的问题、分享查寻检索过程经验等；最后，团队成员可利用 CMC 工具共享查寻检索结果，及时得到相应的问题解决方案。因此，CMC 的研究至少可以为合作信息查寻与检索的高效完成提供基础设施支持，合作信息查寻与检索过程的各种交流需求亦可为 CMC 的技术研发提供设计指南。

3. 计算机支持的合作学习(CSCL)

计算机支持的合作学习(computer-supported collaborative learning，CSCL)是在 CSCW 和合作学习相融合基础上发展起来的一个交叉研究领域，涉及的学科包括教育学、认知和社会心理学、教学理论、社会学等。它是利用计算机技术建立合作学习环境，使教师与学生、学生与学生在讨论与交流的基础上进行合作学习的一种学习方式，是传统合作学习的延伸和发展。由于它是建立在 CMC 机制上的一种新型学习方式，拥有众多的优点，近年来倍受人们的关注和青睐。自 1995 年起，国际学习科学学会(International Society of the Learning Sciences，ISLS)创建了有关 CSCL 的 1 年两次的国际会议。

当前的 Web 信息环境为合作学习及其研究提供了重要平台，研究者们构建了各式各样的 CSCL 系统。这些系统主要为学习者提供一个集成的基于 Web 的合作学习空间，包括电子会议系统、虚拟教室、导师系统、协作支持等。其中，合作支持包括电子邮件、音频和视频会议系统、共享白板，可进行语音、图形、图像、视频、文本等各种媒体形式的交互。以维基百科为例，其环境为研究合作学习行为提供了非常理想的平台，它不仅允许合作写作和信息融合，而且允许合作者间的讨论与持续修改，是典型的群体知识发现与建构过程。

可以说，CSCL 作为一个群体知识的社会构建过程，其学习过程中必然包含大量有关合作信息查寻与检索的生动案例，它不仅可为合作信息查寻与检索研究提供基础素材，也可为教育工作者和技术研发者探索基于合作学习的解决方案提供新的机会，且合作信息查寻与检索理念与素养将更好地实践于 CSCL 过程。

1.5 研究问题、研究思路、研究方法及研究意义

1.5.1 研究问题

此处对合作信息查寻与检索的研究主要是人与人之间信息查寻与检索过程中的合作行为，不涉及合作过程中的技术开发，也不涉及人与机器间的合作及机器与机器间的合作。通过研究试图回答以下问题。

1. 合作信息查寻与检索在用户信息获取谱系中的位置问题

用户获取信息可能有以下一些方式：在自己拥有的资源体系中查找(如自己已有的知

识经验和自己的藏书体系)，向特定人咨询(如同事、老师、同学等熟人)，利用检索工具或检索系统查找，委托他人查找。用户选用哪种形式来获取需要的信息，既取决于信息需求(如问题解决的内容、需求强度、时间紧迫性等)，还与信息获取的语境相关。其中除第一种形式外，其他三种都可能与合作信息查寻与检索存在不同程度的相关性，因而合作信息查寻与检索是用户信息获取行为路径选择中的一种重要形态。那么自然而然会产生这样的问题：用户在什么语境下需要合作、合作可能触发的形式有哪些、合作触发后的演化机制是怎样的、系统需要哪些技术方法来支持合作机制的实现等，这些都是当前必须厘清的基本问题。

合作信息查寻与检索虽然体现了用户间诸多的非结构化特征，也颠覆了传统信息检索研究的单用户及非记忆过程假设，但作为信息检索研究的发展趋势，必然与传统信息检索研究存在千丝万缕的联系。那么，它如何在信息检索研究体系中找到合适的位置、如何与传统研究集成进而构建出更完善的信息检索研究框架，也是当前信息检索领域在更高层面迫切需要解决的问题。

2. 语境在合作信息查寻与检索中的功能问题

任何信息查寻与检索行为都发生在一定语境下，脱离语境的行为是不存在的。语境与意义紧密相连：语境决定意义，意义受制于语境。无论是用户信息需求的识别、表达与选择，还是用户查寻检索实践及信息选择与吸收利用都与信息时间空间分布、检索系统可用性、信息可获取性、问题解决或任务等语境直接关联。任何语词或事物的意义都是由语境支撑的，离开语境的事物、对象或行为动作都可能无法解释或没有意义。

语境是时间的函数，随着时间的推移而迁移发展，因而必须于运动变化中把握语境。同时语境之间是相互关联的，既表现为横向上不同种类、不同形式语境的相互作用，也表现为纵向上同一语境的发展演化及变迁过程。

传统单用户检索中，大部分用户对自身语境比较了解，即使不了解也容易在外界引导下挖掘出语境意义，因而系统能够把需求从语境中分离出来。但合作查寻与检索是多主体间的共同行为，他们共同的需求识别、检索语词选择、系统遴选及相关性判断等都必然与语境紧密相连，因而探讨语境的关联功能与影响机制就显得尤为重要了。

3. 合作信息查寻与检索的行为特征与机理机制问题

尽管国外有关合作信息查寻与检索的行为特征的探讨比较多，但不同文化体系中其行为特征可能存在差异，因而有必要研究中国本土化语境中该过程的行为特征。

用户间合作信息查寻与检索所体现出来的非结构化特征必然和以算法与资源为中心(即系统范式)的结构化特征及以用户为中心(即用户认知范式)的半结构化特征在机理机制等多处可能存在诸多差异。

合作信息查寻与检索行为作为一种外化的表现形式，在各种语境形态中的不同因素作用下其发生、发展和结局可能大不相同，因而有必要在语境视角下探讨合作查寻与检索的机理机制问题，揭示出其与单用户信息查寻与检索行为间的差异，尤其是群体环境中合作驱动机制、行为演化的离散与聚合机制、共识形成的自组织与他组织机制等。

4. 合作信息查寻与检索的相关性判断问题

相关性是信息检索的核心问题，也是情报学的基本问题。在传统单用户信息查寻与检索中相关性研究已经取得了丰硕的研究成果，为情报学学科地位的确立奠定了坚实的基础。

合作信息查寻与检索过程是知识共享与共识形成过程，无论是在检索过程的合作中还是检索结果的共享中，每个个体对于查寻检索结果会有相关性判断，群体对过程与结果也有相关性判断。那么自然会产生这样一些问题：个人相关性判断与群体相关性判断在判据选择上有什么差异？个体相关性判断与群体相关性判断有什么样的承接关系？能否构建通用性的相关性判断模型来描述该过程？等等。这些问题的解决不仅有利于加深对合作信息查寻与检索过程的理解，也有利于在更高层面上丰富相关性理论。

1.5.2 研究思路与研究方法

本书首先建立在对相关文献充分调研的基础上，结合专家咨询结果拟定研究的理论框架；然后采用小样本试验、对实验过程的观察访问、编制调查问卷和典型试验系统的访问调研等获取研究数据；采用扎根理论方法、统计学方法对获取数据进行探索性分析与验证分析，获得合作信息查寻与检索过程中的行为特征，利用结构方程模型构建合作信息查寻与检索的影响因素模型和相关性判断模型，总结不同语境中的行为机制规律；最后分析这些研究成果可能的应用场景和对学科发展的意义与影响。具体的技术线路如图 1-3 所示。

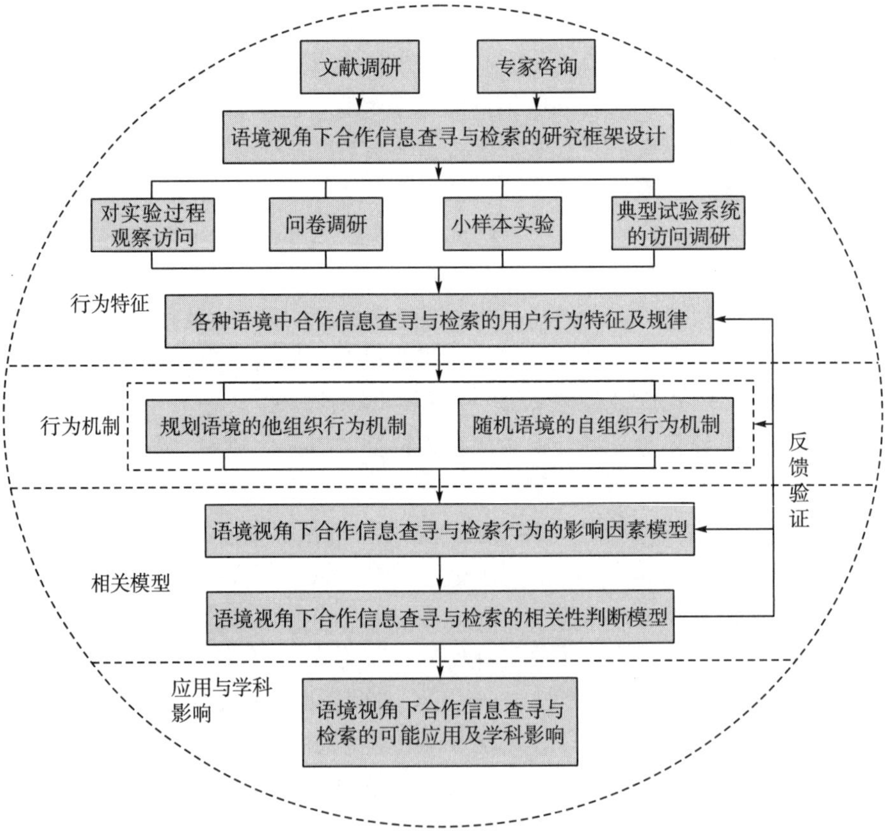

图 1-3 本书的技术路线

为了有效解决本书中的问题和实现上述研究思路，必须选择合适的方法来获取相关数据并分析这些数据。本书所涉及的主要研究方法包括。

1. 案例研究与扎根理论方法

案例研究作为一种实证研究，它在不脱离现实生活环境的情况下研究当前正在发生、发展的现象，且待研究的现象与其所处环境之间的界限并不十分明显。因此，案例研究是探索难以从所处语境中分离出来的现象时宜采用的研究方法。合作信息查寻与检索是在一定语境下群体用户共同解决问题的过程，因而研究其行为特征必须考虑到与语境要素的相互作用，由此可以认为本书适合采用案例研究方法。考虑到语境中行为的丰富性与复杂性，在案例研究过程中应不限于行为数据本身，还应尽量获取真实的语境因素信息。

扎根理论方法主要是建立严格的来源于资料的归纳式理论，而不是立足于假设检验的演绎式理论，所以扎根理论是一种适合于探索型研究和解释型研究的方法。当碰到以下情况时，研究者可以考虑使用扎根理论：对研究主题范围所知相对较少；没有“大”理论来充分说明所研究内容；研究者打算挑战现有理论；研究者对引出研究对象的理解、知觉和体验感兴趣；研究指向于发展新的理论。本书不仅仅是为了描述合作信息查寻与检索的行为与过程，更旨在探索其背后的机制、解释其中的规律和构建模型，因而选择扎根理论方法自下而上来展开数据分析是合适的。

2. 试验、观察和访谈法

本书没有采用严格的实验研究，而是从样本对象的实际检索需求入手，通过对样本对象合作查寻与检索实际操作的记录、观察和访谈，一方面证实文献中所涉及的各项内容，另一方面是补充完善前人文献中没有提及的内容。

综合试验、观察及访谈数据和文献调研提取的数据，试图构建较为完整的合作信息查寻与检索行为特征集、影响因素集及相关性判据集，为问卷设计、量表编制打下坚实基础。

3. 问卷调研法

依据文献调研和小样本实验、观察和访问所获得的合作信息查寻与检索行为特征集、影响因素集及相关性判据集编制调查问卷，以随机方式获取更大规模数据，期望基于这些随机数据证实依据文献所获得的各项内容和小样本数据所揭示的各项内容。

4. 因子分析与结构方程模型方法

因子分析作为一种探索性分析方法，可以帮助揭示基于调查问卷所获得数据各变量间的关系，从而实现变量间的聚类以获得更高层面的概念认知；结构方程模型(structural equation modeling，SEM)整合了因子分析和路径分析两种分析方法，用于验证构建的合作信息查寻与检索影响因素模型及相关性判据模型的有效性。

1.5.3　研究意义

在语境视角下研究用户间合作信息查寻与检索的行为特征、行为机制、行为影响因素和相关性模型，对于促进信息组织与信息共享、完善合作信息查寻与检索系统开发的技术方法、创新信息检索研究范式、深化情报学理论等具有非常重要的理论与实践意义。

(1)有利于弥补“信息检索是单用户行为”研究假设存在的缺陷，重新审视“信息检索是无记忆过程”研究假设存在的问题，把系统导向的信息检索研究范式和用户认知导向的信息检索研究范式有机集成起来，完善信息检索的研究范畴体系，创新信息检索的研究范式与研究方法，强化“信息检索是信息交流与知识共享过程”的理念，深化对用户行为模式的理解，丰富信息检索理论体系，为情报学理论创新提供新素材；

(2)有利于深刻把握合作信息查寻与检索系统的构成及与语境的交互作用机制，有利于系统开发者理解合作信息查寻与检索的功能需求并开发满足需求的技术方法，实现语境条件下“人-技术-信息”间的有机融合，提高社会智能的复用效率，实现信息资源及信息环境的自组织有序化。

1.6 内容结构安排

本书具体内容共分为 7 章，主要内容如下。

第 1 章，引论。主要对相关历史、概念内涵、类型划分、研究方案等做简要说明。

第 2 章，合作信息查寻与检索行为的研究框架。在文献研究基础上，提取合作信息查寻与检索研究的理论要素，根据研究目标、内容设计具体的研究框架。

第 3～5 章，合作信息查寻与检索的行为特征与行为机制研究。将依据合作关系强度为划分基准，选择企业合作团队、高校科研团队、网络社群团队为对象探索合作信息查寻与检索的行为特征与行为机制。

第 6 章，合作信息查寻与检索的相关性模型。在回顾信息检索相关性研究基础上，利用获取的数据探索合作信息查寻与检索的相关判据集并探索这些判据集间的相互关系，构建合作信息查寻与检索的相关性模型。

第 7 章，合作信息查寻与检索的研究结论与研究展望。对整个研究过程得到的结论进行一般化推广说明，指出研究中存在的问题与局限，展望未来的研究路径。

第 2 章　合作信息查寻与检索行为的研究框架

与传统信息查寻与检索对比，合作信息查寻与检索目前仍然没有建立统一、权威、成熟的理论体系模型；尽管其研究已经开展多年且目前仍然是学术研究热点，但研究内容主要集中在行为研究，众多研究人员从各自研究视角出发应用各种方法构建了不同的行为研究模型。本章主要总结已有的合作信息查寻与检索行为理论研究模型，并构建本书的主要研究框架并阐述其方法论意义。

2.1　合作信息查寻与检索行为的主要理论模型

当前，合作信息查寻与检索行为模型的构建主要有两种基本方法：一是演绎方法，即在已有信息查寻与检索模型基础上，按照合作信息查寻与检索的特征对原模型进行适当改造，保持了与传统单用户行为研究间的协调性；二是归纳方法，即从现实实践的合作信息查寻与检索活动中归纳总结其要素特征和过程特征，通过进一步的理论抽象构建出理论模型。

从建立的合作查寻与检索行为模型来看，主要可以分为两大类：一类是要素模型，即析取出合作查寻与检索的主要要素及影响因素，再把这些要素按内在逻辑关系进行连接而构建的模型，研究目标是获取合作查寻与检索的构成元素及识别元素间的关系；二类是过程模型，即把合作查寻与检索过程在时间序列上划分为不同逻辑阶段以描述不同阶段特征与规律的模型，研究目标是揭示合作查寻与检索的演化过程及发展动力学。当然，在实际情况下要将两类模型严格划分比较困难，通常是两者的混合。

2.1.1　合作信息查寻与检索行为的要素模型

此类模型主要分析构成合作信息查寻与检索的组成要素，通过要素间关系来构建模型。

Prekop (2002) 认为合作信息查寻与检索由信息查寻角色、信息查寻类型、情境三部分构成，并基于此提出了合作信息查寻与检索行为的要素框架模型(图 2-1)。其中，情境共有两种，包括合作信息查寻情境与组织情境；参与者的角色类型共有七种，分为信息组织者、收集者、核查者、查寻鼓动者，以及索引/摘要人员、群组管理员、群组经理人；合作信息查寻类型分为三种，包括推荐、直接提问、信息路径公告。

Reddy 与 Jansen (2008) 通过对两个医疗团队的查寻与检索行为研究得出用于理解一定情境中的合作信息查寻与检索行为模型(图 2-2)。该模型从行为与情境两个维度来描述信息环境，其中行为维度覆盖信息搜索以及信息查寻与使用，情境维度包括个人信息行为与合作信息行为。该模型从问题、参与者、交互三个特性对比了个体信息行为与合作信息行为所处信息环境的差异，并给出个体信息行为转变为合作信息行为的触发因素：信息需求复杂、信息资源片段化、缺乏专家知识、缺乏可即得信息。

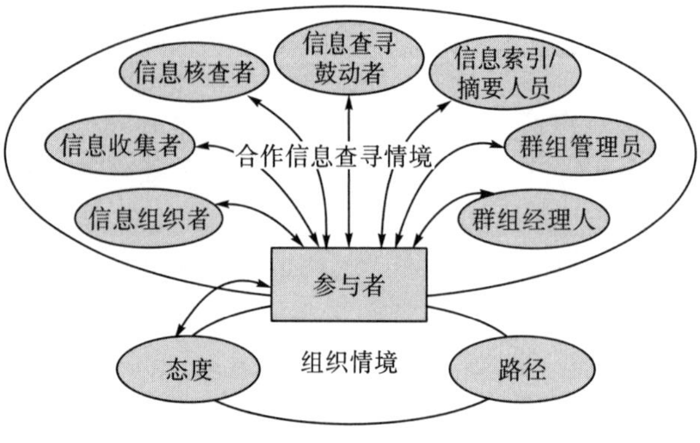

图 2-1 Prekop 的合作信息查寻与检索行为框架模型

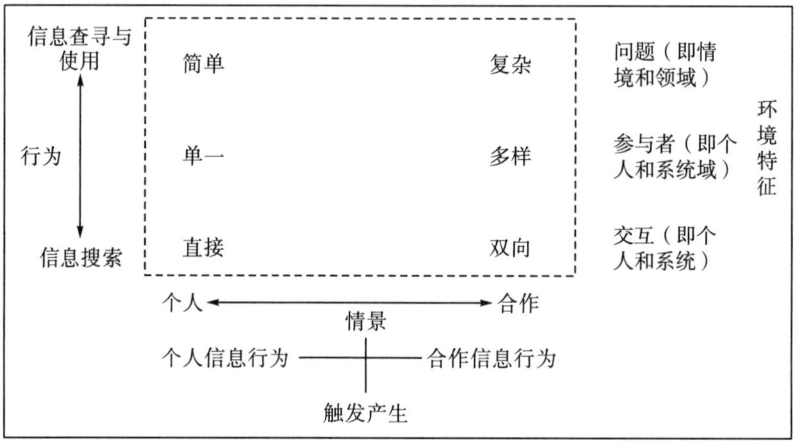

图 2-2 Reddy 与 Jansen 的合作信息查寻与检索行为模型

Victor 和 Amos(2008)提出一种包含 4 个元素的合作信息查寻与检索行为的 3CM 框架。该框架涵盖了合作信息查寻与检索的 4 个主要概念：交流(communication)，即合作参与者之间的交流，涉及主体、客体、原因、方法、时间等方面的内容；合作(collaboration)，指信息交流中的合作模式，主要有观察模式与交互模式两种；协同(coordination)，即合作参与者之间的协调；管理(management)，包括对合作中涉及的各种知识的管理。在此框架的基础上，他们进一步提出了一个称为 COCIR 的合作信息检索交流模型(图 2-3)，模型由四种属性组成：发送者和接收者(即主体)，客体以及情境。其中，主体层面包括信息发送者或接收者的合作模式、用户模型、能力、领域知识与物理位置；客体主要是指交流对象的内容、结构、格式与流动方向；情境因素有需要合作解决的问题、目标以及信息交流所需时间。

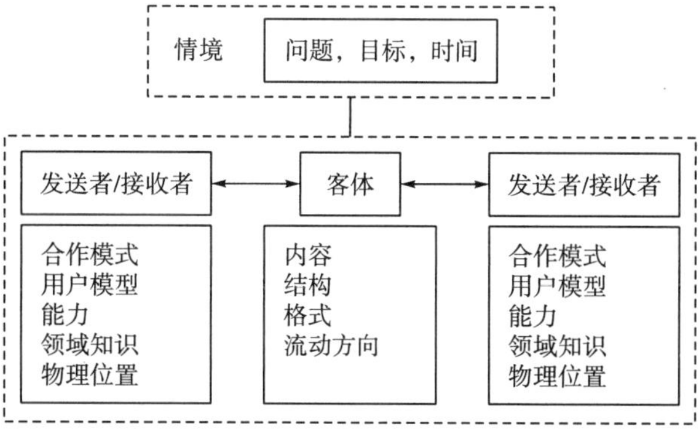

图 2-3　合作信息查寻与检索的 COCIR 模型

Shah(2008)在信息查寻四层次模型的基础上提出了合作信息查寻四层次模型(图 2-4)。该模型分为资源层、工具层、用户层与结果层，用户通过合作工具检索资源层收集到的信息，并在结果层共享信息。该模型清晰展示了合作信息查寻与检索的主体、客体、工具与结果，并试图描述通用的合作信息查寻过程，但该模型对合作信息查寻过程描述较为简单，认知机制阐释不足，对合作与共享的理解限于信息共享层次。

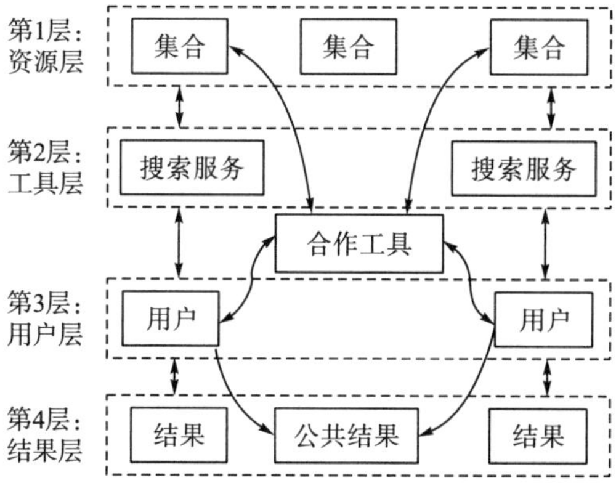

图 2-4　Shah 的合作信息查寻四层次框架

González 和 Shah(2010a)提出可以通过收敛图(图 2-5)研究合作信息查寻中的用户信息行为。该模型从不确定性与收敛性层次、用户情感(愉悦与不愉悦)、不确定性的归向、界线的建立、时间、所处情境等多个方面来对用户的合作信息查寻行为进行分类。其中，第Ⅰ象限表示非直接相关信息，第Ⅱ象限表示相关信息，第Ⅲ象限表示无关信息，第Ⅳ象限表示直接相关信息。作者认为，该模型提供了一种可视化处理定性及定量数据的有效方法，可用于不同情境、不同时刻及不同变量集中的用户行为。

Paul(2010)通过多种质性研究方法在意义建构理论影响下提出了一个合作信息查寻过程中的合作意义建构(collaborative sense-making)框架(图 2-6)。该框架分为 3 部分：第一部分为合作信息查寻与检索行为，第二部分为触发合作意义建构的因素，第三部分为合作意义建构的特征(主要通过发生在合作意义建构事件中的活动来表现)。其中，合作意义建构起因为可用信息的模糊性、基于角色的信息分布以及缺乏经验，而其特征主要有三个：持久性与意义建构轨迹、信息的优先级、活动感知。

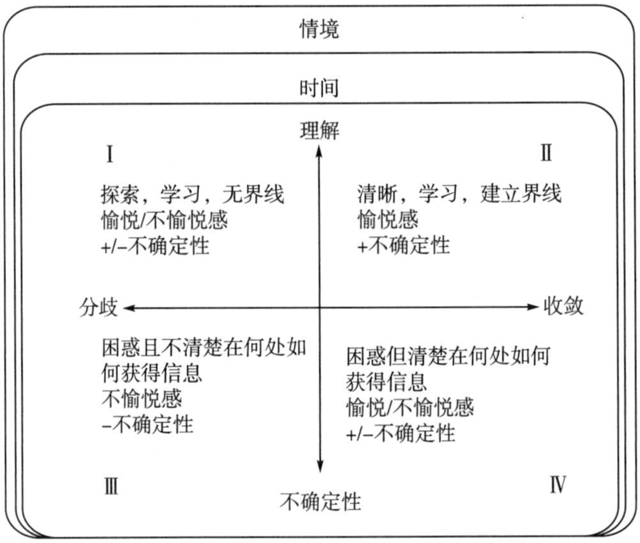

图 2-5　合作信息查寻与检索行为的收敛图模型

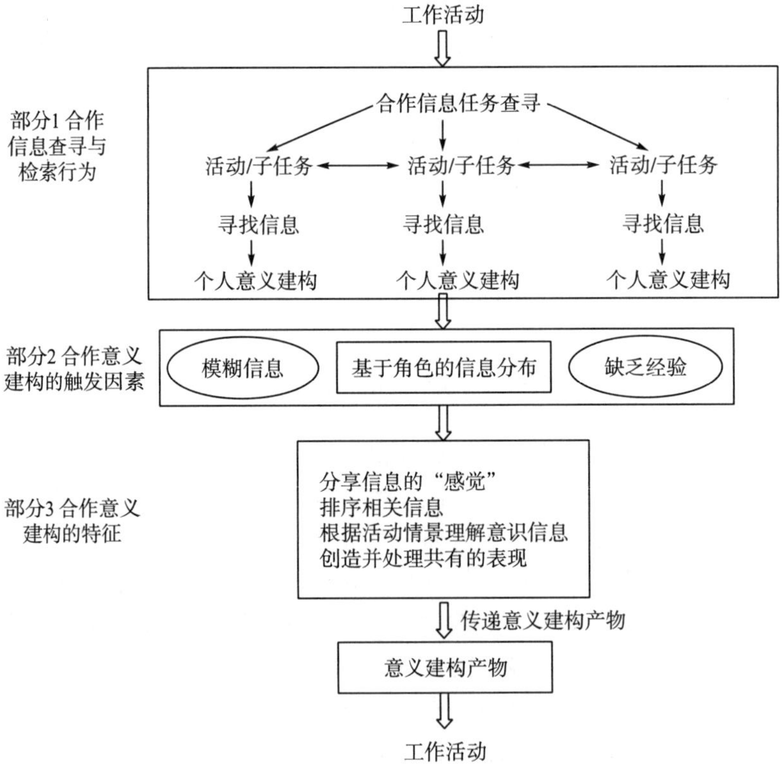

图 2-6　合作信息查寻与检索的意义建构框架

2.1.2　合作信息查寻与检索行为的过程模型

此类模型主要是从合作查寻与检索行为演化时间序列来揭示合作过程不同阶段的行为特征及相互关系。最早从这一视角构建的模型是 Hansen 和 Järvelin(2005)在详细考察专利检索领域总结出来的理论模型，他们发现："合作信息检索是与特定问题解决活动相关的信息存取活动，该活动可能是隐性也可能是显性的，它包含了人与人之间的直接交互行为，或者是与工作任务有关的信息查寻与检索过程，或在特定工作环境或更开放的社区或环境中以文本为中介的人与人之间的交互过程"。他们在总结基础上构建的模型如图 2-7 所示。图 2-7 的合作信息查寻与检索模型描述了多人合作完成共同查寻检索任务过程的行为演化过程，包括两种基本的合作类型(与文档相关的合作行为，主要包括生成或使用文档(电子或纸质)，如搜索策略、检索式用词、分类号等类似的"工作笔记"；与人相关的合作行为，在专利处理过程中直接使用由他人提供的信息，如向同事征求建议与专业知识等)，同时描述了合作信息查寻与检索过程中外部环境因素、行动者的经验因素及识别出的信息需求因素的影响机制。

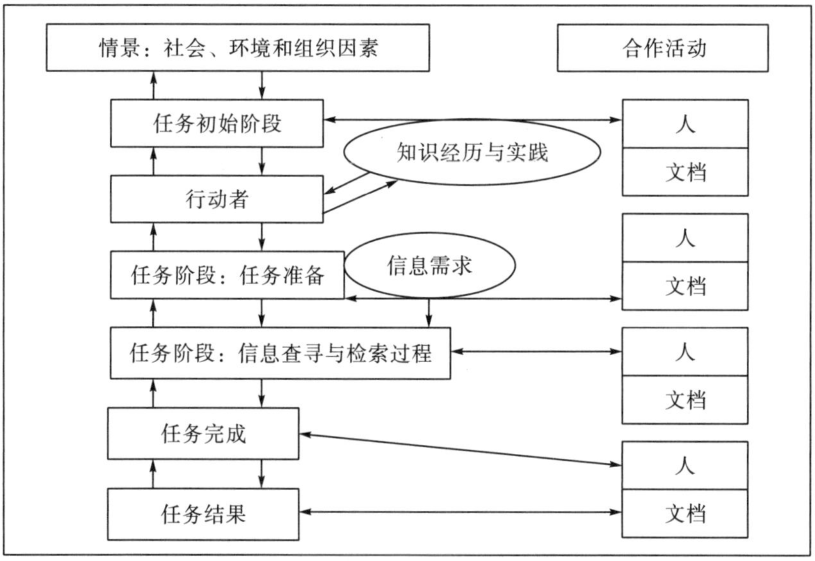

图 2-7　专利领域合作信息查寻与检索行为模型

李鹏和韩毅(2012)基于人肉搜索的基本过程分析提出合作信息查寻与检索的社会过程模型(图 2-8)。来自用户所在环境的信息刺激作用于用户当前语义认知状态，用户根据自己的知识结构和认知水平做出比较判断，当这种信息刺激与用户认知状态不匹配且超过一定水平时，可能产生吸引子种子。感知到这一吸引子种子的用户，在一定的激励机制作用下产生参与合作的欲望。在触发因素与激励因素的共同作用下，用户在社会语境中开展合作信息查寻与检索。

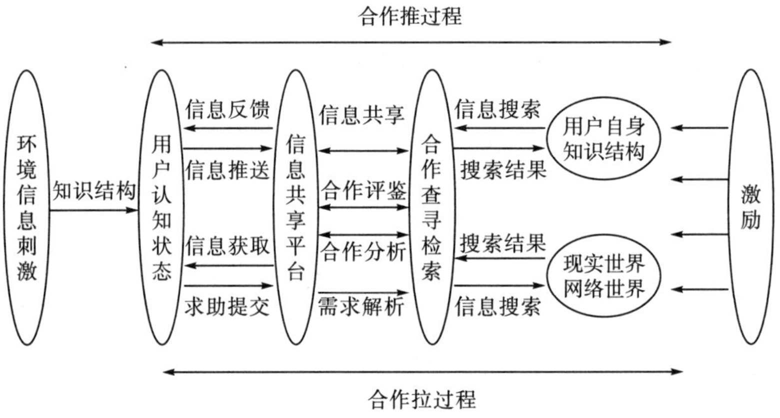

图 2-8 社会合作信息查寻与检索的框架模型

童迎等(2013)以高校学生为研究对象，以真实生活、学习、工作或其他问题确定合作信息查寻与检索任务，应用观察、访问、对比实验等方法收集在合作查寻与检索过程的所有数据，并应用扎根理论方法进行数据编码分析。通过初始编码、聚焦编码和核心范畴聚焦及其相互作用关系归纳总结建构了合作信息查寻与检索的过程模型(图 2-9)。从图 2-9 可以发现：查寻者在实际任务驱动下产生信息需求；在合作信息查寻与检索动因作用下形成查寻者合作群体；确定合作信息查寻与检索任务后通过信息查寻与检索活动、信息浏览、相关性判断、信息保存等具体环节获取所需信息并利用这些信息形成问题解决方案；在此过程中，查寻者有着各自的分工，履行各自的职责，在各个环节与阶段查寻者间通过信息交流来形成共识，且随着时间的演化不断地优化调整(如分工方式、检索对象、相关性判据选择等)。

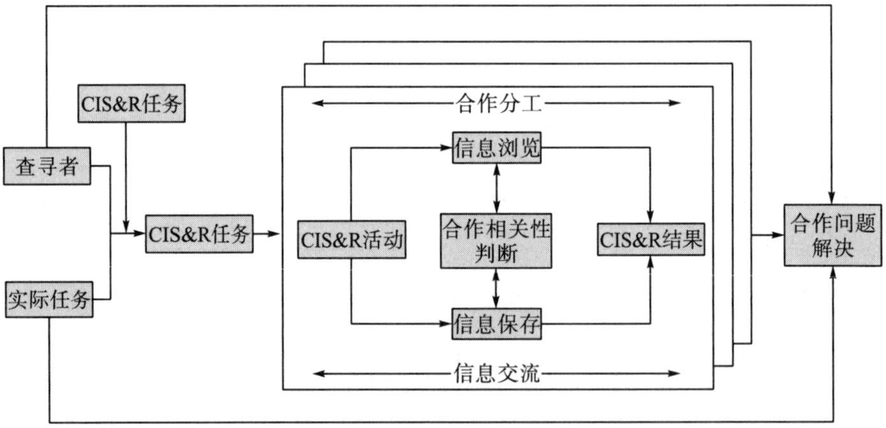

图 2-9 合作信息查寻与检索过程模型

李鹏和韩毅(2013)基于现实案例数据的扎根理论分析构建了合作信息查寻与检索的相关性判断过程模型(图 2-10)。该模型是对合作信息查寻与检索过程模型中合作相关性判断环节的细化(图 2-10 中间部分)，模型中合作相关性判断受实际任务或问题驱动(图 2-10

左侧部分)，目的是为了解决问题(图 2-10 右侧部分)。

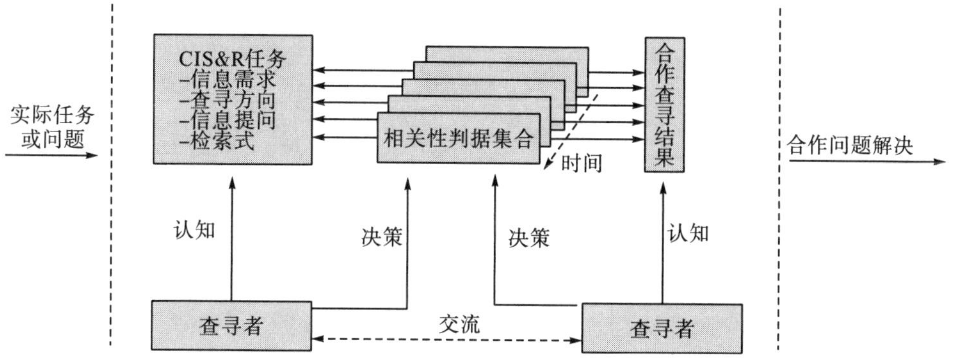

图 2-10　合作信息查寻与检索的相关性判断过程模型

从图 2-10 可以看到：合作信息查寻与检索的相关性判断过程模型以相关性判据为内核，以相关性判断行为特征与影响因素为外壳，强调了合作相关性判断在交流、认知和决策三个层面的特征，揭示了影响合作相关性判断的重要因素。模型中，查寻者(群体)、合作信息查寻与检索任务与合作查寻结果分别是合作相关性判断的主体与客体。另外两个相关性判断的影响因素、语境因素并未显性地表达出来，可以认为语境是一个隐性的背景式影响因素，同时也可以将模型中的各个部分均视为语境的组成部分；而相关性判断表达与交流这一影响因素则隐含于交流之中，是个体知识结构在群体语境中协商式共识的形成基础。

除从实际案例分析构建合作信息查寻与检索行为的过程模型外，还有学者依据不同理论自上而下地构建或改造传统查寻检索模型来描述合作查寻与检索过程。

Hyldegård 和 Jette(2006)引入信息搜索过程(information search process，ISP)模型，通过对两组情报学研究生的信息行为研究，探讨群组成员与单用户的行为差异、不同成员之间是否表现出不同的行为以及群组是否可以视为一个“个体”，最后构建了 ISP 过程模型来描述群体教育情景下用户间的合作信息行为。该模型详细刻画了 ISP 过程的 6 个阶段(开始、选择、探索、形成、收集、呈现)，合作者在情绪、意识及行动方面的变化特征(图 2-11)。通过对群组情境下 ISP 模型的探索，Hyldegård 和 Jette(2006)认为尽管在某种程度上群组成员和原始 ISP 模型中的个人有着相似的认知体验，但这种体验不仅受到信息查寻行为的影响，而且也受到工作任务活动和群组内交互活动的影响，因而群组与个人是两个不同的概念，所以该模型并不适用于研究合作信息查寻与检索行为，应对其从情境与社会因素方面进行拓展。

González-Ibáñez 和 Shah(2010)在研究支持合作信息检索系统时发现在合作信息查寻与检索过程中群体情感具有重要作用，并以群体情感相关性(Group’s affective relevance，GAR)为核心构建了合作信息查寻与检索的群体情感相关性模型(图 2-12)。

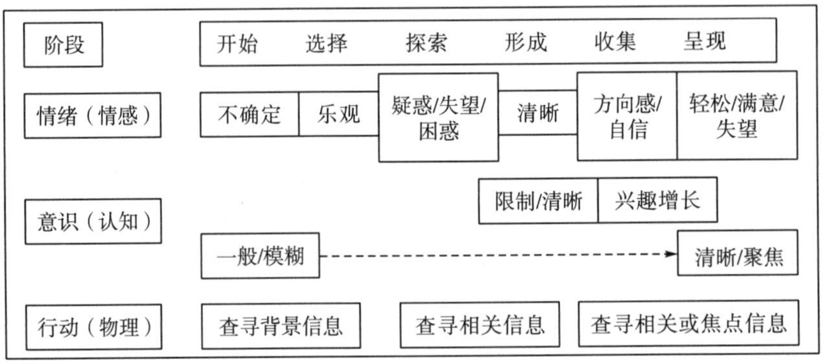

图 2-11 合作信息查寻与检索的 ISP 模型

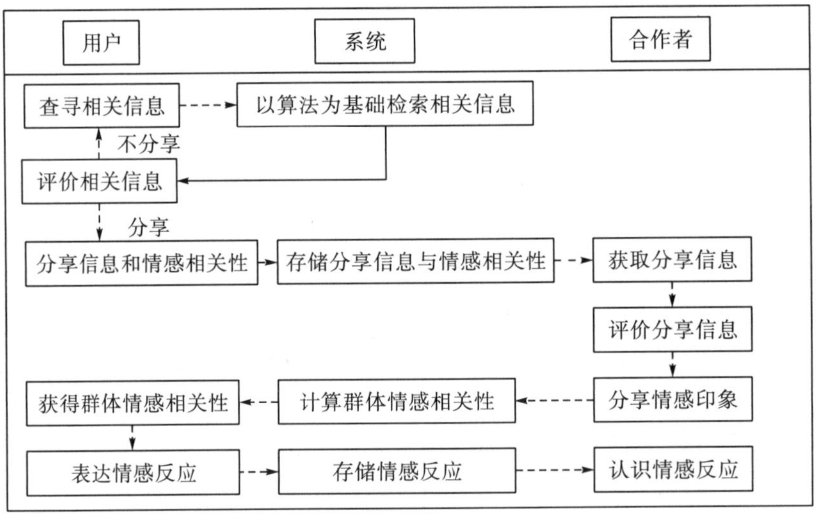

图 2-12 合作信息查寻与检索的 GAR 模型

从图 2-12 的模型可以发现，群体在合作信息查寻与检索系统的支持下，一方面是以不分享为核心的 ISP(information search process)过程，另一方面是以分享为核心的合作查寻与检索过程。而后者是以群体用户的情感连接为中心，在合作过程中不断刺激情感相关性。当然，这种刺激过程可能是正向的也可能是负向的，正向强化合作过程，负向弱化合作意愿。可以说该模型较好地解决了群体用户查寻过程中个体行为与合作行为的转化问题。

从上面这些较为典型的合作信息查寻与检索行为的要素模型与过程模型可以发现，要素模型中包括过程描述，过程模型中包含要素说明，因而要严格区分是要素模型还是过程模型有时比较困难，主要是观察模型更倾向于哪方面的内容。而从模型本身需要描述的内容来看，既需要揭示出合作信息查寻与检索的主要构建要素，也需要描述合作查寻与检索的行为过程，因而把两方面结合起来构建模型是迫切需要解决的问题。而 Järvelin(2007)认为纵观这些已经给出的合作信息查寻与检索的模型，无论是从实践领域总结的还是从某一逻辑判断演绎的，都在一定程度上根植于显性或隐性的特定情境之中，因而把合作信息查寻与检索行为研究置于语境中考察是其应有之义。本书正是基于这样的一种认知现实需求，试图从语境视角出发，首先建立一种用户信息行为研究的广义语境分析框架，再应用这种语境分析框架来构建合作信息查寻与检索的研究模型并以此为基础对合作信息查寻与检索行为进行较为完整与系统的实证研究，以期解决合作信息查寻与检索的一些关键问题。

2.2　合作信息查寻与检索行为研究的语境模型

用户信息行为研究作为当前国际学术界的一个重要研究领域正引起多学科研究者的广泛重视，而把用户信息行为置放于一定语境中进行立体、全方面考察也是当前的一种重要研究视域。本节尝试在语境概念解析基础上构建用户合作信息查寻与检索行为研究的语境模型并进一步分析该模型的方法论意义，为进一步的研究框架建构奠定理论基础。

2.2.1　语境概念及相关概念

本书中的“语境”采用英文中常用的 context 来表示。

从语言形式构成上看，其前缀 con 是“共同、一起”的意思，text 有“编织、编写、课文、原文”之义，合起来即为“共同编织在一起”“相连在一起的文本”“共同参与在一起”等义，表达的是众多关联因素交织在一起形成的某种新型结构体系。这些关联因素可能是众多有一定联系的物质，也可能是形形色色的精神，还可以是物质和精神存在状态及运行过程的认知结果(包括存在于大脑中的各种隐性知识和表达出来的各类显性知识)。在实践环境中，可以是单一的某种形态，但更多的应该是多种形态的综合。本书主要关注认知结果形态的语境体系，尤其是以显性知识形态表现出来的语境体系。

从语义层面上讲，语境是各构成要素所形成关联体表达出来的意义，而这种意义是以信息为中介的一种客观表达，只是一般只有有意识的主体才能知觉而已。由于本书聚焦于认知结果形态的语境体系，因而其语义体现是以文本、文本认知主体及其关联体所表达的信息内容，是诸多关联文本构成的文本内容特征及相关特征结构在主体认知世界的一种反映，表达的是一种关联效应。

从语用层面上看，语境是指特定对象基于“上下文、前后关系、处境、条件、范围”等内涵对于关联体的价值与意义，即某一事物的意义存在于与其周围事物的关联中，因而应在关联中理解事物、概念及其属性与关系，不能脱离语境来认知对象。由于本书聚焦于认知结果形态的语境体系，因而其语用体现为不同文本、文本认知主体及其关联体的相互意义建构和相互塑造过程，是一种交互认知结果。

语境是语言、语义与语用的完整统一。它不仅仅是一个抽象概念，更是一个客观实在，具有本体属性，且其本体属性是通过具体实物的相互作用表现出来的体系。比如，对于用户的查寻检索行为来说，小到一个语词的选择(其语境是该语词的上下文)，大到一个检索系统或相关数据集的选用(其语境是用户的查寻检索任务与问题解决需求)，无不与它周围的具体实物紧密关联。

语境不仅仅是弥散于时空中的无所不在的底层背景，更是一个有具体结构的实体。从语言层面讲，它是语形、语义、语用的形式关联体；从与主体的关联性上看，它是主体行为产生、演化及收敛的基本约束条件，是主体与环境的统一体；从更广阔的时空属性上看，它是组织、社会、文化、历史等的统一体，是系统与环境的综合。

任何时空结构上的语境都与意义紧密相连：语境决定意义，意义受制于语境。在信息查寻与检索过程，无论是用户信息需求的识别、表达与选择，还是用户的查寻与检索实践及信息选择、吸收利用都是在一定语境下完成的，这些行为过程与信息的时空分布、检索系统的可用性、信息可获取性、问题解决或工作任务等语境直接关联，也由语境决定这些行为过程及关联信息的意义与价值。因此，语境虽不可见但却在主体事物背后起着制约作用。可以说，任何信息对象或信息行为的意义都是由语境支撑的，离开语境的事物、对象或行为动作都可能无法解释或没有意义。

语境是时间的函数，随着时间的推移而迁移发展。也就是说，语境是在时间的运动中生成的，随着时间的推移不断运动变化；语境是多个关联事物的综合体，构成语境的各个要素及结构关系也在运动变化中趋于新的平衡稳态，当然这种平衡稳态可能是一种更加完善与复杂的形态，也可能走向崩溃和瓦解；语境的形成及其构成要素的关联同时存在并相互依赖，这种共处、共存、共生和互依的关系决定单个事物不构成语境。在信息查寻与检索过程中，社会文化语境、组织生态语境、信息空间语境、工作任务语境、查寻检索语境等都处于不断变化之中，查寻检索主体必须不断地随着时间推移适应语境变化以寻求查寻检索的最优或满意结果，因而必须于运动变化中把握信息查寻检索语境。

语境之间是相互关联的，彼此之间总存在千丝万缕的联系。这种关联在横向上体现为不同种类、不同形式语境的相互作用与相互渗透，在纵向上表现为同一语境的发展演化及变迁过程，从而在整体上形成一个纵横交错、枝蔓丛生的语境复合体。这种语境复合体的形成可能是一种有意识的他组织过程，也可能是随机的自组织过程。

尽管除“语境”外，context 在不同学科、不同场景中还翻译为“上下文”“背景”“与境”“境域”“史境”“生境”等各种称谓，但译成“语境”可能更为贴切。其原因在于：从语言学本身来说，“语境”是 context 的本原意义，而其他的翻译则多来源于其他学科的具体实践应用；二是将“语境”概念从语言学引申、扩展到语言学以外的领域，是该语词的引申意义；三是从信息检索的语义发现情境来说，“语境”能更好地诠释信息检索是信息交流或信息通信的内涵，不仅体现为时间前后连续文本间的信息交流，也体现为同时代的不同结构文本间的信息交流。

在中文中，与“语境”在意义上相近或相似的概念有很多，如背景、环境、情境等。下面对这些相关概念作简单的辨析。

背景(background)是为了突显所要言及的主体事物的参照物。背景可以是自然景物，如检索系统的自然背景是当前社会的科学认知水平；也可以是社会环境，如检索系统的社会背景是社会提供的信息生产、流通、分配与消耗场景。背景与主体事物共同构成语境，即语境=背景+主体事物。

环境(environment)是与系统科学相关联的概念，即主体事物(一般称之为系统)边界之外与主体功能发挥相联系的对象，包括各种自然和社会环境。系统与环境的统一体就是语境，即语境=系统+环境。语境强调主体事物与周围环境的关联结构及动态关联；系统一方面强调内部构成要素及要素间的相互作用，另一方面也强调时间演化中的系统动态结构变化，但所有这些分析都只聚焦于系统本身。也就是说，语境更关注系统在边界条件上与环境的关联性，着眼于相互间的渗透性，它既不是系统本身也不是环境本身，而是二者的统一体。

情境(situation)是主体事物的具体处境，包括具体的时间、地点、人物、事件等，如主体信息检索过程中特定时间下基于特定任务对特定信息的相关性评判与选择。情境性是以用户及认知为中心的情报学强调的基本观点，是本学科的核心理念，但与更强调历史性及背景性的语境相比，情境更强调主体事物的现实性与随机性。但可以肯定的是，任何情境都是处于语境之下的，是语境演化发展的现实结果映射。

语境的这些特征决定了它具有方法论的横断性与普适性。事实上，自 20 世纪 90 年代以来，语言哲学、科学哲学、科学史学、科学社会学、知识社会学等学科就开始纷纷研究与使用语境概念，创造并应用语境分析方法。而在信息行为研究中，把情境与行为进行关联研究也是一种学术传统，只是没有显式表达出语境的形式而已。因而，合作信息查寻与检索行为研究自然无法脱离语境的约束，必须将其置于语境中加以研究才能真正把握其内涵与本质。

2.2.2　合作信息查寻与检索行为研究的语境模型

人或生物的行为是任务驱动的，如个体为了生存，就必须解决吃饭和安全问题，而物种的代际传承需要交配和社会活动，这些基本任务会衍生出大量的其他任务，通常就是各种各样的现实与潜在需求。个体任务代表了某种价值判断和决策取向，这些价值函数很多是在生物进化过程中形成的，包括人体中各种化学成分的奖惩调制，如多巴胺(快乐)、血清素(痛苦)、乙酰胆碱(焦虑、不确定性)、去甲肾上腺素(新奇、兴奋)等。而这些价值判断与决策取向，一方面是亿万年生物进化形成的自然环境适应性，正如达尔文生物进化论中所描述的“适者生存”，是为了适应环境演化发展需求；二是数千年文化形成的社会环境适应性，体现为文化传承的背景性影响，个体在有限的时间内完成社会化过程，本质上是适应社会环境的学习过程。

用户信息查寻检索行为的产生也是任务驱动的。用户在生命历程中经过外界感知及内在需求的交互不断重塑自身的决策模型空间，该模型空间包括价值函数、决策函数、感知能力、认知水平、行为方式等。在特定语境中，只有当用户依自己的价值判断及决策函数认识到任务完成有现实意义(尽管有时这种现实意义并不是用户自己喜欢或愿意的，比如上级布置给自己不得不完成的任务)时才可能有某种行为方式发生，只有当用户意识到任务完成的知识或信息需求超出其认知状态且有现实环境提供可行性条件时，用户查寻与检索行为才会产生。而特定任务的生成是在特定社会、组织语境中主体依相应的价值判断及决策函数生成的，因而主体的查寻检索行为与认知状态是在与这些语境交互作用中的动态变化过程，而该动态过程一定是置于特定的运行环境中，共同构成了一种可分析的语境状态。上述分析可表达为如下信息查寻与检索的认知过程(图 2-13)。

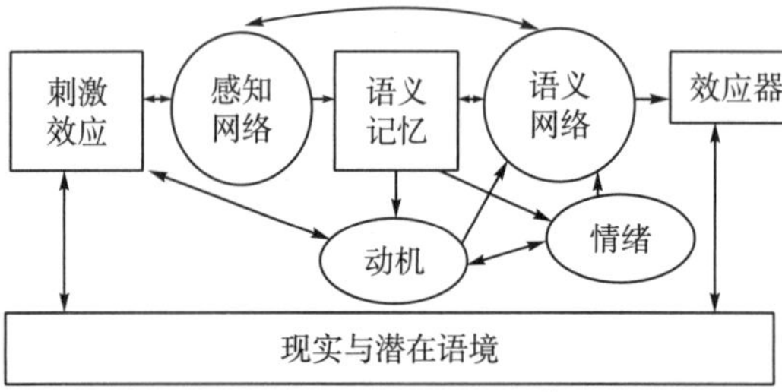

图 2-13 信息查寻与检索的认知过程框架

首先，信息查寻与检索的产生源起于主体的内部认知与外部语境的交互。用户从外界各种资源中获取相应信息，并用过去的经验解释获取的信息，根据接收的信息来识别相应的反应并根据决策需求确定某一行为。该认知-行为过程包括以下几个基本环节：感知，即对各种信息刺激的识别与解释；注意，经过特定过滤装置去掉不需要的信息而只关注其中对现实任务有价值的重要信息；信息处理，即对关注信息的转换、浓缩、扩展等过程，使信息转化为满足任务需求的状态；记忆，包括长时记忆和短时记忆，即把当前信息进行深层次的加工，并与以往的经验相融合的过程，从而构建全新的知识结构体系；学习策略，即通过完整的交互学习系统使用(包括操作、思考、设置目标、制定计划、类比)并从错误经验中学习。

其次，信息查寻检索行为是通过语义网络对动机、情绪、语义记忆等内部认知过程的综合效应结果。语义网络是该认知过程框架中反映当前认知状态的核心组分，该网络每个节点既包括过程化知识又含有相关的说明性知识。为了激活某个信息通道并引发相应的信息行为，语义网络节点需要合适的符号信息刺激，更需要达到一定的激活潜能。符号信息既可以由语义网络的其他节点导出，也可以是前期感知网络的操作结果，当然也可能来自语义记忆系统的扫描与提取。语义网络节点为了获得一个通道所必需的激活潜能，由动机网络以非符号的形式来提供；动机网络与情绪网络相互作用，情绪把以符号信息、非符号信息的传感-感知输入与基本情绪的生理动作连接起来，动机网络响应情绪网络的处理结果。动机网络的输出是驱动语义网络节点的激活值，只有当激活值超过某一阈值时才产生相应的信息行为；语义网络节点是接受来自动机网络的一个还是多个地方的激活值，这取决于固有的或经过学习而得到的联想以及外界环境的感知刺激元数量。

最后，效应器产生的信息获取行为要么是通过在内外环境中查寻检索特定信息，降低或消除环境对用户的刺激强度，从而结束相应的认知行为过程；要么是引发新一轮的认知行为过程，直到满足信息需求为止。其中，信息获取可能是单用户借助自身的信息处理能力与方法来解决，或是在自身能力无法满足需要时求助他人来实现，或本身整个过程就是在群体范畴内共同完成。

所以，信息查寻检索行为不仅是一种信息行为方式，更应该是一种认知方式；合作信息查寻与检索仅是用户信息行为的一种形态，它是个体在现实与潜在语境作用下的自反性迭代过程。所谓现实语境，是指个体实现信息查寻与检索的具体情境，如查寻检索任务、参与合作的成员、成员间的社会关系结构、使用检索系统的基本形态(如资源类型、资源组织形式、检索技术方法等)、合作交流的技术设备等；所谓潜在语境，是指个体具体查寻检索过程中可能意识到也可能没有意识到一些抽象泛化情境，如组织环境、社会环境、文化环境等。据此，构建了合作信息查寻与检索的语境关系结构(图 2-14)。

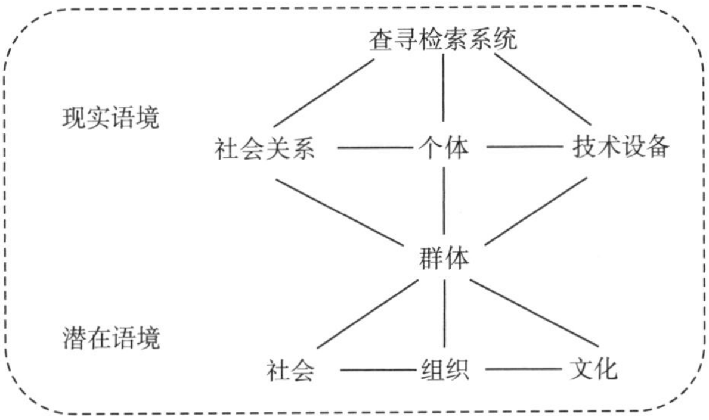

图 2-14　合作信息查寻与检索行为的语境关系结构

从图 2-14 可以看到，群体的合作信息查寻与检索需求来源于组织、社会与文化语境的实践需求，其实践过程可能是分解为个体的查寻搜寻行为、基于社会关系的查寻搜索过程和基于技术设备的查寻搜索过程。基于社会关系的合作信息查寻与检索仅是信息获取的一种形态，因而需要进一步掌握影响合作查寻与检索行为的影响因素集及显著性因素集以及这些因素间的相互作用关系，以其识别出行为产生、演化及收敛的动力学机制。

如果把每类语境作为影响合作信息查寻与检索行为产生及演化发展的一个维度，则可构建出一个以语境为基础的行为模型。从语境模型中可抽象出 6 类语境：文化语境、社会语境、组织语境、任务语境、群体语境、系统设备语境。因而可构建如下的矩阵关系：

$$\text{CISRB}=\begin{bmatrix} C \\ S \\ O \\ T \\ G \\ D \end{bmatrix}=\begin{bmatrix} c_1 & c_2 & c_3 & \cdots \\ s_1 & s_2 & s_3 & \cdots \\ o_1 & o_2 & o_3 & \cdots \\ t_1 & t_2 & t_3 & \cdots \\ g_1 & g_2 & g_3 & \cdots \\ d_1 & d_2 & d_3 & \cdots \end{bmatrix}$$

上述矩阵关系中，CISRB 表示合作信息查寻与检索行为，C、S、O、T、G、D 分别表示文化、社会、组织、任务、群体、系统设备 6 个维度，每个维度对应的分项表示识别的维度属性。比如，对文化维度来讲，包括不同的文化场景，如东西方文化、传统及网络虚拟文化、学术文化与生活文化等等。在具体实践关系中，各类语境间交互作用形成复杂的语境网络体系，既是合作信息查寻与检索任务的产生基础，也是任务完成的基础性约束条件。

在具体研究中，不仅需要条分缕析地把每个维度的显性或隐性特征属性识别出来，更主要的是弄清每个维度不同属性之间及不同维度属性之间的相互作用关系及作用强度。据此，可构建如下的相互作用矩阵关系：

$$F_{\mathrm{ij}}=\begin{bmatrix} f_{11} & f_{12} & \cdots & f_{1i} \\ f_{21} & f_{22} & \cdots & f_{2i} \\ \vdots & \vdots & \vdots & \vdots \\ f_{j1} & f_{j2} & \cdots & f_{ji} \end{bmatrix}$$

对于上述相互作用关系，由于不同属性间不完全是对等关系，因而当 $i \neq j$ 时，一般来说 $f_{ij} \neq f_{ji}$，因此在识别相互作用关系时需要根据具体理论及经验来确定这种关系的方向并进而识别出关系强度。

在特定时点上识别出这些静态关系还不够，还需要在时间维度上探索其演化规律。在时间维度上，由于各种关系的此消彼长，一些比较强(弱)的关系可能得到弱(强)化，一些没有的关系可能生长出来，一些现存的关系可能消失，因而这些相互关系会随着语境的演化发展而发生变化。由于语境作用的非线性关系特征，因而其演化历程可能是自组织过程也可能是他组织过程。故而，在研究实践中，不仅需要掌握特定时点上的相互作用关系，也需要了解在时间维度上这些相互作用关系的演化特征并预测未来的发展趋势。

2.2.3　合作信息查寻与检索行为语境模型的方法论意义

首先需要明确合作信息查寻与检索行为语境模型强调的是信息行为主体与周围环境因素的历史性与逻辑性关联，是一种理论分析的战略构想，其目的是指导合作信息查寻与检索行为的研究取向及路径，不仅要求该模型能解释合作信息查寻与检索行为的共同现象，也能分析行为过程中的差异化现象。

从客观实在来看，语境不仅是一种仅在，也是一种实在，它们是合作信息查寻与检索行为产生基础也是合作行为实践的作用对象，把不同视角、不同层面的语境囊括到一个整合模型中，既是合作信息行为的解释说明需要也是其预测分析需要。可以说，正是由于语境属性的统一性才使合作信息查寻与检索行为研究有了共同基础，同时也使合作查寻与检索行为的差异性能得到合理的解释。

语境方法的产生来源于系统科学方法，但和系统科学方法又表现出一定的差异。系统科学方法要求从整体上来分析研究对象，把研究对象与环境紧密关联起来，基于环境要求及系统发展目标的协调平衡来优化系统结构以适应环境的发展变化和引领系统的发展，但在具体分析中更侧重于系统功能识别及系统结构的优化设计，环境是作为制约因素或限制条件予以分析与关注。而语境分析方法也是把行为主体与环境关联起来，但并不特别关注主体本身的结构层次，而是关注主体与环境交互过程，通过交互过程分析来识别主体结构与环境结构间的作用机制以及动力学机制。

合作信息查寻与检索行为研究的语境模型作为一种方法论，至少体现了以下几方面的属性及意义特征：

一是整体属性。在过去的信息行为研究中，研究者们强调把行为置于一定的情境中进行考察而不能单独分析研究行为本身，但较少把信息行为与情境视为一个整体进行考察。合作信息查寻与检索的语境模型作为一种方法论，把信息行为主体及相关情境视为一体，强调主体信息行为与情境的交互过程，体现了方法论的整体属性特征。

二是互依互塑属性。互依表达了两层意义，其一是相互依赖，即一个缺乏另一个将无法生存，其二是相互决定共生共存，即一个并不决定另一个。互塑是指双方不是被动相互依存也不是被动的相互适应，而是主动的相互塑形。传统信息查寻与检索研究更加强调主体从信息环境中得到多少有用信息，忽视了信息环境与信息主体间的相互依存、相互塑造关系。事实上，主体既是信息检索系统的使用者，更受到信息系统资源组织形式、信息查寻检索技术与技巧的影响，而用户的行为方式也会让系统改善自身来满足用户的特定需求。

三是协同属性。协同是指元素对元素的相干能力，表现了元素在整体发展运行过程中协调与合作的性质。结构元素各自之间的协调、协作形成拉动效应，推动事物共同前进，对事物双方或多方而言，协同的结果使个个获益，整体加强，共同发展。合作信息查寻与检索语境模型中的协同，既体现为不同参与主体间的协同，也体现为信息资源对象间的结构协同，还体现为语境要素间的协同，更体现为这些要素的相互协同。在不断地交互过程中，各要素之间、要素的组成成分之间的作用关系互相增强，体现为发展方向的积极相干性。

四是张力属性。在物理学中，张力是指物体受到拉力作用时存在于内部且垂直于两相邻部分接触面的相互牵引力。在合作信息查寻与检索中，张力意指语境中各行为要素间的相互作用力，包括强度大小和作用方向。这种作用力，既表现为对合作信息行为的发展引领，也表现为对合作信息行为的实践制约；既表现为对合作信息行为发展的无限激励，也表现为对合作信息行为演化的有限收敛。

可以说，合作信息查寻与检索行为语境模型作为一种方法论，从整体上来研究行为主体与环境的交互作用关系，强调主体与环境的互依互塑关系及协同关系，同时保持相互作用关系间的矛盾平衡，为合作信息行为现象的解释与预测提供了方法论基础。而且，通过合作信息查寻与检索语境模型的构建，为本书的第二个问题（即语境功能问题）提供了基本答案或答案线索，即语境既是合作查寻与检索行为的起源与约束条件，更是一种查寻检索行为研究的方法论。

2.3　语境视角下合作信息查寻与检索行为的研究框架构建

2.3.1　合作信息查寻与检索行为的语境嵌套结构

合作信息查寻与检索本质上是众多用户在一定语境下的知识共享过程，而且这种共享是在广域社会情景下实现的。这种社会认知过程，既是指信息查寻与检索受到各种社会情境（如社会、组织、文化、任务属性等）的影响，更是社会智能在特定社会情境中的形成途径和方法，而不仅仅是提升单用户的智能水平和改善其知识结构。

合作信息查寻与检索不是简单的物理或机械式的匹配活动，需要以社会语境和用户任务属性为变量、集成系统导向和用户导向视角加以综合研究。结合图 2-13 的认知过程框架和图 2-14 的语境关系结构，构建了合作信息查寻与检索行为的语境嵌套结构（图 2-15）。

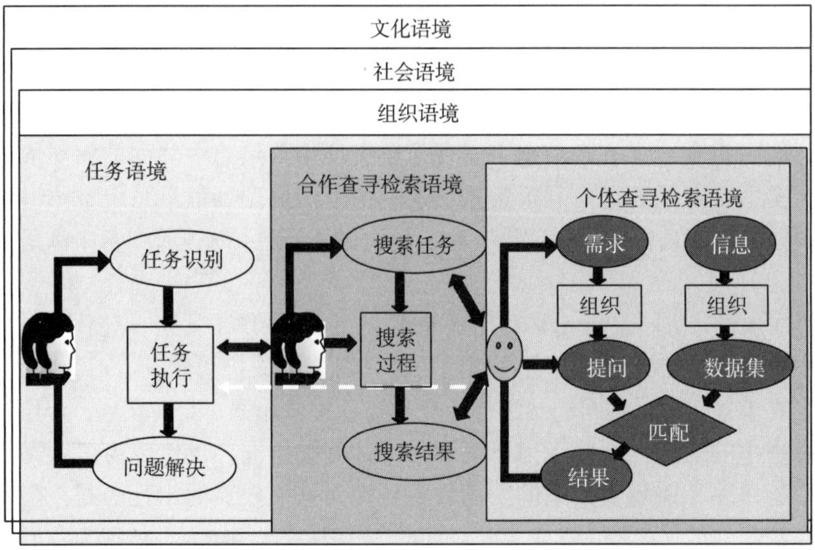

图 2-15　合作信息查寻与检索行为的语境嵌套结构

该嵌套结构中，任何查寻检索行为及过程都置于文化、社会与组织语境中，它们构成了查寻行为及过程的宏观性背景，是典型的潜在语境要素。其中，社会结构与组织结构在一定时空范围内是刚性因素，文化结构是其中的润滑剂，充盈于整个物质与精神空间；文化结构是价值函数的主要来源，组织结构是决策函数的主要制约条件，而社会结构对价值函数与决策函数都有不同程度的影响。

查寻检索行为源起于任务完成过程中的信息需求，而任务本身受制于相应的社会、组织及文化语境。任务可能来源于组织语境(如组织安排的特定工作任务)，也可能来源特定社会语境(如针对社会失范产生的责任意识)，还可能来源于文化语境(如对特定文化的价值追求)。任务主体在语境约束下通过任务识别来把握任务的类型、目标、需求资源等基本属性，并基于任务识别结果依据价值函数、决策函数、感知能力、认知水平、行为方式等制定任务解决方案，然后执行任务方案，直到任务解决收敛到期望的问题解决水平。

在任务解决的实践过程中，任务主体可区分为单用户与群体用户两类：如果任务主体是单用户，则用户利用自身知识结构来识别任务，不能识别时可借助信息查寻检索系统来帮助识别任务，或是求助咨询他人来解决任务识别；如果是群体用户，则利用群体智能来共同识别问题，当群体智能不能解决问题识别时，则可能通过群体合作信息查寻与检索来帮助识别问题，当然也可借助外部环境来识别问题。

问题识别完成后，主体则会制定相应的任务执行方案。当任务主体的已有知识结构足以完成任务时，则主体直接调用知识结构中的参考结构体系解决问题；如果任务主体的已有知识结构不足以完成任务，则会通过查寻检索相关信息改变知识结构来解决问题。

针对两种不同类型的任务主体，其具体执行过程如下：

(1)任务主体是单用户。当他具备足够的信息素养和相应领域知识基础时，则可通过相应搜索系统来完成信息查寻与检索；如果不具备足够的信息素养和相应领域知识基础时，则可通过各种途径发出信息求助(当然也可中止查寻过程)，感知到该信息求助的其他社会成员在相应激励机制下通过合作查寻与检索来满足相应信息求助需求。在合作搜索过程中，可能是规划性的合作搜索(如到图书情报机构向相关人员咨询)；随机的合作搜索(如网络环境中基于论坛的人肉搜索、检索系统中复用他人的检索策略等)，搜索过程的共享或搜索结果的共享；还可能是参与者直接在知识结构中提取特定知识来满足用户的信息需求(如咨询对象是领域专家)。

(2)任务主体是群体用户(如科研团队、组织中的CSCW工作团队)。该群体可通过规划性的搜索任务分配，在合作查寻与检索过程中共享检索过程与检索结果，从而满足团队任务完成需要。Allen(1977)经研究发现：在团队搜索过程，一般都存在着信息或技术把关者，整个搜索过程都是以信息或技术把关者为中心展开。该群体搜索过程实质上是群体智能的形成过程，也是组织记忆及参考结构的形成过程。

无论是上述单用户的搜索过程或基于求助产生的合作查寻检索过程还是本身是群体用户的合作搜索过程，基于检索系统的单用户查寻检索过程都必不可少，它是整个信息查寻与检索的基本环节。因此，合作信息查寻与检索仅是查寻检索过程中可能的一种情形，是在特定语境中产生的一种复用社会智能的知识共享形式。

构建的合作信息查寻与检索语境结构，一方面是具体化前面的语境模型，另一方面是探索语境与查寻检索实践的交互作用机制。可以发现：信息查寻与检索是主体任务执行及问题解决过程中改善自身知识结构的一种方式，是主体智能发展的基本环节；合作信息查寻与检索是主体信息查寻检索的一种形式，是主体自发或自觉利用群体智能解决信息获取的方式。因此，通过语境嵌套结构描述了合作信息查寻与检索行为及过程的产生、存在及演化发展，回答了本书的第一个问题(即合作信息查寻与检索在用户信息获取谱系中的位置问题)。

2.3.2　合作信息查寻与检索行为特征与行为机制的研究框架

在明确语境的方法论意义及合作信息查寻与检索是主体信息获取的一种基本方式之后，需要更进一步探索不同语境条件下用户合作信息查寻与检索的行为特征与行为机制。根据相关研究成果及本书的基本视域，给出本书的基本框架(图2-16)。

本书框架把合作信息查寻与检索行为特征及行为机制研究置于语境认知之下，以问题解决为突破口，把合作信息查寻与检索划分为合作前、合作中、合作后三个阶段。其中，合作前阶段主要完成信息需求识别、信息交流及确认查寻检索任务，合作中主要完成信息查寻检索、信息交流及相关性判别，合作后主要涉及信息利用、信息交流及带来的认知效果，各个阶段任务完成效果通过循环反馈来检验。此外，在合作信息查寻与检索演进过程中，特别强调主体内在动机及外在激励机制的作用，同时聚焦合作过程中信息交流的独特功效。

后面的研究中，将依据此研究框架，以不同语境为具体研究基点，应用调查方法获得研究对象数据，通过对研究数据的深入分析，探索合作信息查寻与检索的行为特征及行为机制，揭示合作信息查寻与检索的相关性判断过程。

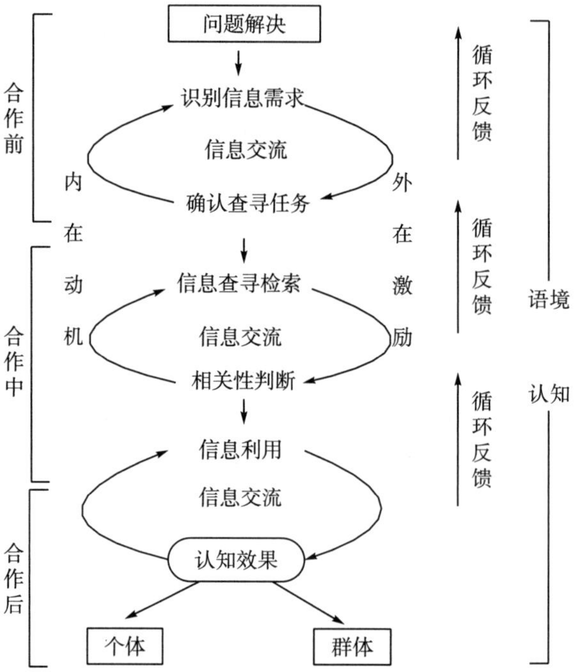

图 2-16 合作信息查寻与检索行为特征与行为机制的研究框架

第3章　合作信息查寻与检索的行为特征与机制Ⅰ
——基于企业项目团队的观察

前面把合作信息查寻与检索依据合作群体各主体间关系疏密程度及合作过程的规划程度划分为4种典型类型：偶遇合作、社会合作、嵌入合作、战略合作。其中偶遇合作在传统的信息检索系统研究中已有较多研究成果(如检索式复用、系统后控词表机制、相关反馈等)，因而在合作信息查寻与检索的行为特征及行为机制研究中主要以战略合作、嵌入合作及社会合作为分析对象，其中战略合作以企业项目团队为对象，嵌入合作以高校科研团队为对象，社会合作以网络社区为对象展开进一步研究工作。

战略合作是指合作双方建立长期的合作共享关系，不仅涉及信息的共同获取与交流，而且涉及将相关信息应用到实际的问题解决中形成合作智能。这种合作形式的主要特征是合作双方的关系亲密，合作具有较强的规划性，主要是以组织持续的信息需求为出发点的合作信息查寻与检索问题，典型的如组织中特定机构(如生产部门、销售部门等)的问题解决。为了研究方便，本部分主要选取企业项目团队为对象，探讨其在工作完成过程中的合作信息查寻与检索行为特征及行为机制。

企业项目团队是指各类企业中为实现项目目标而建设的一种按照团队模式开展项目工作的组织，是项目人力资源的聚集体。在企业工作中，为了工作需要，会根据各种实践需求组建各种类型的项目团队，有些项目团队也因工作任务而解散，也有更多的团队长期稳定存在。团队成员因长期合作形成较为稳定的组织关系，他们之间的合作信息查寻与检索具有一定的特殊性。本书期望以实证过程揭示其中的行为特征及行为机制。

3.1　企业项目团队合作信息查寻与检索行为的研究设计

3.1.1　研究模型构建

根据 Triandis(1980)构建的用户行为模型(图 3-1)可以发现：企业项目团队成员间的合作信息查寻与检索行为会受到多种因素的影响，既包括个体内部心理、认知和情感的因素，还有各种外部环境因素，但大致可归并到社会因素、情感因素、行为感知结果、个人习惯及易用条件等因素中。其中，社会因素是指“在特定的条件下个人的涉及群体主观文化和个人同其他人所约定的特定人际契约的内在认同”，情感因素是属于内心情感态度的影响因子，行为感知结果则反映了“一个行为的结果对于执行者来说有多少价值的事实”，个人习惯是“一种既定情况下个人自动履行的行为”，易用条件是指“在特定的环境中是否具有使行为较容易实行的条件”。该模型的一个重要特征是把易用条件作为影响行为发生的首要前导因素。因此可以推断，即使行为意愿强烈且已经建立起固定的行为习惯，但如果存在比较难以克服的客观障碍，依然可能导致信息行为难以顺利实现或中断。

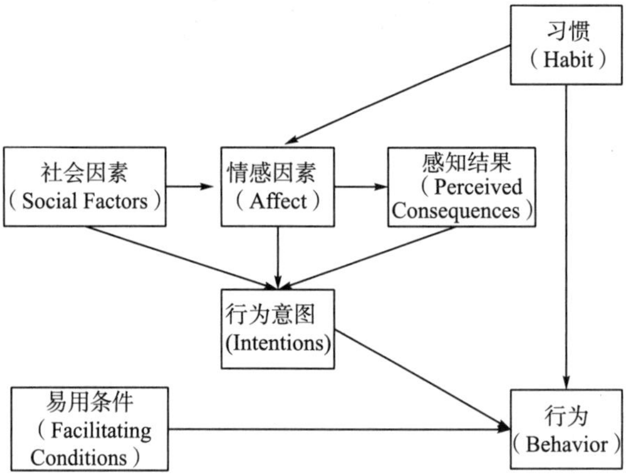

图 3-1 Triandis 的用户行为模型

Byström 等(1995)以工作任务性质为出发点，将个人搜寻风格融入情境因素构建了任务复杂程度对信息行为的影响分析模型(图 3-2)。该模型由 6 大要素组成：个人因素、主要任务、情境因素、信息需求分析、选择行动、信息行为评估。个体基于任务进行信息需求分析时，个人因素(教育程度、经验、态度、动机、情感)、任务因素(任务的难易程度)、情境因素(可利用时间的多少等)以及个人搜寻风格(对搜寻工具的偏好、信息渠道的选择

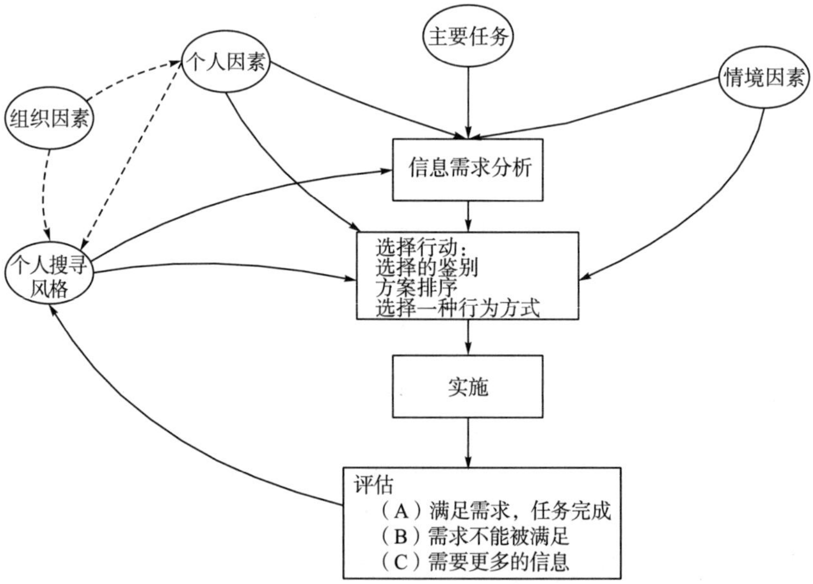

图 3-2 Byström 等的用户行为模型

及偏好等）都会对信息行为产生影响。同时，行动选择也会受到个人因素、情境因素以及个人搜寻风格的影响，而个人搜寻风格又会受到组织因素、个人因素以及满意度评估的影响，同时，个人因素会受到组织因素的影响。该模型为研究特定任务、情境、个人、个人搜寻风格等条件下的信息行为提供了基本范式。该模型的重要特征是引入信息行为评估来反馈用户信息需求，从而构建用户信息行为运动的封闭循环系统。

为考察与工作相关的信息搜寻行为，Leckie 等（1996）构建了专业人员信息查寻行为模型（图 3-3）。该模型致力于职业语境下的信息行为研究，认为专业人员信息需求源于工作的角色及任务。该模型由 6 个主要因素组成：工作角色、工作任务、信息需求特征、信息资源、信息意识、搜寻结果。其中工作角色决定工作任务，进一步决定了信息需求的内容与特征；通过信息搜寻行为获得搜寻结果，搜寻结果又通过反馈机制作用于信息需求的内容、信息搜寻行为、信息资源以及信息意识，信息资源及信息意识共同作用于信息搜寻行为。

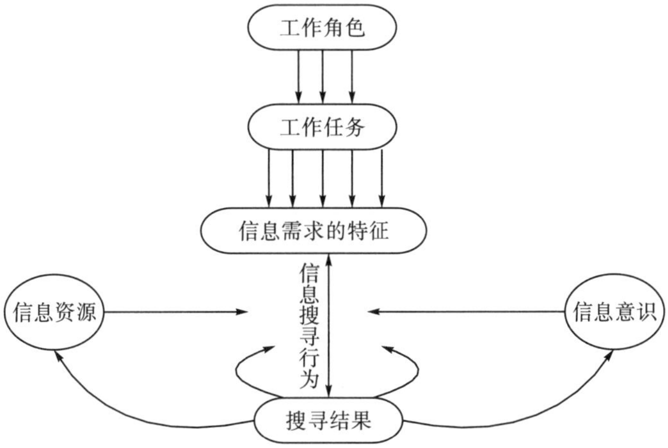

图 3-3　Leckie 等的专业人员信息查寻行为模型

Karunakaran 等（2013）构建了组织环境下的合作信息查寻行为模型（图 3-4）。该模型将合作信息查寻行为置于组织环境中，认为合作信息查寻行为由 3 个阶段（问题集制定、合作信息查寻以及信息使用）组成，每个阶段是由一系列信息活动构成。在组织情境中，群体用户因解决项目问题需要，通过分享自我理解以及外在表征（文字材料、语言等）进而引发合作信息查寻行为，经过综合整理共享合作信息查寻结果。如果信息需求未得到满足则生成新的反馈循环系统。

为了探讨企业项目团队成员在项目工作时的合作信息查寻行为特征和行为机制，本书在之前的文献调研基础上设计了小型访谈提纲，通过访谈 5 位具有企业项目团队工作经历的企业员工进一步掌握了企业项目语境下的团队成员合作信息行为过程及主要的影响因素，结合已有的文献研究及前面研究设计中给出的基本研究框架构建了本书的合作信息查寻与检索行为研究框架（图 3-5）。该框架主要包括三部分：一是合作信息查寻行为的触发，即在项目任务驱动下产生合作查寻与检索意愿；二是合作信息查寻与检索行为过程，即多

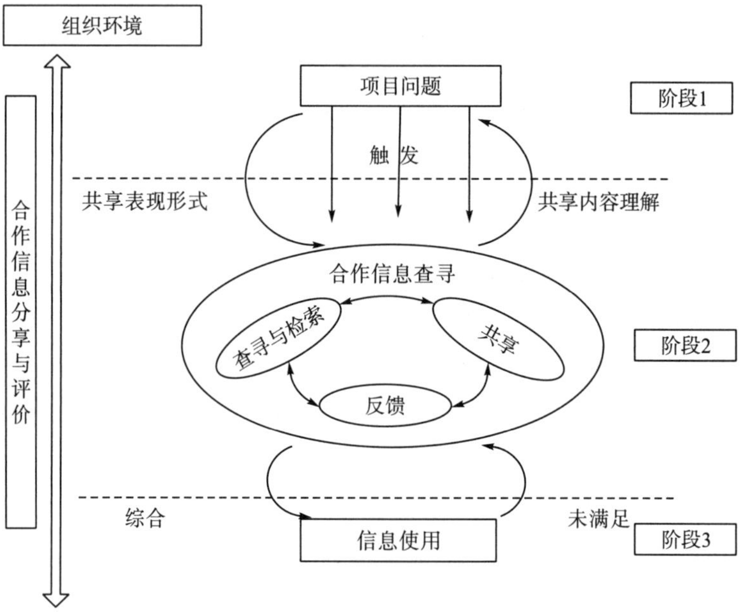

图 3-4　组织环境下的合作信息查寻行为模型

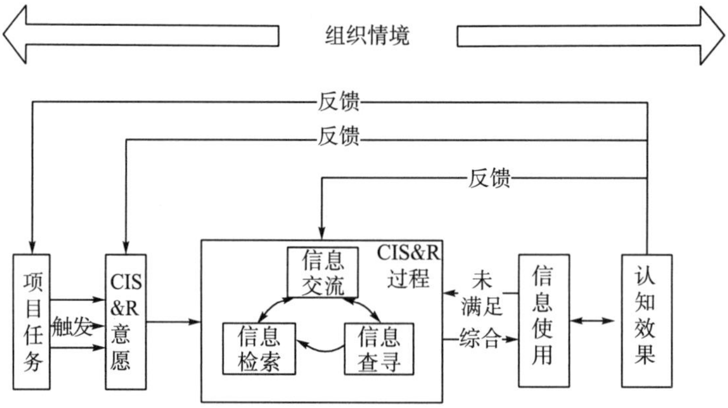

图 3-5　企业项目团队合作信息查寻与检索行为的研究框架

人共同完成查寻检索过程；三是合作信息查寻检索效果，即查寻检索结果对任务的完成程度和所引发的认知效果。该研究框架期望揭示在特定组织环境中项目团队成员发起合作信息查寻行为的过程，后续研究将根据这一假设模型提取该环境中合作信息查寻行为的影响因素，提出本书的研究假设和完成具体的研究设计。

3.1.2　主要研究问题及研究假设

问题 1：人口统计因素对企业项目团队成员的合作信息查寻与检索行为是否有影响。

早已有信息查寻行为的相关研究证实人口统计因素对用户的信息查寻行为有影响，那么在企业项目工作中合作信息查寻与检索行为是否也会受到人口统计因素的影响？本书主要考察性别、年龄两个人口统计因素是否对合作信息查寻与检索行为有影响。具体假设如下：

假设 H1.1：不同性别的企业项目团队工作人员的合作信息查寻与检索行为有显著差异；

假设 H1.2：不同年龄的企业项目团队工作人员的合作信息查寻与检索行为有显著差异。

问题 2：工作背景状态对企业团队项目成员的合作信息查寻与检索行为是否有影响。

相关研究成果表明在特定工作领域内，工作角色、用户相关任务、任务完成结果对信息查寻行为存在影响。本书期望探讨项目团队成员参与项目工作次数、项目团队规模大小、项目成员任职岗位、项目任务阶段、信息角色以及任务完成情况等与项目工作相关的背景状态对项目团队成员合作信息查寻与检索行为的影响。具体假设如下：

H2.1：参与项目工作次数不同的团队成员在合作信息查寻与检索行为上有显著差异；

H2.2：不同任职岗位的项目团队成员在合作信息查寻与检索行为上有显著差异；

H2.3：不同团队规模的项目团队成员在合作信息查寻与检索行为上有显著差异；

H2.4：不同任务阶段的项目团队成员在合作信息查寻与检索行为上有显著差异；

H2.5：不同信息角色的项目团队成员在合作信息查寻与检索行为上有显著差异；

H2.6：不同任务完成情况的项目团队成员在合作信息查寻与检索行为上有显著差异。

问题 3：项目团队成员特质对合作信息查寻与检索行为意愿和态度是否有影响。

沙勇忠和任立肖(2005)在研究中发现，用户个体间的差异会对信息查寻行为造成影响，用户个体差异又表现在认知类型不同、经验不同、性别差异、年龄不同以及自我效能感差异，其中认知类型是用户在信息活动过程中所表现出来的一种一贯的行为方式，既包括用户知觉、记忆思维的不同，又包括个体态度、动机等的差异。本书将考察项目团队成员的个性特征(性格)、工作经验、信息能力、沟通能力、习惯、工作压力、自我效能感等人员特质与合作信息查寻与检索的行为意愿与态度间的相关关系。具体假设如下：

H3.1：项目团队成员特质正相关于合作信息查寻与检索行为意愿；

H3.2：项目团队成员特质正相关于合作信息查寻与检索行为态度。

问题 4：项目团队成员特质对合作信息查寻与检索感知结果是否有影响。

通常认为人类行为是受目标导向支配，即人类为了满足特定价值目标才会发生某种行为。当个体集中于某个目标时，感知结果就开始起作用。本书将企业项目团队成员的合作信息查寻与检索行为的感知结果划分为感知个人结果与感知团队结果，其中感知个人结果是指个体对合作信息查寻与检索行为给个人带来的结果预判(如报酬、个人形象、名誉、工作的高效完成等)，而感知团队结果是指个体对合作信息查寻与检索行为给团队带来的结果预判(如团队的发展壮大、团队绩效水平提升等)。由于个体在工作经验、性格等个体特质方面的差异，所产生的感知结果也可能有所不同。具体假设如下：

H4.1：项目团队成员特质正相关于合作信息查寻与检索的感知结果。

问题 5：项目任务认知对项目团队成员合作信息查寻与检索行为意愿和态度是否有影响。

任务情境是组织项目团队存在的基础，也是团队成员工作的出发点，它对项目团队成员的合作信息查寻与检索行为有着极为重要的影响，是激发个体合作信息查寻与检索需求和行为的主要因素，前面的诸多用户行为模型已经充分说明了这一点。具体假设如下：

H5.1：项目任务认知正相关于合作信息查寻与检索行为意愿；

H5.2：项目任务认知正相关于合作信息查寻与检索行为态度。

问题 6：项目任务认知对项目团队成员合作信息查寻与检索行为感知结果是否有影响。

项目团队成员对合作信息查寻与检索的感知结果是一种主观意识结果，它反映了行为结果对于执行者来说有多少主观价值。在 Triandis 模型中，如果个体对结果有越高的感知价值，个体就越可能去执行某个行为。面对复杂程度和结果不同以及不确定性程度不同的项目任务，个体在结果感知上是否有差异呢？具体假设如下：

H6.1：项目任务认知正相关于团队成员合作信息查寻与检索行为的感知结果。

问题 7：合作信息查寻行为态度对感知结果、合作信息查寻行为意愿的影响。

Fishbein 与 Ajzen 在计划行为理论模型中认为，“态度是学术上倾向于对既定客体的喜欢或不喜欢习惯的反应”。本书中合作信息查寻行为态度相当于 Triandis 模型中的情感因素。而根据 Triandis 的观点，情感直接反映一个人的行为倾向，是涉及“个人特定行为所引起的喜欢、乐趣、自豪、厌恶、挫败和憎恨六个情感的综合感觉”(赵亮，2011)。人们一般倾向于执行对他们来说有正面感觉的行为，态度是预测行为意愿的一个重要变量。Triandis 认为，情感因素对行为意愿、感知结果造成影响。由此，本书提出如下假设：

H7.1：合作信息查寻行为态度正相关于合作信息查寻与检索行为意愿；

H7.2：合作信息查寻行为态度正相关于合作信息查寻与检索行为感知结果。

问题 8：组织氛围及交流环境对项目团队成员合作信息查寻行为意愿、态度及感知结果的影响。

朱少英等(2008)的研究结果表明，团队氛围为知识共享提供了一个彼此信任和值得信赖的环境，一个积极、自发、自觉自愿的氛围，对知识共享起着巨大的推动作用。因此，一个自由开放、彼此信任的团队氛围能帮助消除团队内信息交流障碍，使个体愿意参与信息交流，使合作信息行为能够高效完成。本书主要考察管理支持、人际关系、交流质量、团队认同感、组织特质以及团队内沟通氛围等方面的组织氛围。在企业环境中，组织氛围及交流环境成为影响团队成员合作信息查寻与检索行为极其重要的因素。为了探讨组织氛围及交流环境与团队成员合作信息查寻行为态度、意愿与感知结果之间的关系，本书提出如下假设：

H8.1：组织氛围及交流环境正相关于企业项目工作团队成员合作信息查寻与检索态度；

H8.2：组织氛围及交流环境正相关于企业项目工作团队成员合作信息查寻与检索行为意愿；

H8.3：组织氛围及交流环境正相关于企业项目工作团队成员的感知结果。

问题 9：项目任务认知与项目团队工作成员特质之间是否相互影响。

对项目任务的认知是主体在一定语境中产生的，由于工作经验、信息能力、沟通能力、自我效能感等特质的差异，团队成员对项目任务的认知可能存在不同，反之亦然，因而项目任务的认知可能与主体成员特质间存在相关关系。为此，本书提出如下假设：

H9.1：项目团队工作成员特质与项目任务的认知存在相互影响关系。

问题 10：项目任务认知与组织氛围及交流环境之间是否存在相互影响关系。

项目任务是在一定组织语境中产生的，组织氛围(如团队内沟通氛围、管理支持、组织特质等)的不同可能会对任务的认知产生影响，故本书提出如下假设：

H10.1：项目任务认知与组织氛围及交流环境之间存在相互影响关系。

问题 11：组织氛围及交流环境与项目团队工作成员特质之间是否存在相互影响关系。

团队成员根植于特定组织中，组织由团队成员构成。相关研究已经证实，团队成员的个性特征、沟通能力等特质会对组织的整体氛围造成影响，而组织氛围反过来也对成员特质造成一定的改变。故本书提出如下假设：

H11.1：组织氛围及交流环境与项目团队工作成员特质之间存在相互影响关系。

问题 12：认知效果、项目团队工作成员特质、项目任务认知、组织氛围及交流环境与合作信息查寻行为意愿是否存在相互影响关系。

调研与梳理相关文献可以发现，Lekie 模型把信息查寻结果看作是信息查寻行为的重要影响因素之一，查寻结果反馈查寻行为，从而引发个体对查寻行为进行调整。本书的认知效果相当于查寻结果，为了进一步探究认知效果会对哪些变量有反馈影响，同时又会受到哪些因素的影响，因此提出以下假设：

H12.1：成员特质与认知效果存在相互影响关系；

H12.2：项目任务认知与认知效果存在相互影响关系；

H12.3：组织氛围及交流环境与认知效果存在相互影响关系；

H12.4：认知效果与合作信息查寻与检索行为意愿存在相互影响关系。

3.1.3　企业项目团队合作信息查寻与检索行为影响因素假设模型

通过相关文献回顾及以上问题分析，本书提出了一系列待检验的假设。假设分为两类：①与合作信息查寻与检索行为特征相关的假设。上述问题 1 与问题 2 所包含的假设属于该种类型，这类假设主要是剖析企业项目工作团队成员合作信息查寻行为特征，将应用 SPSS 软件对样本数据进行交叉列联分析、卡方检验以及 Spearman 相关分析，以掌握两变量之间是否具有独立性，即分析变量之间的相关性；②与合作信息查寻与检索行为影响因素相关的假设。上述问题 3 到问题 12 所包含的假设都属于这种类型的假设，该类假设主要是剖析企业项目工作团队成员合作信息查寻行为的主要影响因素，将应用 AMOS 软件对所建构模型进行检验，基于检验结果进一步探讨合作信息查寻与检索的行为机制。

汇总与行为影响因素相关的 18 个假设，得到与合作信息查寻与检索行为影响因素相关的研究假设汇总表(表 3-1)。

表 3-1　与合作信息查寻与检索行为影响因素相关的研究假设汇总表

序号	假设内容
H3.1 (H1)	成员的特质正相关于合作信息查寻与检索行为意愿
H3.2 (H2)	成员的特质正相关于合作信息查寻与检索行为态度
H4.1 (H3)	成员的特质正相关于合作信息查寻与检索感知结果
H5.1 (H4)	项目任务的认知正相关于合作信息查寻与检索行为意愿
H5.2 (H5)	项目任务的认知正相关于合作信息查寻与检索行为态度

续表

序号	假设内容
H6.1(H6)	项目任务的认知正相关于团队成员的合作信息查寻与检索行为感知结果
H7.1(H7)	合作信息查寻行为态度正相关于合作信息查寻与检索行为意愿
H7.2(H8)	合作信息查寻行为态度正相关于合作信息查寻与检索行为感知结果
H8.1(H9)	组织氛围及交流环境正相关于企业项目工作团队成员合作信息查寻与检索态度
H8.2(H10)	组织氛围及交流环境正相关于企业项目工作团队成员合作信息查寻与检索行为意愿
H8.3(H11)	组织氛围及交流环境正相关于企业项目工作团队成员的感知结果
H9.1(H12)	成员的特质与项目任务的认知存在相互影响关系
H10.1(H13)	项目任务认知与组织氛围及交流环境之间存在相互影响的关系
H11.1(H14)	组织氛围及交流环境与项目团队工作成员的特质之间存在相互影响的关系
H12.1(H15)	成员的特质与认知效果存在相互影响的关系
H12.2(H16)	项目任务认知与认知效果存在相互影响的关系
H12.3(H17)	组织氛围及交流环境与认知效果存在相互影响的关系
H12.4(H18)	认知效果与合作信息查寻行为意愿存在相互影响的关系

更进一步，提出本书的合作信息查寻与检索行为影响因素模型(图 3-6)。

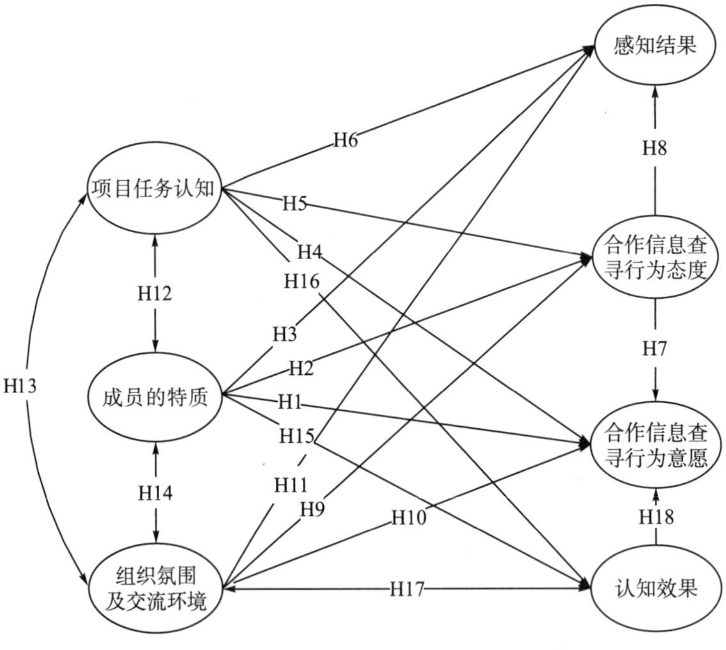

图 3-6 企业团队项目工作成员的合作信息查寻与检索行为影响因素假设模型

3.1.4 研究目标、研究方法与研究工具

基于上述研究内容实施，主要达到以下研究目标：①揭示企业项目团队语境中用户合作信息查寻与检索的行为模式与行为特征；②识别企业项目团队语境中合作信息查寻与检

索的影响因素，探索该语境下合作信息查寻与检索的行为机制问题。

为达到研究目标，本书在文献调研的基础上，拟采用个案观察法、问卷调查法以及访谈法等来获取研究数据，以信度和效度分析、描述统计、交叉列联分析及结构方程模型来分析获得的研究数据。

(1) 个案观察法。通过观察特定企业团队项目工作成员行为，从局内人、局外人两种角度去获取企业团队成员在项目工作中合作信息查寻与检索行为的相关信息。其观察对象主要是整个团队的工作过程、会议过程、合作信息查寻与检索过程，包括相互间的电子通信、工作文件等。

(2) 访谈法。结合个案观察法，通过与企业团队成员或管理者的访谈，获取团队在进行项目工作时的流程以及他们进行信息查寻与检索行为的时间、影响因素、内在行为机制等信息，从而为制作问卷及提出假设奠定基础。

(3) 问卷调查法。通过网络发放电子版问卷，获取企业团队项目工作者合作信息查寻行为的交流内容、获取信息渠道、交流工具以及各影响因素等方面的信息。

上述方法中，个案观察法及访谈法主要是为获得研究对象的一些观测指标，为调查问卷设计提供基础材料，因而核心方法是问卷调查法。对问卷调查所得到的数据，主要采用 SPSS 及 AMOS 两种软件作为数据分析工具。具体而言，主要涉及以下的数据分析方法：

1. 信度和效度分析

信度分析用于评价问卷的稳定性与可靠性，可用于判断调查问卷中所设定的不同问题是否是针对同一个目标。在信度分析方面，通常使用内部一致性法，衡量内部一致性使用克隆巴赫系数 (Cronbach' s α) 值作为评估标准。Gronbach (1965) 建议，α 在 0.7 以上表示高信度，α 在 0.35～0.7 表示可接受信度；α 在 0.35 以下表示低信度。

效度分析就是测度量表能测量理论的概念或特质的程度，即测量的正确性。一般而言，可分为内容效度分析与结构效度分析。内容效度是指问卷内容是否具有相当的理论架构基础；而结构效度则是指题项能测得抽象概念的程度，通常采用探索性因子分析检验结构效度。因子分析目的即在找出量表潜在的结构，减少题项数量，使之变成一组相对较少而彼此相关较大的变量。效度越高表示测量结果越能显示出所要测量对象的正确特征。

2. 描述统计方法

统计分析的首要工作就是要做好描述性统计。通过描述性统计，可以对拟分析的样本数据总体特征有比较准确清晰的把握，从而为其他更为深入的统计分析奠定基础。本书通过频次统计、百分比、平均数与标准差，了解样本对象在性别、年龄、职业、教育程度、专业类别、参与团队工作次数、工作岗位、参与团队规模、所参与项目任务阶段、扮演的信息角色分布及有关合作信息查寻与检索行为的状况。

3. 交叉列联表分析

描述性统计分析主要是对单个变量的数据分布特征进行分析，而分析者往往还需要掌握多个变量在不同取值情况下的数据分布情况，从而深入挖掘变量之间的相互影响关系。本书将通过交叉列联分析探究样本的人口统计学因素、信息角色、交流内容、个人特质、心理认知因素、组织氛围、社会资本等因素是否对合作信息查寻与检索行为造成影响。

4. 结构方程模型法

孙曙迎(2009)认为，结构方程模型法(structural equation model，SEM)是反映潜变量之间关系的因果模型与反映指标变量与潜变量之间关系的因子模型的结合。SEM 是当代社会科学量化研究中最重要的研究方法和统计技术之一，它大量应用于社会及行为科学领域已近 30 年的历史。结构方程模型方法的主要优点有：可同时处理多个因变量，可以同时估计因子结构和因子关系，容许更大弹性的测量模型，并且能够估计整个模型的拟合程度。

结构方程模型可分为测量方程(measurement equation)和结构方程(structural equation)两部分。测量方程主要描述潜变量与指标变量之间的关系，而结构方程则描述的是潜变量之间的关系。

结构方程模型可使用的软件较多，典型之一是结构方程模型分析软件(analysis of moment structures，AMOS)。它能轻松地进行结构方程建模，快速创建模型以检验变量间的相互影响关系及产生原因，同时它可通过直观的可视化模块界面快速绘制 SEM 图形、浏览与修改模型图，评估模型的适配指标，并参考修正，最终输出最佳模型。本书将使用 AMOS21.0 统计软件进行验证性因子分析，利用之前 SPSS 因子分析得出的因子，验证这些因子之间的相关性，经修正得出模型。

荣泰生(2009)认为，在模型拟合度评估方面，若模型拟合度越高，则代表模型可用性越高，参数估计越具有实际意义。AMOS 是以卡方统计量来进行检验的，一般以卡方值与自由度的比值来判断模型是否具有良好的拟合度。但是卡方统计量容易受到样本大小的影响，因此除了卡方统计量外，还需同时参考其他拟合度指标，具体内容参见后续的分析过程。

3.2 企业项目团队合作信息查寻与检索行为的问卷设计与预调研

3.2.1 调查问卷设计

调查问卷的第一部分涉及企业项目团队成员的相关资料，主要包括人口统计特征以及企业项目工作情况，其中人口统计特征主要涉及性别、年龄、学历、专业类别；企业项目工作情况主要涉及成员近三年参与企业项目团队工作的次数、在团队中任职的岗位、所参与工作团队的规模、项目任务阶段性质、成员扮演的信息角色以及任务完成情况。具体问项设计见表 3-2。

表 3-2 相关资料信息问项设计

因素名称	操作性定义	问项
性别	男、女	您的性别是?
年龄	所处的年龄阶段、在哪个范围	您的年龄范围为?
学历	受教育程度	您的学历是?
专业类别	专业所属的学科门类	您的专业属于哪一个学科门类?

续表

因素名称	操作性定义	问项
参与次数	近三年参与企业项目团队工作的次数	您最近三年参加过企业项目团队的次数为？
任职岗位	在所参与的企业工作团队中的任职情况	就您最近一次项目团队工作经历来说，您的岗位是？
团队规模	最近一次参与的项目工作团队的规模	就您最近一次项目团队工作来说，该团队的规模为？
任务阶段	所负责任务所处的研究阶段	分配给您的项目任务是处于哪个阶段的任务（如领域问题的理论研究阶段、领域问题的应用研究阶段、实施开发阶段、后期维护阶段）？
信息角色	按照信息加工过程，团队成员所扮演的信息角色	在团队的信息查寻情境中，您所最常扮演的角色为（信息提供者、信息收集者、信息核实者、整理者、信息分析者）？
任务完成	团队对项目任务完成情况的评价	团队认为您完成团队指派给您的工作任务的情况如何？

调查问卷的第二部分为企业项目团队成员工作中的合作信息查寻与检索行为信息调查，主要涉及合作查寻与检索的内容、信息源的使用及偏好、交流工具的使用与偏好、合作查寻与检索的场合及频率。具体问项设计见表 3-3。

表 3-3　团队成员合作信息查寻与检索行为特征问项设计

因素名称	操作性定义	问项
合作查寻与检索内容	与团队成员合作查寻与交流的内容	在日常工作中，您与团队成员通常在哪些方面进行合作？
信息源的使用及偏好	使用的信息获取渠道以及个体认为它们的重要性程度	通常情况下，在信息查寻过程中，您通过使用以下哪 5 种信息源来获取信息？请按重要性排序
交流工具的使用与偏好	使用的交流工具类型以及个体认为它们的重要性程度	通常情况下，您会选择以下哪 5 种交流媒介与团队成员进行信息交流？请按重要程度排序
合作查寻与检索的场合	通常与团队成员合作信息查寻与检索的地点	通常情况下，您会选择什么样的场合进行信息查寻与检索，并与成员进行信息交流？
合作查寻与检索信息的频率	与团队成员合作查寻与检索信息的强度	通常情况下，您与他人合作查寻检索与交流分享的频率为？

调查问卷的第三部分为企业项目团队成员工作中合作信息查寻与检索的行为影响因素调查。该部分采用李克特 5 分量表的形式，分数愈高表示对此问项同意度愈高。本书以威尔逊信息查寻模型、Byström Järvelin 模型、Leckie 模型以及 Karunakaran 模型为基础，参考 Triandis 行为模型所包含的理论构面，同时结合设计的研究框架确定企业项目团队成员工作中合作信息查寻行为影响因素的七大构面：项目任务、成员特质、认知、感知结果、交流因素、团队绩效、组织氛围。

为了对这七大构面进行有效的测量，根据每一构面的特性对这七大构面所包含内容分别进行细分。其中，项目任务包括任务的复杂性以及任务的不确定性；成员特质包括成员的个性特征、工作经验、信息能力、沟通能力、习惯、工作压力、自我效能感；感知结果包括感知个体结果、感知团队结果以及物质激励；交流因素包括交流质量、交流分享的态度以及交流分享的意愿；组织氛围包括管理支持、人际关系、团队认同感、组织特征、团队内沟通氛围、交流质量。本书所形成的测量问题量表，主要参考国内外相关研究中相似变量的问卷题目，并且选择被国内外学者证实有效的且相对成熟的测量条目，再根据本书背景和调查对象的地域特征，加以修改使其更具适用性。同时，就所析出结果咨询相关领域专家学者，在求得专家学者大致共识的基础上形成了最终的量表问项。

本书涉及的初始变量以及变量题项来源见表 3-4。

表 3-4　企业项目团队成员合作信息查寻与检索行为的影响因素量表设计

变量	变量定义	参考量表
任务复杂性	分配任务解决方法的难易程度、任务的复杂程度、用于解决问题的信息资源充足程度、所涉及学科领域的广泛程度	Tiamiyu (1992)
任务不确定性	任务的结构化程度、影响任务完成的因素不确定性；各种解决途径对任务结果产生的影响	Duncan (1972)；Mc Queen 和 Mills (1998)；Kim 和 Burton (2002)；Steven (1978)；
成员个性特征	成员的性格特征、情绪控制能力以及理解能力等	Lu 等 (2011)
工作经验	对工作任务的熟悉程度	Kabicher 和 Rinderle (2012)；金杨华 (2005)
信息能力	信息需求的认知能力、查寻能力、鉴别能力等	Kurbanoglu 等 (2014)
沟通能力	与对方交流时的表达能力、争辩能力、倾听能力	Madlock (2008)
习惯	平时常用的信息查寻方式	Limayem (2003)
工作压力	因工作负担过重、工作责任过大或工作内容改变等对人产生的压力	Montgomery 等 (1996)；Parker 和 Decotiis (1983)
自我效能感	个体对自己是否有能力完成项目任务所进行的推测与判断	Lin 等 (2009)；Yang 和 Farn (2009)
感知个体结果	个体对项目工作团队中合作信息查寻行为给个人所带来的结果预判	Jeon 等 (2011)；Chiu (2007)
感知团队结果	个体对项目工作团队中合作信息查寻行为给团队所带来的结果预判	Chiu (2007)
物质激励	个体对项目工作团队中合作信息查寻行为给个人报酬、收益等所带来的结果预判	Lu 等 (2011)
交流质量	合作信息查寻行为中信息交流的及时性、完整性、准确性以及可信赖性	Lu 等 (2011)
交流分享态度	个体对合作信息查寻行为中交流分享行为的认知态度、情感态度和行为倾向	Chen 等 (2009)；Jeon 等 (2011)
交流分享意愿	个体对合作信息查寻中实施交流分享行为的主观意愿	Chen 等 (2009)
管理支持	项目团队中的管理制度、政策及支持程度	Lu 等 (2011)
人际关系	项目团队中个体在合作信息查寻行为过程中所建立社会关系的友好程度	Chiu (2007)；Chen 等 (2009)
团队认同感	项目团队中个体成员对自身作为团队成员的感知	Mowday 等 (1979)；Cheney (1982)；Liberman (2011)；Chiu 等 (2006)
组织特征	项目团队所处组织的特点	Lin (2008)
团队内沟通氛围	工作团队内部所有沟通形式所形成的气氛	杨燕 (2008)

下面对上述表格中所涉及内容进行较为深入的描述和阐释。

1. 任务复杂性因素

Tiamiyu (1992) 认为影响人类信息查寻行为的 2 个重要因素是用户所执行任务的特点以及任务的环境，他在研究中设置量表对工作的复杂性进行了测量。本书参考其工作复杂性量表，修改成 4 个问卷题项：

(1) 在这项任务当中，困难的问题经常出现，但我却没有清晰地想到即刻能解决问题的方法；

(2) 我现存的知识结构不能帮助我完成这项任务；

(3) 在我完成任务的过程中，我拥有极少的信息资源；

(4) 我觉得完成这项任务很复杂。

2. 任务不确定性因素

任务不确定性变量参考了 Duncan (1972)、Robert 和 Annette (1998)、Kinn 和 Burton (2002) 以及 Steven 等 (1978) 的问卷量表，修改成 4 个问卷题项：

(1) 我所完成的任务是不按照惯例来处理的任务；

(2) 我所完成的任务通常存在多种可能的处理方式；

(3) 任务完成所产生的结果对整个任务的完成所带来的影响是不确定的；

(4) 我不太确定影响工作任务完成的因素种类及数量。

3. 成员个性特征

成员个性特征变量参考 Lu 等 (2011) 的问卷量表，修改成 4 个问卷题项：

(1) 我很乐观并且充满活力；

(2) 我能够及时调整我的情绪以继续工作；

(3) 我对待工作特别投入；

(4) 我能够对用户的事务处理过程有正确的理解。

4. 工作经验

根据 Kabicher 和 Rinderle (2012) 以及金杨华 (2005) 研究成果所提出的相似变量测量问项，本书将其修改成 3 个问项：

(1) 在该项目任务开始前，我曾经完成过相似的任务，所以我已经非常熟悉这项任务；

(2) 在该项目之前，我在这一行业已经有过许多年的工作经验；

(3) 在该项目之前，我已经在本组织机构参加过多个项目。

5. 信息能力

根据 Kurbanoglu 等 (2013) 所提出的信息能力测量内容，依据本书需要将信息能力测量问项修改成 4 个问卷题项：

(1) 我能够意识到自身信息需求，并将其准确地表达出来；

(2) 我能够利用多种不同的途径 (检索系统，图书馆，咨询机构等) 从不同类型的文献资源及电子资源中收集我所需要的信息，从而满足信息需求；

(3) 我能够对信息的内容进行判定并对其真实性与准确性进行鉴别；

(4) 我能够选择出最适合于自身信息需求且最有利于解决问题的信息。

6. 沟通能力

根据 Madlock (2008) 在研究中所提出的沟通者应该具备的能力，结合本书需求将该变量的测量问项修改成 3 个问卷题项：

(1) 我能快速且敏锐地觉察到对方所传递的信息；

(2) 我能够通过各种途径有效地与对方进行交流；

(3) 我能够向对方清楚地表达我的想法和感受。

7. 习惯

习惯变量参考 Limayen 等(2013)的测量问卷，总结归纳为 1 个问卷题项：

(1) 与他人合作进行信息查寻与检索已经成为我的一种习惯。

8. 工作压力

工作压力这一变量参考 Montgomery 等(1996)以及 Parker 和 Decotiis(1983)研究结果中的项目量表，将其修改成 3 个问卷题项：

(1) 由于所从事的工作内容，我感觉到紧张甚至坐立不安；

(2) 我的工作给予我的压力远远超出了它本应给予的；

(3) 在这里工作使我很少有时间做工作以外的其他事情。

9. 自我效能感

自我效能感这一变量参考 Lin 等(2009)以及 Yang 和 Farn(2009)的量表问项，将其归纳总结，修改成 1 个测量问项：

(1) 我相信我有能力且能出色地完成自己的工作任务。

10. 感知个体结果

借鉴 Jeon 等(2011)以及 Chiu 等(2007)的研究中对感知个体结果的测量量表，本书将此变量的测量问项修改为 6 个问卷题项：

(1) 合作信息查寻可以在团队里建立起我的名声；

(2) 合作信息查寻将给我一种成就感；

(3) 合作信息查寻将加强我与其他成员间的关系；

(4) 合作信息查寻能使我获得更多的信任与认同；

(5) 我认为与团队成员合作信息查寻会提高我工作任务执行的效率与有效性；

(6) 我充分意识到与团队成员进行合作信息查寻的重要性。

11. 感知团队结果

根据 Chiu 等(2007)所构建的测量量表，本书将其修改成 3 个问卷题项：

(1) 我认为合作信息查寻对于发挥团队的作用是有用的；

(2) 我认为合作信息查寻将帮助团队积累知识；

(3) 我认为合作信息查寻将帮助团队发展壮大。

12. 物质激励

Lu 等(2011)在信息系统开发团队行为影响因素研究中对物质激励措施进行了测量，本书将其修改成 2 个问卷题项：

(1) 当我选择合作信息查寻与检索时，所能获得的薪酬奖励是我最先考虑的事情；

(2) 如果我有一个更好的合作信息查寻与检索表现，我将得到更多的物质奖励。

13. 交流质量

Lu 等(2011)在研究中认为交流质量包括信息交流的及时性、完整性、准确性以及可信赖性。借鉴其测量量表，本书将其归纳为 1 个测量问项：

(1) 我认为组织中成员所发生的交流质量非常好(即交流是及时的、完整的、准确的、可信赖的)。

14. 交流分享态度

根据 Chen 等(2009)以及 Jeon 等(2011)在研究知识分享影响因素中对情感态度的测量量表，本书将其修改成 4 个测量问项：

(1)我相信与其他成员进行合作信息查寻是很有用的；

(2)我相信与其他成员进行合作信息查寻是很有意思的；

(3)我相信与其他成员进行合作信息查寻是充满快乐感的；

(4)我认为成员间的合作信息查寻是可靠的。

15. 交流分享意愿

早在 1975 年，行为意愿研究就已经引起了学者们的注意，在之后的 TAM(technology acceptance model)和 TPB(theory of planned behavior)研究中不断得到验证。本书借鉴 Chen 等(2009)的测量问卷，将其修改为 3 个问卷题项：

(1)我非常愿意就各种问题进行合作信息查寻；

(2)当同事向我发起合作信息查寻与检索时，我会积极地与他们配合；

(3)如果我需要，我会毫无顾虑地请求同事与我一起进行合作信息查寻与检索，且同事都很配合我。

16. 管理支持

借鉴 Lu 等(2011)在研究中对管理支持这一变量的测量量表，本书将其修改为 4 个测量问项：

(1)团队内的管理能够为成员间的信息交流与分享提供充足的资源；

(2)团队内的管理能够为成员间的信息交流与分享提供政策支持；

(3)团队内的管理能够确定成员间信息交流与分享的障碍因素；

(4)团队内的管理符合公司发展的战略方向。

17. 人际关系

参考了 Chiu 等(2007)以及 Chen 等(2009)的研究中对人际关系这一变量的测量量表，将其修改为 3 个测量问项：

(1)我与对解决任务有帮助的团队外的组织与非组织成员保持了紧密的友好交互关系；

(2)我与团队领导的关系非常融洽；

(3)我对团队内成员非常了解，并与他们保持着融洽的关系。

18. 团队认同感

Mowday 等(1979)认为组织承诺包括了组织认同、组织忠诚和工作投入度，Cheney(1982)在研究中将组织认同感变量的测量量表设置为 25 个问项。根据 Liberman(2011)的研究，在 Cheney(1982)所设置的 25 个测量问项中，有 7 项指标描述了组织认同感的整体性质。参考以上学者对该变量的测量量表以及 Chiu 等(2007)对该变量的测量，本书将该变量的测量问项设置为 2 个题项：

(1)对这个团队，我有一种归属感；

(2)作为团队中的成员之一，我感到很骄傲。

19. 组织特征

根据 Lin(2008) 对组织特征的测量量表，本书将该变量设置为 6 个题项：

(1) 团队中成员的工作步骤是非常系统化的；

(2) 团队成员在完成任务时很少需要其他的帮助；

(3) 团队成员只需要对一定量的特定工作具备专业化知识；

(4) 团队成员在完成他们的任务中有较低水平的自主权；

(5) 大部分团队成员都参与到决策制定过程中；

(6) 团队所处的行业环境有较高的不确定性水平。

20. 团队内沟通氛围

Downs 和 Hazen 提出了交流满意度测量量表 CSQ，该量表确定了交流满意度的 8 个维度(杨燕，2008)。这 8 个维度分别是交流氛围、与管理者的交流、组织整合度、交流渠道质量、水平交流、一般性组织观点、对下属的交流满意度以及个体反馈，每个维度包含了 5 个测量指标。借鉴该研究对交流沟通氛围的测量量表，本书将该变量设置为 5 个问卷题项：

(1) 主管知道并了解我工作中遇到的问题；

(2) 团队内部沟通充分活跃且沟通量适宜；

(3) 工作团队氛围融洽；

(4) 由于团队的良好沟通状况激励了我的工作热忱，从而达成了团队目标；

(5) 团队的沟通令我觉得我是很重要的一分子。

3.2.2 调查问卷预调研及处理

基于上述过程编制好调查问卷。在进入正式调研前，首先需要进行问卷预调研。问卷预调研的目标是为了发现问卷设计中存在的问题，包括结构的清晰性、合理性，文字书写准确性、语言通俗性以及检验问卷题项的信度及效度，进一步提高问卷的易填答性、准确性、可信性以及有效性。

预调研主要通过目标取样的方式获取样本。首先将预调研问卷发布在问卷星上，通过相关人脉关系以网页链接的方式将问卷发送给具有企业项目团队经验的人员填写。此次调查的施测时间为 2013 年 11 月 1 日至 2013 年 11 月 15 日。本次预调研共发放问卷 150 份，回收 138 份，其中有效问卷 90 份，有效率为 60%。

1. 项目分析

项目分析的主要目的在于检验编制的量表或测验个别题项的适合程度。在项目分析的判别指标中，最常用的是临界比值法，即极端值法，主要目的在于求出问卷题项的 CR 值，它是根据测验总分区分出高分组被试及低分组被试，再求出高、低分组在每个题项的平均数差异显著性。根据 t 检验结果将未达显著性的题项删除，从而达到净化量表的目的。其分析结果如表 3-5 所示。

表 3-5　项目分析的独立样本 t 检验结果（部分）

		列文方差齐测试		均值相等 t 检验	
		F	显著性	t	显著性（双侧）
项目的复杂性 1	方差齐	11.981	0.001	0.647	0.521
	方差不齐			0.641	0.525
项目的复杂性 2	方差齐	6.257	0.016	-0.122	0.904
	方差不齐			-0.121	0.904
项目的复杂性 3	方差齐	9.386	0.004	0.808	0.423
	方差不齐			0.800	0.429
项目的复杂性 4	方差齐	2.646	0.111	0.513	0.611
	方差不齐			0.509	0.613

根据最终分析结果可以看出，项目的复杂性 1、项目的复杂性 2、项目的复杂性 3、项目的复杂性 4、任务的不确定性 1、任务的不确定性 3、任务的不确定性 4、工作压力 1、工作压力 2、物质激励 1、物质激励 2、组织特征 2、组织特征 4、组织特征 6 的 t 检验都未达显著性，因此以上题项可以考虑删除。

2. 效度分析

项目分析完成后，为检验量表的建构效度，还应进行探索性因子分析（马庆国，2002）。所谓探索性因子分析就是从一群杂乱无章的数据中找出共同的属性，以发展新的假设或理论框架。进行探索性因子分析是希望把许多问项中大量混杂在一起的变量进行聚类组合，从而变为较少的几个共同因子来描述所有问项的变异，以达到化繁为简的目的。

一般而言，效度分析包括内容效度分析以及建构效度分析。内容效度是为了证明测试的内容是否代表了欲测试目标的全部内容，同时检验测试结果的使用或分解解释是否合适；而建构效度即分析量表题项所能测得的抽象概念程度。

本书是基于前人的研究基础展开的，预调研问题及具体题项都具有文献理论基础，同时问卷具体题项也经过专家审核，因此具有一定的内容效度。建构效度方面，根据 Lederer 和 Sethi（1991）在研究实践中的做法，同时兼顾本书的特殊情况，在探索性因子分析中，本书把筛选变量测量问项的准则设定为如下两条：①当一个问项自成一个因子时，则删除；②问项在所属因子的负荷量必须大于 0.4，同时在其他因子上的负荷要尽可能接近于 0，若该问项在所有因子的负荷量都小于 0.4，或者在两个以上因子上是大于 0.4 的，则删除该问项。

在预调研分析中，经过项目分析后，还剩下 68 个变量条目，因此参与探索性因子分析的有 68 个测量问项，检测结果见表 3-6。结果表明，通过 Bartlett 球形检验，同时 KMO（Kaiser-Meyer-Olkin）的值达到 0.779，KMO 的值大于 0.7 表明适合进行因子分析。通过因子分析的方法，共产生 13 个公共因子，累计解释方差为 77.9%。

表 3-6 预调研变量条目 KMO 与 Bartlett 球形检验结果

KMO 和 Bartlett 的检验		0.779
Bartlett 球形检验	近似卡方分配	5882.116
	自由度	2278
	显著性概率	0.000

因子载荷分析结果见表 3-7。按照上述提出的标准，需要删除测量问项“沟通能力 1”“个体感知因素 3”“团队感知因素 1”“认知效果 1”“认知效果 3”和“人际关系 3”(表中已加黑)。

表 3-7 预调研测量变量因子载荷分析结果

测量变量	测量问项	因子载荷
任务的不确定性	任务的不确定性 2	0.568
成员的个性特征	成员的个性特征 1	0.646
	成员的个性特征 2	0.744
	成员的个性特征 3	0.716
	成员的个性特征 4	0.539
工作经验	工作经验 1	0.771
	工作经验 2	0.842
	工作经验 3	0.845
信息能力	信息能力 1	0.411
	信息能力 2	0.491
	信息能力 3	0.651
	信息能力 4	0.667
沟通能力	**沟通能力 1**	**0.413**
	沟通能力 2	0.462
	沟通能力 3	0.4
习惯	习惯 1	0.602
工作压力	工作压力 3	0.783
自我效能感	自我效能感 1	0.481
个体感知因素	个体感知因素 1	0.477
	个体感知因素 2	0.629
	个体感知因素 3	**0.403**
	个体感知因素 4	0.48
	个体感知因素 5	0.416
	个体感知因素 6	0.637
团队感知因素	**团队感知因素 1**	**0.387**
	团队感知因素 2	0.468
	团队感知因素 3	0.411

续表

测量变量	测量问项	因子载荷
交流的质量	交流的质量 1	0.629
团队内沟通氛围	团队内沟通氛围 1	0.716
	团队内沟通氛围 2	0.694
	团队内沟通氛围 3	0.77
	团队内沟通氛围 4	0.4532
	团队内沟通氛围 5	0.529
交流与分享的意愿	交流与分享的意愿 1	0.771
	交流与分享的意愿 2	0.633
	交流与分享的意愿 3	0.567
交流与分享的态度	交流与分享的态度 1	0.598
	交流与分享的态度 2	0.597
	交流与分享的态度 3	0.585
	交流与分享的态度 4	0.548
认知效果	**认知效果 1**	**0.398**
	认知效果 2	0.502
	认知效果 3	**0.341**
	认知效果 4	0.456
管理支持	管理支持 1	0.554
	管理支持 2	0.645
	管理支持 3	0.638
	管理支持 4	0.625
人际关系	人际关系 1	0.654
	人际关系 2	0.679
	人际关系 3	**0.393**
团队认同感	团队认同感 1	0.689
	团队认同感 2	0.487
组织特征	组织特征 1	0.58
	组织特征 3	0.805
	组织特征 5	0.68

3. 单维度信度检验及总体内部信度检验

在进行效度分析之后，为确保问卷的内部一致性及可靠性，同时为精简问卷的测量问项，本书将进一步展开信度分析。借鉴季晓芬等(2008)的问卷测量评估方法，采用项目总体相关系数(CITC)大于 0.3 的标准分析净化测量条款，同时利用 Cronbach' s α 检验问卷的内部一致性信度以及单维度的信度系数。

Guielford(1965)建议，衡量内部一致性使用 Cronbach' s α 值作为评估标准。他认为，若 α 值在 0.7 以上表示内部一致性较好，具有高信度；若 α 值在 0.35～0.7，表示信度可接受；若 α 值处于 0.35 以下则表示低信度，该信度不可接受。本书中，若某变量的 CITC 系数小于 0.3，同时删减该变量条款后，Cronbach' s α 增加，那么该变量条款即可删除。

1）单维度信度检验

（1）成员个性特征的 CITC 和单维度信度检验

从表 3-8 可以看出，成员个性特征的 3 个变量条目中，CITC 值均大于 0.3，Cronbach' s α 为 0.714，删除其中任意一项测量问项 Cronbach' s α 没有显著提高，因此该维度测量问项具有良好的信度，不必删除任何问项。

表 3-8 成员个性特征的 CITC 和单维度信度检验

项目	CITC	删除该题的 α 系数	Cronbach' s α
成员个性特征 1	0.579	0.605	0.714
成员个性特征 2	0.473	0.671	
成员个性特征 3	0.510	0.647	
成员个性特征 4	0.450	0.682	

（2）工作经验的 CITC 和单维度信度检验

从表 3-9 可以看出，工作经验的 3 个变量条目中，CITC 值均大于 0.3，Cronbach' s α 为 0.86，同时删除其中任意一项测量问项，Cronbach' s α 没有显著提高，因此该维度测量问项具有良好的信度，同时不必删除问项。

表 3-9 工作经验的 CITC 和单维度信度检验

项目	CITC	删除该题的 α 系数	Cronbach' s α
工作经验 1	0.724	0.823	0.860
工作经验 2	0.769	0.772	
工作经验 3	0.729	0.814	

（3）信息能力的 CITC 和单维度信度检验

从表 3-10 可以看出，信息能力的 4 个变量条目中，CITC 值均大于 0.3，Cronbach' s α 为 0.818，删除其中任意一项测量问项，Cronbach' s α 没有显著提高，因此该维度测量问项具有良好的信度，同时不必删除问项。

表 3-10 信息能力的 CITC 和单维度信度检验

项目	CITC	删除该题的 α 系数	Cronbach' s α
信息能力 1	0.660	0.763	0.818
信息能力 2	0.627	0.778	
信息能力 3	0.615	0.788	
信息能力 4	0.672	0.760	

（4）沟通能力的 CITC 和单维度信度检验

从表 3-11 可以看出，沟通能力的 2 个变量条目中，Cronbach's α 为 0.814，表明该维度测量问项具有高信度；同时，CITC 值均大于 0.3。因此，该维度测量问项具有良好的信度，同时不必删除问项。

表 3-11　沟通能力的 CITC 和单维度信度检验

项目	CITC	删除该题的 α 系数	Cronbach's α
沟通能力 2	0.691	*	0.814
沟通能力 3	0.691	*	

注：*表示 $P>0.05$；**表示 $P<0.05$；***表示 $P<0.01$。下同。

(5) 个体感知因素的 CITC 和单维度信度检验

从表 3-12 可以看出，个体感知因素的 5 个变量条目中，Cronbach's α 为 0.838，表明该维度测量问项具有高信度。同时，CITC 值均大于 0.3，删除其中任意一项测量问项，Cronbach's α 都没有显著提高，据此不必删除问项。

表 3-12　个体感知因素的 CITC 和单维度信度检验

项目	CITC	删除该题的 α 系数	Cronbach's α
个体感知因素 1	0.487	0.849	0.838
个体感知因素 2	0.634	0.806	
个体感知因素 4	0.784	0.765	
个体感知因素 5	0.748	0.774	
个体感知因素 6	0.571	0.823	

(6) 团队感知因素的 CITC 和单维度信度检验

从表 3-13 可以看出，团队感知因素的 2 个变量条目中，Cronbach's α 为 0.692，表明该维度测量问项具有高信度。同时 CITC 值均大于 0.3，因此不必删除问项。

表 3-13　团队感知因素的 CITC 和单维度信度检验

项目	CITC	删除该题的 α 系数	Cronbach's α
团队感知因素 2	0.536	*	0.692
团队感知因素 3	0.536	*	

(7) 团队内沟通氛围的 CITC 和单维度信度检验

从表 3-14 可以看出，团队内沟通氛围的 5 个变量条目中，Cronbach's α 为 0.804，表明该维度测量问项具有高信度。同时，CITC 值均大于 0.3，但删除其中的“团队内沟通氛围 1”的测量项目，Cronbach's α 值有所提高。据此，删除“团队内沟通氛围 1”，保留其余问项。

表 3-14 团队内沟通氛围的 CITC 和单维度信度检验

项目	CITC	删除该题的 α 系数	Cronbach' s α
团队内沟通氛围 1	0.390	0.838	
团队内沟通氛围 2	0.778	0.709	
团队内沟通氛围 3	0.657	0.751	0.804
团队内沟通氛围 4	0.697	0.733	
团队内沟通氛围 5	0.503	0.794	

(8) 交流与分享的意愿的 CITC 和单维度信度检验

从表 3-15 可以看出，交流分享的意愿的 3 个变量条目中，Cronbach' s α 为 0.655，表明该维度测量问项具有可接受信度。同时，CITC 值均大于 0.3，但删除其中的第 1 个问项“交流与分享的意愿 1”，其 Cronbach' s α 有所提高，同时该项的 CITC 值接近 0.3，因此删除该问项，保留其他问项。

表 3-15 交流与分享的意愿的 CITC 和单维度信度检验

项目	CITC	删除该题的 α 系数	Cronbach' s α
交流与分享的意愿 1	0.376	0.671	
交流与分享的意愿 2	0.570	0.430	0.655
交流与分享的意愿 3	0.470	0.561	

(9) 交流与分享的态度的 CITC 和单维度信度检验

从表 3-16 可以看出，交流与分享的态度的 4 个变量条目中，Cronbach' s α 为 0.828，表明该维度测量问项具有高信度。同时，CITC 值均大于 0.3，删除其中任意一项测量问项，Cronbach' s α 都没有显著提高，因此不必删除问项。

表 3-16 交流与分享的态度的 CITC 和单维度信度检验

项目	CITC	删除该题的 α 系数	Cronbach' s α
交流与分享的态度 1	0.656	0.783	
交流与分享的态度 2	0.686	0.770	0.828
交流与分享的态度 3	0.641	0.789	
交流与分享的态度 4	0.640	0.790	

(10) 认知效果的 CITC 和单维度信度检验

从表 3-17 可以看出，认知效果的 2 个变量条目中，Cronbach' s α 为 0.788，表明该维度测量问项具有高信度。同时，CITC 值均大于 0.3，删除其中任意一项测量问项，Cronbach' s α 都没有显著提高，因此不必删除问项。

表 3-17 认知效果的 CITC 和单维度信度检验

项目	CITC	删除该题的 α 系数	Cronbach' s α
认知效果 2	0.651	*	0.788
认知效果 4	0.651	*	

(11) 管理支持的 CITC 和单维度信度检验

从表 3-18 可以看出，管理支持的 4 个变量条目中，Cronbach' s α 为 0.770，表明该维度测量问项具有高信度。同时 CITC 值均大于 0.3，删除其中任意一项测量问项，Cronbach' s α 都没有显著提高，因此不必删除问项。

表 3-18 管理支持的 CITC 和单维度信度检验

项目	CITC	删除该题的 α 系数	Cronbach' s α
管理支持 1	0.605	0.701	0.770
管理支持 2	0.596	0.701	
管理支持 3	0.565	0.718	
管理支持 4	0.526	0.739	

(12) 人际关系的 CITC 和单维度信度检验

从表 3-19 可以看出，人际关系的 2 个变量条目中，Cronbach' s α 为 0.655，表明该维度测量问项具有高信度。同时 CITC 值均大于 0.3，删除其中任意一项测量问项，Cronbach' s α 都没有显著提高，因此不必删除问项。

表 3-19 人际关系的 CITC 和单维度信度检验

项目	CITC	删除该题的 α 系数	Cronbach' s α
人际关系 1	0.488	*	0.655
人际关系 2	0.488	*	

(13) 团队认同感的 CITC 和单维度信度检验

从表 3-20 可以看出，团队认同感的 2 个变量条目中，Cronbach' s α 为 0.679，表明该维度测量问项具有可接受信度。同时 CITC 值均大于 0.3，删除其中任意一项测量问项，Cronbach' s α 都没有显著提高，因此不必删除问项。

表 3-20 团队认同感的 CITC 和单维度信度检验

项目	CITC	删除该题的 α 系数	Cronbach' s α
团队认同感 1	0.516	*	0.679
团队认同感 2	0.516	*	

(14) 组织特征的 CITC 和单维度信度检验

从表 3-21 可以看出，组织特征变量的内部一致性系数为 0.493，信度系数虽然处于可接受范围，但是却比较低。在这 3 个变量条目中，问项“组织特征 3”的 CITC 值小于 0.3，将其删除后信度系数反而有所提高，故应将该问项删除；另外，其余两个问项的信度系数分别为 0.239、0.344，为不可信，同时它们的 CITC 值接近 0.3。鉴于此，将组织特征这一变量整体删除。

表 3-21　组织特征的 CITC 和单维度信度检验

项目	CITC	删除该题的 α 系数	Cronbach' s α
组织特征 1	0.347	0.344	
组织特征 3	0.209	0.573	0.493
组织特征 5	0.394	0.239	

根据以上单维度信度检验，共删除 5 项测量问项，分别是组织特征 1、组织特征 3、组织特征 5、团队内沟通氛围 1、交流与分享的意愿 1。

2) 总体内部一致性检验

继续对剩余的测量题项进行总体内部一致性检验。结果发现，其总体内部一致性系数为 0.959，其中，工作压力 1、工作压力 2、物质激励 1、物质激励 2 这四个测量问项的 CITC 值小于 0.3，同时删除这些问项后，信度系数有所升高。因此根据前文所给出的标准，这四个问项均应删除。

另外，工作经验 3 这一问项的 CITC 值接近于 0.3，并且在删除该题项之后，Cronbach' s α 有所提高，因此该题项应加以删除，其余 43 个变量的内部一致性均大于 0.9，说明测量表剩余的测量问项具有良好的内部一致性。

3.2.3　调查问卷修改与完善

通过预调研数据，量表中通过单维信度检验及总体内部一致性检验的测量问项将作为调查问卷的正式问项。然而，NFOReseareh Inc 的调查经验表明，调查问卷太长，则回应的比例将大大降低，因而建议网络问卷的题项数最好不要超过 40 个(孙曙迎，2009)。为此，将再次审视问卷的长度、填答时间、问卷结构的清晰性、预测试内容的完整性以及语意的畅通性，进一步对调查问卷进行修改和完善。

基于预调研数据被删除的有关变量对企业项目团队成员合作信息查寻与检索行为可能存在重要的影响，因此需要重新参考相关文献，制作相关变量的测量量表。

“项目任务认知”是合作信息查寻与检索的触发性因素，把有关于“项目任务认知”的测量量表修改为如下题项：①当任务复杂且带有不确定性因素，且需要花费大量的精力解决时，我认为与他人合作解决比自己单独查寻效果要更好；②当任务紧急时，我认为比起自己单独查寻，与他人合作能更好地解决问题。

Lin (2008) 认为，基于信度和效度分析的考察，“组织特质”变量中很多测量题项未通过相关指标检验，因此删除了组织特质的全部测量问项。通过搜寻与审视相关文献，新增测量变量“团队内的信任”，并设置如下问卷题项：①我相信在我需要的时候，团队内的成员将会尽量帮助我；②在这个团队中，团队成员间相互信任；③我相信在我有需要的时候，团队里的成员将会尽量帮助我。

据预调研数据的信度及效度分析结果，保留了“认知效果”变量的“认知效果 2”及“认知效果 4”两个问项，同时参考相关文献量表(Jeon et al.，2011)，将测量问项修改为如下：①任务完成后，团队中成员间的合作能使我的信息需求得到极大满足，丰富我的知识；②我认为团队中合作解决问题对我高效顺利地完成工作内容有着非常积极的影响；③任务完成后，团队中成员间的合作能够使我的工作热情得到极大的提升。

将修改后的调查问卷再次提交领域专家进行咨询，经过与专家的反复讨论，最终确定了本书的正式问卷，具体内容参见附录 1。

通过上述过程对调查问卷所测量变量的增删修改，初始设计中所考察的测量变量有所变动。将“项目任务认知”修改为两个测量问项；在“组织氛围与交流环境”的考察内容中，保留“管理支持”“人际关系”“团队内沟通氛围”“团队认同感”以及“交流质量”5 个变量；删除“组织特质”变量，新增“团队内的信任”变量；在“结果感知”的考察内容中，删除了“物质激励”变量。

3.3　企业项目团队合作信息查寻与检索行为的正式调研

3.3.1　正式调研实施

本书欲探索参与企业项目团队的工作成员在完成任务过程中合作信息查寻与检索行为是如何进行的，会受到哪些因素的影响。因此，本书确定的研究对象必须具有以下 3 个条件：一是受调查者必须在最近三年内有过参与企业项目团队工作的经历；二是项目团队的建立是以特定任务为中心且在一段时间范围稳定存在；三是受调查者在企业项目团队工作中有过合作信息查寻与检索行为经历。

由于合作信息查寻与检索在本质上是一个知识交流与共享过程，因而本书选择的调查对象主要集中在项目团队存续过程中知识交流与共享频率较高的行业领域。在实践过程中，知识交流与共享对于工程技术、研发与设计等工作非常重要，因此本书选择 IT 企业、金融企业、工程技术企业以及研发设计企业里的项目团队成员为主要调查对象。

本书将使用 SPSS 软件及结构方程模型软件 AMOS 作为主要的分析工具，因此还必须充分考虑样本容量问题。根据吴明隆(2010)的研究，有学者建议最小样本容量应该是变量的 5 倍；还有学者认为在应用结构方程模型样本数大小至少要有 150 个；也有学者认为样本量的大小应保证测量问项(items)与受访者的比例最好保持在 1∶5 以上，最好达到 1∶10。本书量表部分共有 40 个问项，考虑到 SPSS 软件的因子分析及 AMOS 的验证性因子分析都需要大量的样本数据，又考虑到调研经费、人力及实际参与调查的人数的限制，所以样本容量需要保持在 300 份以上。

受调研经费、时间、人力等因素的限制，本书采用非概率抽样方式，依靠同学、朋友及相关社会资源进行调研，并辅以网络调查问卷的方式来收集数据，并在调查问卷中设置相应的甄选题项来筛选收集到的数据。

本书问卷调查时间为 2013 年 12 月 1 日至 2013 年 12 月 30 日，问卷的收集主要是通过网络问卷的超链接、电子邮件、即时通信工具(如 QQ)等，采取“滚雪球”方式来获得所需样本容量的研究数据。首先通过向身边的同学、朋友、亲戚发放问卷，再通过他们的人际关系，向周围符合问卷填答要求的对象扩散。考虑到无效问卷的必要冗余，本次调查共发放调查问卷 600 份，共计回收 526 份，回收率约为 87.7%，其中通过甄别标准的有效问卷 372 份，有效回收率约为 70.7%。

3.3.2 信度与效度检验

为了保证量表的可靠性与有效性，在进行正式的数据处理分析之前，需要对样本数据进行必要的信度与效度分析。

1. 信度检验

目前有很多种方法可以实现对量表的信度估计，比如 Cronbach’s α、折半信度系数(split-half coefficient)。在社会科学领域中，有关李克特量表的信度估计，采用最多者为 Cronbach’s α 系数，该信度系数又称为内部一致性 α 系数。本书主要进行分层面的信度检验及总体内部信度检验，具体的检验方法与标准与预调研的处理过程完全相同。

1)任务认知变量的信度分析

对任务认知变量的信度分析如表 3-22 所示，从表 3-22 可以看出，该变量所包含的测量问项的 CITC 值均大于 0.3，整体 α 系数虽未达到 0.7，但是却处于 0.35～0.7 的可接受范围内(Guielford，1965)。

表 3-22 任务认知变量的信度分析

项目	CITC	删除该题的 α 系数	Cronbach’s α
任务的认知 1	0.320	*	0.465
任务的认知 2	0.320	*	

2)成员特质的信度分析

成员特质变量包含成员的个性特征、工作经验、沟通能力、自我效能感、习惯、工作压力、信息能力的测量条目，由于成员的个性特征及自我效能感、习惯、工作压力均由一个测量问项构成，因此这里只对工作经验、沟通能力以及信息能力做单维度分析。从表 3-23、表 3-24、表 3-25 可以看出，各维度变量所包含测量问项的 CITC 值均大于 0.3，各维度整体 α 系数均在信度系数的可接受范围内。

表 3-23 工作经验的信度分析

项目	CITC	删除该题的 α 系数	Cronbach' s α
工作经验 1	0.474	*	0.639
工作经验 2	0.474	*	

表 3-24 沟通能力的信度分析

项目	CITC	删除该题的 α 系数	Cronbach' s α
沟通能力 1	0.508	0.598	0.692
沟通能力 2	0.500	0.608	
沟通能力 3	0.512	0.593	

表 3-25 信息能力的信度分析

项目	CITC	删除该题的 α 系数	Cronbach' s α
信息能力 3	0.331	*	0.497
信息能力 4	0.331	*	

3) 感知结果的信度分析

感知结果变量中包含感知个体结果、感知团队结果的测量条目。从表 3-26 可以看出，各维度变量所包含的测量问项的 CITC 值均大于 0.3，各维度整体 α 系数均在信度系数的可接受范围内。

表 3-26 感知结果的信度分析

项目	CITC	删除该题的 α 系数	Cronbach' s α
感知个体结果 1	0.370	*	0.538
感知个体结果 2	0.370	*	
感知团队结果 1	0.397	0.484	0.587
感知团队结果 2	0.409	0.467	
感知团队结果 3	0.381	0.508	

4) 合作信息查寻行为态度的信度分析

从表 3-27 可以看出，合作信息查寻行为态度变量所包含的测量问项的 CITC 值都大于 0.3，同时整体 α 系数均在信度系数的可接受范围内。

表 3-27 合作信息查寻行为态度的信度分析

项目	CITC	删除该题的 α 系数	Cronbach' s α
合作信息查寻行为态度 1	0.420	0.652	0.691
合作信息查寻行为态度 2	0.471	0.630	
合作信息查寻行为态度 3	0.489	0.621	
合作信息查寻行为态度 4	0.460	0.635	
合作信息查寻行为态度 5	0.388	0.664	

5) 组织氛围与交流环境的信度分析

组织氛围与交流环境变量包含交流质量、团队内沟通氛围、团队内信任、人际关系、团队认同感、管理支持的测量条目。其中，交流质量与管理支持变量均只包含一个问项，因此不对其进行单维度信度检验。从表 3-28 可以看出，各维度变量所包含的测量问项的 CITC 值均大于 0.3，各维度整体 α 系数达到信度系数可接受范围。

表 3-28 组织氛围与交流的环境的信度分析

项目	CITC	删除该题的 α 系数	Cronbach's α
团队内的沟通氛围 1	0.563	0.674	0.745
团队内的沟通氛围 2	0.515	0.702	
团队内的沟通氛围 3	0.557	0.676	
团队内的沟通氛围 4	0.527	0.594	
团队内的信任 1	0.548	0.571	0.701
团队内的信任 2	0.508	0.623	
团队内的信任 3	0.499	0.633	
人际关系 1	0.429	*	0.600
人际关系 2	0.429	*	
团队认同感 1	0.555	*	0.713
团队认同感 2	0.555	*	

6) 认知效果的信度分析

认知效果变量中包含三个测量条目，从表 3-29 可以看出，该变量所包含的测量问项的 CITC 值均大于 0.3，整体 α 系数达到 0.682，表明该变量数据具有可接受的信度。

表 3-29 认知效果的信度分析

项目	CITC	删除该题的 α 系数	Cronbach's α
认知效果 1	0.497	0.587	0.682
认知效果 2	0.482	0.607	
认知效果 4	0.511	0.570	

7) 总体内部一致性检验

根据以上单维度信度检验，各维度信度检验都达到了可接受的程度。集成所有量表变量做总体内部一致性检验，其总体内部一致性系数为 0.940，所有测量问项的 CITC 值均大于 0.3，并且删除其中任一测量问项后，信度系数都没有显著提升，因此总体内部一致性较好，信度较高。

2. 效度检验

效度分析方法包括 3 类：内容效度、效标效度和结构效度。本书仅对问卷量表进行内容效度与结构效度检验。本书的所有问卷问项都有文献来源支撑，且设计的题项均通过咨询专家审核确认，因此具有一定的内容效度。在结构效度方面，采用因子分析法对问卷题目进行检验。为了保证后续模型验证的需要，弥补收集的数据量的不足，利用 SPSS 中随机样本选择的功能随机筛选了 80%的数据(随机得到样本数据 308 份)进行探索性因子分析，具体的检验方法与过程与前面预调研完全相同。

进行探索性因子分析之前，先进行 Bartlett 球形检验以及 KMO 取样适当性检验。检验结果如表 3-30 所示，KMO 和 Bartlett 球形检验值为 0.933，相伴概率小于 0.05，表明适合进行因子分析。

表 3-30　正式调研数据的 KMO 与 Bartlett 球形检验结果

KMO 和 Bartlett 的检验		0.933
Bartlett 球形检验	近似卡方分配	4654.059
	自由度	780
	显著性概率	0.000

通过因子分析共产生 8 个公共因子，表 3-31 是旋转成分矩阵结果。按照通常的判断标准，“习惯”以及“信息能力 4”两个测量问项的因子载荷小于 0.4，因此需要被删除；另外“工作压力”变量一个问项自成一个因子，由于没有内部一致性，因此也需要被删除。

表 3-31　变量旋转成分矩阵结果

旋转成分矩阵								
	主成分							
	1	2	3	4	5	6	7	8
团队内的信任 2	0.674							
认知效果 4	0.62							
团队认同感 2	0.618							
团队内沟通氛围 2	0.613							
团队认同感 1	0.599							
团队内的信任 1	0.592							
团队内沟通氛围 4	0.574							
合作信息查寻行为态度 1	0.563							
团队内的信任 3	0.56							
人际关系 1	0.526							
人际关系 2	0.522							
管理支持 1	0.488							
交流的质量	0.48							
团队内沟通氛围 3	0.465							
团队内沟通氛围 1	0.45							
认知效果 1	0.43							
团队感知因素 2		0.665						

续表

旋转成分矩阵								
	主成分							
	1	2	3	4	5	6	7	8
团队感知因素 1		0.623						
感知个体因素 4		0.572						
感知个体因素 3		0.555						
认知效果 2		0.517						
团队感知因素 3		0.442						
交流与分享的意愿		0.439						
沟通能力 3			0.728					
沟通能力 1			0.592					
沟通能力 2			0.592					
成员的个性特征			0.536					
合作信息查寻行为态度 5			0.514					
自我效能感			0.421					
习惯			0.334					
合作信息查寻行为态度 3				0.701				
合作信息查寻行为态度 2				0.655				
合作信息查寻行为态度 4				0.462				
工作经验 2					0.802			
工作经验 1					0.735			
任务的认知 2						0.761		
任务的认知 1						0.641		
工作压力							0.707	
信息能力 3								0.669
信息能力 4								0.374

删除这 3 个测量问项后再次进行因子分析，KMO 的值变大，达到 0.934，同时主成分因子由原来的 8 个变为 7 个。再次根据删减变量的标准，“团队感知因素 3”的因子载荷小于 0.4，因此删除。另外，问项“信息能力 3”分别在主成分因子 4、5 上的载荷都大于 0.4，因此，同样予以删除。删除后，再次进行因子分析，结果显示 KMO 的值已经达到 0.937。但其中问项“团队内沟通氛围 3”在主成分因子 1 和 5 上的因子载荷都超过了 0.4，且非常接近，如果不予以删除的话，则无法满足区别效度，因此应予以删除。删除该问项后，再继续进行因子分析。结果表明，问项“交流质量”的因子负载的值小于 0.4，且在因子 1 及因子 2 上的负载值非常接近，既不满足区别效度，也不满足收敛效度，因此将问项“交流质量”删除，删除后得到最终的探索性因子分析结果，如表 3-32 所示。所有问项的因子载荷已经全部达到标准，满足了区别效度和收敛效度的要求。通过持续的因子分析操作，最终得到 7 个公因子，并根据各公因子的组成题项重新命名为：组织

氛围、人际关系与认知效果、成员特质、感知结果与意愿、个人对合作的认知、任务认知、工作经验。

表 3-32　变量最终旋转成分矩阵结果

旋转成分矩阵							
	主成分						
	1	2	3	4	5	6	7
合作信息查寻行为态度 1	0.679						
团队内沟通氛围 2	0.62						
团队内的信任 2	0.605						
团队内的信任 3	0.594						
管理支持 1	0.59						
团队内的信任 1	0.568						
团队内沟通氛围 4	0.491						
团队内沟通氛围 1	0.483						
团队认同感 1	0.464						
团队认同感 2	0.46						
认知效果 2		0.655					
人际关系 1		0.619					
认知效果 4		0.526					
认知效果 1		0.505					
人际关系 2		0.481					
沟通能力 3			0.78				
沟通能力 2			0.594				
沟通能力 1			0.576				
合作信息查寻行为态度 5			0.537				
成员的个性特征			0.522				
自我效能感			0.436				
团队感知因素 2				0.739			
团队感知因素 1				0.593			
感知个体因素 4				0.593			
交流与分享的意愿				0.53			
感知个体因素 3				0.501			
合作信息查寻行为态度 3					0.73		
合作信息查寻行为态度 2					0.654		
合作信息查寻行为态度 4					0.482		
任务的认知 2						0.78	
任务的认知 1						0.626	
工作经验 2							0.813
工作经验 1							0.764

根据上述操作结果，删减未通过效度检验的测量问项，调整内容包括：删除“信息能力”的两个测量问项，因此整体上删除“信息能力”变量；删除“习惯”变量；删除“工作压力”变量；删除“交流质量”变量；删除“团队内沟通氛围”中的测量问项 3；删除“感知团队结果”变量中的测量问项 3。把相关数据集中对应内容删除后得到新的数据集，后续关于合作信息查寻与检索行为特征及行为机制研究就基于新数据集展开。

3.4 企业项目团队合作信息查寻与检索行为的主要特征

3.4.1 单变量的描述统计分析

1. 样本对象的人口统计变量描述统计

从性别角度来看，男性被调查者共有 195 人，占总被调查者的 52.4%，女性被调查者共有 177 人，占总量的 47.6%。从表 3-33 的统计结果来看，男性的比例高于女性，由于本书选择的样本对象多来自 IT 企业、金融企业、工程技术企业以及研发设计企业，这些项目团队成员男性比例较高，因此调查对象的性别比例大致是合理的。

表 3-33 项目团队成员的性别频数统计

性别	人数	百分比/%
男	195	52.4
女	177	47.6

从年龄角度来看，被调查对象的年龄被划分为 4 个阶段，30 岁以下有 173 人，占 46.5%；31 至 40 岁为 177 人，占 47.6%；41 至 50 岁有 21 人，占 5.6%；51 岁及其以上有 1 人，占 0.3%。由表 3-34 可见，被调查的企业项目工作团队成员主要由 40 岁以下这一年龄段人群组成(占 94.1%)。

表 3-34 项目团队成员的年龄频数统计

年龄	人数	百分比/%
30 岁以下	173	46.5
31～40 岁	177	47.6
41～50 岁	21	5.6
51 岁以上	1	0.3

从教育程度来看，被调查者的学历被划分为 4 类，分别为高中或中专及以下、大专、大学本科、硕士及以上。其中，高中或中专及以下学历的被调查者有 4 人，占总数的 1.1%；大专学历者有 28 人，占总数的 7.5%；本科学历的被调查者数量最多，有 284 人，占总数的 76.3%；而具有硕士及以上学历的被调查者只有 56 人，占总数的 15.1%，统计结果见表 3-35。由此可见，本次被调查者的学历基本集中在大学本科这一层次。

表 3-35　项目团队成员的教育程度频数统计

性别	人数	百分比/%
高中或中专及以下	4	1.1
大专	28	7.5
大学本科	284	76.3
硕士及以上	56	15.1

本次调查问卷所涉及的专业类别选项是按照教育部公布的《学位授予和人才培养学科目录(2011 年)》上的 13 大学科门类设置的。因此，本书将被调查者的专业类别划分为 13 类，分别为哲学类、经济学类、法学类、教育学类、文学类、历史学类、理学类、工学类、农学类、医学类、军事学类、管理学类以及艺术学类。其中，最多的是工学类被调查者，有 128 人，占总数的 34.4%；其次是理学类样本对象，有 85 人，占总数的 22.8%；再者是管理学类的被调查者，有 63 人，占总数的 16.9%；排在第四位的是经济学类被调查者，有 44 人，占比 11.8%；排在第五位和第六位的是教育学类及文学类被调查者，分别为 18 人和 16 人，分别占比 4.8%、4.3%；其余专业类别的被调查者人数加和后占比 4.9%，统计结果见表 3-36。由于 IT 企业、金融企业、工程技术企业以及研发设计企业中的成员一般来自理工科、经管类专业，因此本次调查样本基本能够反映当前企业项目工作团队群体的基本特征。

表 3-36　项目团队成员的专业类别频数统计

专业类别	人数	百分比/%	专业类别	人数	百分比/%
哲学类	1	0.3	工学类	128	34.4
经济学类	44	11.8	农学类	3	0.8
法学类	4	1.1	医学类	7	1.9
教育学类	18	4.8	管理学类	63	16.9
文学类	16	4.3	艺术学类	3	0.8
理学类	85	22.9	—	2	—

2. 企业项目团队成员的工作参与描述统计

本书所针对的被调查者是近三年有过企业项目团队工作经历的对象，没有该种经历的填答者所填答的问卷作为无效问卷排除在外。根据数据的分布情况，本书将被调查者的企业项目团队参与次数划分为 4 类，分别为只有 1 次、大于 1 次且小于等于 3 次、大于 3 次且小于等于 5 次、大于 5 次。如表 3-37 所示，大于 1 次且小于等于 3 次的被调查者人数最多，有 140 人，占比 37.6%；其次为大于 3 次且小于等于 5 次的受访者，有 131 人，占比 35.2%；大于 5 次的受访者，共 79 人，占总人数的 21.2%；只有一次的受访者，有 22 人，占比 5.9%。由此可见，本次被调查对象参与过企业项目工作团队的次数大多集中在大于 1 次且小于等于 5 次(72.8%)。

表 3-37 团队成员的项目参与次数频数统计

参与次数	人数	百分比/%
有，且为 1 次	22	5.9
大于 1 次，小于等于 3 次	140	37.7
大于 3 次，小于等于 5 次	131	35.2
大于 5 次	79	21.2

本次被调查对象最近所参与的团队规模被划分为 3 类，分别为小于等于 10 人，大于 10 人但小于等于 20 人以及大于 20 人。如表 3-38 所示，参与 10 到 20 人的团队的被调查者最多，有 212 人，占总人数的 57%；其次是参与低于 10 人的团队，有 119 人，占比 32%；最后是参与多于 20 人的团队，有 41 人，占比 11%。

表 3-38 团队成员的参与团队规模频数统计

参与次数	人数	百分比/%
小于等于 10 人	119	32.0
大于 10 人，小于等于 20 人	212	57.0
大于 20 人	41	11.0

从任职岗位来看，样本对象的任职岗位被划分为 4 类，如表 3-39 所示。作为团队核心成员的被调查者人数占比最多(49.5%)，其次是团队负责人(26.1%)、团队一般成员(19.1%)以及高级管理者(5.4%)。

表 3-39 团队成员的任职岗位频数统计

任职岗位	人数	百分比/%
高级管理者	20	5.4
团队负责人	97	26.1
团队核心成员	184	49.4
团队一般成员	71	19.1

被调查者所从事的项目任务所属阶段统计结果如表 3-40 所示。主要从事开发实施的被调查者占 47.8%，其次有 34.1%的被调查者从事领域问题的应用研究，另有 11.3%的被调查者从事的是理论研究，只有 6.7%的被调查者从事的是项目后期维护。

表 3-40 团队成员的任务所属阶段频数统计

任务所属阶段	人数	百分比/%
该领域问题的理论研究阶段	42	11.3
该领域问题的应用研究阶段	127	34.1
开发实施阶段	178	47.9
项目后期维护阶段	25	6.7

按照信息加工整理的过程把团队成员所扮演的信息角色划分为 5 类，分别为信息收集者、信息提供者、信息核查者、信息整理者以及信息分析者。从被调查者所扮演信息角色的频数统计可以看出(表 3-41)：在被调查的企业项目工作团队成员中，34.9%的人扮演的是信息分析者，22.6%的人扮演的是信息核查者，15.3%的人扮演的是信息整理者，13.7%的人扮演的是信息收集者，另外 13.4%的人扮演的是信息提供者。

表 3-41　团队成员的信息角色频数统计

信息角色	人数	百分比/%
信息收集者	51	13.7
信息提供者	50	13.5
信息核查者	84	22.6
信息整理者	57	15.3
信息分析者	130	34.9

3. 企业项目团队成员工作中的合作信息查寻与检索行为特征

统计企业项目团队工作者的合作查寻与检索内容(多选项问题)，其结果如表 3-42 所示。统计数据表明企业项目团队成员的合作信息查寻与检索内容依次为：项目需求调研及分析策划(65.9%)、项目前期相关资料的调查收集整理(65.6%)、报告及材料的撰写(60.5%)、任务的具体执行过程(53.8%)、制定计划及进度表(53.0%)、制定项目目标(49.5%)、项目模块的系统设计(48.1%)、任务控制(41.1%)、向领导传达项目信息(34.4%)以及成本分析(33.9%)。由此可见，企业项目团队工作者在需求调研及分析策划、项目前期相关资料调查收集整理以及报告及材料的撰写这三个过程需要合作查寻与检索最多，而这三大过程都是有关项目前期工作的。

表 3-42　企业团队成员项目工作中合作查寻与检索内容频数统计

合作查寻内容	人数	百分比/%	合作查寻内容	人数	百分比/%
项目前期相关资料的调查收集整理	244	65.6	制定计划与进度表	197	53.0
报告及材料的撰写	225	60.5	任务的具体执行	200	53.8
项目需求调研及分析策划	245	65.9	任务控制	153	41.1
项目模块的系统设计	179	48.1	成本分析	126	33.9
制定项目目标	184	49.5	向领导传达项目信息	128	34.4

统计企业项目团队成员合作信息查寻与检索中的信息源使用及偏好，结果如表 3-43 所示。在合作信息查寻与检索中，有 86.6%的企业项目团队成员习惯利用经验及手边资料，有 73.7%的成员通过查询文字材料来解决问题，有 69.9%的成员习惯利用搜索引擎、网页论坛等网络工具来查寻，另外有 62.4%的成员觉得通过询问团队中的同事来解决问题比较重要，其余途径按使用比例依次为：企业信息系统(52.2%)、向咨询机构咨询或者向领域专家咨询(51.3%)、询问组织中团队以外的其他同事(43.0%)、询问组织外的同行人员(42.2%)、到图书馆查寻(18.8%)。由此可见，企业项目团队工作者根据便利性原则首先通

过利用自己的经验及手边资料或者利用搜索引擎网页论坛资料来解决问题，然后才是发起团队成员间的合作查寻信息的行为，最后是询问权威人员及机构来解决问题，而诸如到图书馆查寻这样的途径被利用得比较少。

表 3-43 企业项目团队工作者合作查寻与检索信息源使用频数统计

信息源的使用	人数	百分比/%	信息源的使用	人数	百分比/%
利用经验及手边资料	322	86.6	查询文字材料解决问题	274	73.7
询问团队中的同事	232	62.4	企业信息系统	194	52.2
询问组织中团队以外的其他同事	160	43.0	搜索引擎、网络论坛等	260	69.9
询问组织外的同行人员	157	42.2	到图书馆查寻	70	18.8
向咨询机构或领域专家进行咨询	191	51.3	—	—	—

统计企业项目团队成员合作信息查寻与检索中的交流工具使用及偏好，其结果如表3-44所示。发现企业项目团队工作者信息交流工具利用特征主要体现为：最主要的是面对面的团队正式会议方式(91.1%)；其次是新兴交流工具，包括电子邮件的方式(76.9%)、电话渠道(73.1%)、QQ等网络软件(63.7%)，其中以电子邮件和电话渠道为主；再次是团队内部的交流渠道，包括非正式性的小组会议方式(65.9%)、组织内部的虚拟平台(42.7%)以及团队内部的信息公告板方式(46.5%)，其中以非正式性小组会议为主；而纸质信件方式(26.1%)以及传真方式(13.4%)使用相对较少。

表 3-44 企业项目团队工作者合作查寻与检索交流工具的使用频数统计

交流工具的使用	人数	百分比/%	交流工具的使用	人数	百分比/%
面对面的团队正式会议	339	91.1	团队内部的信息公告板	173	46.5
纸质信件的方式	97	26.1	传真的方式	50	13.4
电话渠道	272	73.1	QQ 等网络软件	237	63.7
非正式性的小组会议的方式	245	65.9	组织内部的虚拟平台	159	42.7
电子邮件的方式	286	76.9	—	—	—

对企业项目团队成员合作信息查寻与检索的场合统计分析可以发现(表3-45)，大部分企业项目团队工作者会选择在工作场合但非集会期间(69.9%)以及团队集会期间(59.4%)进行信息交流，而26.6%的人会随时进行信息交流，只有13.2%的人会选择在休闲娱乐期间进行信息交流。

表 3-45 企业项目团队工作者合作查寻与检索的场合频数统计

合作信息交流的场合	人数	百分比/%
在团队集会中进行信息交流	221	59.4
在工作场合但非集会期间	260	69.9
在休闲娱乐中	49	13.2
随时	99	26.6

根据对企业项目团队工作者与团队中其他成员的交流频率统计分析(表3-46)可以发现:大部分成员(55.9%)每天只会进行一到两次交流,每天交流三到四次的成员占比30.9%,每天交流四次以上的成员仅占 12.6%,而每天不交流的成员几乎不存在(0.54%)。因此可以认为,团队成员间的合作信息查寻与检索行为除了可能受到交流工具及信息源使用情况的影响,可能还会受到交流内容、交流场合、所从事项目任务的性质、信息角色、人口统计变量以及交流态度、成员特质、组织氛围等的影响,同时企业项目团队工作者的合作信息查寻与检索行为可能还会影响成员任务的完成情况。

表 3-46　企业项目团队工作者间合作查寻与检索频数统计

合作信息查寻的频率	人数	百分比/%
基本不交流	2	0.6
每天一到两次	208	55.9
每天三到四次	115	30.9
每天四次以上	47	12.6

3.4.2　双变量间的相关分析

企业项目团队合作信息查寻与检索行为的单变量描述统计仅给出了样本对象在特定变量取值上的分布特征,而深入的行为特征探索必须分析变量之间是否存在相互关联和相互影响。为此,下面采用交叉列联表来分析不同变量间的相互作用关系,以识别出企业项目团队合作信息查寻与检索的精细化行为特征。

1. 性别对合作信息查寻与检索行为的影响

经前面的描述统计发现,企业项目团队工作者合作信息查寻最多的内容是项目需求调研及分析策划、项目前期相关资料的调查收集整理、报告及材料撰写、任务的具体执行过程、制定计划及进度表,而通过性别变量与合作信息查寻内容变量的交叉列联分析可以发现,男性和女性在合作信息查寻中交流的内容是否存在着差异。

统计结果发现:男性最主要的交流内容是项目需求调研及分析策划、项目前期相关资料的调查、项目模块的系统设计、报告及材料的撰写、任务的具体执行,而女性最主要关注的信息依次为项目前期相关资料的调查研究、报告及材料的撰写、项目需求调研及分析策划、制定计划及进度表以及制定项目目标。

最大的不同在于男性更关注项目模块的系统设计以及任务的具体执行,而女性更关注计划及进度表的制定以及项目目标的制定。说明在项目团队工作中,男性在关注项目前期相关资料的调查收集整理及分析策划之外,也有对任务具体操作上的关注,而女性对项目宏观上的把控更加注重。除此之外,性别并没有对信息源以及交流工具的使用、合作信息查寻行为频率等造成明显的影响。

2. 年龄对合作信息查寻与检索行为的影响

通过年龄变量和信息交流工具使用变量的相关分析结果显示，年龄阶段的不同导致的交流工具使用情况差异性在于：面对面的团队正式会议是所有年龄段都比较重视的交流工具；而对于纸质信件的重视，各年龄段企业项目团队工作者的比例有所差别，这应该和个体自身的习惯和意识有关，41 到 50 岁的成员里有 42.9%的人都比较重视该种交流工具，随着年龄的减小，该种交流工具的关注程度降低，21 到 30 岁的成员里，仅有 16.8%的成员对其持重视态度；随着年龄的增长，各年龄阶段成员对新兴交流工具(包括电话渠道和电子邮件、QQ 等网络软件、组织内部虚拟平台)的使用比例呈下降趋势；而对于非正式性小组会议，41 至 50 岁的成员对其更加青睐；对于传真的方式，31 至 40 岁的成员使用最多；而对于团队内部的信息公告板方式，年龄越大对它的重视程度越高。

通过年龄变量和信息源使用变量的相关分析可以发现，各年龄阶段成员通过利用经验及手边资料解决问题的人数比例基本一致，说明该种信息源对于所有年龄阶段成员都起着重要的作用。通过分析还可以发现，随着年龄的增长，企业项目团队工作者利用搜索引擎、网页论坛等网络资源以及文字材料来解决问题的人数比例呈下降趋势，这可能跟他们的习惯等密切相关；另一方面，随着年龄的增长，企业项目团队工作者利用企业信息系统以及图书馆来查寻信息解决问题的人数呈上升趋势；21 至 30 岁的成员更倾向于询问团队中的同事来解决问题；同时，在各年龄阶段成员中，21～30 岁的成员通过询问组织中团队以外同事的人数比例略少，而 41～50 岁的成员通过询问组织外同行人员的人数比例高于其他年龄阶段，这可能与他们的人脉关系有关。

各年龄阶段对于合作信息查寻内容并无大的差异，同时各年龄阶段对于合作信息查寻行为频率也没有显著性影响。

3. 项目团队参与次数对合作信息查寻与检索行为的影响

将成员的项目团队参与次数与合作信息查寻与检索频率进行交叉列联分析，其结果如表 3-47 所示，卡方检验的相伴概率小于 0.05(表 3-48)，表明两者间存在相关关系；但其 Spearman 相关系数的计算结果表明，两者间的相互性较弱，系数值为 0.188，在一定程度可认为两者的相关关系不存在(表 3-49)。

表 3-47 项目团队参与次数与合作信息查寻频率的交叉列联分析

			查寻频率				合计
			基本不交流	每天一到两次	每天三到四次	每天四次以上	
近三年参加企业项目团队的次数	=1 次	计数	1	17	2	2	22
		参与项目团队次数百分比	4.5%	77.3%	9.1%	9.1%	100.0%
		查寻频率百分比	50.0%	8.2%	1.7%	4.3%	5.9%
	>1 次，且≤3 次	计数	1	85	44	10	140
		参与项目团队次数百分比	0.7%	60.7%	31.4%	7.2%	100.0%
		查寻频率百分比	50.0%	40.9%	38.3%	21.3%	37.6%

续表

			查寻频率				合计
			基本不交流	每天一到两次	每天三到四次	每天四次以上	
近三年参加企业项目团队的次数	>3 次，且 ≤5 次	计数	0	68	49	14	131
		参与项目团队次数百分比	0.0%	51.9%	37.4%	10.7%	100.0%
		查寻频率百分比	0.0%	32.7%	42.6%	29.8%	35.2%
	>5 次	计数	0	38	20	21	79
		参与项目团队次数百分比	0.0%	48.1%	25.3%	26.6%	100.0%
		查寻频率百分比	0.0%	18.3%	17.4%	44.7%	21.2%
合计		计数	2	208	115	47	372
		参与项目团队次数百分比	0.5%	55.9%	30.9%	12.7%	100.0%
		查寻频率百分比	100.0%	100.0%	100.0%	100.0%	100.0%

表 3-48　项目团队参与次数与合作信息查寻频率相关分析卡方检验

	值	自由度	渐近显著性(双侧)
卡方值	33.498	9	0.000
似然比	29.366	9	0.001
线性间的联合检验	15.851	1	0.000
有效记录数	372		

表 3-49　项目团队参与次数与合作信息查寻频率 Spearman 相关分析

			项目团队参与次数	查寻频率
Spearman 相关分析	项目团队参与次数	相关系数	1.000	0.188**
		显著性(双侧)	0.000	0.000
		有效记录数	372	372
	查寻频率	相关系数	0.188**	1.000
		显著性(双侧)	0.000	0.000
		有效记录数	372	372

4. 任职岗位对合作信息查寻与检索行为的影响

通过对任职岗位与合作信息查寻内容的交叉列联分析可以发现：任职岗位不同，其合作信息查寻的主要内容也有所差异。团队中的一般成员合作查寻的主要内容集中在项目前期相关资料的调查收集整理、报告及材料的撰写、任务的具体执行这三种内容上，其中又以前面二者为主；团队中核心成员合作查寻的主要内容依次为项目需求调研及分析策划、项目前期相关资料的调查收集整理、报告及材料的撰写及任务的具体执行上，相对于团队一般成员，更注重在需求调研及分析上对必要项目信息的收集整理，同时也更加注重任务的具体执行；团队负责人合作查寻的主要内容依次为项目需求调研及分析策划、制定计划及进度表、制定项目目标、项目前期相关资料的收集整理、项目模块的系统设计上，相对于团队核心成员来说，他更加注重计划及进度表的制定以及项目目标的制定；对于高级管理者来说，相比于团队负责人，更重视对任务的控制。

通过对任职岗位与信息源使用情况的交叉列联分析可以发现：任职岗位不同，合作信息查寻中信息源的使用情况也有所差异。团队中的一般成员所使用的信息源依次为利用经验及手边资料、搜索引擎及网页论坛等网页资源、查询文字材料以及询问团队中的同事；而团队核心成员所使用的信息源依次为利用经验及手边资料、查询文字材料、利用搜索引擎及网页论坛等网络资源以及询问团队中的同事；相对于团队一般成员来说，虽然所重视的信息源的类型基本一致，但对于文字材料的重视程度有所提高；团队负责人所重视的信息源依次为自身经验及手边资料、文字材料、询问团队中的同事、向咨询机构或领域专家咨询以及利用搜索引擎网页论坛等网络资源，团队负责人相对于团队其他成员更加注重与团队同事的交流以及向领域专家或咨询机构进行咨询；而高级管理者相对于团队负责人来说，更加重视对企业信息系统的利用。

任职岗位与合作信息查寻行为频率交叉列联分析的检验结果(表 3-50)，任职岗位高低与合作信息查寻频率相关分析卡方检验如表 3-51 所示。各类相伴概率都小于 0.05，表明二者间存在相关关系；尽管其 Spearman 相关系数的相伴概率在 0.001 水平上显著，但其相关系数值仅为-0.146(表 3-52)，表明二者的相关性是负的弱相关。

表 3-50 任职岗位高低与合作信息查寻频率的交叉列联分析

			查寻频率				合计
			基本不交流	每天一到两次	每天三到四次	每天四次以上	
岗位	高级管理者	计数	0	10	5	5	20
		岗位百分比	0.0%	50.0%	25.0%	25.0%	100.0%
		查寻频率百分比	0.0%	4.8%	4.3%	10.6%	5.4%
	团队负责人	计数	0	51	32	14	97
		岗位百分比	0.0%	52.6%	33.0%	14.4%	100.0%
		查寻频率百分比	0.0%	24.5%	27.8%	29.8%	26.1%
	团队核心成员	计数	0	97	63	24	131
		岗位百分比	0.0%	52.7%	34.2%	13.1%	100.0%
		查寻频率百分比	0.0%	46.6%	54.8%	51.1%	49.5%
	团队一般成员	计数	2	50	15	4	71
		岗位百分比	2.8%	70.4%	21.1%	5.7%	100.0%
		查寻频率百分比	100.0%	24.0%	13.0%	8.5%	19.1%
合计		计数	2	208	115	47	372
		岗位百分比	0.5%	55.9%	30.9%	12.7%	100.0%
		查寻频率百分比	100.0%	100.0%	100.0%	100.0%	100.0%

表 3-51 任职岗位高低与合作信息查寻频率相关分析卡方检验

	值	自由度	渐近显著性(双侧)
Pearson 卡方检验	20.473	9	0.015
似然比	18.870	9	0.026
线性间的联合检验	8.616	1	0.003
有效记录数	372		

表 3-52　任职岗位与合作信息查寻频率 Spearman 相关分析

			任职岗位	查寻频率
Spearman 相关分析	任职岗位	相关系数	1.000	-0.146**
		显著性(双侧)	0.000	0.005
		有效记录数	372	372
	查寻频率	相关系数	-0.146**	1.000
		显著性(双侧)	0.005	0.000
		有效记录数	372	372

通过任职岗位与信息角色的交叉列联分析(表 3-53)发现：任职岗位与信息角色显著性相关。任职岗位的不同造成了企业项目团队工作者信息角色的不同。这种差异主要表现在：高级管理者以及团队负责人一般作为信息分析者与信息核查者，而团队核心成员一般作为团队中的信息提供者与信息核查者，团队一般成员则作为信息收集者居多，任职岗位的不同与信息角色的高低和难易存在正相关关系。其卡方检验结果的相伴概率小于 0.05 (表 3-54)，Spearman 相关性检验结果的相伴概率小于 0.05，相关系数为-0.228，两者为弱的负相关关系(表 3-55)。

表 3-53　任职岗位与信息角色的交叉列联分析

			信息角色					合计
			信息收集者	信息提供者	信息核查者	信息整理者	信息分析者	
岗位	高级管理者	计数	2	0	6	2	10	20
		岗位百分比	10.0%	0%	30.0%	10.0%	50.0%	100.0%
		信息角色百分比	3.9%	0%	7.1%	3.5%	7.7%	5.4%
	团队负责人	计数	13	6	22	12	44	97
		岗位百分比	13.4%	6.2%	22.7%	12.4%	45.3%	100.0%
		信息角色百分比	25.5%	12.0%	26.2%	21.1%	33.8%	26.1%
	团队核心成员	计数	16	29	46	27	66	131
		岗位百分比	8.7%	15.8%	25.0%	14.8%	35.9%	100.0%
		信息角色百分比	31.4%	58.0%	54.8%	47.4%	50.8%	49.5%
	团队一般成员	计数	20	15	10	16	10	71
		岗位百分比	28.2%	21.1%	14.1%	22.5%	14.1%	100.0%
		信息角色百分比	39.2%	30.0%	11.9%	28.1%	7.7%	19.1%
合计		计数	51	50	84	57	130	372
		岗位百分比	13.7%	13.4%	22.6%	15.4%	34.9%	100.0%
		信息角色百分比	100.0%	100.0%	100.0%	100.0%	100.0%	100.0%

表 3-54 任职岗位与信息角色相关分析卡方检验

	值	自由度	渐近显著性(双侧)
Pearson 卡方检验	44.565	12	0.000
似然比	47.952	12	0.000
线性间的联合检验	18.201	1	0.000
有效记录数	372		

表 3-55 任职岗位与信息角色 Spearman 相关分析

			任职岗位	信息角色
Spearman 相关分析	任职岗位	相关系数	1.000	-0.228**
		显著性(双侧)	0.000	0.000
		有效记录数	372	372
	信息角色	相关系数	-0.228**	1.000
		显著性(双侧)	0.000	0.000
		有效记录数	372	372

不同的任职岗位对于合作信息查寻中交流工具的使用情况并无显著性的影响。不同的任职岗位下，其交流工具都主要是面对面的团队正式会议的方式(91.1%)；其次是新兴交流工具，包括电子邮件的方式(76.9%)、电话渠道(73.1%)、QQ 等网络软件(63.7%)，其中以电子邮件和电话渠道为主。

5. 团队规模对合作信息查寻与检索行为的影响

从团队规模与合作信息查寻中信息源使用情况的交叉列联分析结果发现：在规模低于 10 人的团队中，信息源的使用情况按照使用频率依次为利用经验及手边资料、利用搜索引擎及网页论坛等网络资源、查寻文字资料、询问团队中的同事以及向咨询机构或领域专家咨询，而规模在 10 人以上的团队中，相比于 10 人以下的团队，唯一差异就是更加注重对企业信息系统这一信息源的利用。

团队规模与合作信息查寻中交流工具的使用情况的交叉列联分析显示：团队规模不同，交流工具的使用情况也存在一些差异。当团队规模低于 10 人时，交流工具的使用情况按照使用频率的高低排序依次为面对面团队正式会议、电子邮件方式、QQ 等网络软件、非正式性小组会议方式以及电话渠道；当团队规模大于 10 人且小于 20 人时，交流工具的使用情况依次为面对面团队正式会议、电话渠道、电子邮件的方式、非正式小组会议的方式以及 QQ 等网络软件；相对于 10 人以下的团队，他们更倾向于利用电话直接进行交流；当团队规模大于 20 人时，他们除利用以上所提到的信息交流工具，同时还倾向于利用团队内部的信息公告板方式进行信息的交流与传递。

团队规模与合作信息查寻行为频率的交叉列联分析结果(表 3-56)显示：随着团队规模的扩大，团队成员间信息交流的频率逐渐提高，说明团队规模与合作信息查寻行为频率存在正相关关系。当团队规模不足 10 人时，团队内成员间的交流频率基本保持在每天一到两次的水平；当团队规模大于 10 人同时小于等于 20 人时，团队成员间每天三次以上的交流频率的人数比例在提高，而低交流频率占比在相应减小。其卡方检验结果的相伴概率小于 0.05（表 3-57），Spearman 相关性检验的相伴概率为 0.036（表 3-58），相关系数为 0.109，说明团队规模与合作信息查寻行为频率变量间是弱正相关关系。

表 3-56　团队规模与合作信息查寻频率的交叉列联分析

			查寻频率				合计
			基本不交流	每天一到两次	每天三到四次	每天四次以上	
团队规模	≤10 人	计数	2	73	28	16	119
		团队规模百分比	1.7%	61.3%	23.5%	13.5%	100.0%
		查寻频率百分比	100.0%	35.1%	24.3%	34.0%	32.0%
	>10 人，≤20 人	计数	0	116	76	20	212
		团队规模百分比	0%	54.7%	35.8%	9.5%	100.0%
		查寻频率百分比	0%	55.8%	66.1%	42.6%	57.0%
	>20 人	计数	0	19	11	11	41
		团队规模百分比	0%	46.3%	26.8%	26.8%	100.0%
		查寻频率百分比	0%	9.1%	9.6%	23.4%	11.0%
合计		计数	2	208	115	47	372
		团队规模百分比	0.5%	55.9%	30.9%	12.7%	100.0%
		查寻频率百分比	100.0%	100.0%	100.0%	100.0%	100.0%

表 3-57　团队规模与合作信息查寻频率相关分析卡方检验

	值	自由度	渐近显著性（双侧）
Pearson 卡方检验	17.916	6	0.006
似然比	16.919	6	0.010
线性间的联合检验	4.608	1	0.032
有效记录数	372		

表 3-58　团队规模与合作信息查寻频率 Spearman 相关分析

			团队规模	查寻频率
Spearman 相关分析	团队规模	相关系数	1.000	0.109*
		显著性（双侧）	0.000	0.036
		有效记录数	372	0.372
	查寻频率	相关系数	0.109*	1.000
		显著性（双侧）	0.036	0.000
		有效记录数	372	372

团队规模对于合作信息查寻中的交流场合并无显著性的影响。所有的团队规模其交流场合都主要集中在团队集会以及在工作场合的非团队集会期间。

6. 任务阶段对合作信息查寻与检索行为的影响

任务阶段性与合作信息查寻内容的交叉列联分析结果显示：任务所属阶段性质不同，成员合作信息查寻内容存在很大的差异。无论对于哪一个任务阶段，项目前期相关资料的调查收集整理、报告及材料撰写以及项目需求调研及分析策划都是属于非常重要的合作信息查寻内容。除此之外，理论研究阶段重点关注制定计划与进度表以及制定项目目标等；应用研究阶段重点关注执行项目目标以及项目模块的系统设计；开发实施阶段同时把任务的具体执行、制定计划与进度表、项目模块的系统设计以及任务控制作为重点交流内容。而项目后期维护阶段则把任务的具体执行作为重点交流内容。由此说明，任务阶段从最开始的理论研究到后期维护，交流的内容也从项目前期的需求分析、信息收集与宏观把控逐渐演变到任务的具体执行。

任务阶段性与合作信息查寻中信息源使用的交叉列联分析结果显示：任务所属阶段性质不同，团队成员所使用的信息渠道也有所不同。无论对于哪一个任务阶段，利用经验及手边资料、查询文字材料以及利用搜索引擎及网页论坛等网络资源都是最为重要的信息源。除此之外，在任务的理论研究阶段，企业项目团队工作者在进行项目工作时依次将向咨询机构或领域专家咨询以及企业信息系统作为重要的信息源；在任务的应用研究阶段和开发实施阶段，团队成员都把询问团队中的同事作为重点信息源；在任务的项目后期维护阶段时，团队成员把企业信息系统以及向咨询机构或领域专家咨询作为重要的信息源。

任务阶段性与合作信息查寻行为频率的交叉列联分析检验结果（表 3-59）显示：尽管 Pearson 卡方值和似然率的相伴概率为 0.018，但线性关联的相伴概率为 0.378，而且 Spearman 相关性检验的相伴概率为 0.346（表 3-60），大于 0.05，说明任务阶段性的不同不是企业项目团队工作者合作信息查寻行为频率的显著性因素，它们之间没有相关性。

表 3-59 任务所属阶段与合作信息查寻频率的卡方检验

	值	自由度	渐近显著性（双侧）
Pearson 卡方检验	19.921	9	0.018
似然比	20.007	9	0.018
线性间的联合检验	0.777	1	0.378
有效记录数	372		

表 3-60 任务所属阶段与合作信息查寻频率 Spearman 相关分析

			查寻频率	任务所属阶段
Spearman 相关分析	查寻频率	相关系数	1.000	0.049
		显著性（双侧）	0.000	0.346
		有效记录数	372	372
	任务所属阶段	相关系数	0.049	1.000
		显著性（双侧）	0.346	0.000
		有效记录数	372	372

任务阶段性与合作信息查寻中交流工具的交叉列联分析显示两者间并无显著性的相关性。结果表明，无论处于哪一种任务阶段，其主要的交流工具都是面对面的团队正式会议、电子邮件、电话渠道、非正式性小组会议以及 QQ 等网络软件等。

7. 信息角色对合作信息查寻与检索行为的影响

由信息角色与合作信息查寻内容的交叉列联分析结果发现：信息收集者、信息提供者与信息整理者这三种信息角色在信息查寻内容方面无显著性的差异，信息查寻内容主要集中在项目前期相关资料的调查收集整理、报告及材料的撰写、项目需求调研及分析策划、计划及进度表的制定以及任务的具体执行上；对于信息核查者来说，信息查寻的内容主要聚焦于项目需求调研及分析策划、项目目标的制定、计划及进度表的制定、任务的具体执行、任务控制上；对于信息分析者来说，合作信息查寻的主要内容包括项目需求调研及分析策划、项目模块的系统设计、任务的具体执行、报告及材料的撰写以及制定项目目标。

信息角色与合作信息查寻行为频率的交叉列联分析检验结果(表 3-61)显示：尽管 Pearson 卡方值和似然率的相伴概率都小于 0.05，但线性关联的相伴概率为 0.330，且 Spearman 相关性检验的相伴概率为 0.302(表 3-62)，说明信息角色变量与企业项目团队工作者合作信息查寻行为频率无显著相关性，也就是说信息角色的不同不会引起合作信息查寻频率的显著变化。

表 3-61 信息角色与合作信息查寻频率的卡方检验

	值	自由度	渐近显著性(双侧)
Pearson 卡方检验	27.064	12	0.008
似然比	28.266	12	0.005
线性间的联合检验	0.949	1	0.330
有效记录数	372		

表 3-62 信息角色与合作信息查寻频率 Spearman 相关分析

			查寻频率	信息角色
Spearman 相关分析	查寻频率	相关系数	1.000	0.054
		显著性(双侧)	0.000	0.302
		有效记录数	372	372
	信息角色	相关系数	0.054	1.000
		显著性(双侧)	0.302	0.000
		有效记录数	372	372

8. 任务完成情况对合作信息查寻与检索行为的影响

从任务完成情况与合作信息查寻行为频率的交叉列联分析结果(表 3-63)可以看到：随着交流频率的提高，工作任务的完成情况相对变好，表明这两个变量间可能存在一种相关关系。其卡方检验结果的相伴概率都小于 0.05(表 3-64)，同时 Spearman 相关性检验的相伴概率为 0.001(表 3-65)，说明合作信息查寻行为频率与企业项目团队工作者任务完成情况存在显著性相关关系，但其相关系数为-0.178，是弱的负相关关系。

表 3-63 合作信息查寻行为频率与任务完成情况的交叉列联分析

			查寻频率				合计
			基本不交流	每天一到两次	每天三到四次	每天四次以上	
完成工作任务的情况	非常好，保质保量地高效完成	合计	0	64	38	30	132
		完成工作任务的情况百分比	0%	48.5%	28.8%	22.7%	100.0%
		查寻频率百分比	0%	30.8%	33.0%	63.8%	35.5%
	还可以，比较好	合计	2	132	73	17	224
		完成工作任务的情况百分比	9%	58.9%	32.6%	7.6%	100.0%
		查寻频率百分比	100.0%	63.5%	63.5%	36.2%	60.2%
	刚好完成任务	合计	0	12	4	0	16
		完成工作任务的情况百分比	0%	75.0%	25.0%	0%	100.0%
		查寻频率百分比	0%	5.8%	3.5%	0%	4.3%
合计		合计	2	208	115	47	372
		完成工作任务的情况百分比	0.5%	55.9%	30.9%	12.7%	100.0%
		查寻频率百分比	100.0%	100.0%	100.0%	100.0%	100.0%

表 3-64 合作信息查寻行为频率与任务完成情况的卡方检验

	值	df	渐近显著性(双侧)
Pearson 卡方检验	21.785	6	.001
似然比	23.183	6	.001
线性间的联合检验	15.160	1	.000
有效记录数	372		

表 3-65 合作信息查寻行为频率与任务完成情况 Spearman 相关分析

			查寻频率	完成工作任务的情况
Spearman 相关分析	查寻频率	相关系数	1.000	-0.178**
		显著性(双侧)	0.000	.001
		有效记录数	372	372
	完成工作任务的情况	相关系数	-0.178**	1.000
		显著性(双侧)	0.001	0.000
		有效记录数	372	372

就合作信息查寻与检索的发生阶段来看，企业项目团队工作者在需求调研及分析策划、项目前期相关资料调查收集整理以及报告材料的撰写这三个过程中合作最多，而这三大过程都是有关项目前期工作的，因而企业项目团队工作的合作信息查寻与检索主要发生

在项目工作前期。由交叉列联分析结果发现：无论是性别、任职岗位、任务阶段性质还是信息角色，都会在不同程度上影响到企业项目团队工作者的合作信息查寻与检索触发及具体内容，故企业项目团队工作者的合作信息查寻与检索是基于项目任务的过程性工作，同时在项目任务的前期合作触发并持续的可能性更高。

就合作信息查寻与检索的资源利用来看，企业项目团队工作者首先利用自己的经验及手边资料或者利用搜索引擎及网页论坛查寻资料来解决问题，然后才是发起团队成员间的合作查寻信息的行为，最后再是询问权威人员及机构来解决问题，而诸如到图书馆查寻这样的途径被利用得非常少，表明便利性原则是合作信息查寻与检索行为的基本特征，这与一般的查寻检索并无二致。由其交叉列联分析结果发现：企业项目工作团队成员这种信息源的使用特征受到了年龄、任职岗位、团队规模、任务阶段性质的影响。团队成员的年龄越大，越习惯利用传统的途径来获取信息，这可能是由于其认知及观念习惯造成的；任职岗位越高，就越重视对文字材料及企业信息系统的利用；相对小的团队而言，规模较大的团队由于结构较复杂，鉴于交流的便捷性，更倾向于通过企业信息系统查寻检索所需信息；而任务的阶段性质是影响信息源使用的另外一个重要因素，当任务阶段越靠前时，通常项目任务的不确定性和复杂度还比较高，团队成员倾向于合作寻找较权威的信息源来尽快消除不确定性与复杂性。

就合作信息查寻与检索的交流渠道与方式来看，企业项目团队中首选的交流渠道与方式是面对面的团队正式会议，其次是使用新兴交流工具，再次是团队内部的交流渠道(如非正式性的小组会议、组织内部的虚拟平台以及团队内部的信息公告板，其中以非正式性小组会议为主)，纸质信件以及传真是较少使用的交流工具。除年龄、任职岗位、任务阶段性质、团队规模对交流渠道与方式选择有一定影响外，其他因素都没有显著相关关系，表明企业团队成员在选择合作信息查寻与检索的交流渠道时还是以方便、快捷作为最基本的使用原则。

就合作信息查寻与检索的发生场所来看，大部分企业项目团队工作者会选择在工作场合的集会期间以及非集会期间进行信息交流，只有小部分的成员会选择在休闲娱乐期间或者随时与团队成员保持信息交流。

就合作信息查寻与检索的发生频率来看，大部分成员每天只会进行一到两次交流或者三到四次的合作信息查寻检索，而每天进行四次以上的比例非常少，而每天不交流的成员几乎不存在，表明团队成员通过合作获取信息来解决问题是主流态势。进一步的交叉列联分析表明，团队成员间的合作信息查寻与检索受到参与团队次数、任职岗位、团队规模的影响，同时还会受到任务完成结果的反馈影响。项目团队参与得越多，合作信息查寻活动进行越频繁；任职岗位越高，合作信息查寻行为越频繁；团队规模越大，合作信息查寻行为也越频繁。

从上面关于企业项目团队的合作信息查寻与检索行为特征的研究可以发现，基于企业项目团队运作的任务驱动及封闭特点，合作信息查寻与检索是以任务完成为基本导向，通常其合作查寻与检索发生在项目工作初期，也就是说任务语境是触发合作信息查寻与检索的关键要素；在合作信息查寻与实践中，团队成员首选的是最直接最便捷的信息源与信息查寻途径，同时也会兼顾获取信息的权威性，表明合作信息查寻与检索行为受制于团队的具体组织语境与社会语境；合作查寻与检索行为发生频率高低除受到团队本身一些因素制约外，更多取决于任务完成效果的反馈，表明任务语境是合作信息查寻与检索行为持续演化的内在动力；合作信息查寻与检索行为多发生在工作语境中，只有少部分行为发生在工作语境之外，因而优化团队工作语境是提升合作信息查寻与检索效率的重要举措。这些基本结论表明，语境方法是合作信息查寻与检索行为认知的基本手段，合作信息查寻与检索行为分析必须置放于特定语境之中，离开语境的合作信息查寻与检索行为认知是不完整也是不深刻的。

3.5 企业项目团队合作信息查寻与检索的行为机制探索

3.5.1 初始模型构建及初步检验

通过探索性因子分析，一共析取出 7 个公共因子，根据公共因子的构成变量分别命名是：组织氛围、人际关系与认知效果、成员特质、感知结果与意愿、合作信息查寻行为态度、任务认知、工作经验。

对比前面研究假设，探索性因子分析聚类结果与假设中提出的企业团队项目工作成员合作信息查寻与检索行为影响因素假设模型大致相同，但也有所区别。其差异主要表现在：①“工作经验”变量从“成员特质”中分离出来，单独聚成一类；②“结果感知”变量与“合作信息查寻行为意愿”变量合并为一类；③“认知效果”与“人际关系”变量被聚成一类。

根据因子分析聚类结果，结合前面提出的影响因素假设模型，形成待检验的企业项目团队工作成员合作信息查寻行为影响因素初始模型(图 3-7)。

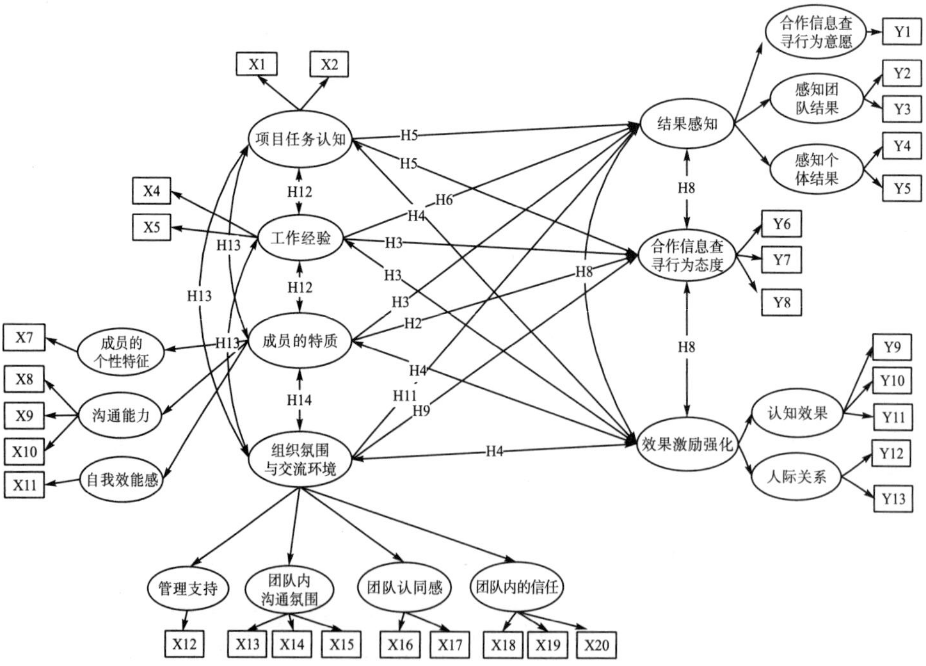

图 3-7 企业团队项目工作的合作信息查寻行为影响因素初始模型

由于待检验的影响因素模型与前面的假设模型略有差异，因此除了前述的那些待检验的研究假设外，根据新模型新增了一些研究假设，具体如表 3-66 所示。

表 3-66　新增研究假设

	新增研究假设
H19	工作经验与成员的特质存在相互影响关系
H20	工作经验与组织氛围及交流的环境存在相互影响关系
H21	工作经验与项目任务认知存在相互影响关系
H22	工作经验与认知效果存在相互影响关系
H23	工作经验正相关于结果感知
H24	工作经验正相关于合作信息查寻行为态度

为了后续计算与分析便利性，需要将该二阶模型转换为一阶模型。为此，将一阶变量中测量题项数目大于 1 的变量利用 AMOS 软件进行路径系数计算及加权综合得分计算（图 3-8～图 3-11）。

具体计算过程如下：

沟通能力=(0.66*沟通能力 1+0.64*沟通能力 2+0.67*沟通能力 3)/(0.66+0.64+0.67)；

感知个体结果=(0.59*感知个体结果 1+0.62*感知个体结果 2)/(0.59+0.62)；

感知团队结果=(0.56*感知团队结果 1+0.61*感知团队结果 2)/(0.56+0.61)；

认知效果=(0.63*认知效果 1+0.61*认知效果 2+0.7*认知效果 3)/(0.63+0.61+0.7)；

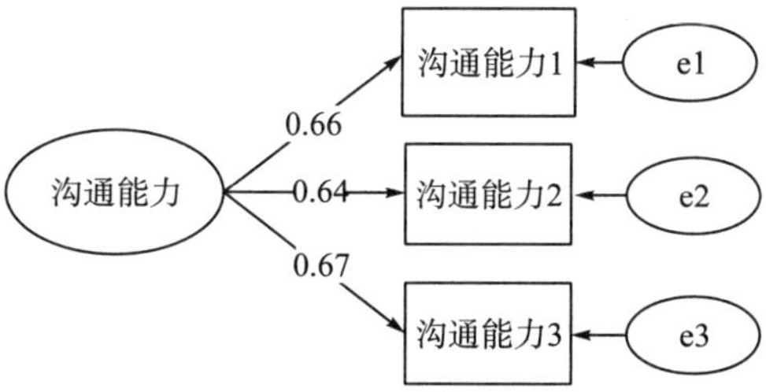

图 3-8　沟通能力各测量问项的路径系数

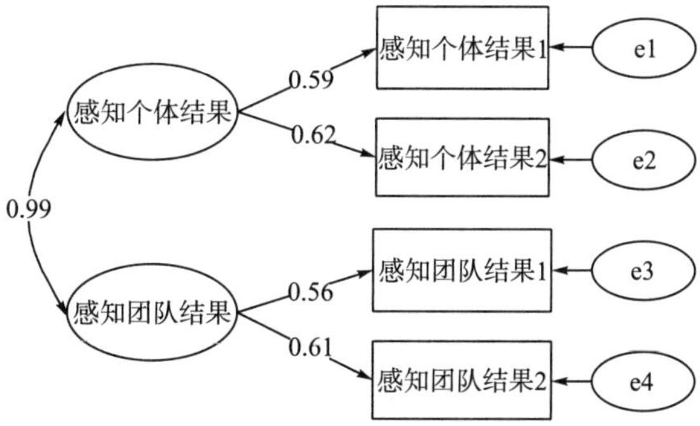

图 3-9　感知结果各测量问项的路径系数

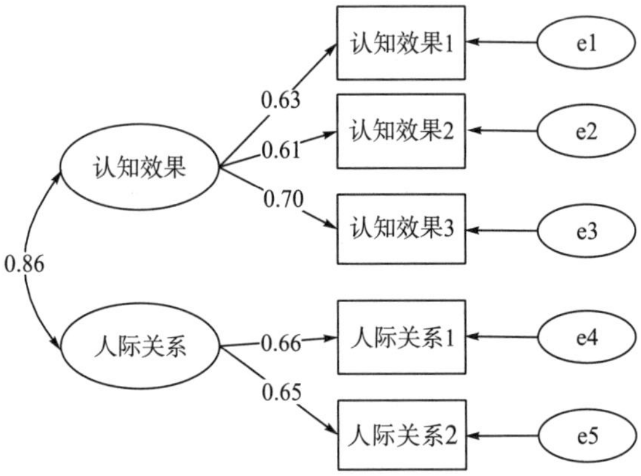

图 3-10　认知效果及人际关系各测量问项的路径系数

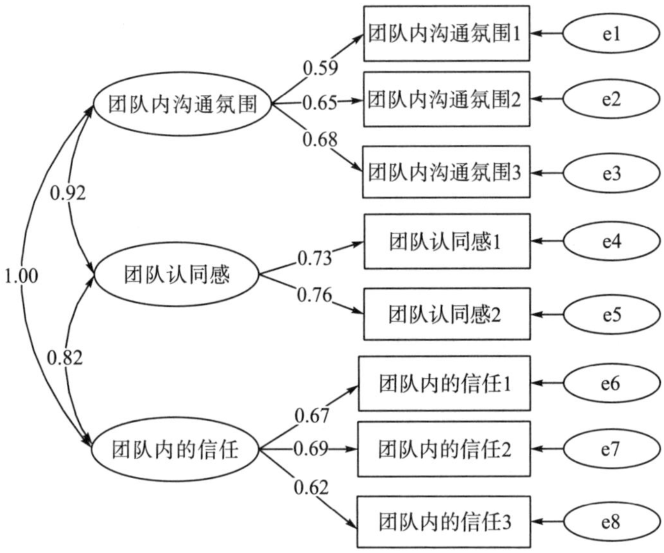

图 3-11　组织氛围及交流环境各测量问项的路径系数

人际关系=(0.66*人际关系 1+0.65*人际关系 2)/(0.66+0.65)；

团队内沟通氛围=(0.59*团队内沟通氛围 1+0.65*团队内沟通氛围 2+0.68*团队内沟通氛围 3)/(0.59+0.65+0.68)；

团队认同感=(0.73*团队认同感 1+0.76*团队认同感 2)/(0.73+0.76)；

团队内的信任=(0.67*团队内的信任 1+0.69*团队内的信任 2+0.62*团队内的信任 3)/(0.67+0.69+0.62)。

根据上述公式计算后，转换所得的理论模型如图 3-12 所示。其中，沟通能力 X6 为 3 个测量题项的加权综合得分，团队内沟通氛围 X9 为问卷中 3 个测量题项的综合加权得分，团队认同感 X10 为问卷中 2 个测量题项的综合加权得分，团队内的信任 X11 为问卷中 3 个测量题项的综合加权得分，人际关系 Y8 为问卷中 2 个测量题项的综合加权得分，认知效果 Y7 为问卷中 3 个测量题项的综合加权得分，感知个体结果 Y3 为问卷中 2 个题项的综合加权得分，感知团队结果 Y2 为问卷中 2 个题项的综合加权得分。

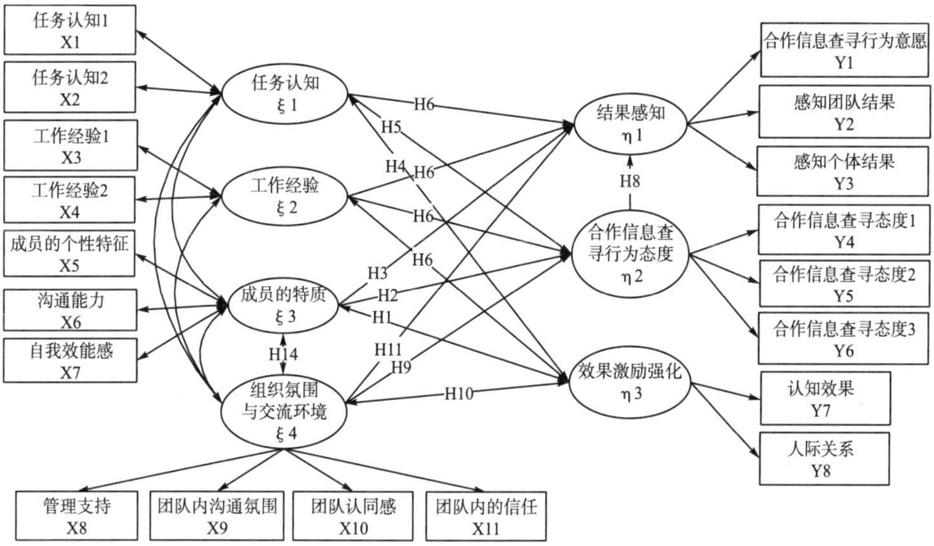

图 3-12　企业团队项目工作的合作信息查寻行为影响因素一阶转换模型

该理论模型路径图涵盖了外源变量（ξ-因子及其指标 X）和内生变量（η-因子及其指标 Y）之间的关系、外源变量之间的关系以及内生变量之间的关系。本书将采用结构方程模型方法，分析任务认知、工作经验、成员特质以及组织氛围及交流环境是如何影响团队成员合作信息查寻与检索行为的意愿、态度及结果感知，以及效果激励强化是如何反馈作用于任务认知、工作经验、成员特质、组织氛围与交流环境、结果感知以及合作信息查寻与检索行为态度的。

本书具体采用 AMOS21.0 软件对模型进行检验。在具体检验过程中，其验证性参考指标必须满足一定的基本要求，主要参考指标如表 3-67 所示。

表 3-67　SEM 检验的主要参考指标

拟合指标	判断准则
绝对拟合度(absolute fit measures)	
卡方值(χ^2)	越小越好
χ^2/df	<2
P 值	>0
拟合度指标(GFI)	>0.90
残差平方根(RMR)	<0.05
近似误差均方根(RMSEA)	<0.05
简约拟合度(parsimonious fit measures)	
简约基准拟合度指标(PNFI)	>0.50
简约拟合指标(PGFI)	>0.50
增值拟合度(incremental fit measures)	
调整后的拟合指标(AGFI)	>0.90
规范拟合指标(NFI)	>0.90
比较拟合指标(CFI)	>0.90

1. 基本拟合标准

在评鉴模型拟合度之前，首先需要检验模型内统计输出的估计系数是否超出可接受的范围，需要检验的项目有：①不能存在负的误差方差；②标准化路径值不能超过或太接近于 1(通常以 0.95 为门槛)。

表 3-68 基本拟合检验结果

	参数估计	SE	CR	*P*
任务认知	0.185	0.042	4.444	***
工作经验	0.311	0.067	4.616	***
成员特质	0.131	0.019	6.833	***
组织氛围与交流环境	0.185	0.021	8.930	***
效果激励强化	0.167	0.025	6.720	***
e24	0.058	0.017	3.485	***
e25	0.032	0.010	3.084	0.002
e3	0.111	0.012	9.123	***
e4	0.297	0.029	10.317	***
e5	0.215	0.020	10.897	***
e20	0.106	0.012	8.611	***
e21	0.152	0.015	10.335	***
e22	0.211	0.021	10.267	***
e9	0.073	0.008	8.948	***
e10	0.290	0.025	11.649	***
e12	0.169	0.016	10.851	***
e13	0.093	0.009	9.924	***
e2	0.207	0.036	5.757	***
e1	0.599	0.056	10.613	***
e18	0.282	0.028	10.110	***
e17	0.305	0.030	10.104	***
e8	0.386	0.058	6.702	***
e7	0.459	0.082	5.629	***
e16	0.268	0.026	10.183	***
e14	0.157	0.016	9.869	***
e15	0.101	0.012	8.579	***

从表 3-68 可以看出，模型中误差方差的测量误差值为 0.008 到 0.082，并无负的误差方差存在；另外，从表 3-69 可以得知，模型中标准化系数值的绝对值皆未超过 0.95，结果显示此模型并未发生违反估计的现象，因此可以进行整体模型拟合度的检验。

表 3-69　标准化回归系数

假设	路径值
交流分享的态度←组织氛围交流环境	0.645
交流分享的态度←任务的认知	0.167
交流分享的态度←成员的特质	0.103
交流分享的态度←工作经验	-0.060
结果感知←成员特质	0.306
结果感知←交流分享的态度	0.397
结果感知←任务认知	0.391
结果感知←工作经验	-0.003
结果感知←组织氛围及交流环境	-0.084
a1←任务认知	0.687
a2←任务认知	0.469
a15←交流分享的态度	0.624
a16←交流分享的态度	0.624
a5←工作经验	0.668
a6←工作经验	0.710
a32←交流分享的态度	0.618
a44←成员特质	0.736
a4←成员特质	0.666
a14←成员特质	0.608
a45←结果感知	0.759
a46←结果感知	0.660
a27←结果感知	0.665
a47←组织氛围交流环境	0.848
a38←组织氛围交流环境	0.603
a48←组织氛围交流环境	0.735
a49←组织氛围交流环境	0.806
a51←效果激励强化	0.717
a50←效果激励强化	0.770
任务认知↔成员的特质	0.608
工作经验↔成员的特质	0.575
任务认知↔工作经验	0.245
工作经验↔组织氛围及交流环境	0.434
成员的特质↔组织氛围交流环境	0.825
任务的认知↔组织氛围及交流环境	0.617
组织氛围及交流环境↔效果激励强化	0.945
工作经验↔效果激励强化	0.478
成员的特质↔效果激励强化	0.828
任务的认知↔效果激励强化	0.555

2. 整体模型拟合度检验

整体拟合度包括绝对拟合度、简约拟合度以及增值拟合度三类指标。该模型的指标计算结果与指标对比如表 3-70，从表中可以看出各项指标都符合基本要求，因此可以认为初始的理论结构模型拟合符合要求。

表 3-70　研究模型整体拟合结果

拟合指标	指标值	判断准则
绝对拟合度（absolute fit measures）		
卡方值（χ^2）	191.729	越小越好
χ^2/df	1.442	<2，理想
P 值	0.001	>0
拟合度指标（GFI）	0.941	>0.90，很好
残差平方根（RMR）	0.018	<0.05，理想
平均近似误差平方根（RMSEA）	0.038	<0.05，理想
简约拟合度（parsimonious fit measures）		
简约基准拟合度指标（PNFI）	0.713	>0.50，理想
简约拟合指标（PGFI）	0.756	>0.50，理想
增值拟合度（incremental fit measures）		
调整后的拟合指标（AGFI）	0.915	>0.90，理想
规范拟合指标（NFI）	0.917	>0.90，理想
比较拟合指标（CFI）	0.973	>0.90，理想

表 3-71 显示了路径系数的拟合结果。模型中的部分路径获得支持，部分路径的显著性概率大于 0.05，表示样本数据不支持变量间的假设，需要进一步修正模型。

表 3-71　模型参数估计结果

假设	估计值	显著性概率	结论
交流分享的态度←组织氛围与交流环境	0.636	***	显著，支持假设
交流分享的态度←任务认知	0.165	0.178	不显著，拒绝假设
交流分享的态度←成员的特质	0.120	0.607	不显著，拒绝假设
交流分享的态度←工作经验	−0.046	0.555	不显著，拒绝假设
结果感知←任务的认知	0.270	0.022	显著，支持假设
结果感知←成员的特质	0.415	0.036	显著，支持假设
结果感知←交流分享的态度	0.350	0.016	显著，支持假设
结果感知←工作经验	−0.002	0.978	不显著，拒绝假设
结果感知←组织氛围与交流环境	−0.074	0.647	不显著，拒绝假设
任务的认知↔成员的特质	0.095	***	显著，支持假设
工作经验↔成员特质	0.116	***	显著，支持假设
任务的认知↔工作经验	0.059	0.015	显著，支持假设

续表

假设	估计值	显著性概率	结论
工作经验↔组织氛围与交流环境	0.104	***	显著，支持假设
成员的特质↔组织氛围及交流环境	0.129	***	显著，支持假设
任务的认知↔组织氛围与交流环境	0.114	***	显著，支持假设
组织氛围及交流环境↔效果激励强化	0.166	***	显著，支持假设
工作经验↔效果激励强化	0.109	***	显著，支持假设
成员的特质↔效果激励强化	0.122	***	显著，支持假设
任务的认知↔效果激励强化	0.097	***	显著，支持假设

3.5.2　模型修正与确立

删除初始理论模型检验结果中路径系数不显著的路径，再次进行结构方程运算，得到修正模型。路径拟合结果（表 3-72）显示，修正后模型中的所有路径获得支持，全部达到显著性水平。

表 3-72　模型参数估计结果

假设	估计值	显著性概率	结论
交流分享态度←组织氛围与交流环境	0.813	***	显著，支持假设
结果感知←任务认知	0.280	0.007	显著，支持假设
结果感知←成员特质	0.340	0.004	显著，支持假设
结果感知←交流分享的态度	0.326	***	显著，支持假设
成员特质↔组织氛围与交流环境	0.129	***	显著，支持假设
任务认知↔成员特质	0.102	***	显著，支持假设
工作经验↔成员特质	0.104	***	显著，支持假设
工作经验↔组织氛围与交流环境	0.103	***	显著，支持假设
任务认知↔工作经验	0.059	0.014	显著，支持假设
任务认知↔组织氛围与交流环境	0.116	***	显著，支持假设
组织氛围与交流环境↔效果激励强化	0.166	***	显著，支持假设
工作经验↔效果激励强化	0.109	***	显著，支持假设
成员特质↔效果激励强化	0.121	***	显著，支持假设
任务认知↔效果激励强化	0.095	***	显著，支持假设

修正后的模型整体拟合度（表 3-73）都达到检验的基本要求，对比修改前的结果发现样本数据与修正模型拟合度更高。

表 3-73 研究模型整体拟合结果

拟合指标	指标值	判断准则
绝对拟合度(absolute fit measures)		
卡方值(χ^2)	195.855	越小越好
χ^2/df	1.419	<2，理想
P 值	0.001	>0，较好
拟合度指标(GFI)	0.940	>0.90，很好
残差平方根(RMR)	0.019	<0.05，理想
平均近似误差平方根(RMSEA)	0.037	<0.05，理想
简约拟合度(parsimonious fit measures)		
简约基准拟合度指标(PNFI)	0.739	>0.50，理想
简约拟合指标(PGFI)	0.785	>0.50，理想
增值拟合度(incremental fit measures)		
调整后的拟合指标(AGFI)	0.917	>0.90，理想
规范拟合指标(NFI)	0.915	>0.90，理想
比较拟合指标(CFI)	0.973	>0.90，理想

前面一共提出了 24 条研究假设，根据相关理论与经验，通过获取数据的 SEM 方法检验可知，共有 17 条假设得到支持，7 条假设没有通过检验，具体结果如表 3-74 所示。

表 3-74 研究假设的结构方程检验结果

序号	假设内容	结论
H1	成员的特质正相关于合作信息查寻意愿	支持
H2	成员的特质正相关于合作信息查寻态度	不支持
H3	成员的特质正相关于感知结果	支持
H4	项目任务的认知正相关于合作信息查寻意愿	支持
H5	项目任务的认知正相关于合作信息查寻态度	不支持
H6	项目任务的认知正相关于团队成员的感知结果	支持
H7	合作信息查寻行为态度正相关于合作信息查寻行为意愿	支持
H8	合作信息查寻行为态度正相关于感知结果	支持
H9	组织氛围及交流环境正相关于企业项目工作团队成员合作信息查寻态度	支持
H10	组织氛围及交流环境正相关于企业项目工作团队成员合作信息查寻意愿	不支持
H11	组织氛围及交流环境正相关于企业项目工作团队成员的感知结果	不支持
H12	成员的特质与项目任务的认知存在相互影响关系	支持
H13	项目任务认知与组织氛围及交流环境之间存在相互影响的关系	支持
H14	组织氛围及交流环境与项目团队工作成员的特质之间存在相互影响的关系	支持
H15	成员的特质与认知效果存在相互影响的关系	支持
H16	项目任务认知与认知效果存在相互影响的关系	支持

续表

序号	假设内容	结论
H17	组织氛围及交流环境与认知效果存在相互影响的关系	支持
H18	认知效果与合作信息查寻行为意愿存在相互影响的关系	不支持
H19	工作经验与成员的特质存在相互影响的关系	支持
H20	工作经验与组织氛围及交流的环境存在相互影响的关系	支持
H21	工作经验与项目任务认知存在相互影响关系	支持
H22	工作经验与认知效果存在相互影响的关系	支持
H23	工作经验正相关于结果感知	不支持
H24	工作经验正相关于合作信息查寻行为态度	不支持

根据检验通过的路径关系，重构一阶变量间关系得到企业项目团队工作的合作信息查寻与检索行为关系结构(图 3-13)。相较修正前的模型，该模型删除了一些变量间的关系，总体上更加简约，是阐释企业项目团队工作的合作信息查寻与检索行为产生及演化机制的基本依据。

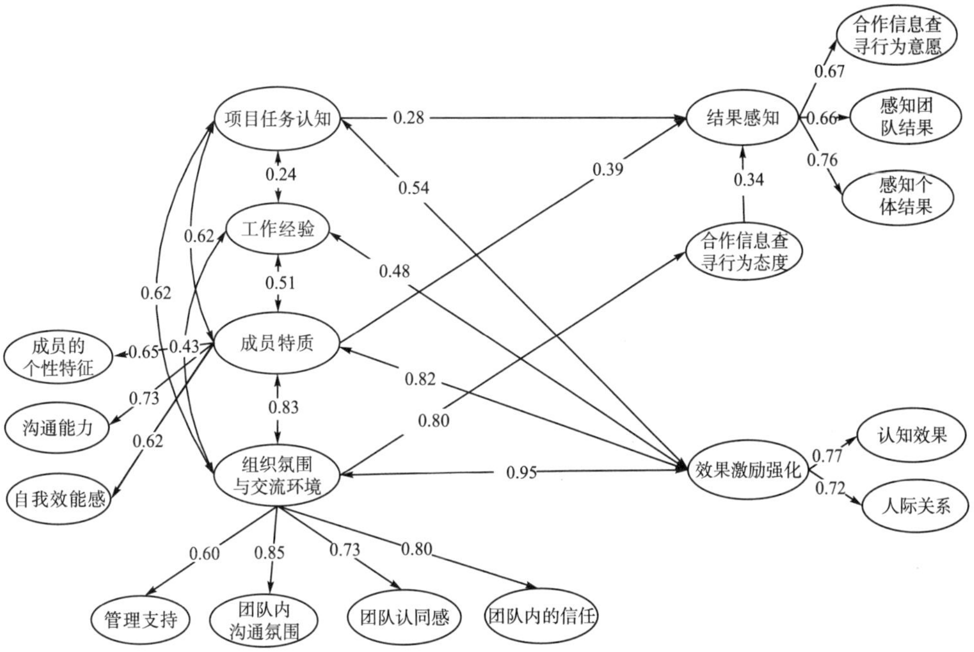

图 3-13　企业团队项目工作的合作信息查寻与检索的行为结构模型

3.5.3　企业项目团队合作信息查寻与检索的行为关系分析

基于 SEM 方法获得的模型较好地反映了企业项目团队工作中合作信息查寻与检索行为构成要素间的相互作用关系，对厘清合作信息查寻与检索行为机制具有较好参考价值。下面对要素间的相互作用关系做具体的阐释说明。

1. 行为要素间的两两关系分析

1) 成员特质与结果感知的关系

本书原假设是成员特质对合作信息查寻与检索行为意愿、结果感知(感知团队结果以及感知个体结果)有正向影响，即企业项目团队成员特质越积极，其合作信息查寻与检索行为意愿就越强烈(H1)，同时其结果感知也越好(H3)。如表 3-72 及图 3-13 所示，成员特质对感知有正向影响，它们之间的路径系数为 0.39，在 0.05 水平上显著，而结果感知对合作信息查寻与检索行为意愿、感知团队结果以及感知个体结果同样达到 0.05 的显著性水平，其路径系数分别为 0.67、0.66 以及 0.76，因此假设 H1、H3 获得支持。这表明企业项目团队成员的个性越积极，沟通能力越好，自我效能感越高，那么其合作信息查寻与检索行为意愿就越强烈，感知到的团队结果以及自身的结果也就越好。

2) 项目任务认知与结果感知的关系

本书原假设项目任务认知对合作信息查寻与检索行为意愿、结果感知(即感知团队结果以及感知个体结果)有正向影响，即项目任务认知越全面深刻，其合作信息查寻与检索行为意愿就越强烈(H4)，同时其结果感知也越理想(H6)。如表 3-72 及图 3-13 所示，项目任务认知对感知有正向影响，它们之间的路径系数为 0.28，在 0.05 水平上显著，而结果感知对合作信息查寻行为意愿、感知团队结果以及感知个体结果同样达到 0.05 的显著性水平，其路径系数分别为 0.67、0.66 以及 0.76，因此假设 H4、H6 获得支持。这表明当企业项目团队成员认为任务复杂且带有不确定性因素，需要花费大量的精力解决，同时任务非常紧急时，其合作信息查寻与检索行为意愿就越强烈，感知到的团队结果以及自身的结果也就越好。

3) 合作信息查寻行为态度与结果感知的关系

本书原假设合作信息查寻行为态度对合作信息查寻与检索行为意愿、结果感知(即感知团队结果以及感知个体结果)有正向影响，即合作信息查寻检索态度越正面，其合作信息查寻与检索行为意愿就越强烈(H7)，同时其结果感知也越理想(H8)。如表 3-72 及图 3-13 所示，合作信息查寻行为态度对结果感知有正向影响，它们之间的路径系数为 0.34，在 0.05 水平上显著，而结果感知由合作信息查寻行为意愿、感知团队结果以及感知个体结果所组成，且均在 0.05 水平上具有显著性，其路径系数分别为 0.67、0.66 以及 0.76，因此合作信息查寻行为态度对合作信息查寻与检索行为意愿以及结果感知存在正向影响，假设 H7、H8 获得支持。这表明当企业项目团队成员对合作信息查寻行为的认可度越高，觉得它越有意思、越能获得成就感、越能获得更多的信任与认同时，其合作信息查寻与检索行为意愿就越强烈，感知到的团队结果以及自身工作的结果也就越好。

4) 组织氛围及交流环境与合作信息查寻行为态度的关系

本书原假设组织氛围及交流环境对合作信息查寻行为态度有正向影响，即组织氛围越融洽，其合作信息查寻行为态度也越正面(H9)。表 3-72 及图 3-13 显示，组织氛围及交流环境对合作信息查寻行为态度有正向影响，它们之间的路径系数为 0.80，在 0.05 水平上显著，因此假设 H9 获得支持。这表明如果企业项目团队的沟通氛围越好，得到越多领导支持，成员团队认同感越高，同时团队成员间充满信任，那么其合作信息查寻与检索行为态度也就越积极。

5) 项目任务认知与成员特质的关系

本书原假设项目任务认知与成员特质存在相互影响关系，即团队成员特质会影响其对任务的认知，同时任务认知结果也会对成员特质造成影响(H12)。表 3-72 及图 3-13 显示，项目任务认知与成员特质之间的路径系数为 0.62，在 0.05 水平上显著，因此它们的相互影响关系成立，假设 H12 获得支持。这表明成员的个性特征、沟通能力、自我效能感等会影响成员对项目任务的复杂度、不确定性以及紧急性的感知，同时成员对项目任务的最终认知也会反馈于成员特征，从而促进彼此间的调整与相互适应。

6) 工作经验与成员特质的关系

本书原假设工作经验与成员特质存在相互影响关系(H19)。表 3-72 及图 3-13 显示，工作经验与成员特质之间的路径系数为 0.51，在 0.05 水平上显著，因此它们存在相互影响关系，假设 H19 获得支持。这表明成员的个性特征、沟通能力、自我效能感等会影响成员对自身工作经验是否丰富的感知，同时成员的工作经验也会反过来加强成员的沟通能力、个性以及自我效能感等，从而使彼此之间相互促进。

7) 工作经验与组织氛围及交流的关系

本书原假设工作经验与组织氛围及交流的环境存在相互影响关系(H20)。表 3-72 及图 3-13 显示，工作经验与组织氛围及交流环境之间的路径系数为 0.43，在 0.05 水平上显著，因此它们存在相互影响关系，假设 H20 获得支持。这表明良好的团队沟通氛围、管理者的积极支持、强的认同感以及信任感会使成员在工作经验上得到积累，同时成员良好的工作经验也会反过来强化成员间的沟通、信任、对团队的认同以及带来领导者对团队的支持等，从而发挥彼此间的相互促进作用。

8) 任务认知与工作经验的关系

本书原假设项目任务认知与工作经验存在相互影响关系(H21)。表 3-72 及图 3-13 显示，任务认知与工作经验之间的路径系数为 0.24，在 0.05 水平上显著，因此它们之间存在相互影响关系，假设 H21 获得支持。这表明成员良好的工作经验会影响成员对项目任务复杂度、不确定性以及紧急性的认知，同时成员对任务的认知也会反过来进一步加强其对工作经验的积累，达到彼此之间的相互促进作用。

9) 成员特质与组织氛围及交流环境的关系

本书原假设成员特质与组织氛围及交流的环境存在相互影响关系(H14)。表 3-72 及图 3-13 显示，成员特质与组织氛围及交流环境之间的路径系数为 0.83，在 0.05 水平上显著，因此它们之间存在相互影响关系，假设 H14 获得支持。这表明成员良好的沟通能力、个性特征、自我效能感等特质会加强成员间的沟通氛围、信任、对团队的认同以及带来领导者对团队的支持等，同时良好的团队沟通氛围、管理者积极的支持、强的认同感以及信任感也会促使成员的沟通能力等特质提升。

10) 任务认知与组织氛围及交流环境的关系

本书原假设项目任务认知与组织氛围及交流的环境存在相互影响关系(H13)。表 3-72 及图 3-13 显示，项目任务认知与组织氛围及交流的环境之间的路径系数为 0.62，在 0.05 水平上显著，因此它们之间存在相互影响关系，假设 H13 获得支持。这表明当成员觉得项目任务越复杂、越带有不确定性同时越紧急时，他们反而会加强成员间的沟通、信任等以便合作解决问题，同时良好的团队沟通氛围、管理者积极的支持、强的认同感以及信任感又会影响成员对项目任务的复杂度、不确定性以及紧急性的认知。

11）效果激励强化与任务认知的关系

本书原假设效果激励强化与任务认知存在相互影响的关系（H16）。表 3-72 及图 3-13 显示，效果激励强化与任务认知之间的路径系数为 0.54，在 0.05 水平上显著，因此效果激励强化与任务的认知之间存在相互影响关系，假设 H16 获得支持。这表明当成员对项目任务的复杂度、不确定性以及紧急性认知会强化合作信息查寻行为所带来的认知效果和人际关系的和谐，反过来信息需求的满足、工作顺利高效完成以及工作热情提升也会影响成员对项目任务的再次认知。

12）效果激励强化与成员特质的关系

本书原假设成员认知效果与成员特质存在相互影响关系（H15）。表 3-72 及图 3-13 显示，效果激励强化与成员特质之间的路径系数为 0.82，在 0.05 水平上显著，因此效果激励强化与成员特质之间存在相互影响关系；认知效果作为效果激励强化的组成部分之一，其权重系数为 0.77，且在 0.05 的水平上显著，因此认知效果与成员特质之间存在相互影响的关系，假设 H15 获得支持。

13）效果激励强化与工作经验之间的关系

本书原假设成员认知效果与工作经验存在相互影响关系（H22）。表 3-73 及图 3-13 显示，效果激励强化与工作经验之间的路径系数为 0.48，在 0.05 水平上显著，因此效果激励强化与工作经验之间存在相互影响关系；认知效果作为效果激励强化的组成部分之一，其权重系数为 0.77，且在 0.05 的水平上显著，因此认知效果与工作经验之间也存在相互影响的关系，假设 H22 获得支持。

14）效果激励强化与组织氛围及交流环境之间的关系

本书原假设成员认知效果与组织氛围及交流环境存在相互影响关系（H17）。表 3-72 及图 3-13 显示，效果激励强化与组织氛围及交流环境之间的路径系数为 0.95，在 0.05 水平上显著，因此效果激励强化与组织氛围及交流环境之间存在相互影响关系；效果激励强化由认知效果与人际关系组成，权重系数分别为 0.77、0.72，它们与效果激励强化之间的关系均在 0.05 水平上显著，因此认知效果、人际关系都分别与组织氛围及交流环境存在相互影响的关系，假设 H17 获得支持。这表明当成员对项目任务的复杂度、不确定性以及紧急性认知会强化合作信息查寻行为所带来的认知效果；反之，信息需求的满足、工作顺利高效地完成以及工作热情的提升也会影响成员对项目任务的再次认知。

基于上述分析结果，得到企业项目团队成员工作中合作信息查寻与检索行为要素相互作用的简化模型（图 3-14）。

2. 行为要素间的总体结构分析

图 3-14 大致可区分为两部分：左边是企业项目团队合作信息查寻与检索行为的输入，右边为输出。而行为输出不是行为本身，而是主体对行为结果的感知，尤其是个体感知结果的比重较高，说明合作群体中，参与者更看重对自身的收益，而“合作信息查寻行为意愿”变量意味着群体合作不是一次性结果，是主体间在行为意愿支配下综合感知结果的反复迭代结果。

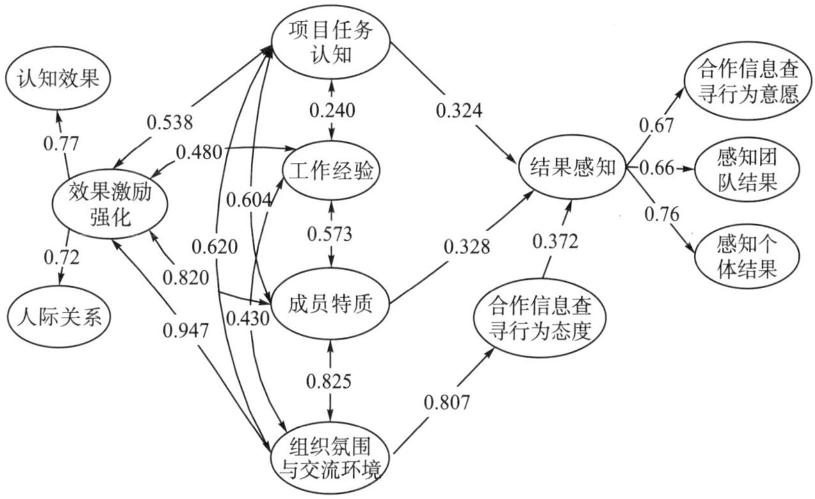

图 3-14　企业项目团队工作合作信息查寻与检索行为要素相互作用的简化模型

结果感知的直接影响因素包括项目任务认知、成员特质及合作者行为态度，其中任务认知与成员特质对结果感知的影响相近(路径系数分别为 0.324 和 0.328)，行为态度对其的影响相对较高(路径系数为 0.372)。这些直接影响因素中，任务认知是基础条件，是启动合作信息查寻与检索的根本动因；成员特质与合作行为态度是重要支撑条件，是参与者在感知结果预测基础上的行为博弈。因此，如果期待合作信息查寻与检索有较好的结果，准确认知项目任务、遴选高素质合作者及激发参与者的合作态度是必备的基础条件，而合作者行为态度深受组织氛围及交流环境的影响，因而创造合作的组织氛围及高效的交流环境是收获有效合作结果的重要外在条件。

组织氛围及交流环境作为企业项目团队合作语境的重要影响因素起着关键性的作用。从关联影响效应来看，它不仅与合作激励强化措施强烈相干(路径系数为 0.947)，也深刻影响合作参与者特质(路径系数为 0.825)，还影响参与者的合作行为态度(路径系数为 0.807)，同时影响项目任务认知水平(路径系数为 0.620)，只是与合作者经验积累的关联相对较低(路径系数为 0.430)。但相对于其他影响因素的作用强度来看，组织氛围与交流环境的作用更加突出，因而要达成企业项目团队预期的合作信息查寻与检索效果，创造良好的组织氛围及交流环境是必备的外部环境。

效果激励强化因素作为外部激励措施对项目团队合作信息查寻与检索行为起着重要作用。从关联效应来看，它不仅与组织氛围与交流环境相互强烈支撑(路径系数为 0.947)，也和合作参与者特质产生强烈交互作用(路径系数为 0.820)，还深刻影响合作者对项目任务的认知水平(路径系数为 0.538)，还与参与者经验水平有较强关联作用(路径系数为 0.480)。虽然对合作信息查寻行为态度与意愿不产生直接作用，但是它通过影响成员对项目任务的认知、成员特质、成员工作经验、组织氛围及交流环境来间接对合作信息查寻行为意愿及态度产生积极影响。因此，为合作信息查寻检索团队提供适应的激励强化措施，将有利于合作信息查寻与检索的顺利实施。

项目团队成员是合作信息查寻与检索的执行者与实践者，他们本身的经验水平及特质将深刻查寻检索行为的实施效果。团队成员的工作经验作为一个重要的影响因素，影响着成员对项目任务的认知、成员特质、组织氛围与交流环境以及认知效果，从而间接对合作信息查寻行为态度、意愿及结果感知产生影响；同时，一个对待事情积极乐观、心态良好、充满自信且沟通能力极佳的项目团队成员，将会以积极进取的心态参与合作信息与查寻行为实践，对于塑造良好的组织氛围与交流环境、培养开放的合作心态、增强合作信息查寻与检索意愿、强化合作信息查寻与检索预期效果将具有不可替代的作用。

因此，为获取合作信息查寻与检索的预期效果，必须遴选有经验水平的合作者、在具体工作开展前团队成员需对任务有清晰准确的认知、在实践过程中培育与支持群体的合作态度、塑造良好的组织氛围与交流环境，并提供必要的激励措施，它们共同构成了合作信息查寻与检索的必要和保障条件。

3.5.4 企业项目团队合作信息查寻与检索的行为机制

1. 合作触发的语境认知匹配机制

对于个体来说，是否参与合作信息与检索过程，既是个体对所处各种语境的一种综合认知，也是对自己知识结构的评估，其中前者占据支配地位。

对企业项目团队成员来说，合作信息查寻与检索作为个体获取信息的一种方式，其触发依赖于特定组织文化语境与任务语境的约束限制，是典型的他组织为主的触发认知机制。个体之所以选择参与合作查寻与检索，很大程度上归于对所从属群体语境的认同。在特定的时间范畴中，企业项目团队都处于群体任务环境中，组织下达的总任务及群体成员承担的分任务是关联群体成员的主导力量。在群体任务完成过程中，个体选择以合作方式完成信息查寻与检索主要源于对组织及相关工作团队的认同，查寻过程中共享相应的知识经验既是对组织信任或认同的回馈，也是群体成员对组织语境的认知归宿，多数情况下是一种潜意识的行为方式。同时，组织及团队提供的各类激励强化机制和方便的交流环境能够有效引导团队成员积极参与合作过程，群体成员的合作态度与合作意愿共识形成一种汇聚与收敛力量。这种语境认知性机制意味着个体对特定组织文化语境独特、持久的核心价值认同；正是在这种认同的驱使下，个体选择了合作及知识共享行为。

对自身知识结构的认知在一定程度上会影响个体对合作的选择。在企业项目团队中，成员任务分派一般采用最佳匹配原则，即个体依据知识结构选择承担最匹配的子任务，因而个体只是从意愿上来说如何实现自身知识结构的优化共享，以及个体预期结果的最大化(路径系数 0.76)。

而在合作过程中个体怎样合作、如何共享知识信息是个体间博弈结果，既与团队氛围和激励强化机制相关，也是个体特质及素养体现。团队氛围即是组织语境的映射，也是团队成员共事过程形成的独特文化，是合作的最基础条件；激励强化机制即可能是一种经济手段也可能是尊重、价值实现等高阶需求的满足，是合作的引导性因素；个体特质与素养中的积极乐观心态、高自我效能感、良好沟通能力、自信的行为方式等能充分激发个体的内在动机，是合作的自我激励源。这些因素的综合作用与交互影响，促使企业项目团队任务完成过程的合作信息查寻与检索行为产生。

综上所述，在企业项目团队合作信息查寻与检索的触发阶段，个体对组织文化语境、任务语境的协同认知是关键因素，直接决定着个体参与合作的动机和成因，而个体对自身知识结构和自我特质及素养的评价认知是重要因素，直接影响着合作参与决策及参与程度。

2. 合作演化的语境关系结构机制

触发的合作查寻与检索能否得到持续的发展取决于两方面的因素：一是客观上有无现实需求，二是主观上有无内在驱动力。

就企业项目工作团队来说，任务语境是其刚性约束条件。由于问题本身的复杂性，因而在组织语境下形成了团队工作方式，团队工作任务具有明确的目标指向，因而分配给每个个体的任务也是明确而关联的。为了顺利完成组织任务，克服任务完成中的知识能垒障碍，大家共同查寻检索相关信息、制定合理的工作方案就成为首选方式；由于任务中各部分千丝万缕的联系，因而关联任务承担者间的合作查寻与共享信息也是应有之举。在任务完成目标或质量标准未达成之前，合作信息查寻与检索就是必然的优选策略。

任务语境是企业项目团队成员合作信息查寻与检索的现实需求，是组织为保障复杂与创造性任务完成的团队工作方式设计，提供了任务解决的组织保障和制度规范，是一种刚性的外在约束条件，但为了保障任务完成的流畅通达，需要团队形成和谐的合作关系，即构建稳健的团队社会关系网络。

赵玲等(2009)的经济学研究表明：经济生活中的信任不是产生于制度安排或普遍道德，而是个体间的社会关系；这种社会关系由个体或他人连接的渠道、强度、互动频率、网络中心度、占有信息的多寡及整体网络密度等组成，成员间联系的数量、彼此间的相似性和感知到的交互促进信任产生。基于一定社会文化语境、组织语境及任务语境所建立的企业项目团队社会关系网络是实现合作信息查寻与检索演化发展的内在动力机制，尽管这种机制不能完全取代制度安排，但某种意义上它是加速或延缓合作信息查寻与检索效率的一道催化剂。

企业项目团队合作信息查寻与检索参与者间的社会关系建立并嬗变于合作问题解决过程。随着合作过程的演化，参与者间的关系将不断分化，会出现活跃成员、权威成员、意见领袖及边缘成员等角色，使得参与者间的社会关系网络更加明晰化与结构化，参与者间关系网络的属性、质量、网络中资源与个体动机之间的互动又反过来重新塑造着个体间的关系，引导合作信息查寻与检索的深化与演化。

在特定任务语境下形成的社会关系网络中，参与者通过频繁的交流与合作，将形成对问题的共同理解、信息的搜索协同、对问题解决方案的新洞见和创新，这既是一个知识交流及功能化的过程，更是一个知识创造的过程。因此，合作信息查寻与检索的演化发展，本质上是知识利用与创新过程中所形成的社会关系结构的重构、优化与嬗变过程，是特定语境的断裂、连接与重构过程。

因此，企业项目团队的合作信息查寻与检索行为演化，既是组织任务语境的强制性约束，更是在任务完成过程形成的社会关系重构与优化所产生的引导性力量，前者决定合作信息查寻与检索的收敛条件，后者是合作信息查寻与检索行为再创生的社会文化基础。

3. 合作持续的语境文化理念机制

在企业项目团队工作中，合作信息查寻与检索行为主要发生在早期的任务识别、相关信息获取及计划撰写等阶段。随着团队工作任务的达成，合作信息查寻与检索也将告一段落。那么，这些合作经历是否就将湮没在时间之矢？诚如信息检索研究初期的潜在假设“信息检索是一个无记忆过程”那样呢？

伴随一次合作查寻与检索过程的结束，无论是形成共识还是没有任何结果，都将在特定语境帷幕上以社会关系网络为载体形成一种记忆痕迹。这种记忆也许会伴随着团队关系的解散而逐渐稀释和模糊，但只要提供相似的语境就可以唤醒这些沉睡的记忆，就如检索系统中后控词表的形成或检索式重用。

随着多个记忆痕迹的累积、沉淀、选择与过滤，将形成一种符合多数人认知习惯的合作文化理念；随着这种合作文化理念的发酵，将使合作行为获得持续发展的动力，并将作为一种被普遍接受的惯例而留存在各个语境层级上，如默认的规则、共享的语言、合作的信念和意识等。因而，合作信息查寻与检索行为既是特定语境条件下的信息获取实践形态，也为特定语境提供反馈作用，通过相互作用达成相互塑造的功效。

这种被普遍接受的语境合作文化理念，在越为具体的语境层级(如工作任务语境、查寻检索语境等)上多以规则的形式出现，是一种约束成员行为的狭义文化。在企业项目团队工作的组织语境中，个体为了完成分配的工作任务，就必须与其他具有关联关系的主体合作，共享组织的资源或分享自己的知识，它们都是在团队或组织文化规则下实施的，否则可能引发不必要的竞争或恶意行为。

特定语境依靠自身的优势资源，通过共识规则在参与者间传递其倡导的价值追求和理念，通过一些惩戒措施处理一些非倡导行为，从而来规范和引导参与者行为。资源的吸引和规则的约束使得个体表现出某种依从与协同行为，在语境演化中这种依从与协同行为将获得正面评价(如特质奖励、职位提升、得到中心成员的赏识等)，这种正面评价将强化个体，使之更加愿意遵守相应规则。正是这种持续的反复过程，使参与者对语境产生认同；随着这种认同方式的进一步扩展，将涌现出更多特定的社会价值观念或意识。

这种合作与共享的社会价值观念或意识是在合理社会分工下实现社会智能最大限度共享的利他主义。随着这种社会合作价值观念的扩展与延伸，它将成为社会文化的重要组成部分，反过来又成为个体社会化成长过程中必然的学习内容。

Lander 等(2004)认为，正是在这种立体语境的合作理念交互作用下，合作信息查寻与检索作为一种次生的行为方式才可能获得持久的生命力，创建出一种“基于知识信任(knowledge-based trust)”的知识社会运作范式。

第4章　合作信息查寻与检索的行为特征与机制Ⅱ

——基于高校科研团队的考察

前面把合作信息查寻与检索依据合作群体各主体间关系疏密程度及合作过程的规划程度划分为4种典型类型：偶遇合作、社会合作、嵌入合作、战略合作。上一章以企业项目团队为对象探索了战略合作中的行为特征与行为机制问题，本章将以高校科研团队为对象探讨嵌入合作中的行为特征与行为机制问题。

嵌入合作(convergence collaboration)，指合作双方彼此将对方纳入自身的查寻检索流程之中，共同开拓性完成检索过程，如对检索潜在需求的识别、对检索概念的选择、对检索系统或搜索引擎的选择、合作相关性判断等。这种合作形式的主要特征是合作双方比较熟悉，彼此的信息需求相似，有共同的任务需要，合作过程的规划性程度高，典型的如学术团队共同完成检索任务。

在社会学视域中，学术团体是指为更好地研究某类客观事物而自发组织的进行研究活动的公益民间组织。由于时间精力的有限性，本书仅限于讨论高校中的科研团队。在高校的科研团队中，有比较正式的学术组织，也有以项目实践为基础的学术团队。按照上一章的定义，高校中比较正式的学术组织的合作信息查寻与检索行为研究应归入到企业项目团队范畴中，因而本章的科研团队仅指项目完成过程中有过合作信息查寻与检索行为的项目成员所组成的群体。实践中，仅选取高校科研团队中以教师与在读研究生为团队成员的群体构成研究对象。选择该群体作为研究对象既体现了科研团队的属性特征和语境，同时也能保证其在合作科研过程中所体现出来的合作信息查寻与检索过程特征。本书期望以实证方式来揭示其中的合作信息查寻与检索行为特征及行为机制。

4.1　高校科研团队合作信息查寻与检索行为的研究设计

4.1.1　研究模型构建

作为用户信息行为研究的泰斗人物，Wilson(2000)从不同领域(包括决策学、心理学、创新学、健康交流及消费者研究等)摄取营养来审视用户信息行为过程并试图构建通用的用户信息行为模型，在多次修改完善基础上提出了用户信息行为一般性模型(图4-1)。

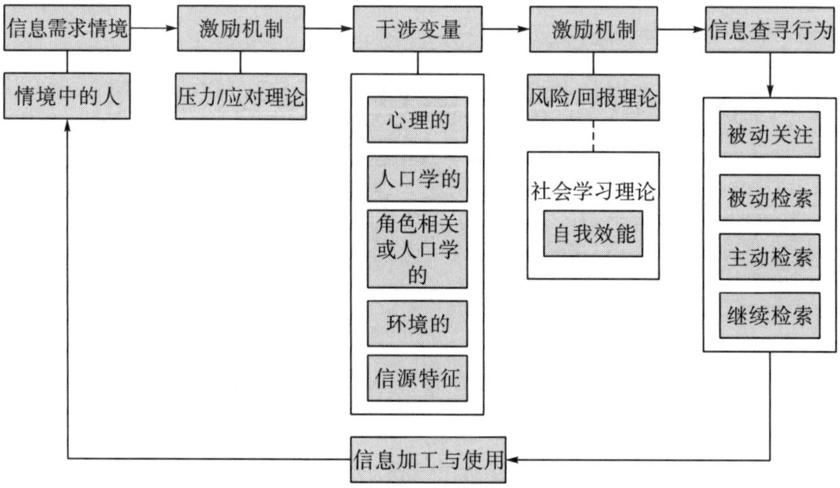

图 4-1 Wilson(2000)的用户信息行为模型

Wilson 认为，用户信息行为是在一定情境下产生的，信息查询在某种情境下被激活，导致信息加工与利用，当需求被满足后，就形成一个反馈循环。干涉变量如心理压力、人口统计、环境变量、信源特征等可能支持或阻碍信息利用，影响用户的信息行为。Wilson 信息模型可以通过在某点显示干涉变量而得到简化，干涉变量可能会介于情境与激活机制之间、激活机制与信息查询行为之间、信息查询行为与信息加工之间。

Karunakaran 等(2013)通过概括整理前人研究成果，提出了合作信息行为模型(图 4-2)，他们把合作信息行为置放于组织语境中，认为合作信息行为由一系列信息活动组成，并把它划分为三大阶段(即问题集识别、合作信息查寻与检索过程以及信息利用过程)，每阶

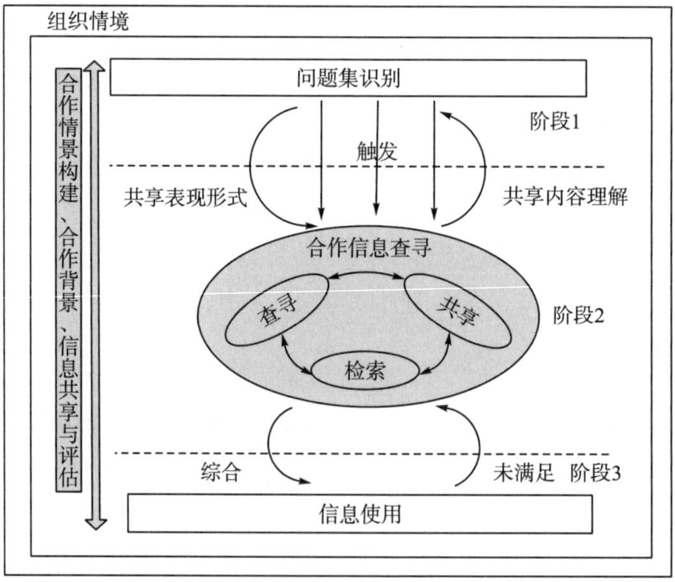

图 4-2 合作信息行为模型

段又由一系列确定的具体活动所构成。该模型显示，合作信息行为源起于问题解决，当用户认为单纯依靠个人力量难以满足信息需求或在受到特定组织任务驱动时，用户将通过分享自我理解以及外在表征（文字材料、语言等）进而引发合作信息查寻行为，通过对合作查寻结果综合整理提供给需要的用户使用，如果信息需求未得到满足，会通过信息反馈形成一个循环系统，从而促使合作信息查寻过程不断持续下去，最终达到共识性的满足状态为止。

本书综合通用用户信息行为模型、合作信息行为理论模型并结合心理学中的认知观与理性行为理论提出高校科研团队的合作信息查寻与检索行为研究框架（图 4-3）。

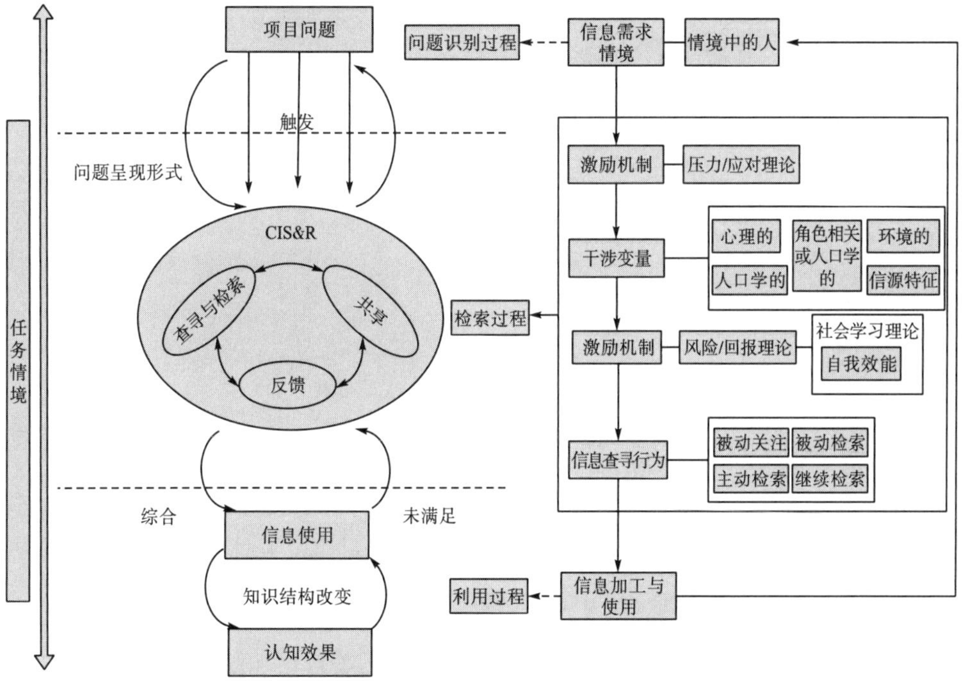

图 4-3　高校科研团队的合作信息查寻与检索行为研究框架

本书框架体现出以下特征：①以项目为驱动的三阶段过程，即问题识别、信息查寻检索、信息利用；②以语境为基础的行为过程，包括总体的任务语境和每阶段的具体语境，尤其是合作信息查寻与检索过程的各类影响变量；③自始至终的反馈迭代场景，无论是在问题识别、信息检索、信息利用过程之间还是其内部，包括外在语境变量的影响，都充分体现信息查寻与检索过程不是一蹴而就的过程，而是不断探索的反馈迭代过程。

4.1.2　研究问题与研究假设

通过对国内外合作信息查寻与检索（collaborative information seeking & retrieval，CIS＆R）相关文献的研读，结合本书的研究框架，提出高校科研团队合作信息查寻与检索行为研究待解决的两个问题。

(1)高校科研团队在学术实践过程中是否存在合作信息查寻与检索行为？如果有，该行为是如何产生的，基本过程如何，团队成员在合作信息查寻与检索过程都体现出哪些特征，相较于其他语境下的合作信息查寻与检索有哪些独特性，等等；

(2)高校科研团队合作信息查寻与检索行为都受到哪些因素的影响，这些因素是如何相互作用的，这些因素是如何协同作用影响合作信息查寻与检索效果的，等等。

由于研究问题 1 主要是变量的描述性特征，因而涉及的研究假设主要来源于研究问题 2。根据确定的研究框架和需要解决的研究问题设计如下的相互作用结构关系(图 4-4)。

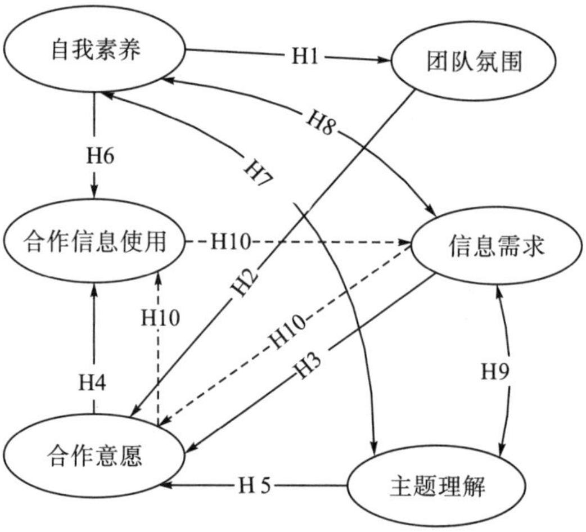

图 4-4 高校科研团队合作信息查寻与检索行为要素的相互作用结构

结合研究框架与行为要素的相互作用结构关系，下面从各个具体要素出发给出如下研究假设。

1)研究主体

研究主体是高校科研团队中参与合作信息查寻与检索过程的所有人，即是研究框架中的“情境中的人”，其内容主要涉及他们的个人特征、项目完成中扮演的角色及合作信息查寻与检索中承担的角色。据此给出以下研究假设：

Ha1：科研团队成员的不同职称所担任的项目角色存在显著差异；

Ha2：科研团队成员的不同项目角色所扮演的合作信息查寻与检索角色存在显著差异；

Ha3：科研团队成员的不同职称所扮演的合作信息查寻与检索角色存在显著差异。

2)自我素养

自我素养是考察科研团队成员本身的能力素养对合作信息查寻与检索行为的影响，在研究框架中对应着影响因素部分的自我效能与部分干涉变量。具体包括：团队成员的自我素养水平对该团队的整体氛围、成员对项目主题的理解与兴趣、成员的信息需求以及成员对合作之后获得信息的使用效果是否能产生影响。据此提出以下假设：

H1：科研团队成员的自我素养正向影响团队氛围；

H6：科研团队成员的自我素养正向影响合作信息使用；

H7：科研团队成员的自我素养与团队成员对项目主题的理解显著相关；

H8：科研团队成员的自我素养与团队成员的信息需求显著相关。

3) 团队氛围

团队氛围包含在科研团队语境之中，体现该团队的物理环境、组织文化等，同时也体现在影响因素的干涉变量中。不同的学科团队，其团队氛围也有所差异，团队成员间的合作意愿也会有强弱差异。据此提出以下假设：

H2：科研团队的团队氛围正向影响该团队合作信息查寻与检索意愿。

4) 信息需求

信息需求贯穿于整个项目过程，产生于问题的识别过程，特定情境中团队成员的信息需求产生合作意愿，因此提出假设：

H3：科研团队成员的信息需求正向影响团队合作信息查寻与检索意愿。

5) 合作意愿

合作意愿是考察科研团队成员在任务情境中进行合作信息查寻与检索意愿的强烈程度，体现为研究框架影响因素中的激励机制与干涉变量。强烈的合作意愿对合作后获取信息的使用情况能否产生正向影响，据此提出如下假设：

H4：科研团队成员的合作意愿正向影响团队合作信息查寻与检索的信息使用。

6) 合作信息使用

团队成员的合作查寻检索和信息的使用是任务情境的一个重要部分，信息使用能改变成员的知识结构从而引起不同程度的认知效果，信息使用还能反馈到信息需求，同时也贯穿整个合作信息查寻与检索过程并对该过程产生影响。因此提出以下假设：

H10：合作查寻与检索结果信息的使用效果正向影响信息需求。

7) 主题理解

主题理解是团队成员对所进行的科研项目主题的理解程度与兴趣程度，可能对信息需求与合作意愿产生影响。据此有以下假设：

H5：科研团队成员对项目主题理解正向影响合作意愿；

H9：科研团队成员的信息需求与该团队成员对项目主题的理解显著相关。

4.1.3　研究目标、研究方法与研究工具

基于上述研究问题的解决及研究假设的检验，主要达到以下研究目标：①基于高校科研团队特定语境，调查团队成员在合作信息查寻与检索过程中的基本行为特征。具体来说是从合作信息查寻与检索的触发方式方法、具体实施策略与过程及认知效果 3 个维度来探讨团队成员的行为特征规律；②依据合作信息查寻与检索过程的影响因素及与科研团队语境的关系，探索科研团队语境下团队成员开展合作信息查寻与检索的行为机制。

为达到上述研究目标，将在文献调研的基础上采用个案观察法、问卷调查法来获取研究数据，以描述统计、因子分析及结构方程模型方法来处理数据。

(1) 个案观察法。通过观察高校科研团队成员行为，从局内人、局外人两种角度去获取团队成员项目工作中合作信息查寻与检索行为的相关信息。其观察对象主要是整个团队的工作过程、会议过程、合作信息查寻与检索过程，包括相互间的电子通信、工作文件等，

从而获取团队在进行项目工作时的流程以及他们进行信息查寻与检索行为的时间、影响因素、内在行为机制等信息，再结合文献调研结果制作调查问卷。

(2)问卷调查法。通过现实及网络发放调查问卷，获取高校科研团队成员合作信息查寻与检索行为的交流内容、获取信息渠道、交流工具以及各影响因素等方面的信息。

(3)描述统计方法。主要应用频数分析、变量特征值计算、交叉列联分析、t检验及方差分析等方法来完成对调查数据的统计处理，获得样本对象的行为特征。

(4)探索性因子分析与结构方程模型方法。利用探索性因子分析来检验测度量表的构成效度，析出公共因子；利用结构方程分析以公共因子所构建模型的不同因素作用关系，检验初始假设是否成立，识别影响高校科研团队合作信息查寻与检索行为的影响因素，探索高校科研团队合作信息查寻与检索的行为机制。

上述方法中，个案观察法主要是为文献调研结果获得研究对象的一些补充观测指标，为调查问卷设计提供基础材料，因而核心数据获取方法是问卷调查法。对问卷调查所得数据，主要采用 SPSS 及 AMOS 两种软件作为数据分析工具。

4.2 高校科研团队合作信息查寻与检索行为的问卷设计与数据获取

4.2.1 问卷结构与形式

根据研究模型及研究假设，设计的调查问卷为三个部分：第一部分为基本情况调查，主要涉及研究对象的基本属性特征；第二部分为高校科研团队合作信息查寻与检索行为特征问项，涉及合作信息查寻与检索过程的各个方面，特别设计甄别题项来剔除不达要求的调查数据；第三部分为合作查寻与检索行为影响因素特征量表，主要依据研究假设来设计。问卷采用问项选择与量表相结合的形式，其中量表选用李克特 5 点式量表：非常同意、比较同意、一般、比较不同意、非常不同意，对应分值为 5、4、3、2、1。

1. 样本基本情况调查问项

该部分是对样本对象的基本情况进行调查，调查问项包括三项具体内容，依次为性别、职称(为研究需要，添加“在读研究生”选项)、学科门类。其中，学科门类的划分参考国家标准《学科分类与代码》中的一级学科。具体如表 4-1 所示。

表 4-1 人口统计学因素题项

问项	答案选项
您的性别是?	A 男　B 女
您的职称	A 高级职称　B 副高级职称　C 中级职称　D 初级职称　E 在读研究生
您专业所属的学科门类是:	A 哲学　B 经济学　C 法学　D 教育学　E 文学　F 历史学 G 理学　H 工学　I 农学　J 军事　K 管理　L 艺术　M 医学

2. 合作信息查寻与检索行为特征调查问项

该部分是调查样本对象的合作信息查寻与检索行为特征，包含 12 个问项。其中，合作信息查寻与检索中的交流工具使用频率特征，设计中采用打分测量方式处理。具体见表 4-2。

表 4-2　合作信息查寻与检索的行为特征题项

问项	答案选项
您是否有参加科研项目的经验？	A 是　B 否(问卷终止，感谢您的填写)
您最近 5 年内所参与的项目有多少个？	A 小于等于 3 个　B 3 到 6 个(包含 6 个) C 6 到 9 个(包含 9 个)　D 9 个以上
您在最近参与项目中担任的角色为？	A 项目负责人　B 核心成员　C 一般成员　D 其他
您在最近的项目过程中参与合作信息查寻与检索的人数通常为多少人？	A 小于等于 3 人　B 大于 3 人但小于等于 6 人　C 大于 6 人但小于等于 9 人 D 9 人以上
您的团队在以下哪个选项中开展合作信息查寻与检索的频率最高？	A 查询文献了解项目主题　B 设计研究方案　C 完成研究阶段性任务　D 完善结果　E 其他
您在团队合作信息查寻与检索中交流的内容是什么？(可多选)	A 文献原文　B 关键词　C 读书笔记　D 摘要　E 检索策略　F 其他
在一个课题中您们针对项目进行交流的频率是？	A 几乎每天都有　B 大约一周　C 半月左右　D 大约一个月　E 一个月以上
您认为项目小组中哪种角色在合作信息查寻与检索中贡献最大？	A 项目负责人　B 核心成员　C 一般成员　D 其他
在合作信息查寻与检索过程中，您最常扮演的角色是？	A 信息收集者　B 信息提供者　C 核查者　D 撰写索引/摘要人员　E 群组管理员
您认为与个人信息查寻与检索相比，通过合作后以下哪个方面改变最大？	A 信息查寻渠道的改变　B 检索词的改变　C 查准率　D 查全率　E 其他 F 没什么改变
您认为与个人信息查寻与检索相比，通过合作后您的检索行为与结果的改变主要由以下哪个原因带来？	A 合作中扮演的角色(参见问项 9)　B 项目中担任的角色(参见问项 3)　C 合作意愿 D 成员间的交流　E 其他
您所在的项目团队开展合作信息查寻与检索的形式是什么样的？(可多选)	A 负责人将一个任务拆分为 N 个子任务，分给不同的组员　B 成员之间根据自身的需要自发组织检索任务　C 成员之间共同查找某些信息并讨论检索词、检索策略等　D 在论坛、QQ 群或其他讨论组中以问答的形式获取(或提供)信息 E 在查寻信息的同时打电话、发短信与别人讨论如何查寻或获取帮助　F 与他人合作时直接将查寻结果以电子文档形式共享　G 与他人合作时将查寻结果内容整理编辑后以电子文档形式共享　H 与他人合作时将查寻结果打印或摘抄出来以纸质文档形式共享
交流工具的使用频率	您在团队合作信息查寻中，采用面对面交流的频率 您在团队合作信息查寻中，采用 QQ 等聊天工具交流的频率 您在团队合作信息查寻中，采用电话交流的频率 您在团队合作信息查寻中，采用邮件方式交流的频率

3. 合作信息查寻与检索行为的影响因素量表问项

Devellis(2010)认为，量表是一种测量工具，用来测量理论知识推断出来的某些无法直接测量的现象。本书中高校科研团队合作信息查寻与检索行为影响因素量表编制的理论来源于前面的理论模型框架及相关文献的研究成果。根据研究问题及研究假设，结合相关文献研究结果，将高校科研团队合作信息查寻与检索行为影响因素量表分为 16 个类别。

1) 主题理解

主题理解是团队成员对进行中的科研项目主题的理解程度与兴趣程度，成员对项目主题的理解和解释会在很大程度上影响其信息需求，据此设计两个调查问项如表 4-3 所示。

表 4-3 主题理解的操作性问项

变量	操作性问项	参考来源
主题理解	我对项目主题的理解很清晰 我对项目主题充满兴趣	Shah (2012) Hyldegård 和 Jette (2006)

2) 信息需求

Ingwerson 和 Järvelin (2007) 认为，信息需求，贯穿于整个科研项目实施过程，是指用户明确意识到自己所需知识的欠缺，可以影响信息查寻行为以及信息请求的明确表达。在特定的团队语境之中，信息需求可以具有个人也可以具有集体认知的性质。据此设计相应的调查问项如表 4-4 所示。

表 4-4 信息需求的操作性问项

变量	操作性问项	参考来源
信息需求	要解决的问题对自己而言太复杂，不清楚自己需要哪些信息 我知道哪里有所需信息，但自己无法获取 查寻到的信息太多，自己无法单独判断哪些是自己需要的 在团队中，我们通过讨论一起确定项目需要查寻的信息 在团队中，我们通过自己的理解确定项目需要查寻的信息 我需要查寻的项目信息是通过团队其他成员认可的	钱俊 (2010) 邹永利 (1999) Wilson (2000) 李鹏 (2013)

3) 合作期望

合作期望用于测量高校科研团队成员对项目实施过程中开展合作信息查寻与检索行为的期望效果及意愿，它们是合作信息查寻与检索行为产生的内在需求及驱动力。据此设计相应的调查问项如表 4-5 所示。

表 4-5 合作期望的操作性问项

变量	操作性问项	参考来源
合作期望	我希望通过合作信息查寻与检索增加我对项目的知识储备 我希望通过合作信息查寻与检索提高获取信息解决问题的效率 在做决策或讨论时，我会尽己所能提供意见 只要团队成员有要求，我总是毫不犹豫地将自己的经验、资料共享给别人 当我获取到新的项目信息，我会告诉团队其他成员 当团队其他成员获取了新的项目信息，他们会告诉我	孙建军等 (2007) 戚媛媛和邓胜利 (2010) Hansen 和 Järvelin (2004) 马丹和郑艳 (2012)

4) 激励机制

激励机制是通过一套理性化的制度来反映激励主体与激励客体相互作用的方式（MBA 智库百科，2013），本处主要考虑团队成员开展合作信息查寻与检索后获得的物质激励以及精神激励。据此设计相应的调查问项如表 4-6 所示。

表 4-6　激励机制的操作性问项

变量	操作性问项	参考来源
激励机制	合作信息查寻与检索可以让我获得团队的物质奖励 合作信息查寻与检索可以让我获得团队其他成员的认可和尊重 通过合作信息查寻与检索可以提高我完成任务的效率，缓解我的任务压力	王涛(2007) 张庆普和张伟(2012)

5) 信息传播能力

本处的信息传播能力用于测量成员传递与接收信息的能力，包括接收其他成员共享信息的能力与将自己的信息共享给他人的能力，具体测量问项见表 4-7。

表 4-7　信息传播能力的操作性问项

变量	操作性问项	参考来源
信息传播能力	我善于通过各种形式与本团队成员分享收集到的信息 团队其他成员善于将收集到的信息通过各种形式与人分享 我能够掌握团队其他成员提供的项目知识 我能够迅速辨别和收集新的知识与信息	Talja 和 Hansen(2006) 孙平和曾晓牧(2004)

6) 信任

姜道奎(2012)认为，信任是个体基于对其他参与者的期望而产生的自愿性行为心理，是高效率合作的必需条件。信任的建立也有利于提高成员间的合作意愿，是决定合作信息查寻与检索活动效能的前提性因素之一。信任的具体测量问项见表 4-8。

表 4-8　信任的操作性问项

变量	操作性问项	参考来源
信任	团队成员能够按时完成团队交给他们的查寻任务 我信任团队成员所分享的信息与知识 项目过程中大家都会毫不隐瞒地分享信息 当我在项目中遇到困难时我愿意向其他成员求助	姜道奎(2012) 季晓芬(2008)

7) 情绪控制能力

情绪在用户信息需求转化为信息行为的过程中起着重要作用。情绪是一个容易受到外界环境影响的变量，而且波动的频率较高，波动的周期较短。频繁波动的情绪可能导致用户信息行为发生改变。钱俊(2010)认为，对用户个体而言，极端的情绪变化会影响用户对信息需求或其他信息行为的认知与表达。白冰(2008)有研究表明，情绪控制能力差的用户在查找信息时，会表现出焦虑的情绪，并且常常更换关键词。情绪控制能力的具体测量问项见表 4-9。

表 4-9 情绪控制能力的操作性问项

变量	操作性问项	参考来源
情绪控制能力	我在查寻项目中非事实性信息过程中遇到困难时，会感觉到焦躁不安 我在查寻项目中非事实性信息过程中遇到困难时，会频繁变更关键词	白冰(2008)

8)前期经验

前期经验用于测量样本对象过去在组织内寻求知识时获得经验的累积程度。本处主要测量前期检索经验与项目经验对合作信息查寻与检索的影响，具体测量问项见表 4-10。

表 4-10 前期经验的操作性问项

变量	操作性问项	参考来源
前期经验	我的检索经验有利于高效查寻项目有关信息 我前期积累的项目有关信息有利于后期项目信息的查寻	Daghfous(2004) 张庆普和张伟(2012)

9)自我效能

A.班杜拉(2003)认为，自我效能是指个体对自身达到特定成就的能力的信心，是个体对自己能力的一种主观感受。有研究指出，自我效能感的水平会增强或削弱动机。本处参考 Schwarzer 和 Ralf 编制的一般自我效能量表测试科研团队成员的自我效能，具体测量问项见表 4-11。

表 4-11 自我效能的操作性问项

变量	操作性问项	参考来源
自我效能	我对自己的信息查寻能力总体上很自信 面对一个难题时，我通常能找到几个解决方法	Schwarzer 和 Ralf(1994)

10)信息源选择

信息源选择用于测量成员合作信息查寻与检索过程中的信息来源。信息源的选择会影响信息的使用效果，有研究证实容易获取和使用简单是决定信息源使用频率的关键，甚至可以为此牺牲一些质量。本处主要调查信息源的质量与易获取性对成员选择产生的影响，具体测量问项见表 4-12。

表 4-12 信息源选择的操作性问项

变量	操作性问项	参考来源
信息源选择	对于质量较高的信息源，我不在乎付出更多的时间和努力 合作信息查寻与检索中，我更看重信息源的质量而不是可获得性	Leckie 等(1996)

11）隐性知识

隐性知识是指主体知道却无法表达出来的那部分知识，是极为个性化且不宜与人沟通与分享的知识，因此隐性知识直接影响合作信息查寻与检索过程中信息的传递与使用。隐性知识的具体测量问项见表 4-13。

表 4-13　隐性知识的操作性问项

变量	操作性问项	参考来源
隐性知识	难以用口头方式清楚表达的与项目有关的知识不利于团队成员的共享 我能通过整合思想来解决问题或创造机会	疏礼兵（2006）

12）团队氛围

团队氛围包含在科研团队语境中，体现该团队的物理环境、组织文化等。不同的学科团队其团队氛围有所差异，团队成员间的合作意愿也会有强弱差异。具体测量问项见表 4-14。

表 4-14　团队氛围的操作性问项

变量	操作性问项	参考来源
团队氛围	我们的团队成员充满主动性 团队要求成员定期报告自己的工作进展并拟出待解决问题 我在本团队中有强烈的归属感和工作自豪感 团队的物理环境条件（如办公室、学习室、通信工具）方便团队成员合作	赵玉洁（2010） 郝文杰（2008）

13）信息查寻行为

信息查寻行为是指在合作信息查寻与检索过程中团队成员所产生的有目的、有意识的信息获取行为，主要考察成员主动与被动信息行为对合作信息查寻与检索产生的影响。具体测量问项见表 4-15。

表 4-15　信息查寻行为的操作性问项

变量	操作性问项	参考来源
信息查寻行为	我在团队合作信息查寻与检索中表现出来的活跃程度（很不活跃 1～5 非常活跃） 在项目过程中，我总会主动寻求合作信息查寻与检索 我在团队合作信息查寻与检索中总是被动接受团队其他成员安排的查寻任务 我在团队合作信息查寻与检索中总是被他人告知与目前项目相关的研究热点 我在团队合作信息查寻与检索中，总是重复完善某一任务	Prekop（2002） Wilson（1981）

14）成员交流

团队成员在合作信息查寻与检索中的交流将对整个信息过程产生影响，本书主要探索成员在合作过程中的互助状态。具体测量问项见表 4-16。

表 4-16 成员交流的操作性问项

变量	操作性问项	参考来源
成员间交流	我们团队在合作过程中的沟通是自由开放的 当我询问问题时，团队成员总是尽全力给出一个答案 我们团队成员间会互相在任务进行中给予评价和鼓励 我们团队成员间会互相告知完成任务所需的相关信息	季晓芬(2008) 赵玉洁(2010)

15) 合作信息使用

合作信息使用是团队成员对合作信息查寻与检索所获取信息的利用过程。若通过使用信息改变了成员的知识结构，则认为该信息使成员达到了一定的认知效果。合作信息的使用若是完全满足成员的信息需求，则合作信息查寻与检索过程结束；若是没有完全满足成员的信息需求，通过反馈继续进行。具体测量问项见表 4-17。

表 4-17 合作信息使用的操作性问项

变量	操作性问项	参考来源
合作信息使用	对合作获得的信息资源，我直接使用到项目中 对合作获得的信息资源，不满足需要的信息也能帮我重新确定查寻目标 我打算使用合作查寻与检索获得的信息资源，因为它是易用的 合作信息查寻与检索增加了团队中有价值的文档资料和知识 通过使用合作获得的信息资源，增加了我对项目知识的储备 通过使用合作获得的信息资源，能够充分解决我的信息需求 合作信息查寻与检索节约时间，提高了团队的工作效率	Wilson(1997) 孙建军等(2007) 贺颖等(2003) 罗蔚(2012)

16) 任务情境

Ingwerson 和 Järvelin(2005)认为，任务情境是科研团队语境的组成部分之一，也是研究信息查寻行为不可缺少的维度，任何信息查寻行为都是在一定的任务情境下发生的。Vakkari(2003)认为，任务情境应被视为影响信息查寻行为的最关键因素，其具体测量问项见表 4-18。

表 4-18 任务情境的操作性问项

变量	操作性问项	参考来源
任务情境	完成团队项目需要付出多大努力（非常少 1～5 非常多，下同） 完成团队项目有多少可行的替代方案(1～5) 完成团队任务主要需要脑力或体力劳动的程度(1～5) 完成团队项目需要参与人员相互依赖对方工作结果的程度(1～5) 我最近参与的项目的时间紧急程度(1～5)	Ingwerson 和 Järvelin(2005) 郭桑和李桂华(2012)

4.2.2　问卷预调研及正式调研

预调查可以发现问卷设计中的不足，尤其是量表部分的题项甄选。本部分的预调查对象选取西南大学有项目经验的教师科研团队、在读研究生以及部分其他高校研究生，通过邮件与纸质问卷形式，发放问卷 100 份，回收有效问卷 87 份。预调查时间为 2013 年 9 月 5 日至 2013 年 10 月 5 日。预调研问卷第一、二部分为封闭式与半开放式选择，题共计 15 道；第二部分为量表，共计 68 道，其中影响因素量表 64 道。

通过对有效问卷进行分析，发现第一、二部分结构与表述都比较合理，可以直接用作正式调研。预调研的主要工作是对影响因素量表的 64 个题项及 4 道交流方式特征题进行筛选。通过 SPSS 信度检验(具体操作过程参见第三章相关内容)，计算出所有题项的 Cronbach' s α 系数为 0.928，量表的信度比较好。预调研影响因素量表使用“序列平均数”置换缺失值，对量表进行项目分析，通过信度检验、CR 值、独立样本 t 检验、相关系数检验对题项进行甄选。删除量表中 33 道未能达标与不适宜用作本书调研的题项。保留有效题项 31 个，其中影响因素题项 27 个，另外 4 个问项用作行为特征分析。为了量表设计的简洁以及方便被试对量表的理解，将量表中“合作信息查寻与检索”改为“合作信息查寻”。

将修改后的调查问卷咨询领域专家，综合领域专家的意见进一步完善问卷，形成了可使用的调查问卷用于正式数据调研，具体如附录 2 所示。

正式调研时间为 2013 年 10 月至 2013 年 12 月。为使样本对象符合基本条件要求，调查问卷的发放主要采取以下三种方式：一是对西南大学部分实验室的在读研究生与教师发放纸质问卷；二是通过邮件方式，将问卷在问卷星的链接地址发送给正在做项目或课题的高校教师；三是在人大经济论坛通过悬赏的方式，邀请有项目课题经验的研究生或教师参与问卷调查。对问卷星在线填写方式进行质量控制，设定同一 IP 地址只能填写一份问卷，以防止恶意重复填写。共收回问卷 488 份，经过筛选后得到有效问卷为 421 份，有效回收率约 86.3%。

4.3　高校科研团队合作信息查寻与检索的行为特征

本次调研中的人口统计变量主要包括性别、职称(无职称的设为在读研究生)以及学科门类。有效样本数据共 421 份，其描述统计结果见表 4-19。从表可以看到：男性与女性的比例分别为 59.1%与 40.9%，有职称教师与在读研究生的比例是 44.9%与 55.1%，就样本对象所属学科门类来说，缺少军事门类，所占比例较高的前五类分别为管理学(28.5%)、工学(23.8%)、经济学(17.3%)、理学(12.8%)与教育学(5.2%)。

分析样本对象的合作信息查寻与检索行为特征，一方面可利用频率分析了解单个变量的数据分布，另一方面可利用交叉列联分析两个或多个变量之间是否存在关联性。

表 4-19 样本数据的人口学统计变量分布表

个人特征	类别	频数	百分比/%
性别	男	249	59.1
	女	172	40.9
职称	高级职称	25	5.9
	副高级职称	83	19.7
	中级职称	63	15.0
	初级职称	18	4.3
	在读研究生	232	55.1
学科门类	哲学	3	0.7
	经济学	73	17.3
	法学	7	1.7
	教育学	22	5.2
	文学	5	1.2
	历史学	3	0.7
	理学	54	12.8
	工学	100	23.8
	农学	24	5.7
	管理	120	28.5
	艺术	1	0.2
	医学	9	2.2

4.3.1 项目角色特征

样本对象的职称与在最近项目中担任的角色生成交叉列联表(表 4-20)。从表 4-20 可以看到：担任项目负责人最多的是副高级职称成员，其次是中级职称成员，之后才是高级职称老师。副高以上职称在项目负责人中占 65.3%，这与申请项目时对负责人的职称要求有一定关系；担任项目核心成员与一般成员中最多的均是在职研究生，占比分别为 56.1% 与 83.7%；担任项目一般成员的没有高级职称的样本对象。项目角色与职称分布基本揭示了高校科研团队的成员构成特征。

表 4-20 项目中的角色与职称的交叉列联表

		高级职称	副高级职称	中级职称	初级职称	在读研究生	合计
项目负责人	计数	19	62	27	3	13	124
	项目中的角色中的百分比/%	15.3	50.0	21.8	2.4	10.5	100.0
	职称中的百分比/%	76.0	74.7	42.9	16.7	5.6	29.5
	总数的百分比/%	4.5	14.7	6.4	0.7	3.1	29.4
核心成员	计数	6	15	21	5	60	107
	项目中的角色中的百分比/%	5.6	14.0	19.6	4.7	56.1	100.0
	职称中的百分比/%	24.0	18.1	33.3	27.8	25.9	25.4
	总数的百分比/%	1.4	3.6	5.0	1.2	14.3	25.5

续表

		高级职称	副高级职称	中级职称	初级职称	在读研究生	合计
一般成员	计数	0	6	15	10	159	190
	项目中的角色中的百分比/%	0	3.1	7.9	5.3	83.7	100.0
	职称中的百分比/%	0	7.2	23.8	55.6	68.5	45.1
	总数的百分比/%	0	1.4	3.6	2.4	37.8	45.1
合计	计数	25	83	63	18	232	421
	项目中的角色中的百分比/%	5.9	19.7	15.0	4.3	55.1	100.0
	职称中的百分比/%	100.0	100.0	100.0	100.0	100.0	100.0
	总数的百分比/%	5.9	19.7	15.0	4.3	55.1	100.0

样本对象的项目角色与职称的卡方检验伴随概率远小于 0.05(表 4-21)，表明职称是科研团队成员在项目中担任角色的显著性因素。从而证实了前面的研究假设成立，即：

Ha1：科研团队中不同职称的成员所担任的项目角色存在显著差异。

表 4-21　样本对象的项目角色与职称的卡方检验

	值	自由度	渐进显著性(双侧)
Pearson 卡方检验	201.756[a]	8	0.000
似然比	224.410	8	0.000
线性间的联合检验	188.506	1	0.000
有效记录数	421		

注：a.1 单元格(6.7%)的期望计数少于 5，最小期望计数为 4.57。

样本对象在项目中担任角色与最近参加项目数的交叉分析条形图(图 4-5)显示：样本对象最近参加的项目数中多数为小于等于 3 个(54.6%)；参加 3 个以下项目的样本对象中大多数为一般成员(67%)；项目负责人同时参加多个项目，大约 33.5%的样本能同时参加 3 至 6 个项目，这些样本对象中约 46.8%为项目负责人。

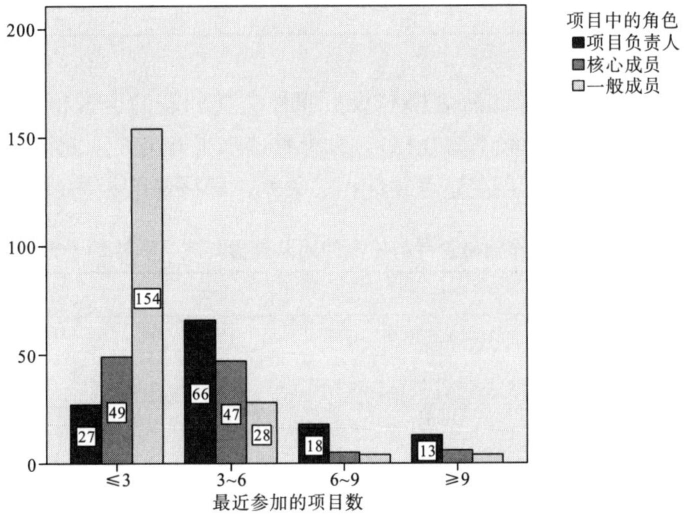

图 4-5　项目角色与最近参加的项目数

样本对象在项目中担任角色与最近参加项目数的交叉列联分析卡方检验的伴随概率远小于 0.05(表 4-22)，说明样本对象担任的项目角色与最近参加的项目数量相关，是样本对象最近参与项目数量的显著性影响因素。

表 4-22 项目中担任角色与最近参加的项目数的卡方检验

	值	自由度	渐进显著性(双侧)
Pearson 卡方检验	116.508[a]	6	0.000
似然比	122.163	6	0.000
线性间的联合检验	86.003	1	0.000
有效记录数	421		

注：a.0 单元格(0%)的期望计数少于 5，最小期望计数为 5.85。

4.3.2 团队规模特征

样本对象的参与合作信息查寻与检索团队规模与成员职称的交叉列联分析结果(表 4-23)显示：就科研团队规模而言，3 至 6 人的团队规模占比最高，达 52%；其次是 3 人以下的规模，占 30.9%；大于 9 人的规模仅 5.9%。从团队成员的职称分布来看，不管是高级职称还是在读研究生，他们所在团队中总是 3～6 人的合作规模所占比例最高。

表 4-23 合作信息查寻与检索的团队规模与成员职称的交叉列联表

职称 CIS&R 人数	高级职称	副高级职称	中级职称	初级职称	在读研究生	合计
人数≤3	6	21	21	7	75	130
3<人数≤6	12	43	36	9	119	219
6<人数≤9	4	13	5	2	23	47
人数≥9	3	6	1	0	15	25
合计	25	83	63	18	232	421

参与合作信息查寻与检索团队规模与成员职称交叉列联的卡方检验结果(表 4-24)显示：最小的线性检验双侧伴随概率为 0.151，大于置信水平 0.05，因此认为合作信息查寻与检索的团队规模与成员职称不存在显著线性相关关系，即团队规模与成员职称无关。

表 4-24 合作信息查寻与检索的团队规模与成员职称的卡方检验

	值	自由度	渐进显著性(双侧)
Pearson 卡方检验	10.215[a]	12	0.597
似然比	11.637	12	0.475
线性间的联合检验	2.063	1	0.151
有效记录数	421		

注：a. 6 单元格(30.0%)的期望计数少于 5，最小期望计数为 1.07。

合作信息查寻与检索的团队规模与学科的交叉列联分析结果(表 4-25)显示：合作信息查寻与检索的团队规模大多数在 3 至 6 人。其交叉列联的卡方检验结果(表 4-26)显示：尽管 Pearson 卡方和似然比的伴随概率小于 0.05，但学科门类作为分类变量，其卡方计算应依据线性卡方值，其值(0.264)大于临界水平 0.05，因此可认为合作信息查寻与检索的团队规模与学科间不存在显著性相关关系。

表 4-25　合作信息查寻与检索的团队规模与学科的交叉列联表

学科门类 \ CIS&R 人数	人数≤3	3<人数≤6	6<人数≤9	人数≥9	合计
哲学	0	2	1	0	3
经济学	22	42	7	2	73
法学	1	5	1	0	7
教育学	4	17	1	0	22
文学	0	4	1	0	5
历史学	2	1	0	0	3
理学	24	19	6	5	54
工学	35	49	11	5	100
农学	4	13	2	5	24
管理	38	60	15	7	120
艺术	0	0	0	1	1
医学	0	7	2	0	9
合计	130	219	47	25	421

表 4-26　合作信息查寻与检索的团队规模与学科门类的卡方检验

	值	自由度	渐进显著性(双侧)
Pearson 卡方检验	57.303[a]	33	0.005
似然比	51.404	33	0.022
线性间的联合检验	1.246	1	0.264
有效记录数	421		

注：a.30 单元格(62.5%)的期望计数少于 5，最小期望计数为.06。

4.3.3　发生频率特征

高校科研团队项目实施过程中，合作信息查寻和检索行为可能贯穿其始终，但在不同的阶段发生的频率可能各不相同。样本对象的调查结果(图 4-6)显示：科研团队在项目实践过程中不同阶段的合作信息查寻与检索发生频率差异较大，其中在了解项目主题阶段合作文献查寻的发生频率最高(41.8%)，其次是设计研究方案阶段(34.7%)、完成阶段性任务阶段(21.6%)，其他环节相对较少。

合作信息查寻与检索不同阶段的发生频率与学科门类的交叉列联分析结果和卡方检验(表 4-27 和表 4-28)显示：从绝对数据上看不同学科背景下合作信息查寻与检索发生频率最高的阶段主要集中在了解项目主题和设计研究方案，表明项目前期是合作最可能发生的时间段；其卡方检验伴随概率大于 0.05，表明科研团队所属学科门类与合作信息查寻与检索发生阶段不存在线性相关关系。

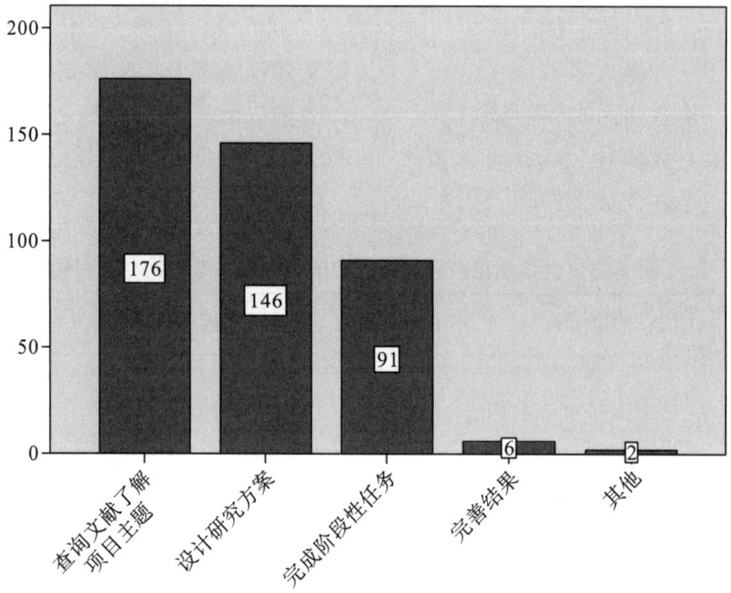

图 4-6 科研项目不同阶段合作信息查寻与检索的发生频率

表 4-27 合作信息查寻与检索发生频率与学科门类的交叉列联分析

学科门类 \ CIS&R 频率最高	查寻文献了解项目主题	设计研究方案	完成阶段性任务	完善结果	其他	合计
哲学	2	1	0	0	0	3
经济学	25	28	19	0	1	73
法学	3	3	1	0	0	7
教育学	10	8	3	0	1	22
文学	3	0	2	0	0	5
历史学	2	0	1	0	0	3
理学	20	21	11	2	0	54
工学	47	38	14	1	0	100
农学	11	8	3	2	0	24
管理	50	34	35	1	0	120
艺术	0	0	1	0	0	1
医学	3	5	1	0	0	9
合计	176	146	91	6	2	421

表 4-28 合作信息查寻与检索发生频率与学科门类的卡方检验

	值	自由度	渐进显著性(双侧)
Pearson 卡方检验	46.492[a]	44	0.370
似然比	42.428	44	0.539
线性间的联合检验	0.084	1	0.772
有效记录数	421		

注：a.43 单元格(71.7%)的期望计数少于 5，最小期望计数为 0.00。

4.3.4　沟通频率特征

科研团队需要其成员为共同的目标合作完成任务，高效的合作离不开团队成员间的沟通交流。丁堃和王昕(2005)认为，在科研团队中，沟通有利于团队成员明确合作目标及各自的任务分工，实现成员间的信息共享、提供决策方案、处理冲突等。

样本对象在合作信息查寻与检索过程中的沟通频率饼图(图 4-7)显示：沟通频率最高的是大约每周都进行(48.6%)，约四分之一在半个月左右(21.38%)，几乎每天(13.54%)都存在沟通和频率在一个月以上(4.99%)的项目团队相对较少。

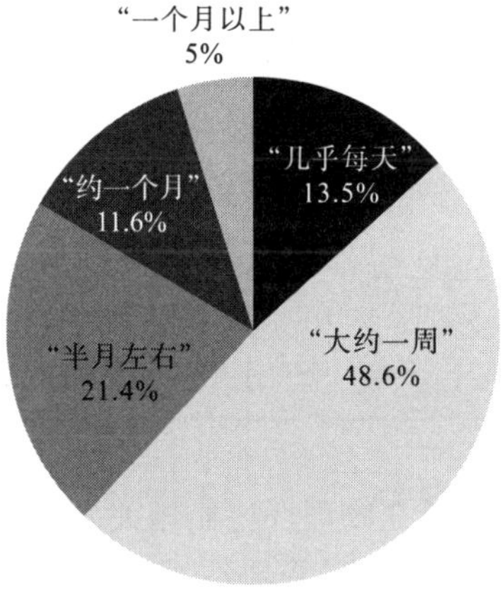

图 4-7　合作信息查寻与检索中的沟通频率

那么，沟通频率是否与团队规模存在相关性呢？从项目团队规模与合作信息查寻与检索沟通频率交叉图(图 4-8)可知：无论在何种规模的团队中，最高沟通频率都是每周进行，即团队规模与合作沟通频率没有显著相关关系。

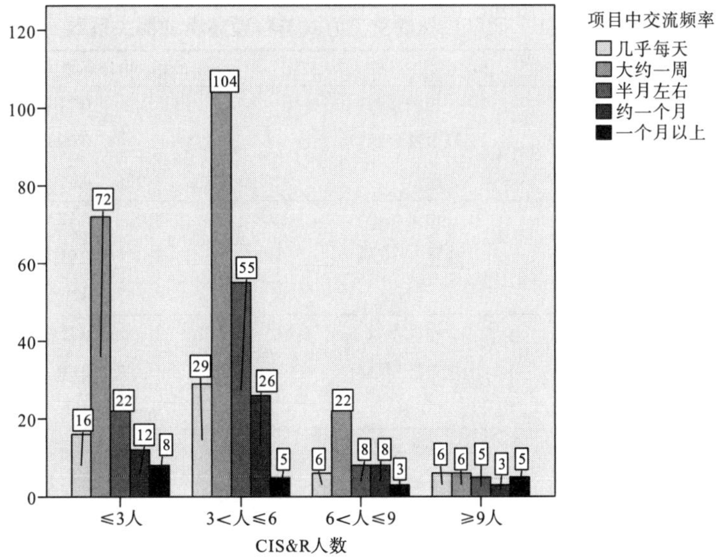

图 4-8　合作信息查寻与检索沟通频率与团队规模的交叉图

4.3.5 交流工具特征

在项目完成过程中，团队成员间的沟通总是离不开特定的交流情境。高校科研团队的合作信息查寻与检索过程中都主要使用哪些交流工具呢？样本对象的统计结果如表 4-29 所示。从统计数据可以发现：面对面交流是使用频率最高的交流工具，QQ 等即时通信工具使用频次也比较高，再次是电子邮件，相对较少的是电话等传统通信工具。尽管现在通信工具给信息交流带来很多优势，但实践过程中面对面仍然是人们交流中的首选工具，表明人与人的直接交流是不可或缺的工具。

表 4-29 合作信息查寻与检索过程中团队成员的交流方式(单位：%)

频率 交流手段	非常少	较少	一般	较多	非常多
面对面交流	1.7	6.7	27.3	42.0	22.3
QQ 等聊天工具	5.2	10.7	25.2	39.2	19.7
电话等通信工具	9.7	26.6	28.5	26.6	8.6
电子邮件	8.8	14.0	24.9	33.7	18.6

将量表交流方式题项与团队所在物理环境做相关分析，其 Spearman 等级相关系数计算及检索结果如表 4-30 所示。尽管相关系数都不是太大，但其检验结果是相关显著。事实上，团队成员交流方式与科研团队的工作物理环境紧密相关，团队所处的办公室或学习室等为成员提供了交流合作的方便场景，因而成员间更倾向于使用面对面的交流或 QQ 等聊天工具这类同步交流方式，而不是电子邮件这类异步交流方式。由于交流成本或是替代性交流工具的原因，电话等通信工具在合作信息查寻与检索过程中使用频率最低。

表 4-30 团队成员的交流方式与物理环境的相关系数

		团队物理环境方便成员合作
面对面交流	相关系数	0.216^{**}
	显著性(双侧)	0.000
	N	421
QQ 等聊天工具	相关系数	0.123^{*}
	显著性(双侧)	0.012
	N	421
电话等通信工具	相关系数	0.154^{**}
	显著性(双侧)	0.001
	N	421
电子邮件	相关系数	0.122^{*}
	显著性(双侧)	0.013
	N	421

注：**和*分别表示在置信度(双侧)为 0.01 和 0.05 时相关性显著。

4.3.6 交流形式特征

从科研团队在项目实践过程中的合作信息查寻与检索交流形式统计结果(表 4-31)发现：样本对象所在团队最常使用的合作形式是负责人将一个任务拆分成 N 个子任务，分给不同的成员(79.8%)。根据调研数据排序可知，科研团队的其他合作形式依次为：成员之间共同查找某些信息并讨论检索词、检索策略等(44.4%)，与他人合作时将查寻结果内容整理编辑后以电子文档形式共享(43.2%)，成员之间根据自身的需要自发组织检索任务(40.4%)，与他人合作时直接将查寻结果以电子文档形式共享(36.1%)，在论坛 QQ 群或其他讨论组中以问答的形式获取(或提供)信息(25.9%)，在查寻信息的同时打电话发短信与别人讨论如何查寻或获取帮助(18.1%)，与他人合作时将查寻结果打印或摘抄出来以纸质文档形式共享(9.5%)。这些结果表明，在众多的合作形式中，有组织的合作形式是科研团队合作信息查寻与检索的首选形式，而且特别注重合作中的细节及共享形式的显性化。

表 4-31　科研团队合作信息查寻与检索的交流形式[a]

	CIS&R的形式拆分	根据需求自发组织	共同查寻讨论	论坛群组问答讨论	电话短信讨论	直接共享电子文档	共享编辑后的电子文档	共享打印摘抄纸质文档	总计
N	336	170	187	109	76	152	182	40	1252
百分比/%	26.8	13.6	14.9	8.7	6.1	12.2	14.5	3.2	100.0
个案百分比/%	79.8	40.4	44.4	25.9	18.1	36.1	43.2	9.5	297.4

注：a.值为 1 时制表的二分组。

4.3.7 交流内容特征

科研团队在合作信息查寻与检索过程中的交流内容丰富多样，调研结果(表 4-32)显示：68.6%的样本对象认为其所在团队合作过程交流的内容是文献原文，45.5%的样本对象在合作信息查寻与检索中交流的内容是文献摘要，剩下的依次是内容关键词(41.0%)、读书笔记(26.2%)、检索策略(25.5%)，还有 3.1%的调研对象所在团队交流的内容可以归纳为：实践路线、实验数据、建模数据、课件教案等。这些表明：交流内容更多是原始信息，涉及科研项目实现的深层次内容相对较少。

表 4-32　合作信息查寻与检索过程中的交流内容

	交流内容[a]						总计
	文献原文	关键词	读书笔记	文献摘要	检索策略	其他	
N	288	172	110	191	107	13	881
百分比/%	32.7	19.5	12.5	21.7	12.1	1.5	100.0
个案百分比/%	68.6	41.0	26.2	45.5	25.5	3.1	209.9

注：a.值为 1 时制表的二分组。

4.3.8 扮演角色特征

团队成员在合作信息查寻与检索中扮演了不同的角色，根据 Prekop (2002) 的研究，将合作中成员扮演的角色分为信息收集者、信息提供者、信息核查者、撰写索引/摘要人员及群组管理员。将团队成员在项目中担任的角色与成员在合作过程中扮演的角色做相关分析，结果如表 4-33 和表 4-34 所示。

从表 4-33 可以看到：团队中多数人认为自己是信息收集者 (53.2%)，从事的是信息搬运工作，而信息收集者的组成者中比例最大的是项目小组的一般成员，其次是项目负责人；有 20.7%的调查对象认为自己在团队合作信息查寻与检索中担任信息提供者角色，其次是信息核查者 (10.7%)、撰写索引/摘要人员 (8.8%)，最后是群组管理员 (6.7%)。由此可知，团队成员承担的项目角色对合作信息查寻与检索中的信息角色有一定程度的影响：一般成员主要扮演信息收集者和信息提供者的角色，项目负责人主要担任信息核查者与群组管理人员，核心成员主要担任索引或摘要撰写以及信息提供者。

表 4-33 合作中扮演的角色与项目中承担的角色的交叉列联表

项目中的角色		CIS&R 中扮演的角色					
		信息收集者	信息提供者	信息核查者	撰写索引/摘要者	群组管理员	合计
项目负责人	计数	50	19	32	8	15	124
	项目中的角色中的百分比/%	40.3	15.3	25.8	6.5	12.1	100.0
	CIS&R 中扮演的角色中的百分比/%	22.3	21.8	71.1	21.6	53.6	29.5
	总数的百分比/%	11.9	4.5	7.6	1.9	3.6	29.5
核心成员	计数	47	30	6	15	9	107
	项目中的角色中的百分比/%	44.0	28.0	5.6	14.0	8.4	100.0
	CIS&R 中扮演的角色中的百分比/%	21.0	34.5	13.3	40.5	32.1	25.4
	总数的百分比/%	11.2	7.1	1.4	3.6	2.1	25.4
一般成员	计数	127	38	7	14	4	190
	项目中的角色中的百分比/%	66.8	20.0	3.7	7.4	2.1	100.0
	CIS&R 中扮演的角色中的百分比/%	56.7	43.7	15.6	37.8	14.3	45.2
	总数的百分比/%	30.2	9.0	1.7	3.3	1.0	45.2
合计	计数	224	87	45	37	28	421
	项目中的角色中的百分比/%	53.2	20.7	10.7	8.8	6.6	100.0
	CIS&R 中扮演的角色中的百分比/%	100.0	100.0	100.0	100.0	100.0	100.0
	总数的百分比/%	53.2	20.7	10.7	8.8	6.6	100.0

表 4-34 显示的卡方检验伴随概率小于 0.05，表明科研团队成员在合作信息查寻与检索中扮演的角色与其在项目实践中承担的角色有显著的线性相关关系。结合交叉列联分析结果证实了前面的研究假设 Ha2，即科研团队成员的不同项目角色扮演的合作信息查寻与检索角色中存在显著差异。

表 4-34　合作中扮演的角色与项目中承担的角色的卡方检验

	值	自由度	渐进显著性(双侧)
Pearson 卡方检验	71.095[a]	8	0.000
似然比	67.512	8	0.000
线性是的联合检验	29.674	1	0.000
有效记录数	421		

注：a.0 单元格(0.0%)的期望计数少于 5，最小期望计数为 7.12。

科研团队成员在合作信息查寻与检索中扮演的角色与团队成员的职称做交叉列联分析，结果如表 4-35 和表 4-36 所示。从表 4-35 可以看到：高级职称样本对象主要扮演信息核查者(22.2%)，从事的是项目相关信息的鉴别核查工作；副高级职称主要扮演信息核查者(40.0%)，其次是群组管理员(28.6%)、信息提供者(20.7%)；中级职称主要担任群组管理员(28.6%)；初级职称中扮研信息提供者的样本最多(8.0%)；在读研究生主要是撰写索引/摘要者(64.9%)与信息收集者(64.7%)。表明不同职称的团队成员在项目完成过程中有明确的角色定位与角色分工。

表 4-35　合作中扮演的角色与团队成员职称的交叉列联表

职称		合作信息查寻与检索中扮演的角色					合计
		信息收集者	信息提供者	信息核查者	撰写索引/摘要者	群组管理员	
高级职称	计数	7	5	10	2	1	25
	职称中的百分比/%	28.0	20.0	40.0	8.0	4.0	100.0
	CIS&R 中扮演的角色中的百分比/%	3.1	5.7	22.2	5.4	3.6	5.9
副高级职称	计数	34	18	18	5	8	83
	职称中的百分比/%	41.0	21.7	21.7	6.0	9.6	100.0
	CIS&R 中扮演的角色中的百分比/%	15.2	20.7	40.0	13.5	28.6	19.7
中级职称	计数	33	12	5	5	8	63
	职称中的百分比/%	52.4	19.1	7.9	7.9	12.7	100.0
	CIS&R 中扮演的角色中的百分比/%	14.7	13.8	11.1	13.5	28.6	15.0
初级职称	计数	5	7	3	1	2	18
	职称中的百分比/%	27.8	38.9	16.7	5.5	11.1	100.0
	CIS&R 中扮演的角色中的百分比/%	2.2	8.0	6.7	2.7	7.1	4.3
在读研究生	计数	145	45	9	24	9	232
	职称中的百分比/%	62.5	19.4	3.9	10.3	3.9	100.0
	CIS&R 中扮演的角色中的百分比/%	64.7	51.7	20.0	64.9	32.1	55.1
合计	计数	224	87	45	37	28	421
	职称中的百分比/%	53.2	20.6	10.7	8.8	6.7	100.0
	CIS&R 中扮演的角色中的百分比/%	100.0	100.0	100.0	100.0	100.0	100.0

表 4-36 显示的卡方检验伴随概率小于 0.05，表明样本对象身份(职称或在读研究生)与团队成员在合作信息查寻与检索中扮演的角色存在显著的线性相关关系。结合交叉列联的分析结果证实了前面的研究假设 Ha3，即科研团队中的不同职称成员所扮演的合作信息查寻与检索角色存在显著差异。

表 4-36 合作中扮演的角色与团队成员职称的卡方检验

	值	自由度	渐进显著性(双侧)
Pearson 卡方检验	64.790[a]	16	0.000
似然比	57.648	16	0.000
线性间的联合检验	13.971	1	0.000
有效记录数	421		

注：a.8 单元格(32.0%)的期望计数少于 5，最小期望计数为 1.20。

4.3.9 角色贡献特征

在合作信息查寻与检索过程中，并不是每个科研项目团队成员对团队合作效果的贡献量都是一样的。调查结果(图 4-9)显示：团队合作信息查寻与检索中，贡献度大小依次为核心成员、项目负责人和一般成员。主要原因可能是因为项目负责人职责多数为宏观调控，而项目核心成员所拥有的知识结构与项目背景知识要比一般成员丰富，他们在实践过程承担了更多的实践事务工作，带领成员共同完成科研项目工作。

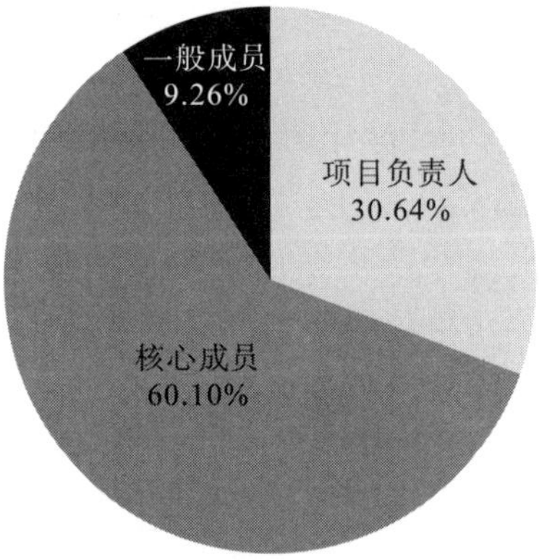

图 4-9 合作信息查寻与检索中不同角色对合作效果的贡献

4.3.10 合作效果特征

合作信息查寻与检索过程与个体的查寻检索效果是否存在差异呢？经调查(表 4-37)发现：与个人信息查寻与检索行为相比，对相关信息的查全率变化最大，有 36.6%的调查对象认为最大程度改变相关信息的查全率；其次是信息检索渠道的改变(29.9%)、检索词的改变(18.8%)；有 13.1%左右的调研对象认为团队合作信息查寻与检索提高了相关信息的查准率，仅有极少数调查对象(1.7%)认为没有改变。这些表明科研团队的合作信息查寻与检索在信息获取方面具有单个个体难以达到的优势。

表 4-37 合作信息查寻与检索的效果变化

	频率	百分比/%	有效百分比/%	累积百分比/%
没有改变	7	1.7	1.7	1.7
信息查寻渠道改变	126	29.9	29.9	31.6
检索词改变	79	18.8	18.8	50.4
查准率	55	13.1	13.1	63.4
查全率	154	36.6	36.6	100.0
合计	421	100.0	100.0	

那么，合作信息查寻与检索行为引发的效果改变主要由什么原因引起的呢？从调查数据的统计结果(图 4-10)可以发现：将近 52.62%的调研对象认为团队中成员间的交流是引起查寻检索效果改变的主要原因，即交流可以使团队成员的信息需求、检索路径、检索词以及成员对查寻主题的理解在团队中得以达成最大共识，最大程度地减少个体在具体执行信息查寻与检索中需要支付的努力程度。其他原因包括成员在项目中担任的角色(19.05%)、合作中扮演的角色(16.19%)和合作意愿(12.14%)，它们与交流一起为科研团队信息获取任务的有效完成提供最大程度的群体智力支持。

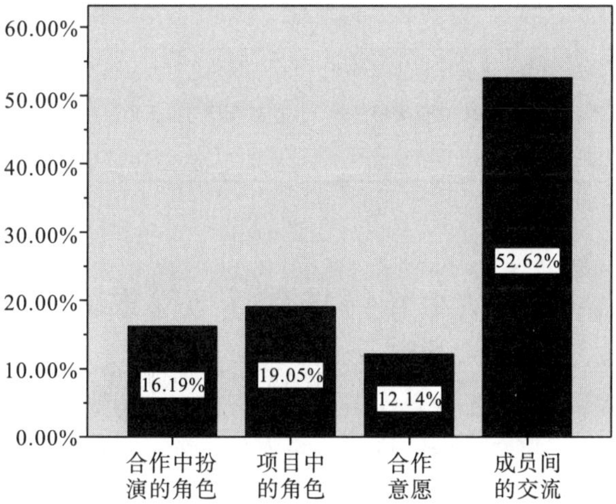

图 4-10 合作信息查寻与检索引发效果改变的原因

通过上述样本数据的频数分析和交叉列联分析，获得高校科研团队项目实践过程中的合作信息查寻与检索行为特征。主要发现如下：

(1)合作触发方式。无论科研团队的规模大小及组织人员构成如何，合作信息查寻与检索行为的产生主要源起于项目实践各阶段产生的问题，尤其是项目前期主题了解阶段和项目方案设计阶段，根本原因是这些阶段产生的问题是团队成员无法独自完成或即使能完成却需要花费太多的时间与精力。这种触发，既可能是科研团队实践中的一种自觉组织要求，也可能是团队成员在工作实践过程中的一种自发需求。

(2)合作实施过程。在科研团队合作信息查寻与检索具体实施过程中，通常采用三种合作形式：①项目负责人将一个任务拆分成多个子任务再分给不同的成员，成员之间共同查找某些信息并基于此再共同讨论检索词、检索策略等，与他人合作时将查寻结果内容整理编辑后以电子文档形式共享；②交流贯穿于合作信息查寻与检索过程始终，交流工具主要是面对面交流和基于即时通信工具的交流，交流频率依赖于问题紧急程度且通常是即时进行，交流内容主要是文献原文、关键词、读书笔记、文献摘要、检索策略等；③合作信息查寻与检索过程中，团队成员扮演的角色各不相同：一般成员主要扮演信息收集者和信息提供者的角色，项目负责人主要担任核查者与群组管理人员，核心成员担任索引或摘要撰写以及信息提供者；团队成员在合作信息查寻与检索过程的贡献量不等，顺次贡献量是核心成员、项目负责人、一般成员。

(3) 合作行为效果。科研团队语境下合作信息查寻与检索与单个个体信息查寻相比，前者不仅最大限度地提高了核心相关信息的查全率，同时也带来信息获取渠道的极大扩展；通过合作，不仅增加了科研团队中有价值文档资料的数量，也增加了成员对项目知识的储备，充分解决了成员的信息需求，提高了团队的工作效率。

同时，利用交叉列联分析证实了有关合作信息查寻与检索行为特征的研究假设（表 4-38）。

表 4-38 合作信息查寻与检索行为特征的假设验证结果

标号	研究假设	验证结果
Ha1	科研团队中不同职称的成员所担任的项目角色存在显著差异	成立
Ha2	科研团队成员的不同项目角色所扮演的合作信息查寻与检索角色存在显著差异	成立
Ha3	科研团队成员的不同职称所扮演的合作信息查寻与检索角色存在显著差异	成立

4.4 高校科研团队合作信息查寻与检索的行为机制探索

将 421 份有效问卷的第三部分合作信息查寻与检索行为影响因素量表随机分为两份，分别为 210 份与 211 份，将 210 份的量表命名为量表 A，211 份的量表命名为量表 B。对量表进行信度分析及正态性检验，然后对量表 A 进行信度和因子分析。量表 B 用作验证结构方程模型的模型假设，并进行路径分析。

4.4.1 总体量表的信度检验

421 份有效问卷的信度计算结果如表 4-39 所示，其 Cronbach' s α 值为 0.900，信度达到后续分析要求。

表 4-39 总量表信度检验结果

Cronbach' s α	项数
0.900	27

从表 4-40 可以看到，27 个题项的总量表中有两个测量问项(Q6.4 与 Q2.4)的 CITC 值均小于 0.3，将其删除后量表总体 Cronbach's α 值为 0.911，较之前有所提高，因而删除 Q6.4 与 Q2.4 两个题项。

表 4-40　总量表信度分析结果

	项已删除的刻度均值	项已删除的刻度方差	校正的项总计相关性 CITC	项已删除的 Cronbach's α 值
Q1.1	100.8646	144.460	0.394	0.898
Q1.2	101.0333	144.218	0.424	0.898
Q2.1	101.3278	143.254	0.368	0.900
Q2.2	101.5534	144.700	0.314	0.901
Q3.1	100.7910	143.790	0.453	0.897
Q3.2	100.6770	142.762	0.536	0.896
Q3.3	100.8884	141.823	0.531	0.896
Q5.1	101.0546	141.037	0.596	0.894
Q5.2	101.2922	141.531	0.564	0.895
Q5.3	101.2684	141.649	0.549	0.895
Q9.1	101.0261	141.649	0.565	0.895
Q9.2	100.8100	142.135	0.581	0.895
Q4.1	101.0523	144.069	0.467	0.897
Q4.2	101.1615	142.988	0.508	0.896
Q5.4	101.0784	143.258	0.522	0.896
Q6.1	100.9477	144.416	0.462	0.897
Q6.2	101.0546	141.033	0.610	0.894
Q6.3	100.9667	142.061	0.495	0.896
Q6.4	102.1283	151.564	0.037	0.908
Q7.1	101.2779	141.634	0.543	0.895
Q7.2	101.1211	141.750	0.579	0.895
Q8.1	100.8124	142.153	0.624	0.894
Q8.2	100.7933	142.288	0.623	0.894
Q8.3	101.0190	141.085	0.599	0.894
Q8.4	100.7981	141.504	0.602	0.894
Q2.3	101.1425	144.132	0.450	0.897
Q2.4	101.4418	148.747	0.184	0.903

删除 Q6.4 与 Q2.4 两个题项后分别对量表 A 与量表 B 做信度分析，其中量表 A 的 Cronbach's α 值为 0.912，量表 B 的 Cronbach's α 值为 0.911，均达到后续分析的信度要求。

4.4.2　探索性因子分析

本部分先利用量表 A 进行探索性因子分析，初步确定结构方程模型的变量。在进行因素分析前，首先对量表做了 KMO 和巴特利特(Bartlett)球形检验，检验各测量问项之间的相关性高低，以确定是否适合于因子分析。当 Bartlett 统计值的显著性概率小于等于于置信水平时，拒绝零假设，表明变量数据适合做因子分析。

KMO 的测度要求如下：

(1) KMO≥0.9，非常适合做因子分析；

(2) 0.8<KMO<0.9，很适合做因子分析；

(3) 0.7<KMO<0.8，适合做因子分析；

(4) 0.6<KMO<0.7，不太适合做因子分析；

(5) 0.5<KMO<0.6，只能勉强做因子分析；

(6) KMO <0.5，不适合做因子分析。

对量表 A 中 25 个变量进行 KMO 和 Bartlett 球形检验，结果如表 4-40 所示：量表 A 整体 KMO 值为 0.883，大于 0.8，通过 KMO 检验；Bartlett 球形检验的相伴概率值小于 0.05。因此，量表 A 的变量数据符合因子分析要求，可以进行因子分析。

表 4-40 总量 A 的 KMO 和 Bartlett 检验结果

取样足够度的 KMO (Kaiser-Meyer-Olkin) 度量		0.883
Bartlett 的球形检验	近似卡方	2278.196
	自由度	300
	显著性	0.000

因子分析中有多种确定因子的方法，本处采用因子分析中最常使用的方法——主成分分析法，并以最大方差法对因子载荷矩阵进行旋转。以特征值大于 1 作为因子提取的基本标准，因子分析结果(表 4-41)共提取 6 个公因子，其中因子 1 的贡献率最高，为 14.977%，因子 6 的贡献率最低，为 6.636%，6 个公因子可以解释量表约为 62.076%的变异量。

表 4-41 提取公因子解释的总方差

成分	初始特征值			提取平方和载入			旋转平方和载入		
	合计	方差的百分比/%	累计百分比/%	合计	方差的百分比/%	累计百分比/%	合计	方差的百分比/%	累计百分比/%
1	8.486	33.944	33.944	8.486	33.944	33.944	3.744	14.977	14.977
2	2.128	8.513	42.457	2.128	8.513	42.457	3.535	14.141	29.117
3	1.512	6.048	48.505	1.512	6.048	48.505	2.879	11.518	40.635
4	1.243	4.972	53.476	1.243	4.972	53.476	1.864	7.456	48.091
5	1.114	4.455	57.931	1.114	4.455	57.931	1.837	7.349	55.441
6	1.036	4.145	62.076	1.036	4.145	62.076	1.659	6.636	62.076
7	0.932	3.727	65.804						

提取方法：主成分分析。

最大方差法对因子载荷矩阵进行旋转所得旋转成分矩阵(表 4-42)，得到自变量在各因子上的因子载荷。将因子负荷量作为删除标准，删除因子负荷小于 0.45 的题项。通过因子与测量问项的分析，删除题项 Q6.2 与 Q2.3，不参与之后结构方程构建。

表 4-42　因子分析的旋转成分矩阵 [a]

	成分					
	1	2	3	4	5	6
Q7.1	0.765	0.156	0.030	0.216	-0.035	0.128
Q8.3	0.728	0.173	0.262	0.083	0.163	-0.098
Q8.1	0.688	0.158	0.322	0.012	0.089	0.028
Q7.2	0.671	0.131	-0.050	0.459	0.019	0.024
Q8.4	0.632	0.133	0.420	-0.029	0.240	0.219
Q8.2	0.612	0.224	0.327	0.144	0.137	0.210
Q4.2	0.100	0.783	-0.070	0.199	0.050	0.086
Q5.3	0.239	0.728	0.104	-0.006	0.031	0.195
Q5.2	0.227	0.667	0.301	-0.039	0.082	0.130
Q4.1	0.182	0.649	-0.102	0.307	0.104	0.220
Q5.4	-0.044	0.642	0.254	0.361	-0.064	-0.013
Q5.1	0.314	0.598	0.295	0.041	0.143	0.105
Q3.2	0.145	0.073	0.727	0.235	0.144	0.166
Q3.1	0.162	-0.067	0.711	0.432	0.091	-0.037
Q9.2	0.310	0.214	0.571	0.109	0.116	0.184
Q9.1	0.357	0.340	0.529	-0.016	0.056	0.082
Q3.3	0.276	0.254	0.476	-0.046	0.406	-0.012
Q6.3	0.099	0.161	0.245	0.666	0.168	0.029
Q6.1	0.256	0.207	0.128	0.551	0.075	0.100
Q6.2	0.401	0.363	0.241	0.413	0.100	0.146
Q2.2	-0.011	0.063	-0.059	0.240	0.798	0.112
Q2.1	0.107	-0.033	0.252	-0.048	0.757	0.010
Q2.3	0.248	0.186	0.233	0.167	0.440	0.114
Q1.1	0.140	0.152	0.121	-0.042	0.149	0.850
Q1.2	0.047	0.307	0.125	0.216	0.015	0.754

提取方法：主成分分析法；旋转法：具有 Kaiser 标准化的正交旋转法。
a.旋转在 7 次迭代后收敛。

因子分析的另外一个重要内容是对旋转矩阵提取的公因子进行命名，通常由每个公因子所包含的变量内涵公共属性来完成。

公因子 1 包含量表设计时归纳的合作结果信息使用效果的变量 Q8.1～Q8.4、成员互助的变量 Q7.1～Q7.2，故将公因子 1 命名为“合作信息使用”；

公因子 2 包含量表设计时反映自我效能的变量 Q4.1～Q4.2、信息传播能力的变量 Q5.1～Q5.4 两部分，故将公因子 2 命名为“自我素养”；

公因子 3 主要包含量表设计时反映团队间成员信任的变量 Q9.1～Q9.2、对合作期望的变量 Q3.1～Q3.3，因此将公因子 3 命名为“合作意愿”；

公因子 4 包含反映团队氛围与情境的变量 Q6.1～Q6.3，故命名为“团队氛围”；

公因子 5 包含反映个体信息需求的变量 Q2.1 与 Q2.2，故命名为“信息需求”；

公因子 6 包含的问项为对项目的主题理解 Q1.1 与对项目的兴趣 Q1.2，故公因子 6 命名为“主题理解”。

表 4-43 反映了因子旋转及命名分析结果。该表不仅包含了公因子名称，还包括了公因子的来源组分及原始量表中的测量问题。

表 4-43 公因子组成及测量问项

合作信息使用	成员互助	Q7.1	当我遇到问题时，团队成员总是尽全力给出一个答案或线索
		Q7.2	我们团队成员间会互相在任务进行中给予评价和鼓励
	合作效果	Q8.1	合作信息查寻增加了团队中有价值的文档资料和知识
		Q8.2	通过使用合作获得的信息资源，增加了我对项目知识的储备
		Q8.3	通过使用合作获得的信息资源，能够充分解决我的信息需求
		Q8.4	合作信息查寻节约时间，提高了团队的工作效率
自我素养	自我效能	Q4.1	我对自己的信息查寻能力总体上很自信
		Q4.2	项目过程中遇到难题时，我通常能找到几个解决方法
	信息传播能力	Q5.1	我善于通过各种形式与本团队成员分享收集到的信息
		Q5.2	我能够掌握团队其他成员提供的项目知识
		Q5.3	我能够迅速辨别和收集新的项目知识与信息
		Q5.4	我能通过整合团队成员的建议与意见来解决问题或创造机会
合作意愿	期望	Q3.1	我希望通过合作信息查寻增加我对项目的知识储备
		Q3.2	我希望通过合作信息查寻提高我获取信息解决问题的效率
		Q3.3	通过合作信息查寻可以提高我完成任务的效率，缓解我的任务压力
	信任	Q9.1	我信任团队成员所分享的资料
		Q9.2	当我在项目中遇到困难时，我愿意向其他成员求助
团队氛围	团队氛围	Q6.1	团队要求成员定期报告自己的工作进展并拟出待解决问题
		Q6.3	团队的物理环境条件(如办公室、学习室、通信工具)方便团队成员的合作
信息需求	信息需求	Q2.1	要解决的问题对自己而言太复杂，需要在团队其他人的帮助下分析所需信息
		Q2.2	我知道哪里有所需信息，但自己无法获取，需要别人的帮助
主题理解	主题理解	Q1.1	我对项目主题的理解很清晰
		Q1.2	我对项目主题充满兴趣

4.4.3 收敛效度分析

收敛效度是指同一概念不同测量问项间具有的显著相关性。一阶变量的收敛效度主要通过探索性因子分析评价，王庆喜(2005)认为，当测量问项被因子解释的方差比例超过 0.5，标准化因子载荷超过 0.7，则可以说明变量的问项具有较高的内部一致性和收敛度。

二阶因子的收敛度通过确定性因子分析进行评价，Fornell 和 Lareker(1981)认为，潜在变量提取的平均方差(AVE)应大于 0.5。

由量表 A 的因子分析结果可知，用以建构模型的变量为 6 个。因此，量表 B 将参考量表 A 的因子分析结果进行模型构建与验证。在此之前，首先对量表 B 进行六个公因子的收敛效度分析，判断其收敛效度。

由于 6 个公因子有 3 个仅是一阶变量，因而对这 3 个一阶变量采用探索性因子分析；另外 3 个公因子包含有二阶变量，因此对它们采用确定性因子分析。其分析结果见表 4-44、表 4-45 及图 4-11～图 4-13。

表 4-44　一阶变量测量问项的因子载荷、共性方差、信度及一维检验

因子名	测量条款	初始方差	提取方差	因子载荷	特征值	解释方差/%	KOM	Cronbach' s α
团队氛围	Q6.1	1	0.688	0.83	1.376	68.81	0.5	0.545
	Q6.3	1	0.688	0.83				
信息需求	Q2.1	1	0.708	0.841	1.416	70.80	0.5	0.587
	Q2.2	1	0.708	0.841				
主题理解	Q1.1	1	0.8	0.894	1.6	80.01	0.5	0.749
	Q1.2	1	0.8	0.894				

表 4-45　二阶因子确定性因子分析结果

因子名	测量条款	标准化因子载荷	标准误差(SE)	临界比(CR)	AVE
合作信息使用	Q7.1	0.672	0.115	8.435	0.525
	Q7.2	0.774	——	——	
	Q8.1	0.765	0.101	9.342	0.517
	Q8.2	0.737	0.098	9.535	
	Q8.3	0.726	——	——	
	Q8.4	0.641	0.101	8.238	
	χ^2/df=1.839，GFI=0.977，AGFI=0.939，NFI=0.846，IFI=0.923，CFI=0.917，RMSEA=0.063				
自我素养	Q5.1	0.666	0.109	8.009	0.48
	Q5.2	0.698	0.104	8.670	
	Q5.3	0.759	——	——	
	Q5.4	0.622	0.096	7.783	
	Q4.1	0.680	0.119	7.214	0.513
	Q4.2	0.750	——	——	
	χ^2/df=1.868，GFI=0.976，AGFI=0.938，NFI=0.846，IFI=0.922，CFI=0.915，RMSEA=0.064				
合作意愿	Q3.1	0.809	0.13	7.289	0.589
	Q3.2	0.696	0.128	5.871	
	Q3.3	0.793	——	——	
	Q9.1	0.687	0.16	5.784	0.514
	Q9.2	0.754	——	——	
	χ^2/df=1.710，GFI=0.990，AGFI=0.951，NFI=0.954，IFI=0.980，CFI=0.979，RMSEA=0.058				

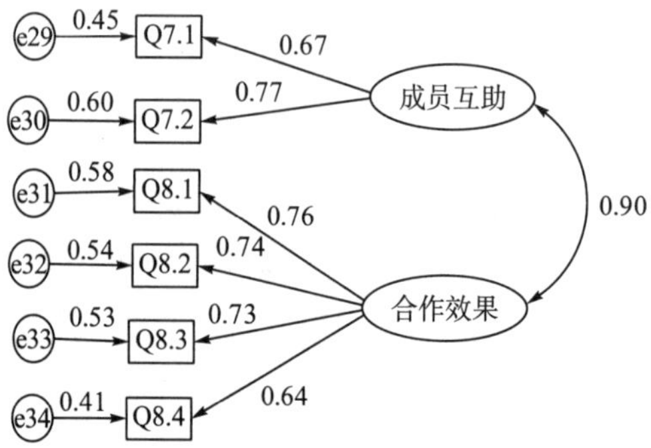

图 4-11　合作信息使用确定性因子分析模型

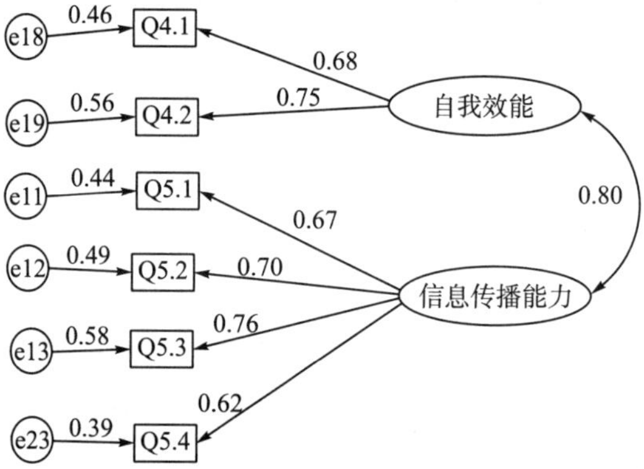

图 4-12　自我素养确定性因子分析模型

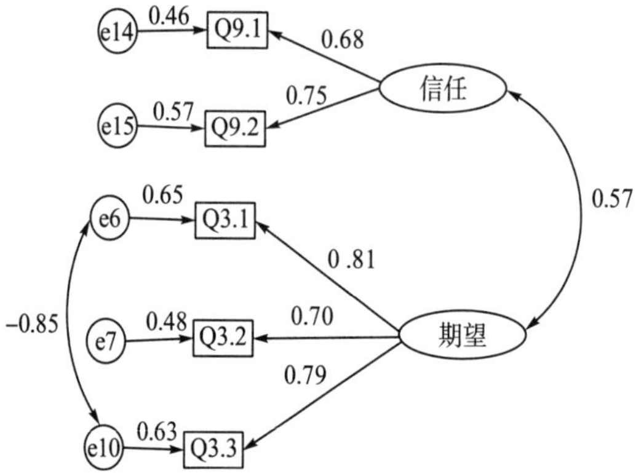

图 4-13　合作意愿确定性因子分析模型

(1) 团队氛围收敛效度

从表 4-44 可以看到：对团队氛围的两个测量指标做探索性因子分析，得到 1 个特征值大于 1 的因子，解释了 68.81%的总变异，结构的一维性良好。各测量变量的提取方差都为 0.688，标准化因子载荷都为 0.83。因此，团队氛围具有很高的内部一致性和收敛效度。

(2) 信息需求收敛效度

从表 4-44 可以看到：信息需求包含两个测量问项，对其做探索性因子分析，得到一个特征值大于 1 的因子，且该因子解释了 70.80%的总变异，提取方差都为 0.708，因子载荷为 0.841。可见，信息需求有较好的内部一致性与收敛效度。

(3) 主题理解收敛效度

从表 4-44 可以看到：对主题理解的两个测量问项做探索性因子分析，得到一个特征值大于 1 的因子，可解释 80.01%的总变异，说明测量结构的一致性良好。各测量项目被因子解释的方差比例都达到了 0.8，因子载荷也都达到 0.894，说明主题理解具有较好的内部一致性和收敛效度。

(4) 合作信息使用收敛效度

从表 4-45 和图 4-11 可以看到：合作信息使用是一个二阶因子，其测量包含两个一阶因子(“合作效果”与“成员互助”)。对其做确定性因子分析，其分析结果显示：拟合优度指标，其中 χ^2/df=1.839，GFI=0.977，AGFI=0.939，IFI=0.923，CFI=0.917，NFI=0.846，除 NFI 外其他均大于 0.9；RMSEA=0.063，小于 0.10，表明拟合效果理想。只有两个问项的因子载荷小于 0.7，但都在 0.65 附近。“成员互助”和“合作效果”两个因子的潜在变量提取的平均方差值分别为 0.525 与 0.517，均超过 0.5 的下限，表明量表具有较好的收敛效度。

(5) 自我素养收敛效度

从表 4-45 和图 4-12 可以看到：自我素养是一个包含两个一阶因子的二阶因子，其包含的二阶因子分别为“自我效能”与“信息传播能力”。对其做确定性因子分析后，拟合优度指标中 χ^2/df=1.868，GFI=0.976，AGFI=0.938，IFI=0.922，CFI=0.915，NFI=0.846，除 NFI 外其他均大于 0.9；RMSEA=0.064，小于 0.10，表明拟合效果理想。有两个问项的因子载荷大于 0.7，其余都小于 0.7 大于 0.622。“信息传播能力”和“自我效能”两个因子的 AVE 值分别为 0.48 与 0.513。说明“信息传播能力”的收敛度略差于“自我效能”，但由于“自我素养”整体上通过拟合优度检验，因此可认为“自我传播能力”的收敛效度不影响之后的模型构建。

(6) 合作意愿收敛效度

从表 4-45 和图 4-13 可以看到：合作意愿包含两个一阶因子“信任”与“期望”。对其做确定性因子分析，其分析结果显示：拟合优度指标，其中 χ^2/df=1.710，GFI=0.990，AGFI=0.951，IFI=0.980，CFI=0.979，NFI=0.954；RMSEA=0.058，小于 0.10，拟合效果良好。只有两个问项的因子载荷小于 0.7。“期望”和“信任”两个因子的潜在变量提取的平均方差值分别为 0.589 与 0.514，均超过 0.5 的下限，表明量表具有较好的收敛效度。

4.4.4　结构方程模型构建

1. 结构方程模型识别准则

结构方程模型：$\eta = B\eta + \Gamma\xi + \zeta$，若 η 是由 p 个外因潜在变量组成的 $p\times 1$ 向量，ξ 是由 q 个内因潜在变量组成的 $q\times 1$ 向量，则上述方程可变为：$\boldsymbol{\eta} = (\mathrm{I} - B)^{-1}(\Gamma\xi + \zeta)$。假设矩阵 $\boldsymbol{\psi} = \mathrm{cov}(\zeta, \zeta)$，则 ψ 是残差向量的协方差矩阵。

根据上述基本原理，吴明隆(2009)总结出结构方程模型识别的准则如表 4-46 所示。

表 4-46 结构方程模型识别准则和条件

识别准则和条件	识别对象	条件要求	充分或必要条件
t-法则	模型	$t \leqslant (p+q)(p+q+1) \div 2$	必要条件
递归模型	模型	B 为严格下三角矩阵 ψ 是对角矩阵	充分条件
零 B	模型	B=0	充分条件
阶条件	方程	不在方程的变量至少 p-1 ψ 自由估计	必要条件
秩条件	方程	C_i 的秩为 p-1 ψ 自由估计	充分条件

需要说明的是，依据 t 法则，若是模型的自由度 $df>0$ 或 $t \leqslant (p+q)(p+q+1) \div 2$，表示数据点数目多于估计参数数目，此时自由度为正数，估计结果是允许拒绝原假设。此时，假设模型无法与样本数据契合，此种模型识别称为过度识别。结构方程模型的检验，希望研究者提供的模型是过度识别模型，如此才能进行模型适配度的检验，以判别模型是否适合，若模型不适合，可以进行模型的修正；如果模型适合，也可以再进行简约模型的检验。

2. 结构方程模型构建

本处以 Wilson（2000）的信息行为模型与 Karunakaran（2013）等定义的合作查寻行为模型为参考，构建高校科研团队合作信息查寻与检索行为影响因素模型，目的在于了解科研团队成员在项目过程中进行合作信息查寻与检索行为的影响因素及影响因素间的相互关系。在研究过程中，将采用结构方程模型的软件工具 AMOS17.0 进行数据分析和模型的验证，通过计算每条路径的标准化回归系数（路径系数）和显著性，构建模型的路径关系图，从而确定各变量之间的关系。

模型中共包含 12 个潜在变量：合作信息使用、合作效果、团队互助、自我素养、自我效能、传播能力、合作意愿、信任、期望、团队氛围、信息需求、主题理解，通过 23 个观察变量间接测量。根据参考模型可以建立多个初始模型，考虑到合作之后的一个认知反馈路径，本处设立两个初始模型作为比较和补充。路径图如图 4-14 和图 4-15 所示。

为了方便模型构建，将初始模型 A 与模型 B 结构的二阶变量转化成一阶，以自我素养为例，将潜在变量“自我效能”“信息传播能力”转化为直接观测变量。根据路径系数归一后计算相应问项的权重，根据回归方程得到：

$$\eta = \gamma_1 X_1 + \gamma_2 X_2 \quad \text{（式 4-1）}$$

其中，η 为潜在变量，γ 为路径系数归一处理后的权重，X 为指标变量。

根据图 4-16，对自我效能、信息传播能力、成员互助、合作效果、信任、期望 6 个二阶变量进行转换处理，其具体计算式如下：

自我效能=0.51×Q4.1+0.49×Q4.2

信息传播能力=0.25×Q5.1+0.27×Q5.2+0.25×Q5.3+0.23×Q5.4

成员互助=0.47×Q7.1+0.53×Q7.2

合作效果=0.27×Q8.1+0.27×Q8.2+0.25×Q8.3+0.21×Q8.4

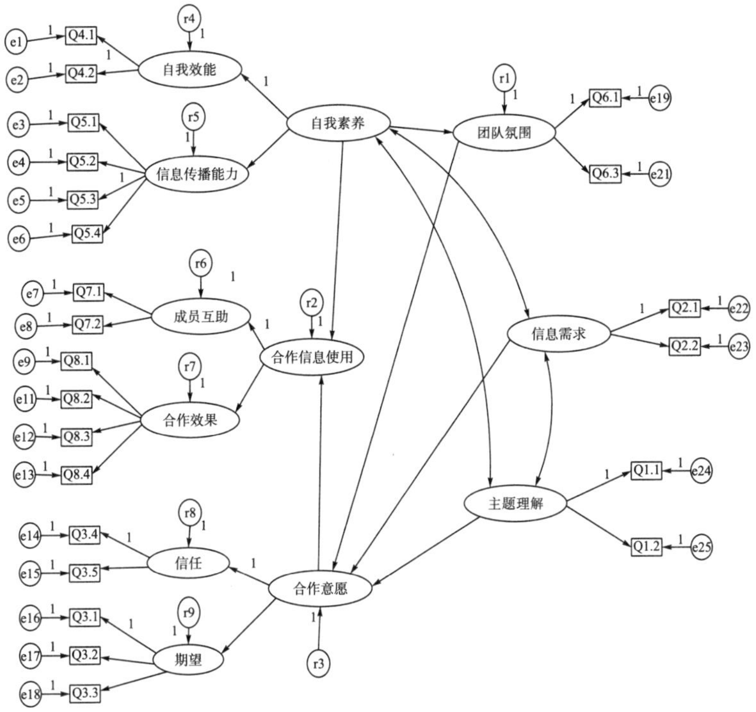

图 4-14　科研团队合作信息查寻与检索行为的初始模型 A

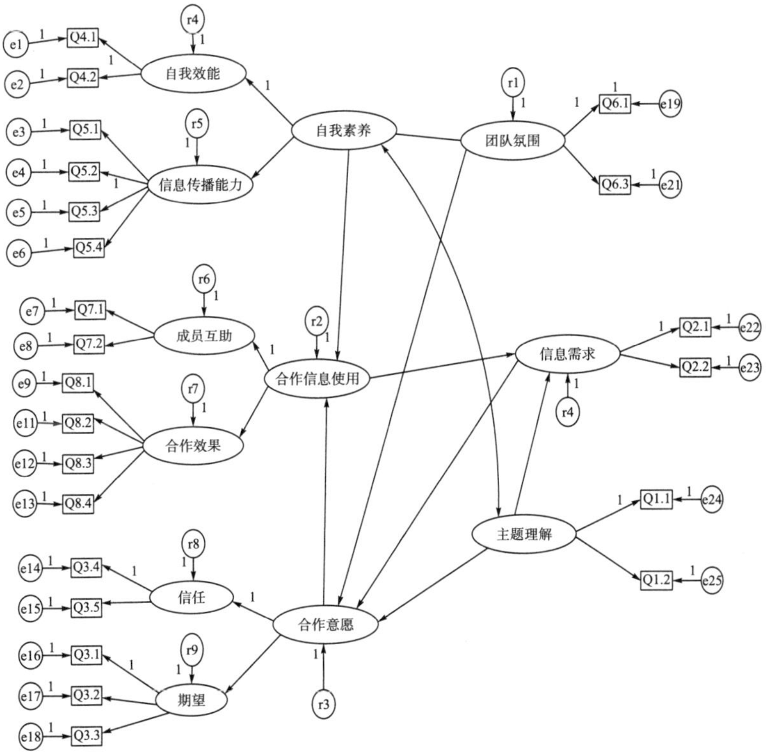

图 4-15　科研团队合作信息查寻与检索行为初始模型 B

信任=0.497×Q3.4+0.503×Q3.5

期望=0.29×Q3.3+0.47×Q3.2+0.52×Q3.1

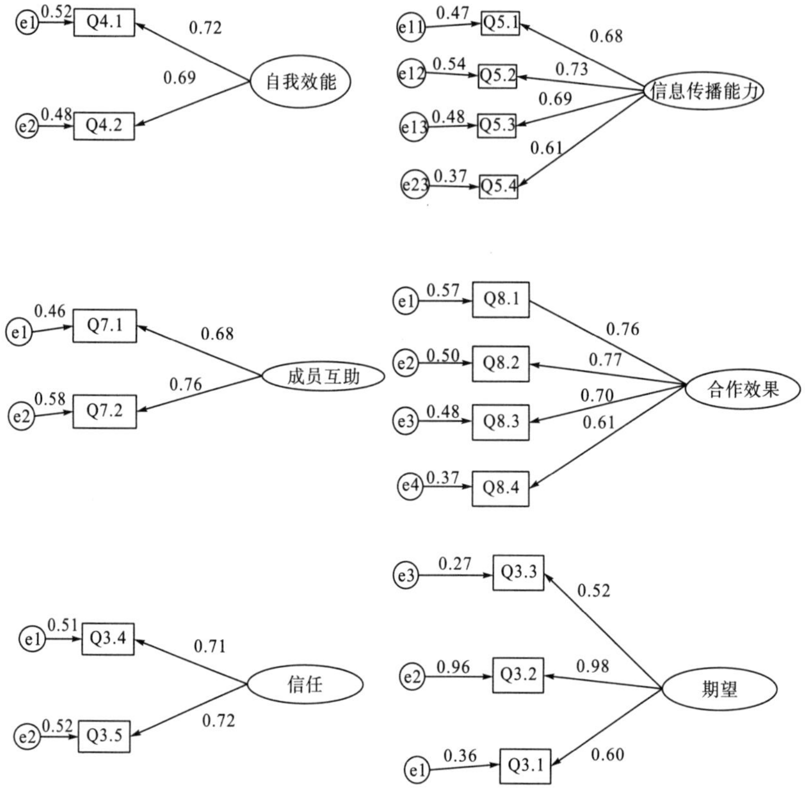

图 4-16 6 个二阶变量路径系数

归一化处理后，科研团队合作信息查寻与检索行为的初始模型 A 与模型 B 可以转化为图 4-17 与图 4-18 所示的归一化模型。

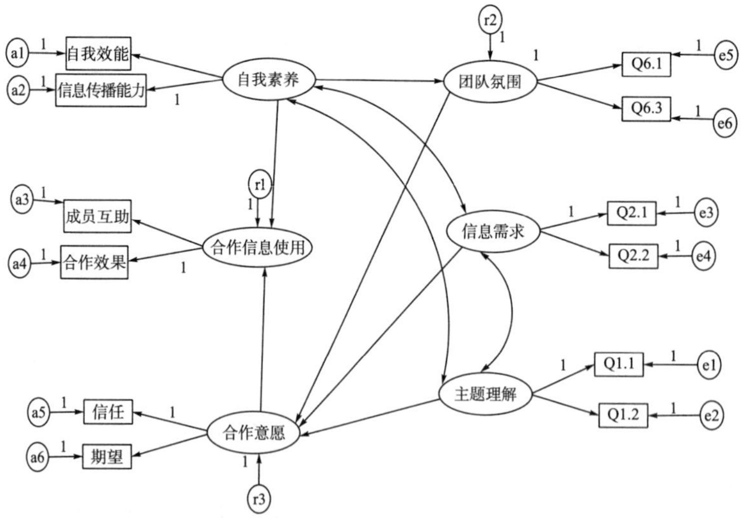

图 4-17 科研团队合作信息查寻与检索行为的归一化初始模型 A

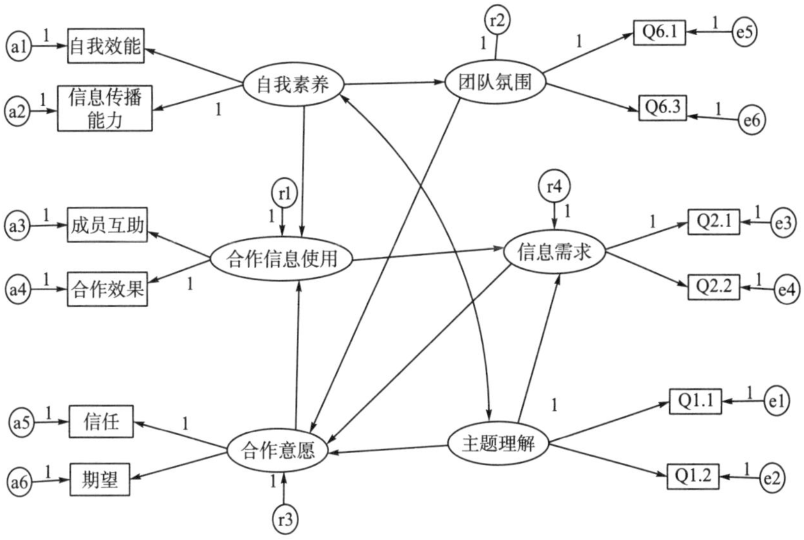

图 4-18　科研团队合作信息查寻与检索行为的归一化初始模型 B

归一化初始模型 A 中，共有 6 个外源观察变量(p)，6 个内生观察变量(q)，归一化初始模型 B 中有 4 个外源观察变量(p)，8 个内生观察变量(q)，故$(p+q)(p+q+1)\div 2=12(12+1)/2=78$。需要说明的是，此处两个模型的计算结果相同完全是巧合。

对于构建的结构方程模型，其待估计的参数有三类：

(1)路径系数：潜在变量间+潜在变量对观察变量(初始设为 1，即固定负荷)，归一化初始模型 A=6+6=12；归一化初始模型 B=8+6=14；

(2)方差数：观察变量的+潜在内生变量的，初始模型 A=12+3=15；初始模型 B=12+4=16；

(3)协方差数：外生变量间相互协变关系，初始模型 A=3，初始模型 B=1。

因此，归一化初始模型 A 总的待估计参数 30(12+15+3)个，归一化初始模型 B 总的待估计参数 31(14+16+1)个，均小于 78 个。依据 t 法则，初始模型 A 与 B 属于过识别模型，即模型有多组解可进行适配度检验，满足模型识别的必要条件。

模型是递归模型，不存在双向因果关系，所以矩阵 $\boldsymbol{B}$ 为严格下三角矩阵。假设所有的残差彼此不相关，也就是矩阵 ψ 是对角矩阵，所以结构模型可识别。

因为整个关系模型识别的必要条件和充分条件皆满足，故整个模型可识别。

4.4.5　结构方程模型检验与修改

1. 结构方程模型的初始参数估计

应用 AMOS17.0 软件来估计图 4-17 与图 4-18 所示的结构方程模型参数。Kelloway (1998)总结出模型常用的参数估计方法主要有极大似然法(ML 法)、一般化最小二乘法(GLS 法)、未加权最小平方法(ULS 法)、渐近分布自由法(ADF 法)。最广泛使用的估计模型方法为 ML 法，其次是 GLS 法。ML 法只有是大样本并且假设观察数据符合多变量正态性，卡方检验才可以合理使用。如果观察数据不符合多变量正态性假定，Hu 等(1992)认为采用 GLS 法估计则比较合适。一般来说，使用 ML 法的样本数量最好大于 500，如果样本数量少于 500，则使用 GLS 法来估计会获得较佳的结果。

为此，需要对样本数据进行正态性检验。正态性检验的方法有许多，如正态概率图的 P-P 或 Q-Q 法、卡方检验法、Kolmogorov-Smirno(KS)法等。本处选择卡方检验和 Kolmogorov-Smirno(KS)检验两种方法对总量表进行正态性检验，检验结果如表 4-47 所示。

表 4-47　样本数据中量表部分的正态分布检验

编号	卡方检验			Kolmogorov-Smirno 检验	
	卡方值	自由度	渐近显著性	Kolmogorov-Smirnov Z	渐近显著性(双侧)
Q1.1	296.684[a]	4	0.000	5.009	0.000
Q1.2	264.546[a]	4	0.000	4.996	0.000
Q2.1	135.378[a]	4	0.000	4.423	0.000
Q2.2	121.387[a]	4	0.000	3.943	0.000
Q2.3	326.542[a]	4	0.000	5.842	0.000
Q3.1	325.663[a]	4	0.000	5.079	0.000
Q3.2	395.686[a]	4	0.000	5.771	0.000
Q3.3	3040.000[a]	4	0.000	5.257	0.000
Q4.1	320.318[a]	4	0.000	5.470	0.000
Q4.2	287.895[a]	4	0.000	5.339	0.000
Q5.1	267.135[a]	4	0.000	4.920	0.000
Q5.2	279.012[a]	4	0.000	5.449	0.000
Q5.3	240.010[a]	4	0.000	4.716	0.000
Q5.4	336.732[a]	4	0.000	5.705	0.000
Q6.1	348.679[a]	4	0.000	5.577	0.000
Q6.2	296.708[a]	4	0.000	5.276	0.000
Q6.3	252.242[a]	4	0.000	4.960	0.000
Q7.1	272.979[a]	4	0.000	5.159	0.000
Q7.2	325.473[a]	4	0.000	5.743	0.000
Q8.1	471.957[a]	4	0.000	6.038	0.000
Q8.2	432.765[a]	4	0.000	5.571	0.000
Q8.3	316.185[a]	4	0.000	5.654	0.000
Q8.4	377.705[a]	4	0.000	5.361	0.000
Q9.1	302.432[a]	4	0.000	5.524	0.000
Q9.2	353.715[a]	4	0.000	5.102	0.000

检验结果数据表明，两种方法的结果相同，其伴随概率都小于 0.05，即样本数据不服从正态分布。再对量表 A、量表 B 进行正态性检验，其结果仍然是不服从正态分布。

加上量表 B 数据量为 211，因此选择 GLS 法进行模型参数估计。图 4-19 与图 4-20 为模型参数估计结果。

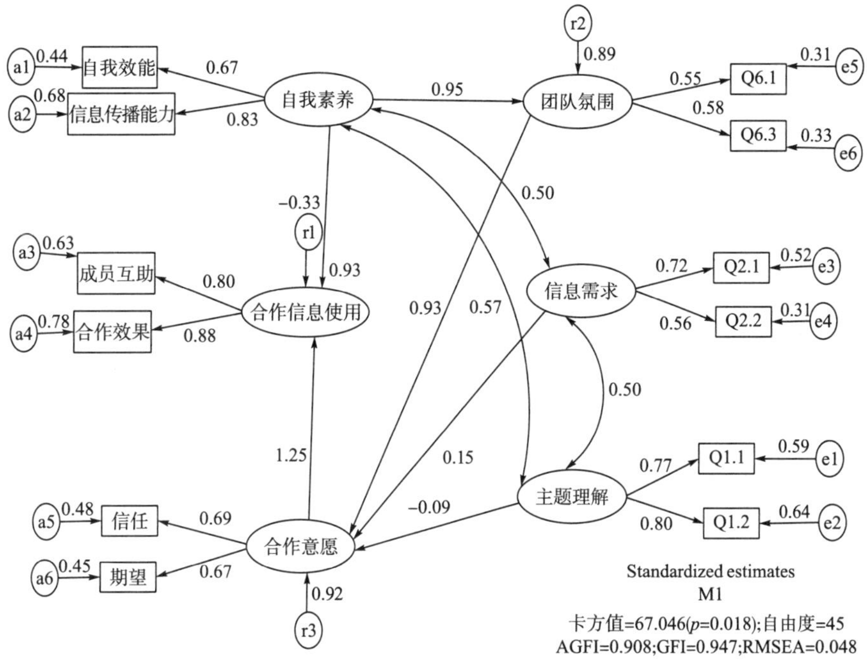

图 4-19　归一化初始模型 A 的参数估计结果

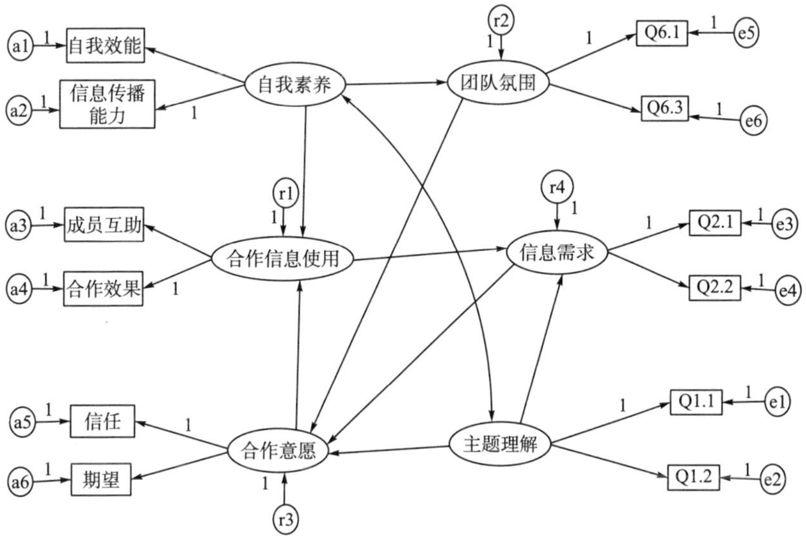

图 4-20　归一化初始模型 B 的参数估计结果

在进行整体模型适配度估计之前需要先检验模型是否违反估计，查核参数估计值的合理性。依据 Byrne(1998)的研究成果可知，模型违反估计有以下 4 种常见情形：①出现负的误差方差；②协方差间标准化估计值的相关系数大于 1；③标准化系数超过或非常接近 1(通常可接受的最高门槛值为 0.95)；④出现非常大的标准误差或标准误差为极端小的数值。

从图 4-20 可以看出，模型 B 中出现标准化系数大于 1 的路径。由于归一化初始模型

B 进行参数估计后 r1 等于-0.411，误差小于 0，所以图 4-20 中没有出现路径系数。对比两个模型与研究假设，需要删除部分路径再重新计算。删除标准化系数大于 1 和误差方差为负值的路径，重新计算后得到的结果如图 4-21 与图 4-22 所示。两个结果图中没有出现以上 4 种违反估计的情况，可以进行整体模型适配度估计。为叙述方便，将归一化初始模型 A 修改后命名为 M1，归一化初始模 B 修改后命名为 M2。

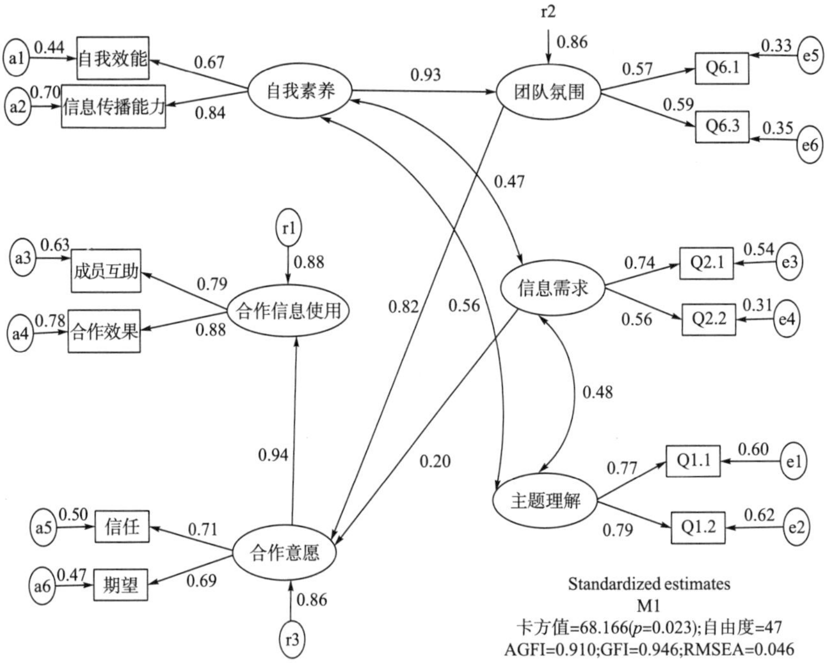

图 4-21 归一化模型 M1 的参数估计结果

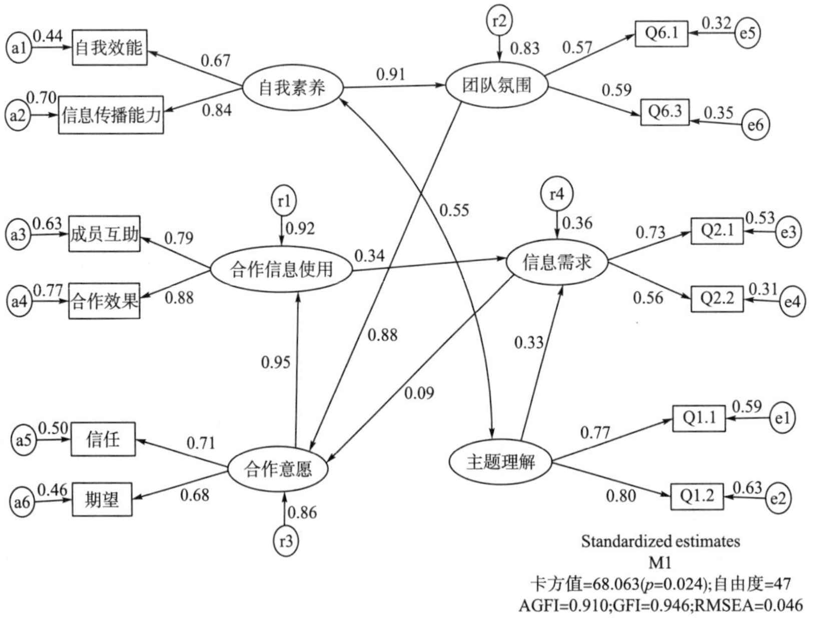

图 4-22 归一化模型 M2 的参数估计结果

2. 结构方程模型的适配度评价

有关模型适配度的评价有许多不同主张，多数研究者都认同 Bagozzi 和 Yi（1988）的论点，认为评价假设模型与实际数据是否契合，须同时考虑下面三个方面：基本适配度指标、整体模型适配度指标、模型内在结构适配度指标。本书将主要从模型的基本适配度、整体模型适配度来评价模型。

（1）基本适配度指标评估

在模型基本适配度指标检验方面，Bagozzi 和 Yi 提出以下 4 个准则：①估计参数中不能有负的误差方差；②估计参数统计量彼此间相关的绝对值不能太接近 1；③潜在变量与其测量指标间的因素负荷量值，最好为 0.50～0.95；④不能有很大的标准误。

结合图 4-21 与图 4-22 可知，本研究模型估计参数中没有负的误差方差，估计参数统计量彼此间相关的绝对值最大为 0.95，M1 与 M2 潜在变量与其测量指标间的因素负荷量值均为 0.56～0.88，没有很大的标准误。因此，模型 M1 与 M2 基本适配度较好。

（2）整体模型适配度指标评估

采用 GLS 法得到结构模型的一组整体拟合优度指数，如表 4-48 和表 4-49 所示。由表 4-48 可知，该模型仍未达到理想，需要对模型的某些参数做修正，再作评价。

表 4-48　模型 M1 与 M2 拟合指数

指标		评价标准	M1 拟合	M2 拟合	模型适配判断
绝对适配指标	卡方值	显著性概率值 $P>0.05$	68.166，$P=0.023$	68.063，$P=0.024$	佳
	卡方自由度比（NC）	1<NC<3	1.405	1.448	佳
	残差均方和平方根（RMR）	<0.05	0.044	0.044	佳
	渐近残差均方和平方根（RMSEA）	<0.08（<0.05，优良；<0.08，良好）	0.046	0.046	佳
	良适性适配指标（GFI）	>0.90	0.946	0.946	佳
	调整后适配度指数（AGFI）	>0.90	0.910	0.910	佳
相对适配度指标	增值适配指数（IFI）	>0.90	0.880	0.881	不佳
	规准适配指数（NFI）	>0.90	0.695	0.696	不佳
	非规准适配指数（TLI）	>0.90	0.811	0.812	不佳
	比较适配指数（CFI）	>0.90	0.866	0.866	不佳
简约适配指标	简约调整后的规准适配指数（PNFI）	>0.50	0.495	0.516	不佳
	Akaike 讯息校标（AIC）	理论模型值小于独立模型值，且同时小于饱和模型值	130.166.032<156.000 130.166<331.435	130.063<156.000 130.063<247.538	佳
	AIC 指标的调整值（CAIC）	理论模型值小于独立模型值，且同时小于饱和模型值	256.073<495.445 256.073<299.761	264.971<495.445 264.971<299.761	佳

从表 4-49 可知，修正指标 MI 表示释放一个先前固定的参数后，模型重新估计下所降低的最小卡方值，一个 MI 可以解释为一个自由度的卡方分配。Bagozzi 和 Yi（1988）认为

修正指标高于 3.84 时就有必要加以修正。因此，当 MI 值大于 3.84 时，参数的因果性有足够的理论支持的话，便考虑将其释放，进行重新估计。以模型 M1 为例，由表 4-49 可知，“e6↔信息需求”的 MI 值超过 4，显示这两项之间存在密切关系，但由于结构方程模型的基本假设是残差与因子间无相关，所以不能释放估计。其次考虑 MI 值最高的变量“e5↔e1”，MI 值为 6.539，查看其对应的测量问项 Q6.1 与 Q1.1，发现两道题项的内容虽然不相同，但可以考察到团队的学习氛围与成员对科研项目主体的理解，考虑对其释放。查看调试之后的适配度变化，再根据新的模型修正参考表对模型进行修正，再评估，再修正，直到获得一个最佳的模型为止。

表 4-49　模型 M1 与 M2 修正参考表的模型指数

M1			M2		
变量	MI	Par Change	变量	MI	Par Change
e2↔r2	4.476	−0.038	成员互助←x26	4.002	0.084
e6↔信息需求	4.809	0.101	e5↔r3	5.658	−0.044
e5↔r3	4.409	−0.04	e6↔r2	4.757	0.042
e5↔a6	4.704	−0.056	a6↔e5	4.705	−0.056
e5↔e1	6.539	0.086	e1↔e5	6.638	0.087
a3↔a6	4.201	−0.039	a3↔e6	4.695	0.058
a3↔e6	5.251	0.061	x1←x24	5.556	0.152
x1←x24	5.14	0.145			

经过不断的评估与修正，得到本部分的最佳模型，如图 4-23 与图 4-24 所示。

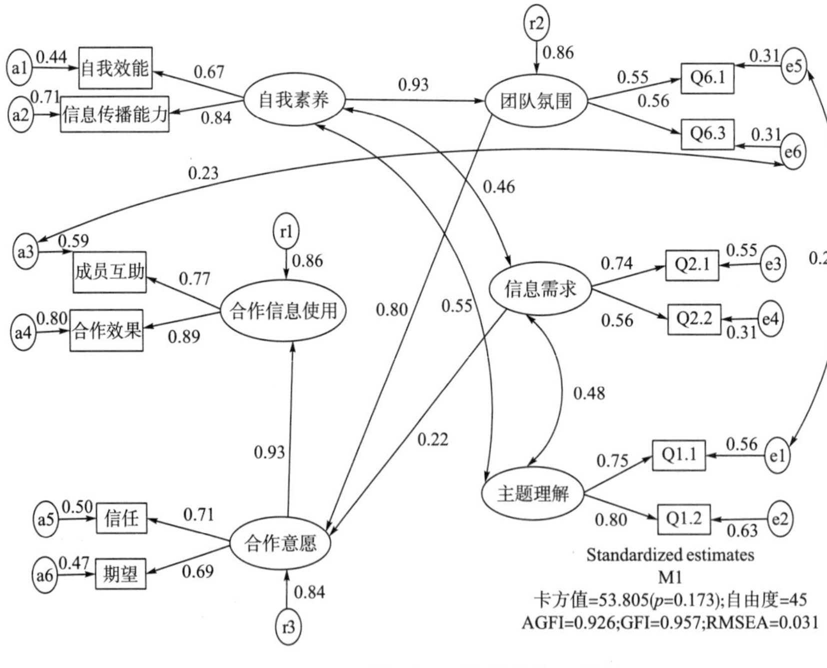

图 4-23　模型 M1 的最佳修正结果

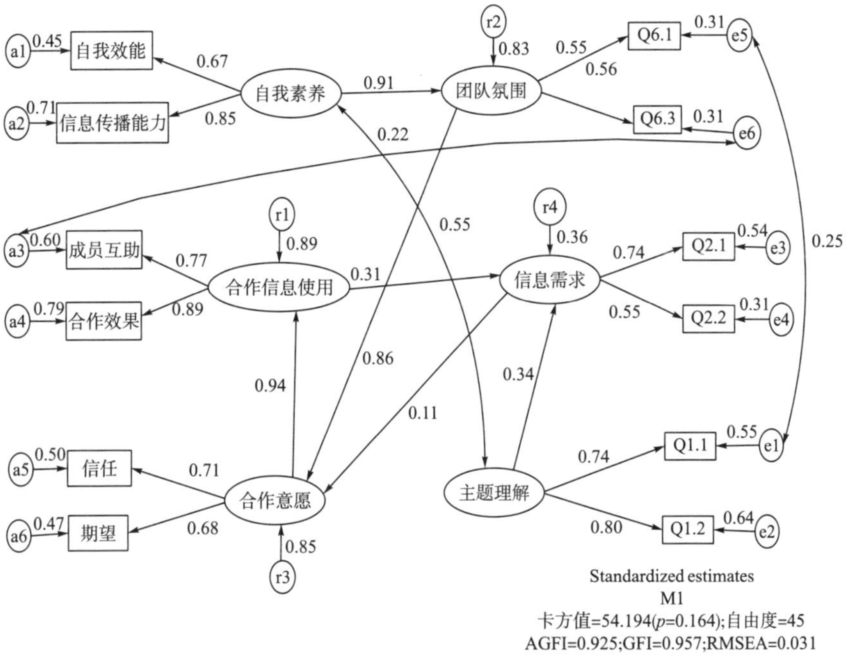

图 4-24　模型 M2 的最佳修正结果

修正后的适配度指标如表 4-50 所示：除了归准适配指数(NFI)欠佳之外，其余指标都达到了评价标准，说明确立的最终模型拟合较好。

表 4-50　M1 与 M2 修正后的适配度评价

指标		评价标准	M1 拟合	M2 拟合	模型适配判断
绝对适配指标	卡方值	显著性概率值 P>0.05	53.805， P=0.173	54.194， P=0.164	佳
	卡方自由度比(NC)	1<NC<3	1.196	1.204	佳
	残差均方和平方根(RMR)	<0.05	0.04	0.04	佳
	渐近残差均方和平方根(RMSEA)	<0.08(<0.05，优良； <0.08，良好)	0.031	0.031	佳
	良适性适配指标(GFI)	>0.90	0.957	0.957	佳
	调整后适配度指数(AGFI)	>0.90	0.926	0.925	佳
相对适配度指标	增值适配指数(IFI)	>0.90	0.951	0.949	佳
	规准适配指数(NFI)	>0.90	0.759	0.758	不佳
	非规准适配指数(TLI)	>0.90	0.918	0.941	佳
	比较适配指数(CFI)	>0.90	0.944	0.942	佳
简约适配指标	简约调整后的规准适配指数(PNFI)	>0.50	0.518	0.517	佳
	Akaike 讯息校标(AIC)	理论模型值小于独立模型值，且同时小于饱和模型值	119.805< 156.000 119.805< 247.538	120.194< 156.000 120.194< 247.538	佳
	AIC 指标的调整值(CAIC)	理论模型值小于独立模型值，且同时小于饱和模型值	263.416< 495.445 263.416< 299.761	263.805< 495.445 263.805< 299.761	佳

3. 结构方程模型的比较

对表 4-50 中的 M1 与 M2 的拟合指数进行比较，选出对数据拟合最佳的模型，拟合次佳的模型将对最佳模型做一些假设补充。本处采用一般化最小二乘法(GLS)，对比两个假设模型优劣采用复合效化的评价指标，常用 AIC 指标。AIC 指标是从代表模型适配度的卡方值转化而来的一种基于概率原理的统计数，其公式为：

$$\mathrm{AIC} = \chi^2 - 2df \qquad \text{（式 4-2）}$$

从模型复杂度看，模型的自由度越小，表示估计的参数越多，模型越复杂，模型能从值中扣减的数值越小，使得 AIC 值增大。

主要根据卡方和自由度数目的差异（$\Delta\chi^2$ 和 Δdf）来决定。如果模型增加自由度之后，卡方值显著减少，说明增加自由度是可取的。

本部分 M1 与 M2 的自由度相等，均为 45，Δdf 为 0，M2 的卡方值稍大于 M1（$\Delta\chi^2$ =0.389）。绝对适配指标中，M1 的 AGFI 指标比 M2 高出 0.001，其他指标相等；相对适配指标中，除了 TLI，其他指标均是 M1 略大于 M2；简约适配指标中，M1 的 AIC 略小于 M2，M1 的 PNFI 大于 M2 的 PNFI，M1 的 CAIC 略小于 M2 的。综合考虑，选择模型 M1 为本部分的最佳模型，M2 用作合作信息查寻与检索的认知结果对行为的反馈验证。

4.4.6 研究假设验证

1. 路径分析

本部分使用 AMOS 结构方程的路径分析模型——递归模型进行假设的验证分析。以选择的优化模型 M1 为对象，其检验结果如表 4-51 所示。

表 4-51 模型 M1 的假设检验结果

假设路径	标准化回归系数	SE	CR	*P*	显著性
团队氛围←自我素养	0.926	0.132	5.779	***	显著
合作意愿←团队氛围	0.803	0.185	5.118	***	显著
合作意愿←信息需求	0.222	0.070	2.205	0.027	显著
合作信息使用←合作意愿	0.925	0.109	8.897	***	显著
自我素养↔主题理解	0.552	0.044	4.564	***	显著
信息需求↔主题理解	0.484	0.065	3.833	***	显著
自我素养↔信息需求	0.457	0.047	3.949	***	显著

一般来说，CR(临界比)值大于 1.96 时，相应参数估计值小于 0.05 显著性水平，可认为相应的研究假设成立。*P* 值为检验结果相伴概率，如果 $P<0.001$，则以符号***表示。

H1：科研团队成员的自我素养正向影响团队氛围。

通过结构方程模型的路径系数测算结果可以发现，自我素养对团队氛围的标准化回归系数为 0.926，相伴概率小于 0.001，假设 H1 成立，即科研团队成员的自我素养正向影响团队氛围。

H2：科研团队氛围正向影响团队的合作意愿。

通过结构方程模型的路径系数测算结果可以发现，团队氛围对合作意愿的影响路径系数为 0.803，相伴概率小于 0.001，假设 H2 成立，即科研团队氛围正向影响团队的合作意愿。

H3：科研团队成员的信息需求正向影响团队的合作意愿。

通过结构方程模型的路径系数测算结果可以发现，信息需求对合作意愿的影响路径系数为 0.222，p 值为 0.027，小于置信水平 0.05，假设 H3 成立，即科研团队成员的信息需求正向影响团队的合作意愿。

H4：科研团队成员的合作意愿正向影响团队合作信息使用。

结构方程模型的标准化路径显示，合作意愿对合作信息使用的标准化路径系数为 0.925，临界比为 8.897，相伴概率小于 0.001，假设 H4 成立，即科研团队成员的合作意愿正向影响团队的合作信息使用。

H7：科研团队成员的自我素养与团队成员对项目主题的理解显著相关。

自我素养与主题理解间的相关系数 0.552，临界比值为 4.564，相伴概率小于 0.001，假设 H7 成立，即科研团队成员的自我素养与团队成员对项目主题的理解显著相关。

H8：科研团队成员的自我素养与团队成员的信息需求显著相关。

自我素养与信息需求的相关系数为 0.457，临界比值为 3.949，相伴概率小于 0.001，假设 H8 成立，即科研团队成员的自我素养与团队成员的信息需求显著相关。

H9：科研团队成员的信息需求与团队成员对项目主题理解显著相关。

信息需求与主题理解的相关系数为 0.484，临界比值为 3.833，相伴概率小于 0.001，假设 H9 成立，即科研团队成员的信息需求与团队成员对项目主题理解显著相关。

由前面的分析可知，科研团队成员对项目主题理解与合作意愿、自我素养与合作信息使用的标准化回归系数不满足模型的基本适配指标，因此删除了这两条路径，故 H5(科研团队成员对项目主题理解正向影响合作意愿)与 H6(科研团队成员的自我素养正向影响合作信息使用)假设不显著。

总体而言，选择的优化模型 M1 整体的验证效果较好，待检验的 9 个假设中有 7 个得到验证，为后期的行为机制分析奠定了坚实基础。

模型 M2 作为补充主要用于验证合作信息查寻与检索过程中合作信息使用的反馈效果，检验结果如表 4-52 所示。

表 4-52　补充模型 M2 的假设检验结果

假设路径	标准化回归系数	SE	CR	P	显著性
团队氛围←自我素养	0.913	0.130	5.733	***	显著
合作意愿←团队氛围	0.860	0.196	5.149	***	显著
信息需求←主题理解	0.345	0.145	2.600	0.009	显著
信息需求←合作信息使用	0.310	0.203	2.078	0.038	显著
合作意愿←信息需求	0.113	0.077	1.030	0.303	不显著
合作信息使用←合作意愿	0.941	0.113	8.737	***	显著
自我素养↔主题理解	0.551	0.045	4.513	***	显著

从表 4-52 可知，在模型 M2 中假设 H1～H4、H7～H9 依然成立，假设得到强化验证。潜在变量合作信息使用的二阶变量“合作效果”的测量问项 Q8.1 至 Q8.4 均假设合作结果

使得知识结构改变，上升到认知层面则认为是合作达到预期的认知效果，因此可认为是“合作信息使用”满足了用户的“信息需求”，即合作信息使用对信息需求正向影响。此时，信息需求达到满足之后，合作意愿就降低，标志着合作信息查寻与检索可能中止或结束。据此，可给出如下假设：

H10：合作信息使用效果正向影响信息需求。

通过结构方程模型的路径系数测算结果可以发现，合作意愿对合作信息使用的影响路径系数 0.941，相伴概率小于 0.001，合作意愿正向影响合作使用效果；合作信息使用对信息需求的影响路径为 0.310，相伴概率值为 0.038，小于 0.05，即合作信息使用对信息需求有显著影响；同时，信息需求对合作意愿的影响路径系数为 0.113，相伴概率值为 0.303，大于 0.05，表明信息需求不再对合作意愿产生影响。因此，假设 H10 成立，即合作信息的使用效果正向影响信息需求，当信息需求得到满足后合作意愿不再显著。

至此，得到本部分的模型假设验证结果如表 4-53 所示。

表 4-53 概念模型假设验证结果

标号	研究假设	验证结果
H1	科研团队成员的自我素养正向影响团队氛围	成立
H2	科研团队氛围正向影响该团队的合作意愿	成立
H3	科研团队成员的信息需求正向影响团队的合作意愿	成立
H4	科研团队成员的合作意愿正向影响团队的合作信息使用	成立
H5	科研团队成员对项目主题理解正向影响合作意愿	不成立
H6	科研团队成员的自我素养正向影响合作信息使用	不成立
H7	科研团队成员的自我素质与团队成员对项目主题的理解显著相关	成立
H8	科研团队成员的自我素养与团队成员的信息需求显著相关	成立
H9	科研团队成员的信息需求与团队成员对项目主题理解显著相关	成立
H10	合作信息的使用效果正向影响信息需求	成立

2. 合作意愿的相关影响因素分析

在高校科研团队合作信息查寻与检索的行为结构关系模型中，合作意愿、合作信息使用及信息需求之间循环交互作用构成模型的核心组件，其他要素(自我素养、团队氛围、主题理解)构成外围环境要素及任务语境要素，而核心组件中合作意愿是关键的核心环境，它一方面受制于信息需求传递的行为驱动力，另一方面制约着合作信息使用。因而有必要详细分析合作意愿的相关影响因素，从而找到促进或抑制合作信息查寻与检索行为的总开关或钥匙。而这一切，可以通过路径分析结果来寻找相关变量的影响效果。

吴明隆(2010)表示，路径分析中，变量间的影响效果由直接效果、间接效果两部分构成，两者的效果总量合称为总体效果。直接效果是因子之间的直接作用的路径系数，间接效果是因子之间标准路径系数的乘积所得，总体效果是直接效果与间接效果之和，可以通过效果系数的大小判断各个因素对行为作用的程度。

从表 4-54 可以看到，模型 M1 中对合作意愿产生影响的各因子中无论是直接效果还是总体效果，团队氛围对合作意愿的影响程度都最大；其次是自我素养的间接影响效果，最后才是信息需求。

表 4-54　潜在因子对合作意愿的效果

潜在因子	直接效果	间接效果	总体效果
自我素养	——	0.74	0.74
团队氛围	0.80	——	0.80
信息需求	0.22	——	0.22

图 4-23 是模型 M1 经过结构方程模型修正之后的路径图，图上的数字为标准化的路径系数(保留两位小数)，可利用路径系数对影响合作意愿的相关因素进行分析解释。

1) 自我素养的影响分析

自我素养是一个二阶潜在变量，通过团队氛围间接对合作意识产生影响。

自我素养→团队氛围→合作意愿：0.93×0.80≈0.74

也就是说，自我素养因子提高一个标准单位，科研团队成员的合作意愿相应地提高 0.74 个标准单位。

“自我素养”由“自我效能”与“信息传播能力”两个因子构成，而“合作意愿”由“信任”与“期望”两个因子构成，因而可以进一步计算这些因子间的相互影响程度：

自我效能→自我素养→团队氛围→合作意愿→信任：0.67×0.93×0.80×0.71≈0.35；

自我效能→自我素养→团队氛围→合作意愿→期望：0.67×0.93×0.80×0.69≈0.34；

信息传播能力→自我素养→团队氛围→合作意愿→信任：0.84×0.93×0.80×0.71≈0.44；

信息传播能力→自我素养→团队氛围→合作意愿→期望：0.84×0.93×0.80×0.69≈0.43。

以上可以解释科研团队成员的自我效能与信息传播能力的提升对团队成员合作意识的影响程度。具体到问项的分析可以理解为：团队成员对自己在特定情境中解决问题能力的自我效能感每增加一个标准单位，成员间对彼此能力及分享资料的信任就会提升 0.35 个标准单位，成员对合作查寻与检索效果的期望也会提高 0.34 个标准单位；团队成员自身的信息传播能力(包括信息搜集、评估以及利用能力等)每增加一个标准单位，成员间对彼此能力以及分享资料的信任就会提升 0.44 个标准单位，成员对合作查寻与检索效果的期望也会提高 0.43 个标准单位。由此可见，在“自我素养”因子中，对合作意愿产生影响较大的是团队成员的信息传播能力。

2) 团队氛围的影响分析

模型 M1 中，团队氛围是包含两个题项的一阶因子，“团队氛围”与“合作意愿”间的标准化路径系数为 0.80，即团队氛围因子每提高一个标准单位，科研团队成员的合作意愿相应地提高 0.80 个标准单位。

具体到更细分的构成因素，其计算结果如下：

Q6.1→团队氛围→合作意愿→信任：0.55×0.80×0.71≈0.31

Q6.1→团队氛围→合作意愿→期望：0.55×0.80×0.69≈0.30

Q6.3→团队氛围→合作意愿→信任：0.56×0.80×0.71≈0.32

Q6.3→团队氛围→合作意愿→期望：0.56×0.80×0.69≈0.31

以上可以解释科研团队语境下的团队氛围对团队成员合作意识的提升的影响程度。具体到问项的分析可以理解为：如果成员所处的科研团队要求成员定期做工作汇报，成员间对彼此能力及分享资料的信任就会提升 0.31 个标准单位，成员对合作信息查寻与检索效果的期望也会提高 0.30 个标准单位；团队所处的物理环境条件(如办公室、学习室等)如果方便团队成员进行合作，则物理条件每改善一个标准单位对团队成员间建立信任的影响是 0.32 个标准单位，对成员期望合作的影响是 0.31 个标准单位。

由此可见，营造积极的、常沟通的团队整体氛围(软环境)且打造方便成员沟通的物理环境(硬环境)对团队成员的合作意愿有较大的影响(标准化路径系数 0.80)，且两者间的影响程度不相上下，因此构建优良的软、硬环境是激发科研团队合作的必备因素。

3)信息需求的影响分析

模型 M1 中，信息需求包含两个观测变量，“信息需求”和“合作意愿”间的标准化路径系数为 0.22，说明信息需求提高一个标准单位，会增强 0.22 个标准单位的合作意愿。

具体到更细分的构成因素，其计算结果如下：

Q2.1→信息需求→合作意愿→信任：0.74×0.22×0.71≈0.12

Q2.1→信息需求→合作意愿→期望：0.74×0.22×0.69≈0.11

Q2.2→信息需求→合作意愿→信任：0.56×0.22×0.71≈0.09

Q2.2→信息需求→合作意愿→期望：0.56×0.22×0.69≈0.09

以上可以解释科研团队成员面对项目时产生的信息需求对团队成员合作意识提升的影响程度。具体到问项的分析可以理解为：如果需要解决的问题对某个成员来说太复杂，需要团队其他成员帮助，这种需求每提升一个标准单位，成员对其他成员的能力及分享资料的信任会提升 0.12 个标准单位，对合作效果的期望也会提高 0.11 个标准单位；如果团队成员无法获取自己所需的信息，这种需求每增长一个标准单位，成员对团队其他成员的信任会增加 0.09 个标准单位，对合作的期望会增加 0.09 个标准单位。因此，在信息需求因子中，对合作意愿产生影响相对较大的是科研团队成员无法单独完成问题或任务时所产生的信息需求。

3. 高校科研团队合作信息查寻与检索行为的影响因素模型

根据结构方程方法的验证，本部分最终确定的合作信息查寻与检索行为影响因素作用路径图如图 4-25。通过探索性因子分析以及结构方程模型的验证，合作信息查寻与检索影响因素模型揭示了学术科研团队语境下影响成员进行合作查寻与检索的因素。

图中实线路径是主要的因素路径：科研团队语境包含了项目或任务情境，也包含团队氛围这一语境，团队成员的自我素养(自我效能与信息传播能力)直接影响了团队氛围；一个积极的团队氛围能正向影响团队成员间的信任与对合作解决问题的效果期望，即正向影响团队的合作意愿；同时，科研团队成员的自我素养也与成员对一个项目主题的理解与产生兴趣有一定的相关性；主题的理解与自我素养与成员的信息需求相关；成员的信息需求直接导致团队合作意愿的产生。相比之下，良好的团队氛围比信息需求更能引起合作意愿。

虚线部分显示了一个合作信息查寻与检索过程结束后成员的认知反馈，在强烈的合作意愿之下，团队成员展开合作信息查寻与检索。若是合作效果较佳，合作获取的信息改变了团队的知识结构，则合作信息的使用结果满足了信息需求，团队成员间的合作意愿降低，合作结束。

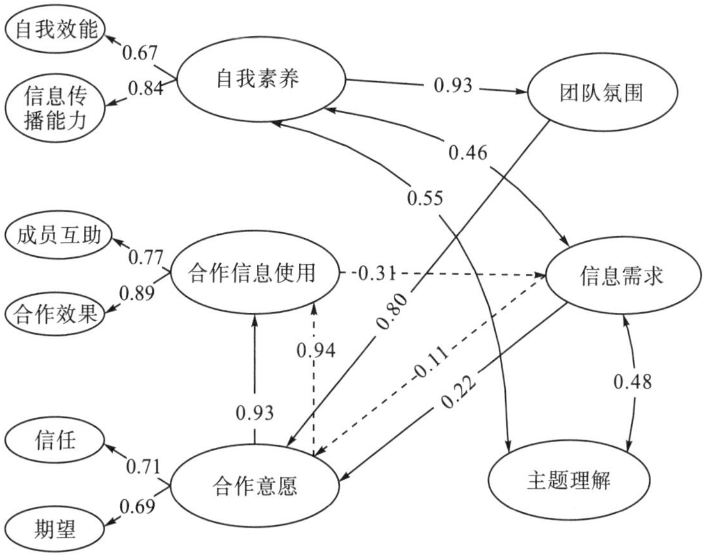

图 4-25　高校科研团队合作信息查寻与检索行为的影响因素模型

4.4.7　高校科研团队合作信息查寻与检索的行为机制

1. 合作触发的语境认知匹配机制

高校科研团队语境包括了该科研团队所处的社会语境、文化语境、组织语境等外部语境，也包括科研任务语境及任务解决的信息查寻与检索语境。一个科研团队任务完成首先受到该团队所在的社会环境影响，与其所在的社会文化语境相关，同时包含着该团队的组织氛围、物理环境、团队文化等，也无法脱离该科研团队的学科背景影响，同时也与团队成员的心理、经验、认知等内部因素紧密关联。对于个体来说，是否参与合作信息与检索过程，既是个体对所处各种语境的一种综合认知，也是对自己知识结构的评估，其中前者占据支配地位。

在科研团队面临的所有语境因素中，科研项目所涉及的任务内容是关键性因素。无论是基于兴趣爱好的自发科研过程还是其他利益相关者委托或下达的科研任务，在当前的科研环境下单纯依靠个人基本都无法完成，通常是以团队方式基于合作来共同完成科研任务。因此，从触发直接诱因来看，团队成员合作信息查寻与检索行为产生的主要动因是由于完成科研项目需要解决的各类问题所需要的知识技能超越当前团队的知识结构总和，且各个成员单独完成这些知识创新无法满足约束条件(如时间、质量等)的规定性，因而寻求团队合作解决问题成为项目完成的应有之义，相应的合作信息查寻与检索行为就应运而生。

对高校科研团队成员来说，合作信息查寻与检索作为个体获取信息的一种方式，其触发依赖于特定组织文化语境与任务语境的双重约束限制，是典型的他组织为主的触发认知机制。在群体完成科研任务过程中，个体选择合作方式完成信息查寻与检索主要源于对组织及相应工作团队的认同，查寻过程中共享相应的知识经验既是对组织信任或认同的回馈，也是群体成员对团队工作语境的认知归宿，多数情况下是一种潜意识的行为方式。同时，组织及团队提供的各类激励强化机制和方便的交流环境能够有效引导团队成员积极参与合作过程，群体成员的合作态度与合作共识形成一种汇聚与收敛力量。这种语境认知性机制意味着个体对特定组织文化语境独特、持久的核心价值认同；正是在这种认同的驱使下，个体选择了合作及知识共享行为。

对自身知识结构的认知在一定程度上会影响个体对合作的选择。在科研项目团队中，成员任务分派一般采用最佳匹配原则，即个体依据知识结构选择承担最匹配的子任务，因而个体只是从意愿上来说如何实现自身知识结构的优化共享，以及个体预期结果的最大化。

从图 4-25 可以发现，尽管科研任务引发的信息需求是引发合作信息查寻与检索意愿的触发性因素(路径系数为 0.22)，但对合作意愿起关键性制约作用的是团队氛围(路径系数为 0.80)，同时间接受到个人素养的影响。信息需求直接引发团队成员的内在动机，是产生合作信息查寻与检索行为的基础性要素；团队氛围既是组织语境的映射，也是团队成员共事过程形成的独特文化，是合作的平台性条件；个人素养中的知识结构体系、积极乐观心态、高自我效能感、良好沟通能力、自信的行为方式等能充分激发个体的内在动机，是合作的自我激励源。这些因素的综合作用与交互影响，促使了高校科研团队任务完成过程的合作信息查寻与检索行为产生。

综上所述，科研团队合作信息查寻与检索的触发阶段，个体对科研团队相关语境的认知、认同是关键因素，直接决定着个体的合作动机，而个体对自身知识结构、基本心态的评价认知是重要的内在条件，直接影响着个体的参与程度。

2. 合作演化的语境关系结构机制

从图 4-25 可以发现，合作信息查寻与检索一经产生，其查寻检索结果的使用如果能满足科研任务的收敛条件，则查寻检索过程终止；如果无法满足问题解决需求，则会产生新的信息需求，于是在团队氛围的强力介入下开始新一轮合作信息查寻与检索过程。因而，考查科研团队语境下合作信息查寻与检索的行为演化机制还需要从自组织与他组织角度讨论合作信息查寻与检索的构成元素(检索主体、检索任务、激励、认知效果等)的迭代递归过程。

科研团队的运行机制既是一个自组织过程也是他组织过程。自组织与他组织的根本差别在于系统形成与运行是否有外部指令起决定性作用，如果有则为他组织，没有则是自组织。科研团队的初始构建通常是团队负责人的他组织过程，当然也不排除少量的自组织过程(如网络上由系统匹配的科研合作者搜寻)；科研团队运行过程中，通常由团队负责人在协商基础上分派子任务，而子团队的生成既可能是自组织过程(成员间基于相似性的自由匹配过程)，也可能是他组织过程(项目负责人分配或子任务负责人的组织)。

相应的，与科研团队任务完成相对应的合作信息查寻与检索行为大致有以下的演化机制：团队成员参与科研项目，此时科研项目是由多个任务构成，成员要完成该项目就必须将自己置身于多个任务语境中；团队成员作为检索主体，其自我素养(自我效能与信息传播能力)帮助主体理解并分解科研项目主题或工作任务，进而细化成若干检索任务；检索主体由于自己无法完成任务或是任务需要花费太多时间而产生合作信息查寻意愿，在团队氛围的激励下，检索主体主动寻求其他成员的帮助，或自发共享查寻检索信息以加快任务完成进程。在合作查寻检索过程中，团队成员不断将所搜集的信息与科研任务的信息需求进行匹配，不断迭代修正与完善，通过利用合作所获取的信息来改变自身的知识结构，如果满足信息需求则合作结束，如果未解决问题，则通过信息的使用产生新的信息需求，继续迭代重复查寻检索过程，直到消除科研任务完成中由于新信息需求不断产生所带来的信息不确定性或达到基本收敛条件而停止。

除了科研任务的刚性约束外，上述合作信息查寻与检索过程能否顺利持续演化在很大程度上取决于所有参与主体之间形成的社会关系网络，它是合作信息查寻与检索演化发展的驱动力。科研团队成员间的社会关系建立并嬗变于合作问题解决过程。随着合作过程的演化，成员间的关系将不断分化，会出现信息搜集者、信息管理者、摘要编写者、信息核查者、信息提供者等不同角色，使得成员间的社会关系网络更加明晰化与结构化，成员间关系网络的属性、质量、网络中资源与个体动机之间的互动又反过来重新塑造着成员间的关系，引导合作信息查寻与检索的演化。

在特定任务语境下形成的社会关系网络中，参与者通过频繁的交流与合作，将形成对问题的共同理解、信息的协同搜索、对问题解决方案的新洞见和创新，这既是一个知识交流及功能化的过程，更是一个知识创造的过程。因此，合作信息查寻与检索的演化发展，本质上讲是知识利用与创新过程中所形成的社会关系结构的重构、优化与嬗变过程，是特定语境的断裂、连接与重构过程。

因此，高校科研团队的合作信息查寻与检索行为演化，既是科研任务语境的强制性约束，更是在任务完成过程形成的社会关系重构与优化所产生的引导性力量，前者决定合作信息查寻与检索的收敛条件，后者是合作信息查寻与检索行为再创生的社会文化基础。

3. 合作持续的语境文化理念机制

随着科研团队工作任务的达成，合作信息查寻与检索也将告一段落。早期信息检索研究有一个潜在的基本假设，即信息检索是一个无记忆过程，那么，这些合作经历是否就将湮没在历史长河之中而不留下任何痕迹？

伴随一次合作查寻与检索过程的结束，无论是形成共识还是没有任何结果，都将在特定语境帷幕上以社会关系网络为载体形成一种记忆痕迹。这种记忆也许会伴随着团队关系的解散而逐渐稀释和模糊，但只要提供相似的语境是可以唤醒这些沉睡的记忆的，就如检索系统中后控词表的形成或检索式重用。

随着多次合作信息查寻与检索记忆痕迹的累积、沉淀、选择与过滤，将形成一种符合多数人认识习惯的合作文化理念；随着这种合作文化理念的发酵，将使合作行为获得持续发展的动力，并将作为一种普遍接受的惯例而留存在各个语境层级上，如默认的规则、共享的语言、合作的信念和意识等。因而，合作信息查寻与检索行为既是特定任务语境条件下的信息获取实践形态，也为特定语境提供反馈作用，通过相互作用达成相互塑造的功效。

这种被普遍接受的语境合作文化理念，在越为具体的语境层级(如工作任务语境、查寻检索语境等)上多以规则的形式出现，是一种约束成员行为的狭义文化。在科研项目团队工作的组织语境中，个体为了完成分配的工作任务，就必须与其他具有关联关系的主体合作，共享组织的资源或分享自己的知识，它们都是在团队或组织文化规则下实施的，否则可能引发不必要的竞争或恶意行为。

特定语境依靠自身的优势资源，通过共识规则在参与者间传递其倡导的价值追求和理念，通过一些惩戒措施处理一些非倡导行为，来规范和引导参与者行为。资源的吸引和规则的约束使得个体表现出某种依从与协同行为，在语境演化中这种依从与协同行为将获得正面评价(如特质奖励、职位提升、得到中心成员的赏识等)，这种正面评价将强化个体更加愿意遵守相应规则。正是这种持续的反复的过程，使参与者对语境产生认同；随着这种认同方式的进一步扩展，将涌现出更多特定的社会价值观念或意识。

这种合作与共享的社会价值观念或意识是在合理社会分工下实现社会智能最大限度共享的利他主义。随着这种社会合作价值观念的扩展与延伸，它将成为社会文化的重要组成部分，反过来又成为个体社会化成长过程中必然的学习内容。

Lander 等(2004)认为，正是在这种立体语境的合作理念交互作用下，合作信息查寻与检索作为一种次生的行为方式才可能获得持久的生命力，创建出一种基于“基于知识信任(knowledge-based trust)”的知识社会运作范式。

第5章　合作信息查寻与检索的行为特征与机制Ⅲ
——基于社会合作的考察

前面把合作信息查寻与检索依据合作群体各主体间关系疏密程度及合作过程的规划程度划分为4种典型类型：偶遇合作、社会合作、嵌入合作、战略合作。前两章分别以企业项目团队和高校科研团队为对象探索了战略合作、嵌入合作中的行为特征与行为机制问题，本章将以社会成员临时组建的松散组织为对象探讨社会合作中的信息查寻与检索行为特征与行为机制问题。

社会合作（social collaboration），指合作双方基于共同的兴趣爱好或为完成共同任务在特定空间（如论坛、讨论组等）中通过某种默契而共同查寻、检索及共享特定信息的过程。这种合作形式的典型特征是合作者间有共同的兴趣爱好或为了特定的共同目标或是出于道义和社会责任共同解决特定问题，合作者间一般没有现实的亲密关系，大家通过合作查寻与检索，共享彼此的特定领域知识与查寻检索知识经验，即共享检索过程和检索结果。典型的如人肉搜索，即社会成员基于社会道义和社会责任（排除恶意的）通过合作查寻与检索完成特定查寻任务的过程。

5.1　社会合作信息查寻与检索行为的研究设计

5.1.1　研究框架与研究假设

李鹏和韩毅（2012）基于社会合作信息查寻与检索的典型案例，在分析其过程机制基础上抽象出社会合作信息查寻与检索的框架模型（图5-1）。他们认为：来自用户所在环境的信息刺激作用于用户当前语义认知状态，用户根据自己的知识结构和认知水平做出比较判断，当这种信息刺激与用户认知状态不匹配且超过一定水平时，可能产生吸引子种子；感知到这一吸引子种子的用户，在一定的激励机制作用下产生参与合作的欲望。在触发因素与激励因素的共同作用下，用户在一定社会语境中开展合作信息查寻与检索。

由于触发合作的吸引子种子有所不同，导致用户开展的社会合作信息查寻与检索有两种基本形式，即拉方式和推方式。图5-1中下半部所示为拉方式，上半部所示则为推方式。无论哪种方式，其实都是一个双向过程，在合作查寻与检索过程中都离不开图5-1中部所示的合作分析与合作评鉴过程。鉴于此，作者认为合作信息查寻与检索的本质是知识共享，这一共享过程表现为用户间知识的双向交互。而且，这种交互是在一定的信息共享平台上实现的，不同的用户可以对合作搜索过程中的需求信息、推送信息以及搜索结果进行迭代分析鉴别，基于群体智慧来提高搜索效率与质量。

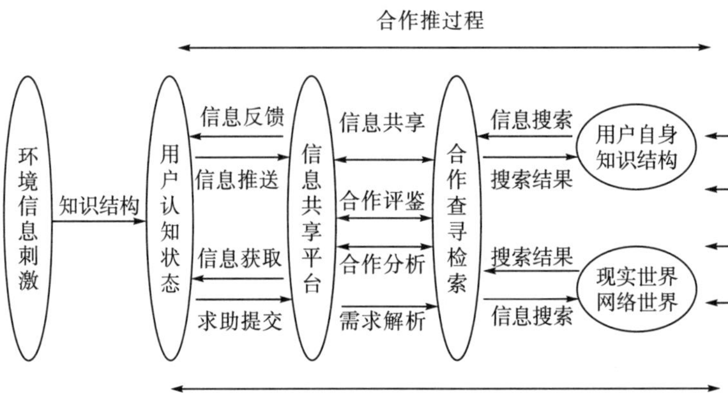

图 5-1 社会合作信息查寻与检索的框架模型

Evans 和 Chi(2010)在研究社会合作信息查寻与检索过程中发现：无论是基于共同目标的高协同度合作搜索还是松散的低协同合作搜索，信息交互(information interaction)在整个搜索过程中均发挥着重要作用，在整合前人意义构建和信息查寻行为模型基础上构建了一个区分为查寻前、查寻中和查寻后三个阶段的社会合作搜索模型(图 5-2)。他们讨论

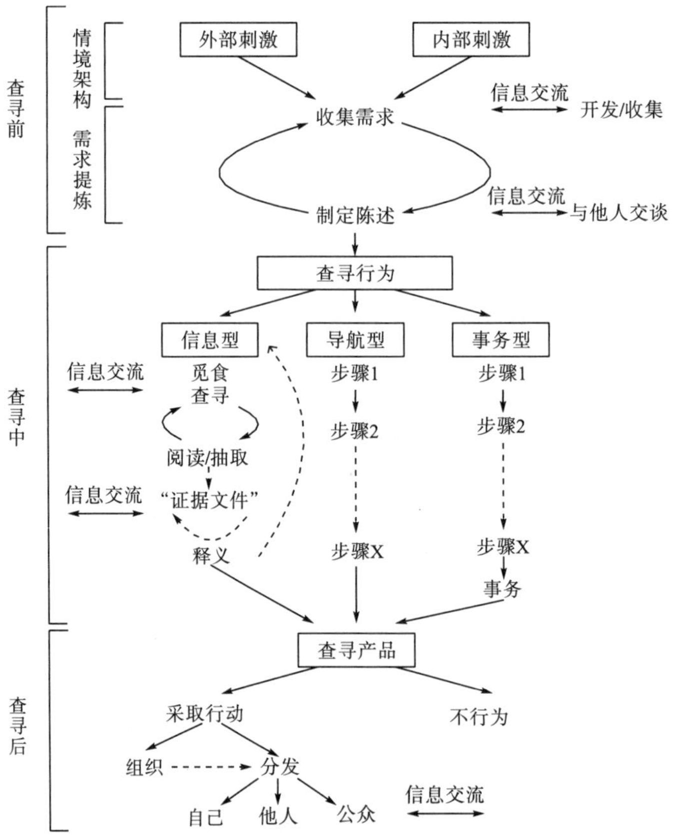

图 5-2 Evans 和 Chi(2010)的社会合作搜索模型

了搜索过程中影响信息交流和内容共享的主要因素，分析了信息交流、动机、需求三者之间的关系，并指出隐性和显性的共享信息对于个体查寻者都很有价值。该模型的重要特征是突出了社会合作搜索中信息交流的独特地位与作用。

典型的，社会合作信息查寻与检索是基于网络空间的一种合作信息查寻与检索过程，即某网民在网络社区提出问题，该社区的其他网民主动利用自身知识结构参与解答或利用查寻检索结果的整合来满足提问需要，而不是直接通过搜索引擎获得结果的一种信息搜索机制，是基于人而非机器的一种信息查寻模式。

韩毅等(2011)认为，具体来说，其过程大致表现为：①议题出现，即特定目的者基于特定需求(如确证某一信息、解决某一问题、求助某一疑惑等)提出特定议题；②议题设置，即众多网民根据各自知识储备、认知方式、价值观对问题进行辨析，最终形成某种共同的舆论和判断标准，即议题设置成功；③议题极化，即能反映重大事件、引起人们兴趣的话题得到众多网民追捧，越来越多的人参与到讨论及信息共享中，很快壮大了网络舆论的声势，甚至吸引传统媒体参与其中，实现了网络舆论和现实的互动；④议题衰退，即众多网民的共享信息达到议题设置的评判标准，满足了议题提出者与其他参与者的信息需求，或是需要的信息无法获得，都可能导致参与者的热情消退，从而达到网络及信息新的平衡状态。

那么，如何来认识与挖掘上述过程的信息行为特征与行为机制呢？本研究将以 Evans 和 Chi 所创建的理论模型为依据，以社会合作信息查寻与检索的过程为基础，结合课题的总体研究框架构建出如下的社会合作信息查寻与检索行为研究框架(图 5-3)，目的在于合理地规范和指导后续研究思路。

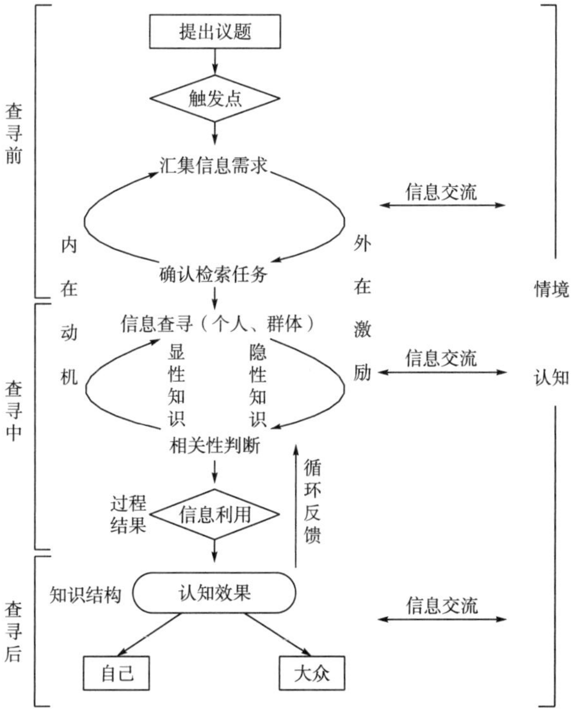

图 5-3　社会合作信息查寻与检索行为的研究框架

根据研究框架，提出如下研究问题：

(1)用户参与社会合作信息查寻与检索过程可能表现出哪些行为特征？本部分将从触发方式方法、具体实施策略与过程、相关性判断模式及认知效果4个维度来探讨社会合作信息查寻与检索中用户的行为特征规律，揭示合作信息查寻与检索与传统单用户信息查寻与检索的行为差异；

(2)用户参与社会合作信息查寻与检索的内在驱动及行为过程机制是怎样的？本部分将依据社会合作信息查寻与检索过程以及构成元素(如检索主体、检索任务、激励措施、社会文化等)与社会语境间的关系，从多个视角探索社会合作信息查寻与检索的行为机制，分析合作信息查寻与检索过程中的信息组织机制与信息创新机制，尤其是探索社会智能复用机制与虚拟网络社群的自组织机制等问题。

基于上述待解决问题，本书提出了如下待检验假设：

H1：信息交流与社会合作信息查寻与检索所有阶段显著相关；

H2：任务认知与情境认知显著相关；

H3：任务认知正向影响信任成员；

H4：任务认知正向影响个人相关；

H5：情境认知正向影响信任成员；

H6：情境认知正向影响激励强化；

H7：激励强化正向影响个人相关；

H8：激励强化正向影响群体一致；

H9：信任成员正向影响群体一致；

H10：群体一致正向影响个人相关。

5.1.2 行为特征的研究问项设计

在研究框架的指导下，通过对研究问题的提炼，提取出网络用户在社会合作信息查寻与检索中可能呈现出的6个行为特征要素，即触发动机、信息需求、计划制定、信息渠道、信息交流及其他信息活动。下面将以这些析出的可能特征因素为对象设计研究问项。

1. 触发动机

对于社会合作信息查寻与检索而言，其参与者之间是一种弱连接关系。合作产生于偶然事件的引发，也没有事先的规划，而是基于兴趣爱好或特定目标在某种触发机制下产生并演化发展的随机过程，通过彼此共享或借鉴特定领域的专业知识或搜索经验，从而为问题解决尽可能地达成共识。

可见，社会合作的关键是合作触发。从信息搜索行为角度来看，触发通常是由于用户知识结构与环境信息需求之间的不匹配引发的。具体来说，大致有两种：当用户已有的知识结构不完整或利用自身的信息素养难以消除不确定时，用户会向所处环境发出求助信息；相反，当用户感知利用自己的知识结构能够解决环境中的问题时，可能会主动提供相关信息。在论坛空间中，前者属于发帖行为，后者则是回帖行为。

在一般社会语境中,合作信息行为通常是由信息障碍触发,具体包括复杂的信息需求、信息的不易获取、信息资源片段化、缺乏可即得信息、缺乏特定情境所需的专业知识以及缺乏专家知识等等。

引申并扩展到社会合作信息查寻与检索过程,发帖是触发网络用户(即网民)合作行为产生的前提,而引发用户发帖行为产生的信息障碍,便可用以下 6 个问项来测量:

(1)解决的问题过于复杂,超越了我的能力范围;

(2)我不具备解决此问题所需的专业知识;

(3)我所掌握的信息缺乏权威性和可靠性;

(4)我只掌握了解决问题所需的一些零散信息;

(5)解决问题所需信息不容易获取;

(6)由于问题解决急迫,我缺乏可以立即获得的信息。

当帖子在某一网络空间(或社区、论坛等)发布后,在兴趣爱好、道德责任、窥视他人隐私的好奇心等的刺激和诱发下促使网络用户回帖响应,进而通过群体力量共同参与来解决问题。

2. 信息需求

乔欢(2010)认为,信息需求是个体遇到问题时的一种心理状态。在英语世界中,有多个语词用来描述这种状态,主要有"使用(use)""想要(want)""需要(need)""需求(demand)"和"要求(requirement)"等,它是已经转化了的具体的、可操作的请求。

郭桑和李桂华(2012)认为,在社会合作中,网络用户是基于帖子或议题来提炼和明确信息需求的。对信息需求的理解,除了受到用户自身的知识结构及认知状态影响外,很大程度上与帖子的语言表述密切相关。相关研究表明:任务的复杂度与其被如何描述有关,对任务表述模糊不清通常会导致用户在执行任务时表现欠佳。因此,本书将从两种情况(即描述清晰和描述模糊)探寻群体成员对信息需求的理解,尤其是分析当帖子描述模糊时是否会对信息搜索产生影响。其具体问项为:

(1)通常情况下,浏览完帖子后,您能够准确了解发帖者的请求吗?

(2)如果帖子描述模糊,您还能了解发帖者的请求吗?

(3)当帖子描述模糊时,对您即将开展的搜索有影响吗?

(4)为了了解发帖者的请求,您通常会采取什么措施来确认他们的需求?

3. 计划制定

Ingwerson 和 Järvelin(2005)认为,信息查寻行为研究应当是集成认知观和情境观的整合主义认知观,包括任务、领域、目标、环境、策略、动机、喜好在内的各种情境因素均纳入观察视野。Vakkari(2003)认为任务情境是影响信息查寻行为的最关键因素。

郭桑和李桂华(2012)经研究发现,信息查寻行为并非凭空产生的,通常是由任务催生出来的;任务对信息查寻动机、查寻类型、资源选择、策略选择及调整起着至关重要的作用。大多数学者倾向于以任务性质为准则将任务分为工作任务和搜索任务,其中工作任务是引导用户进行信息查寻的任务,而搜索任务则决定用户具体查寻的内容。因此,工作任务更多是情境层次上的,而搜索任务则涉及具体情境中的应用层次。

任务的完成质量既依赖于对情境的深刻理解，也受制于查寻者基于任务理解所制定的详细查寻检索策略，即如何制定一个精细的具有可操作性的计划。因此，有必要了解群体用户在开展社会合作或解决问题之前，他们是否会像严格意义的检索一样事先制定计划。假若存在这样的环节，通常会在什么情况下制定，计划制定的影响因素有哪些；反之，用户是否知道自己应该如何解决问题，以及如何参与社会合作过程。具体而言，针对计划制定设置了以下三个测量问项：

(1)解决问题之前，您是否会先制定一定的计划？

(2)如果不制定计划，那您知道自己应该怎样解决问题吗？

(3)在什么情况下您会制定计划？

4. 信息渠道

信息渠道是指用户获取信息的途径。本部分主要关注的是：在社会合作中，用户通常从哪些渠道获取信息以及获取信息的目的是什么，并探讨造成不同信息源使用频率差异的原因，进而明确信息渠道选择的影响因素。

信息渠道通常包括：搜索引擎(如百度、Google 等)，综合性门户网站(如新浪、网易等)，专门性网站(如汽车、小说等网站)，网络讨论区(论坛、贴吧等)，问答类网站(如百度知道)，身边的同学、同事或朋友，电话或邮件，QQ 群或其他社交媒体群组，纸质报刊等，问题的当事人，等等。

具体而言，信息渠道设置两个问项：

(1)在问题解决过程中，您通常从哪些渠道获取信息？

(2)获取信息的主要目的是什么？

5. 信息交流

信息交流是指不同时间或不同空间上的认知主体(即人或由人组成的机构、组织等)之间相互交换共享信息的过程。广义上的信息交流包括人与人、人与系统、系统与系统之间的信息交换与共享，本部分主要是指人与人之间的交流和沟通。

Evans 和 Chi(2010)在对社会搜索的实证研究中发现，信息交流贯穿于查寻过程的始终。具体来说，前期的需求收集和需求提炼、中期的信息查寻和信息过滤、后期的信息分发或传播中均会涉及信息交流。其中，在查寻前，交流对象为自己和同事或同伴，交流目的则为确认指导方针和原则、寻求查寻建议、得到更多的信息、查看他人的问题理解等，交流内容为概要或计划、情境、概念、关键字、URLs；在查寻后，交流对象则为自己和他人，主要是将重要内容纳入自身知识结构，以及把自认为对群体有价值的信息共享出来。

具体来说，信息交流涉及以下 3 个问项：

(1)在解决问题之前，您是否会与他人交流，交流对象及目的是什么？

(2)在解决问题之中，您通常会与哪些人交流，交流对象及目的是什么？

(3)在解决问题之后，您是否会与他人继续交流，交流对象及目的又是什么？

6. 其他信息活动

除前面的各类信息活动外，用户在参与社会合作查寻与检索过程中还会出现其他的一些活动，主要包括：社会合作参与程度，即用户在合作解决问题中分享信息的频率；用户会参考哪些具体信息；信息提供者的身份是否会影响到用户对信息的参考；用户通常会查寻哪类信息；当碰到信息障碍或信息干扰时，用户的态度又将如何，等等。具体问项如下：

(1) 社会合作中您主要从事哪种类型的信息活动？

(2) 社会合作中您会分享哪些信息？

(3) 社会合作中您会参考借鉴哪些人分享的信息？

(4) 当社区其他成员中途遇到问题发出请求时，您会主动帮助他吗？

(5) 当发现其他有趣的事情时，您会放弃手头的任务去解决它吗？

(6) 如果查不到任务目标某一方面的有用信息，您会怎么做？

5.1.3　行为机制的研究问项设计

Wilson 认为个性、人际关系和环境是影响信息查寻行为的主要因素。个性特征含有心理、情感和认知等因素；人际关系包括工作角色、工作参与程度等因素；环境因素包括工作、社会文化、政治经济及物质环境等(乔欢，2010)。由此可见，作为社会中的个体，信息行为不单是用户主观意识支配下信息需要求足感的直接反应，而是多方面影响因素互相作用的结果。这些影响因素的共同作用所导致的信息行为背后，事实上可能隐藏着一套完整的行为机制可用来解释用户的行为特征，这将是本部分需要重点回答的问题。

结合众多相关研究成果，本部分具体梳理出 11 个影响社会合作用户行为的相关因素，下面对其进行较为详细的分析说明。

1. 自我效能

自我效能(self-efficacy)是美国心理学家阿尔伯特·班杜拉提出的一个概念，是指个体对自己具有组织和执行达到特定成就的能力的信念。因此，它是个体对自己能力的一种主观感受，而不是能力本身。它包括两个部分：效能预期和结果预期。其中，效能预期是指个体对自己实施某种行为能力的主观判断，结果预期是指个体对自己的某种行为可能导致结果的推测。

Tedjamulia 等(2005)有研究表明：自我效能与合作呈正相关，即自我效能高的人们合作则会更多。在线社区相关研究证实了三种类型的自我效能：一是科技效能(technology efficacy)，越熟悉科技的个体贡献则越多；二是信息效能(information efficacy)，社区成员所了解的信息对社区将是有益的，拥有越多有价值信息的个体贡献将会越多；三是联系效能(connective efficacy)，所贡献的内容将会被社区成员所接受，联系效能越高的成员贡献则会越多。

另外，考虑到社会合作中很多问题的解决(尤其是即时性问题或用户需要即时获取相关问题解决技能技巧时)对用户的专业知识要求较高，因此在“效能预期”维度中加入“专业知识”维度。自我效能量表如表 5-1 所示。

表 5-1 自我效能的测度量表

构面	一级变量	二级变量	测量问项
自我效能	效能预期	科技效能	1.我认为自己可以熟练掌握和使用新技术，包括计算机、交流工具、社区网站等等
		信息效能	2.我认为自己所掌握的信息有利于问题的解决
		联系效能	3.我认为社区其他成员会接受我所共享的信息
		专业知识	4.我认为自己具备某一方面的专业知识或技能，如信息查寻、图像鉴别等，这对于问题解决很有帮助
	结果预期	——	5.我认为自己参与合作后将有利于问题的进一步解决

2. 认知

Dourish 和 Bly(1992)认为，认知是对他人活动的了解与认识，它能为自身的信息活动提供一个有关上下文情境的认识。吴丹和秋瑾(2013)则认为，认知包括了解交流的对象是谁、周围环境如何、正在发生什么活动，它为人们的工作环境提供了一个视图。

通过梳理相关研究，将认知分为五种类型：情境认知、团队认知、工作空间认知、任务认知、协同认知。具体到社会合作检索而言，由于不存在稳定的团队，也难以完成掌握问题提出者的工作空间，因此主要涉及三种认知类型，即情境认知、任务认知、合作认知或协同认知。

Endsley 和 Mica(1995)认为，情境认知(context awareness)是指在某个特定的时刻和空间范围内对周围环境的认识和理解，情境意识的改变取决于所感知到的情境信息的变化，它时刻处于动态变化之中。Govern 和 Marsch(2001)研究情境认知时编制了 9 个题项，结合社会合作搜索具体情况，本部分采用其中 7 个题项，具体如表 5-2 所示。

表 5-2 情境认知的测度量表

构面	测量问项
情境认知	1.我了解我当前所处的环境(包括帖子的背景、解决问题的措施等)
	2.我了解我合作的对象(包括查寻议题、检索任务、可咨询或合作的伙伴等)
	3.问题解决过程中，我清楚我的想法以及每一步的行动
	4.问题解决过程中，我了解社区其他成员的每一步行动
	5.问题解决过程中，我了解解决此问题的其他成员对自己的看法
	6.我了解我和他人每一步的行动对解决问题将产生的影响
	7.问题解决过程中，他人对信息的共享及反馈能够节省查寻时间

Byström 等(1995)认为，任务认知(task awareness)是指任务执行者对任务复杂度的认知，它会受到任务执行者主观认识的影响。Ingwerson 和 Järvelin(2005)表示，不同的任务执行者察觉到的复杂度是不一样的，因为对任务是否复杂的认知涉及任务执行者在某个具体工作任务上的具体知识和经验。

Hart 和 Staveland(1988)对任务认知进行研究时将其分为三个维度，分别为：任务维度，即任务难度(体力和脑力)、时间压力、任务类型；行为维度，即体力付出、脑力努力、自我表现；主体维度，即挫折、压力、疲劳。

针对社会合作信息查寻与检索的实际情况，编制 5 个题项测量任务认知，具体如表 5-3 所示。

表 5-3　任务认知的测度量表

构面	测量问项
任务认知	1.我认为对即将解决任务的深入了解和认识，有利于问题更好更快地解决
	2.当解决问题需要花费大量的精力时，我认为与他人合作解决比自己单独查寻效果要好
	3.当任务比较紧急时，我认为与他人合作解决比自己单独查寻更能尽快解决问题；
	4.当任务比较紧急时，我认为与他人合作解决比自己单独查寻效果要更好
	5.当单独查寻感到不安、烦恼、有压力时，这时我认为合作查寻是解决问题的好方法

合作认知(collaboration awareness)是指各成员之间对彼此合作情况的认识和评价，包括合作者的作用、分工、合作方式等方面。合作认知的测度量表如表 5-4 所示。

表 5-4　合作认知的测度量表

构面	测量问项
合作认知	1.我认为不同角色成员对于问题的解决都是不可或缺的
	2.我认为社区成员分工协作对于问题的解决是有帮助的

3. 内在需求

需求理论是美国哈佛大学教授戴维·麦克利兰(David C. McClelland)于 20 世纪 50 年代在一系列文章中提出的。他认为在生存需要基本得到满足的前提下，人最主要的需求为成就需求、权力需求、亲和需求，这三种平行的需求在人的需求结构中有主次之分(MBA 智库百科，2013)。

成就需求(need for achievement)即争取成功过程中希望做得最好的需求。麦克利兰认为，具有强烈成就需求的人渴望将事情做得更加完美，提高工作效率，获得更大的成功，他们追求的是在争取成功过程中克服困难、解决难题、努力奋斗的乐趣，以及成功之后个人的成就感，相反他们并不看重成功所带来的物质奖励。

权力需求(need for power)即影响或控制他人且不受他人控制的需求。权力需求较高的人对影响和控制别人表现出极大的兴趣，喜欢对他人“发号施令”，在群体中注重争取地位和影响力。

亲和需求(need for affiliation)即建立友好亲密人际关系的需求，是寻求被他人喜爱和接纳的一种愿望。高亲和动机的人更倾向于与他人进行交往，至少是为他人着想，这种交往会给他带来愉快；高亲和需求者渴望亲和，喜欢合作而不是竞争的工作环境，希望彼此之间能够沟通与理解，他们对环境中的人际关系更为敏感；有时，亲和需求也表现为对失去某些亲密关系的恐惧和对人际冲突的回避；亲和需求是保持社会交往和人际关系和谐的重要条件。

以 Mancuso (1979) 的研究为基础，针对社会合作信息查寻与检索实际，编制内在需求的测度量表，具体如表 5-5 所示。

表 5-5 内在需求的测度量表

构面	一级变量	测量问项
内在需求	成就需求	1.在问题解决过程中，我会关心或在意自己的表现
		2.在问题解决过程中，一旦设定了目标，即使困难，我也要尽量完成
	权力需求	3.为了有机会发挥我的影响力，我会尽力参与各种讨论
	亲和需求	4.在问题解决过程中，我会在社区中结交一些新的朋友

4. 前期经验

在社会合作信息查寻与检索中，前期经验发挥着至关重要的作用。和新手用户相比，专家用户能更准确地识别信息需求，更好地选择信息渠道，更快地获取相关信息。本部分对前期经验的测量主要从两个方面来考察：一是查寻信息的经验；二是合作交流的经验。设计前期经验的测度量表如表 5-6 所示。

表 5-6 前期经验的测度量表

构面	一级变量	测量问项
前期经验	查寻信息	1.我认为自己以前解决问题的经验有利于更好地查寻相关信息
	合作交流	2.我认为自己以前解决问题的经验使我明白如何更好地与他人合作交流，共同解决问题

5. 习惯

Limayem 等 (2007) 认为，与一般的行为有所不同，习惯被理解为一种特殊的心态，它增强与习惯相关的感知准备和防止个人注意力被分散而采取效率较低的行为。

Verplanken 等 (1997) 认为，习惯通常被理解为“习得的连续行为并演变成在某种情况下的自动反应”，它强调习惯是通过学习而得到的反应。可见，习惯的行为需要通过一系列的重复或大量的实践才能形成。根据 Ouellette 和 Wood (1998) 的经验，每周至少重复一次才能形成习惯，而且习惯的形成需要一定的稳定环境。Wood (2002) 等认为，习惯一旦形成，那么个人只需投入较少的注意力和心理努力。所以，Limayem 和 Hirt (2003) 表示，如果一个行为是由习惯所驱动的，那么个体不需要或者很少需要去思考行为本身；习惯减少了行为需要的有意识的注意力。同时，Lindbladh 和 Lyttkens (2002) 认为，正是由于认知过程和控制的要件减少，由习惯驱动的行为是轻松且有效率的。

根据已有相关的测量习惯量表，对“习惯”设计 1 个测量问项，具体如表 5-7 所示。

表 5-7　习惯的测度量表

构面	测量问项
习惯	与他人合作解决问题对我来说是一件很轻松自然的事情

6. 信任

对信任(trust)维度的划分来源于 Jarvenpaa 等(1998)对虚拟社区中的小组(team)情境研究。Ridings 等(2002)的研究表明，在虚拟社区中，对成员的信任包括两个维度：一是对成员能力的信任，即认为成员具备一定的能力可有效支持他们在社区中参与特定话题的讨论或提供有用的相关信息；二是对其他成员诚实和善行的信任，即相信他们会自觉遵守社会或社区规范或准则，并关心他人或为他人着想。

此外，对于虚拟社区来说，每个社区都有一套适用的规章制度和体系原则，并有特定的管理员和版主对社区进行专门管理；当社区成员违反规定时，会受到管理员的实质惩罚或其他成员的舆论谴责。这种机制的存在对于建立社区规范、维护社区稳定起着积极的作用，并进一步促进了成员之间的相互信任。有研究表明：虚拟社区的管理员在进行社区管理时的参与程度会影响成员的社区感，而这一社区感是与信任紧密相关的(Koh and Kim，2004)。

社区成员之间的信任会正向影响成员的行为，如共享信息等行为。Kankanhalli 等(2005)的研究表明：一般性的信任会影响企业在线知识库的知识共享行为；Ridings 等(2002)发现：虚拟社区中成员间的信任会显著影响他们从社区获取和提供信息的愿望。因此，社区成员间的信任能促进成员更好地在社区中参考、共享信息以及与他人合作解决问题。

综上分析，本部分对信任的研究将从信任社区和信任成员两个维度展开，具体测量问项如表 5-8 所示。

表 5-8　信任的测度量表

构面	一级变量	二级变量	测量问项
信任	信任社区	—	1.社区制定了完善的规范规则，因此在社区中与其他成员交流时我觉得放心 2.社区有管理员和版主进行管理，因此在社区中与其他成员交流时我觉得放心 3.社区提供了网络安全标志，因此在社区中与其他成员交流时我觉得放心
	信任成员	能力	4.我相信社区其他成员对我们讨论的话题有足够的了解 5.我相信社区其他成员能积极主动地共享有价值的信息 6.我相信社区其他成员能很好地参与讨论，共同解决问题
		诚实善行	7.我相信社区其他成员在讨论过程中不会故意捣乱 8.我相信社区其他成员会在自己能力范围之内尽量帮助他人

7. 激励强化

激励机制是通过一套理性化的制度来反映激励主体与激励客体相互作用的方式。杨堤雅(2000)将网络虚拟社区中的强化机制分为三种，分别为：经济强化、表现评估和社会赞誉，其中，经济强化包括虚拟货币及赠品的兑换，表现评估是指向成员提供与其所贡献信息相对应的等级或经验值，社会赞誉则指表扬、赞誉等。黄刚铭(2003)归纳整理出目前虚拟社区常用的八种激励机制，分别为：账号权限机制、版主申请机制、兑换赠品机制、在线游戏机制、公开表扬机制、社区阶级机制、社区积分机制和虚拟货币机制。

综合相关研究成果并结合社会合作信息查寻与检索实际，将“激励强化”划分为经济强化、社会赞誉和表现评估 3 个方面，具体测度量表如表 5-9 所示。

表 5-9　激励强化的测度量表

构面	一级变量	测量问项
激励强化	经济强化	1.社区的虚拟货币机制对我很重要 2.社区的赠品兑换机制对我很重要
	社会赞誉	3.社区是否会公开表扬表现突出的成员对我很重要 4.社区是否颁发荣誉会员(如达人、人气网友等)等称号对我很重要
	表现评估	5.社区提供的成员等级制度对我很重要 6.社区提供的权限管理制度对我很重要 7.社区提供的经验值/积分等制度对我很重要

8. 社区氛围

研究表明(拉菲·默罕默德，2004；Ridings et al.，2002)：友好、热心的社区氛围可以吸引更多的成员参与社区活动，在成员间形成互动，促进人际关系的发展，使成员更容易产生对社区的归属感；互惠的社区文化氛围将促使成员更无私地提供信息、分享经验；在公正、和谐的社区文化氛围中，成员之间可以讨论各种话题，甚至友好地讨论有争议性的问题，也有利于提高对社区的信任度。总之，友好、热心、互惠、公正、和谐的社区氛围促使成员有更多的沟通和交流，从而更乐意参与社区的活动和互动(Bock et al.，2005)。

在众多社区氛围中，互惠、公正对于网络社区的良性发展至关重要，其中“互惠”来源于“利他主义”。Wilson(1976)通常将利他主义分为两种：无条件的利他主义(即纯粹利他主义)和有条件的利他主义(即互惠利他主义)。前者针对的对象主要是亲属，在疏远的社会关系中比较少见，利他者不求任何回报，不受社会奖励和惩罚的影响，表现出无私的忘我；后者实质则是自私的“利他者”，其典型反应就是“互惠互利”，与社会中的远亲和不相干的个体交往，通过社会契约达到互惠互利。Wasko 和 Faraj(2000)的研究表明：互惠——给予与得到的强烈意识，伴随着公平的意念，会推动电子网络中的知识共享，并指出在线社区中参与知识共享的人们相信互惠。

综合相关研究成果，设置社会氛围的测度量表如表 5-10 所示。

表 5-10　社区氛围的测度量表

构面	测量问项
社区氛围	社区及社区成员致力于建立一个公正、互惠的社区氛围

9. 社会文化

社会文化作为语境中最宏大的背景，对虚拟社区活动有潜移默化的影响。刘蕤等(2012)从个体心理和社会文化两个角度研究中国文化情境下虚拟社区知识共享的影响因素，其中研究社会文化对知识共享意愿的影响时，引入了关系和面子两个因素，尤其是面子的引入体现了中国社会文化的特色。林语堂曾这样说道，“国人的‘面子’这个东西，无法向外国人翻译，无法为之下定义。它像荣誉，又不是荣誉。它比任何世俗的财产都宝贵。它比命运和恩惠还有力量，比宪法还受人尊敬。中国人正是靠这种虚荣的东西活着”。

Kotlarsky 和 Oshri(2005)的研究表明：关系导向能够促进企业间的知识转移。以此为推断，在虚拟社区中，关系导向可能会对信息共享及合作交流产生积极影响。基于此，本部分给出如下假设：关系导向正向影响社会合作信息查寻与检索。

Chou(1996)在其研究中指出：面子是社会交换的产物，由于人们对面子的关注程度不同，在面子动力学中表现出争面子和护面子两种倾向。其中，争面子就是追求面子而树立积极的自我形象，护面子则是避免丢面子而被人瞧不起。争面子倾向高的人，其行为特点主要有追求社会赞许、乐于炫耀等；护面子倾向高的人，其主要行为特点是避免出风头、对负面评价敏感等。在社会合作信息查寻与检索中，争面子是通过赢得他人的认可与赞誉而获得的。Chu(2006)的研究表明：人们通常以自我表现的方式争得面子，当个人的优势和能力与他人的期许相一致时，通过将这种个人优势体现出来从而获得认同与尊重，建立起良好的个人形象。因此，带有争面子倾向的社区成员将很可能通过分享重要信息来表现其个人能力从而赢得他人认可。基于此，本部分给出如下假设：争面子正向影响社会合作信息查寻与检索。

相反，如果个体认为自身掌握的信息不够准确，在公开场合出错会使其感到丢面子，他们可能选择拒绝参与或中途放弃与他人合作解决问题。Ardichvili 等(2006)的研究表明：护面子会对知识共享构成阻碍，即人们认为将自己的缺点不足或是错误认识公之于众被看作是丢脸的事情，会使人感到尴尬，甚至招致不被尊重的后果。Chu(2006)认为人们会尽力维护自己的面子，约束自身的行为，甚至和其他人减少沟通联系以免出错。基于此，本部分给出如下假设：护面子负向影响社会合作信息查寻与检索。

综合 Zuo(2002)对关系的测量、Cheung 等(2001)和康竣凯(2004)对面子的测量构建本部分关于社会文化的测度量表，具体如表 5-11 所示。

表 5-11　社会文化的测度量表

构面	变量	测量问项
社会文化	关系	1.在问题解决过程中，我觉得随大流是一种比较稳妥的行为方式
	争面子	2.在问题解决过程中，当我认为自己具备某方面的优势(如掌握线索信息、查寻技能较好等)，为了赢得他人的认同和尊重，树立良好的个人形象，我通常会积极参与交流讨论
	护面子	3.在问题解决过程中，当我认为自身所掌握的信息不够准确时，为了避免出错而感到尴尬或遭受攻击，我通常会选择不参与交流讨论

10. 相关性判断

Jeon 和 Rieh(2013)认为，在社会合作信息查寻与检索中，对信息的相关性判断有两种方式，一是个人的相关性判断，二是群体的一致性判断。在研究如何判断社会搜索中答案的准确性时，主要从三个层面来说明相关性判断过程：一是构建，即用户怎样将共享信息进行概念化；二是探索，即基于一般性原则，如回答者的声望、与问答者的亲近关系、答案的长度等进行可靠性评估；三是交流，包含特定信息源或内容线索的努力测量，如回答者的能力、写作风格、在答案中提供的信息源数量。

在此基础上，构建了相关性判断的测度量表，具体如表 5-12 所示。

表 5-12 相关性判断的测度量表

构面	变量	测量问项
相关性判断	个人相关性	1.在问题解决过程中，如果共享的信息简洁明了、描述客观，我认为这样的信息更加真实可信 2.若共享的信息相对较长，但有具体的信息来源为证，我认为这样的信息更加真实可信 3.针对有来源出处的信息，我会重新验证它的真实性 4.针对社区其他成员提供的信息，我会坚定地提出自己的质疑
	群体一致性	5.如果大多数成员都认为这个信息是真实的，自然而然我也认为它是可信的 6.虽然大多数成员都认为这个信息是真实的，即使我很质疑它，但为了避免遭受他人攻击，迫于无奈，我赞成它或保持沉默

11. 认知效果

Evans 和 Chi(2010)在研究社会合作搜索产生的认知效果时从个体、他人和大众三个维度展开，其中对于个体的认知效果主要是做参考咨询使用及节省时间，对他人的认知效果则是一种职责、反馈抑或兴趣，对大众的认知效果则体现为社会责任及知识交流。鉴于三者之间的认知效果存在重叠，因此本部分将三者整合在一起从普泛角度出发展开，同时考虑到社会合作信息查寻与检索中涉及伦理道德问题，因此将道德责任也纳入认知效果的研究中。其测度量表具体如表 5-13 所示。

表 5-13 认知效果的测度量表

构面	变量	测量问题
认知效果	个人	1.问题解决后，能最大限度地满足我的兴趣及好奇心 2.问题解决后，接触到的有用信息能够丰富我的知识 3.问题解决后，针对有价值的信息保存及组织，可为以后做参考咨询使用
	大众	4.与社会伦理有关的问题解决后，更能增强我的道德责任感

5.1.4 研究目标、研究方法与研究工具

基于上述研究问题、研究假设及关于行为特征与行为机制的具体研究问项设计，主要达到以下研究目标：①基于特定网络平台的自组织社会合作团队语境，调查团队成员在合作信息查寻与检索过程中的行为特征。具体来说是从社会合作信息查寻与检索的查寻前触发、查寻中交流及查寻后效果 3 个维度来探讨团队成员的行为特征规律；②依据社会合作

信息查寻与检索过程的影响因素及与各种社会语境的关系，探索社会合作团队语境下成员开展合作信息查寻与检索的行为机制。

为达到研究目标，本部分在文献调研的基础上，拟采用问卷调查法来获取研究数据，以描述统计、探索性因子分析及结构方程模型方法来处理数据。

(1)问卷调查法。针对提取的用户信息行为要素及影响用户行为的特征要素构建调查问卷的具体问项，通过各类网络平台发放调查问卷，获取社会团队成员合作信息查寻与检索行为的产生条件、需求识别、查寻检索实施、信息获取渠道、信息交流内容以及其他信息活动等方面的信息。

(2)描述统计方法。主要应用频数分析、交叉列联分析等方法来完成对调查数据的统计处理，获得研究样本合作查寻与检索的行为特征。

(3)探索性因子分析与结构方程模型方法。利用探索性因子分析来检验测度量表的构成效度，析出公共因子；利用结构方程分析构建模型的不同因素作用关系，检验初始假设是否成立，识别影响社会团队合作信息查寻与检索行为的影响因素，探索社会团队合作信息查寻与检索的行为机制。

上述方法中，问卷调查法主要功能是获取样本对象数据，其问项设计基础来源于相关研究成果；对调查所得数据，主要采用 SPSS 及 AMOS 两种软件作为数据分析的工具。

5.2　社会合作信息查寻与检索行为的问卷编制与数据获取

5.2.1　调查问卷的基本结构

为了有效体现前面的研究框架及具体的研究内容，调查问卷共分为三部分。

第一部分涉及样本对象的基本信息，包括性别、年龄、学历、职业 4 个人口统计学信息及用户经常使用的论坛或社区。

第二部分的主要目标是搜集样本对象社会合作信息查寻与检索的行为特征数据，主要从触发动机、信息需求、计划制定、信息渠道、信息交流、其他信息活动 6 个方面设计用户行为特征的问项。具体如表 5-14 所示。

表 5-14　社会合作信息查寻与检索的用户行为特征测量问项

特征	操作性定义	测量问项
触发动机	用户在社会合作搜索中的回帖及发帖原因	1.是否发过求助帖及发帖原因 2.是否回过求助帖及回帖原因
信息需求	用户在不同情况下对信息需求的识别	1.正常情况下是否能够明确需求 2.描述模糊时是否能够明确需求，如果不能将会采取何种措施
计划制定	用户在问题解决前是否会制定计划	1.问题解决前是否会制定计划 2.如果不制定，是否知道该如何解决问题； 3.在何种情况下会制定计划
信息渠道	问题解决过程中所选择的信息渠道及目的	1.通常从哪些渠道获取信息 2.获取信息的目的是什么

续表

特征	操作性定义	测量问项
信息交流	在社会合作搜索三个阶段的信息交流情况	1.各个阶段是否会有信息交流 2.主要的交流对象 3.交流的主要目的
其他信息活动	在社会合作搜索中主要涉及的信息活动	1.会参考哪类信息 2.会查寻哪些信息 3.如何面对信息障碍 4.分享信息的频率如何

关于行为影响因素测度，本部分参考国内外相关研究中的各种量表，并根据社会合作案例的相关观测及实际体验做适当的修改和完善，得到的初始量表共计 55 道题目。表 5-15 给出了每个变量的定义、测量变量、测度项个数及相关文献来源。

表 5-15 用户行为影响因素量表

变量	定义	测量变量	测度项个数	文献来源
自我效能	个体对自己具有组织和执行达到特定成就的能力的信念	效能预期 结果预期	5	Tedjamulai 等(2005)
认知	对他人活动的了解与认识	情境认知 任务认知 合作认知	14	Govern 和 arsch(2001)； Hart 和 Staveland(1988)
内在需求	在生存需要基本得到满足的前提下人的最主要的需要	成就需要 亲和需要 权力需要	4	Mnaucos(1979)
前期经验	类似的相关经验	查寻信息 合作交流	2	——
习惯	习得的连续行为并演变成在某种情况下的自动反应	——	1	Limayem(2003)
信任	个体相信他人的倾向	信任社区 信任成员	8	Ridings 等(2002)
激励强化	通过一套理性化的制度来反映激励主体与激励客体相互作用的方式	经济强化 表现评估 社会赞誉	7	杨堤雅(2000)
社区氛围	社区环境	互惠公正	1	王刊良(2004)
社会文化	社会环境	关系 争面子 护面子	3	Zuo(2002) Cheung 等(2001) 康竣凯(2004)
相关性判断	主体对信息相关的判断	个人相关性 群体一致性	4 2	Jeon 等(2013)
认知效果	信息对个体产生的认知影响	个人 大众	4	Evans 和 Chi(2010)

采用平实的语言描述上述内容，得到调查初始问卷。其中，第一部分基本信息包含 9 个题目，第二部分行为特征包含 19 个题目，第三部分的行为机制量表包含 55 个题目。

5.2.2　调查问卷的预调研

在正式调研前一般会先进行预调研，其主要目的是评估调研工具，集中找出问题和错误，从而提高调查问卷的质量。考虑到取样的准确性和便利性，本研究的预调研采用纸质问卷和网络问卷相结合的方式，对在论坛或社区中参与过社会合作信息查寻与检索的用户进行调查。

预调研共收回调查问卷共 182 份，其中包括纸质问卷 27 份，通过电子邮件和即时通信工具获取电子问卷 76 份，通过在线问卷设计平台“问卷星”获取电子问卷 79 份。删掉题目漏选以及连续多个题目答案一致的问卷，共获得有效问卷 146 份，有效率为 80.22%。预调研数据初步分析显示，样本对象近期参与的论坛涉及天涯、猫扑、水木、新浪、百度知道等综合性网络社区以及豆瓣、人大经济、档案知网、小木虫、C 语言编程论坛、妈妈网等专业性网络社区，具有较好的代表性。

关于初始调查问卷的语言表达问题，主要通过与部分被调查者的交流来检验；关于调查问题的结构问题，通过结构效度检验来识别；关于问项的测量效果问题，主要通过前期的文献调研及专家咨询来完善。

对于调查问卷第二部分关于信息行为特征的问项，通过检验后做了如下修改：删掉问卷第 8 题、第 15 题、第 17 题；将选项中“论坛中搜索经验丰富的成员、会员级别较高的成员、与自己关系亲密的成员、与自己互动频繁的成员、积极参与讨论或表现突出的成员”统一合并为“论坛中的特殊成员，例如：级别较高或与自己互动频繁的网友等等”；将“偶尔分享有价值的关键信息，如重要细节、重要线索等等”、“偶尔分享合理的查寻策略，如从哪些渠道获取信息等等”统一合并为“偶尔分享有价值的信息或解决问题的策略”。

对于调查问卷的量表部分，主要利用信度分析、探索性因子分析等检验调查问卷可能存在的问题。

(1) 信度分析

从表 5-16 得知，该量表的 Cronbach’s α 为 0.922，表明其内部一致性较好。由表 5-17 得知，若分别删除项目部分相关性接近 0.3 的题项，如自我效能 2、自我效能 4、激励强化 1、社会文化 2、群体一致性 1 等，量表的 Cronbach’s α 值基本保持在 0.922 左右；倘若分别删除项目信任 4、群体文化 3、群体一致性 2，量表的 Cronbach’s α 值分别为 0.927、0.926、0.926。变化并不是非常显著，因此将以上项目均予以保留，暂不删除。

表 5-16　初始调查问卷的量表信度分析

Cronbach’s α	项目数 N
0.922	55

表 5-17　初始调查问卷的量表题项信度分析

题项	删除后平均数	删除后方差	校正项目相关性	删除后 Cronbach's α
自我效能 1	192.9521	532.929	0.358	0.921
自我效能 2	193.1233	535.240	0.309	0.922
自我效能 3	193.5274	528.113	0.510	0.920
……	……	……	……	……
认知效果 2	193.3288	528.222	0.426	0.921
认知效果 3	192.8699	530.197	0.515	0.920
认知效果 4	192.8082	533.494	0.404	0.921
认知效果 5	193.0890	525.709	0.510	0.920

(2)探索性因子分析

从表 5-18 可知：预调研数据的 KMO(取样适当性度量)值为 0.789，Bartlett 球形检验的卡方值为 4624.593，相伴概率小于 0.05，达到显著性要求，表明代表总体的相关矩阵间有共同因素存在，适合进行因素分析。

从 5-19 得知：因子分析采用主成分分析的最大变异法，其中特征值大于 1 的共有 15 个因素，这些因素可解释量表项目 71.382%的变异量，达到因子分析的基本要求。

表 5-18　预调研量表的 KMO 和 Bartlett 球形检验

KMO 样本充分性检验值		0.789
Bartlett 球形检验	近似卡方值	4624.593
	自由度	1485
	显著性概率	0.000

表 5-19　预调研量表的总方差解释

成分		初始特征值			提取平方和载入		
		合计	方差的百分比/%	累积的百分比/%	合计	方差的百分比/%	累积的百分比/%
方面	1	12.593	22.897	22.897	12.593	22.897	22.897
	2	4.394	7.989	30.886	4.394	7.989	30.886
	3	3.151	5.729	36.615	3.151	5.729	36.615
	4	2.525	4.590	41.205	2.525	4.590	41.205
	5	2.285	4.154	45.358	2.285	4.154	45.358
	6	2.094	3.807	49.165	2.094	3.807	49.165
	7	1.781	3.238	52.403	1.781	3.238	52.403
	8	1.636	2.975	55.378	1.636	2.975	55.378
	9	1.568	2.851	58.229	1.568	2.851	58.229
	10	1.395	2.536	60.765	1.395	2.536	60.765
	11	1.335	2.427	63.192	1.335	2.427	63.192
	12	1.203	2.187	65.379	1.203	2.187	65.379
	13	1.180	2.145	67.524	1.180	2.145	67.524
	14	1.085	1.973	69.498	1.085	1.973	69.498
	15	1.036	1.884	71.382	1.036	1.884	71.382
	16	0.991	1.802	73.184			

提取方法：主成分分析。

通过信度和效度分析，可见该量表的整体情况良好。接下来主要进行项目分析和探索性因子分析，进一步删除并精简题项。

(3) 项目分析

项目分析主要检验所编制量表中单个题项的适用性或可靠性，探究高低分组的被试对于各个题项是否有差异，即进行独立样本 t 检验。

一般量表的临界值为 27%，146 份量表的临界值则为 146×27%=39.42≈39，因此低分组和高分组的临界值分别为 181 分和 210 分。其分组计算结果如表 5-20 所示。

表 5-20　预调研量表的高低分组分布

分组	频率次	百分比/%	有效百分比/%	累积百分比/%
≤181.00 分	42	28.8	28.8	28.8
182.00～209.00 分	67	45.9	45.9	74.7
≥210.00 分	37	25.3	25.3	100.0
合计	146	100.0	100.0	

从表 5-20 可知：低分组(小于等于 181 分)有 42 个样本，高分组(大于等于 210 分)有 37 个样本。对高低分组进行独立样本 t 检验，结果如表 5-21 所示。

表 5-21　预调研量表高低分组的独立样本 t 检验

		列文方差齐测试		均值相等的 t 检验						
									偏差 95%的置信区间	
		F	显著性	t	自由度	显著性(双测)	平均差	标准误差差	Lower	Upper
自我效能 1	方差齐	10.170	0.002	3.426	77	0.001	0.69755	0.20363	0.29207	1.10304
	方差不齐			3.514	71.382	0.001	0.69755	0.19849	0.30182	1.09329
自我效能 2	方差齐	3.045	0.085	2.984	77	0.004	0.57336	0.19213	0.19078	0.95594
	方差不齐			3.025	76.410	0.003	0.57336	0.18952	0.19594	0.95078
……										
认知效应 4	方差齐	4.841	0.031	5.001	77	0.000	0.81532	0.16305	0.49065	1.13998
	方差不齐			5.175	65.183	0.000	0.81532	0.15753	0.50072	1.12992
认知效应 5	方差齐	14.227	0.000	6.581	77	0.000	1.28829	0.19575	0.89851	1.67807
	方差不齐			6.803	66.192	0.000	1.28829	0.18937	0.91021	1.66637

独立样本 t 检验即在检验高分组、低分组在每个题项测量值的平均数的差异值是否达到显著($P<0.05$)，以了解样本在各题项平均数高低是否因组的不同而有差异。从表 5-21

可以发现：对于题项“自我效能 1”来说，F 统计量等于 10.170，P=0.002<0.05，具有统计上的显著差异，即两组的方差不相等。此时 t 检验数据就要看第二栏“假设方差不相等”的数值，t 值统计量为 3.514，P=0.001<0.05，表示此题项的临界比值达到显著，因此考虑将此题项保留。同理可知，社会文化 3、群体一致性 2 未达到显著水平，因此考虑将其删除。

严格地讲，在量表项目分析中，若采用极端值的临界比，一般将临界比值的 t 统计量的标准值设为 3.000。若是题项高低分组差异的 t 统计量小于 3.000，则表示题项的鉴别度较差，可以考虑将之删除，基于此题项自我效能 2(2.984)、社会文化 2(2.335)、社会文化 3(−0.411)、群体一致性 2(−0.455)也应考虑删除。

计算预调研各题项之间及各题项与总分之间的相关性，对相关性较高的题项给予合并，从而保证各题项之间相关性较低，且与总分的相关性较高。根据表 5-22 可知：可删掉合作认知、内在需求 4、前期经验 1 和 2、情境认知 1、个人相关性 2 和 3、群体一致性 2。

表 5-22 预调研量表各题项之间及各题项与总分之间的相关性分析

		自我效能 1	自我效能 2	……	认知效应 5
自我效能 1	Pearson 相关系数	1	1		0.062
	显著性(双侧)				0.458
	有效计数	146	146		146
自我效能 2	Pearson 相关系数	0.525	0.525		0.137
	显著性(双侧)	0.000	0.000		0.100
	有效计数	146	146		146
……					
认知效应 5	Pearson 相关系数	0.062	0.062		1
	显著性(双侧)	0.458	0.458		
	有效计数	146	146		146
SUM	Pearson 相关系数	0.390	0.390		0.539
	显著性(双侧)	0.000	0.000		0.000
	有效计数	146	146		146

进一步咨询专家量表分析处理结果，经处理，最后在量表中共保留 29 个题项。

5.2.3 调查问卷的数据获取

经过前面的预调研处理获得了具有一定可信性的正式调查问卷(参见附录 3)。正式调研于 2013 年 9 月中旬展开。

为了使调研对象符合预期，经过对众多平台的仔细选择，最后选择了“人大经济论坛”作为主要调研平台。主要原因在于：该平台用户活跃且稳定，网络水军等相对较少。

正式调研主要通过在“人大经济论坛”发布悬赏帖鼓励用户参与问卷的填写，奖励为每人50论坛币。悬赏帖标题为“求助：50币+50币填问卷”，具体内容如图5-4所示。

为了保障数据具有更广泛的代表性，另外在天涯、猫扑、小木虫、新浪微博等平台，通过滚雪球方式选取重要事件中不同活跃度和贡献度的用户，直接发送问卷链接邀请其参与填写。这样，经过大约两周左右的数据采集，共回收有效问卷441份。

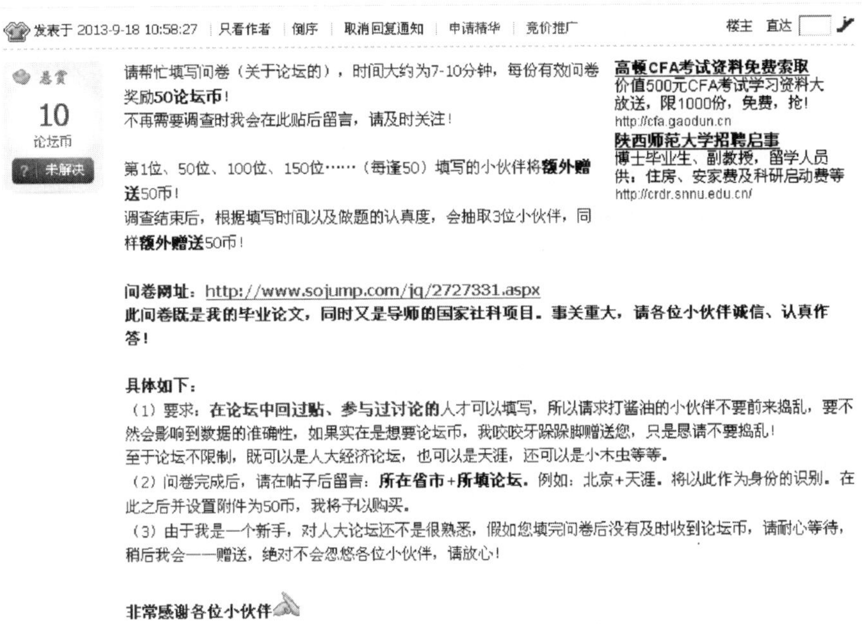

图5-4 在“人大经济论坛”的正式问卷调研悬赏帖

5.3 社会合作信息查寻与检索的行为特征

样本对象的简单描述统计结果如表5-23所示。从统计结果可以发现样本对象呈现以下特征：就性别结构而言，以男性居多，人数达到291人，大致为女性用户的2倍，其比例分别为66.0%和34.0%；就年龄结构而言，样本对象覆盖较为广泛，但主要集中在2个年龄段，即18～25岁和26～30岁，共有352人，比例达到79.8%，尤其以18～25岁居多，占总数的58.9%，且随着年龄段的增加人数逐渐减少；就学历而言，以本科及以上为主，为414人，占93.9%，其中本科和研究生比例分别为41.3%、52.6%，此外还有2.0%的高中及以下学历和4.1%的专科学历的样本对象；就职业而言，其中55.3%的用户为学生，达到244人，其次为企事业单位员工，为112人，此外还有10.2%的高校教职工、5.7%的自由职业者以及3.4%的其他职业。

表 5-23　样本对象属性的描述统计表

用户属性	类别	人数	比例/%
性别	男	291	66.0
	女	150	34.0
年龄	18 岁以下	3	0.7
	18～25 岁	260	58.9
	26～30 岁	92	20.9
	31～35 岁	45	10.2
	36～40 岁	19	4.3
	41～45 岁	11	2.5
	45 岁以上	11	2.5
学历	高中及以下	9	2.0
	专科	18	4.1
	本科	182	41.3
	研究生	232	52.6
职业	学生	244	55.3
	高校教职工	45	10.2
	企事业单位员工	112	25.4
	自由职业者	25	5.7
	其他	15	3.4
合计	—	441	100

5.3.1　社会合作的触发动机特征

触发动机主要用来了解引发网络用户参与社会合作信息查寻与检索的原因。具体表现为：发帖行为，包括是否有过发帖及原因；回帖行为，包括是否有过回帖及原因。

从统计结果来看，321 名样本对象（占比 72.79%）发过求助帖，发帖原因如图 5-5 所示。就发帖原因来说，主要集中在两方面：一是任务本身，即当用户面临的任务或问题的复杂程度增加，而个人却缺乏特定领域的专业知识，这是导致用户采用发帖求助于社会合作帮助解决问题的主要原因，也是社会合作信息查寻与检索产生的迫切现实需求；二是信息本身，即当相关信息不易获取且自身掌握信息的完整性、权威性和实效性也有所欠缺时，触发社会合作，这也是导致社会合作产生的重要原因。总体来讲，当问题或任务的信息需求与用户自身拥有或可存取控制的信息之间存在过多的信息差或知识差，在一定条件下（如可使用的技术、利他的外部社会氛围等）寻求外部援助就成为一种可选择的方案。

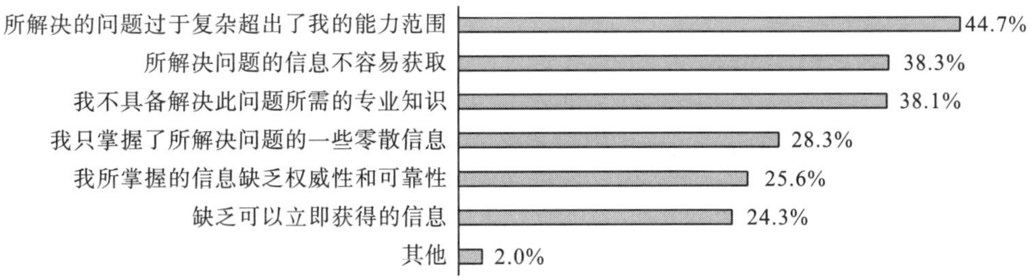

图 5-5　用户发帖原因的选项分布

在正式调查问卷中，根据文献调研及个案观察将回帖原因设置为 4 个答案，其中 D 选项为其他。据初步统计，有 78 名用户选择此选项，根据用户的回答将其分为 5 类，分别为互助行为、奖励、知识交流、成就感和其他。在此基础上，将其和问卷中原有的 3 个选项进行归并处理，再利用调研数据统计用户的回帖原因，统计结果如图 5-6 所示。

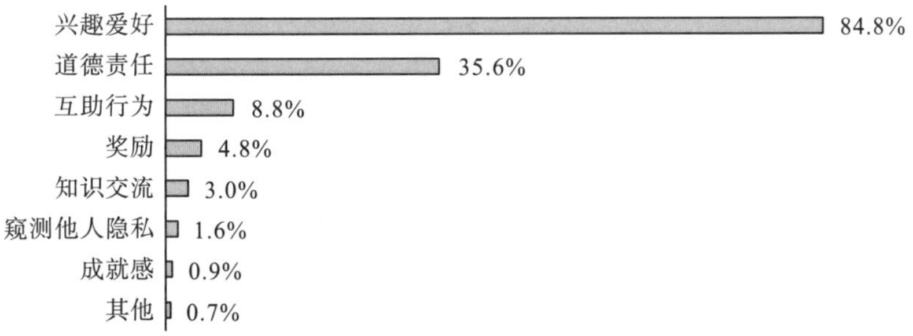

图 5-6　用户回帖原因的选项分布

统计结果显示：用户回帖的主要原因是兴趣爱好，占比为 84.8%，远远高于其他几个因素；其次是出于一种道德责任，占比为 35.6%；其他原因占比均不超过 10%，比如 8.8 % 的样本对象认为参与合作是基于当自己知道答案且将其公布不触及自身利益时是一种利他的互助行为，4.8%的样本对象目标在于奖励，3.0%的样本对象出于通过交流达到增进知识的目的，1.6%的样本对象是受窥视他人隐私的好奇心所驱使，还有 0.9%的样本对象重在合作过程所带来的成就感。由此可见，用户参与社会合作信息查寻与检索的根本原因在于兴趣爱好，即合作双方基于共同的兴趣爱好在特定空间共享信息进而解决问题的过程，正是因为有共同兴趣爱好，因而大家具有解决特定问题的相似知识结构与信息储备，能够进行无或最小障碍的信息交流；其次，社会合作信息查寻与检索在一定程度上源于用户的道德责任感，即当某些社会焦点事件的发生触及或违背基本道德规范时，往往会激发公民的正义感，于是便有相关人士主动利用自己的信息优势帮助信息弱势者解决问题，从而促成社会公平与正义，典型的如“天价理发店事件”等。

因而，兴趣爱好是触发网民参与社会合作信息查寻与检索的最根本原因，核心目标在于帮助问题提出者解决问题，这是一种典型的无偿互帮互助利他行为，而维护社会公平正义的道德责任感这类社会群体价值反映了社会文化语境在社会合作信息查寻与检索实践中的积极促进作用，而奖励机制等外在激励要素在一定程度上对社会合作信息查寻与检索行为形成与演化有一定的推动作用。

5.3.2 社会合作的信息需求特征

任何信息查寻检索的前提是识别出信息需求，而信息需求的识别是一个与特定语境特定任务紧密关联的复杂迭代过程。社会合作信息查寻与检索过程中，某用户基于自己的任务语境描述一个信息需求，其他参与者基于该描述来共同完成查寻检索任务。

统计结果(表 5-24)表明：正常情况下，当信息查寻检索需求描述清楚时，约四分之三(74.6%)的合作者能准确了解发帖者需求，约五分之一(21.3%)的合作者不太确定，只有少数合作者(占比为 4.1%)表示不能把握发帖者需求。

表 5-24 发帖者信息描述清楚的信息需求识别情况

了解需求	人数	比例/%
能	329	74.6
不能	18	4.1
不确定	94	21.3
合计	441	100

当发帖者的描述比较模糊时，合作者对信息需求的把握就出现极大的变化(表 5-25)：近一半(占比 47.2%)的合作者表示对信息需求的理解具有很大的不确定性，超过三分之一(占比 36.7%)的合作者表示不能明确信息需求，仅有 16.1%的合作者表示还能够准确了解发帖者的请求。

表 5-25 发帖者信息描述模糊的信息需求识别情况

了解需求	人数	比例/%
能	71	16.1
不能	162	36.7
不确定	208	47.2
合计	441	100

进一步统计数据(表 5-26)显示：当发帖者的信息需求描述模糊时，近一半(占比 58.5%)的被调查者表示对后续查寻检索过程有很大影响，23.8%的合作者表示对搜索没有影响，而 17.7 %的合作者认为影响程度不确定。这些数据表明，尽管信息查寻与检索充分依赖于

表 5-26 发帖者信息描述模糊对合作者搜索的影响

影响搜索	人数	比例/%
有	258	58.5
没有	105	23.8
不确定	78	17.7
合计	441	100

信息需求的表达结果，但并不完全决定信息搜索过程，尤其是在群体合作信息查寻与检索过程中，可以通过充分的迭代过程来明晰发帖者需求，但如果能用清晰的语言准确表达出信息需求时，可在查寻检索过程中最大限度地减少迭代往复次数。

进一步做发帖者信息需求描述模糊与影响后续搜索的交叉分析，从结果(表 5-27)可以看出：

(1)合作者搜索行为受到影响的合作者中，能够明确发帖者信息需求的占比为 50.7%，不能的占比为 66.7%，不确定的占比为 54.8%。可见，当帖子表述存在问题时会对大部分合作者开展后续搜索工作产生直接影响。因此，清晰描述信息需求有利于后续搜索的实施。

(2)合作者搜索行为不受影响的合作者中，能够明确发帖者信息需求的占比为 39.4%，不能的占比为 19.1%，不确定的占比为 22.1%。

(3)合作者搜索行为不确定是否受到影响的合作者中，能够明确发帖者信息需求的被调查者占比为 9.9%，不能的占比为 14.2%，不确定的占比为 23.1%。

表 5-27　信息需求描述不清晰与影响搜索间的交叉分析

信息需求		影响搜索			合计
		有	没有	不确定	
明确需求	能	36	28	7	71
	不能	108	31	23	162
	不确定	114	46	48	208
合计		258	105	78	441

综上所述，当发帖者的信息需求描述模糊时会对用户的后续搜索行为产生不同程度的影响，即使是那些认为不受影响的合作者也不例外。尽管在信息查寻检索实践中，查寻者可以通过相关反馈不断地修正自己的查寻路径，但这样明显会增加查寻检索的迭代次数，因而期望通过社会合作来解决自己问题的用户，首先需要明晰表达自己的信息需求，这样有利于缩短迭代反馈时间，也方便合作者顺利实施后续搜索过程。

5.3.3　社会合作的计划制定特征

统计结果(图 5-7 左边部分)表明：在所调查的 441 名样本对象中，在问题解决之前，20.6%的用户对于是否制定计划持不确定态度，36.3%表示会制定计划，而占比最大的 43.1%的用户表示不会有此行为。

对 160 名会制定计划的样本对象来说，如图 5-7 中间部分所示，仅有 26.3%的对象在任何时候都会制定计划，82.5%的对象是在任务特别复杂的情况下选择制定计划，68.1%的对象会在时间充足的情况下制定计划，48.8%的对象则选择在任务紧急的时候制定计划。可见，参与社会合作过程是否制定计划取决于任务的复杂度，同时也受到时间因素的影响。

如图 5-7 右边部分所示，对于不会制定计划的对象来说，仅有 12.3%的对象表示不知道问题解决策略，约四分之一(24.1%)的对象不确定问题解决策略，而 63.6%的对象明确知道自己该如何解决问题。这些表明：在日常的信息活动中，很多用户已经在过去经历中形成了自己的问题解决习惯或定势，也形成了特定的信息查寻检索策略，且这些策略已经内化为行为习惯的一部分，成为他们行为习惯中的潜意识组成部分。得出的这一结论与在企业情境中所得出的实验结果相吻合，即对于常规任务用户通常不需要制定计划，原因在于完成这些任务所需的策略已成为计划的一部分(Xie，2009)。

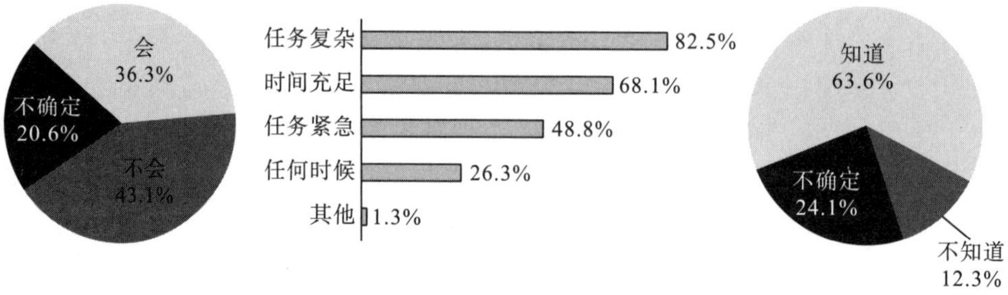

图 5-7 解决问题之前是否制定计划的统计结果

5.3.4 社会合作的信息渠道选择特征

社会合作信息查寻与检索的信息渠道选择的调查结果中，把其他选项中所填写各类答案进行归类，如将人大论坛归为 D 类、将专门的参考书归为 I 类、将相关的政府网站归为 C 类、将学校数据库和 CNKI 等统一合并为 K 类“学术数据库”。基于此统计样本对象的信息获取渠道，结果如图 5-8 所示。

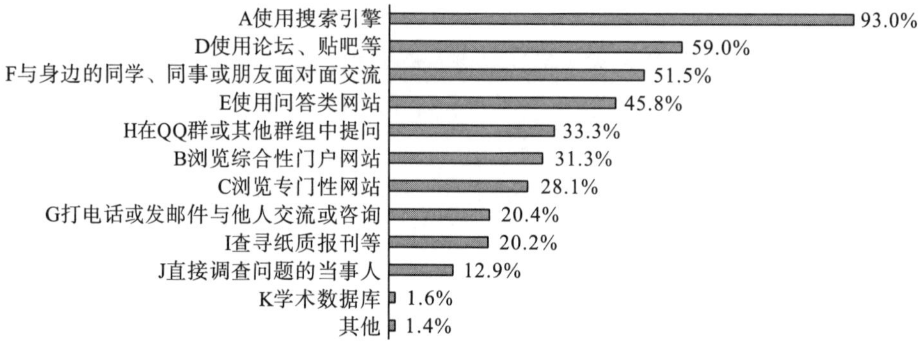

图 5-8 社会合作信息查寻与检索的信息渠道选择

从统计结果可以发现，社会合作中信息获取渠道主要有三大类。用户首选的信息渠道是搜索引擎，占比高达 93.0%；其次是问答式工具，包括论坛贴吧类社区、问答类网站、QQ 群或其他群组中提问，占比分别为 59.0%、45.8%、33.3%；第三则是与身边的同学、同事或朋友面对面交流，占比为 51.5%，这表明人本身也是一种非常重要的信息源。与之相比，同样为人际交流，打电话或发邮件与他人交流或咨询却仅占到 20.4%，不到前者的一半，主要由于前者属于同步交流，而后者还可能是异步交流(发邮件)，即使是同步交流(打电话)，也受制于便捷性、实效性与支付成本。同理，实效性较差的纸质媒介也未得到青睐。

此外，门户和垂直类资讯网站也是获取信息的一个重要手段。有 12.9%的用户选择直接调查问题的当事人从而获取信息，这种方式获取的信息质量较高，但难度相对较大。归类后剩余的其他类选项中有用户选择将生活和工作中的经历或头脑中的知识直接作为信息源，可以看出头脑中的隐性知识也是一种重要的信息源。

据获取信息目的统计结果（图 5-9）显示：超过 7 成（70.8%）调查对象认为其主要目标是获取新的线索信息以及验证别人提供的信息是否可靠，但更多体现为获取新的线索信息。究其原因，一方面是新的线索信息有利于帮助用户寻找解决方案的突破口，另一方面可通过信息线索来帮助用户深入挖掘信息需求。

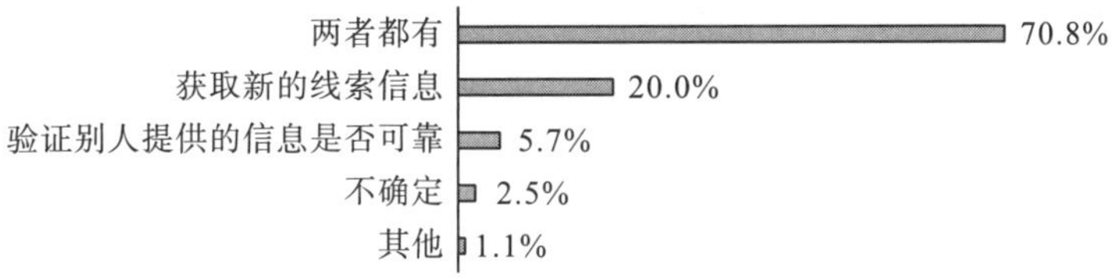

图 5-9　社会合作信息查寻与检索的信息获取目的

5.3.5　社会合作的信息交流特征

从社会合作信息查寻与检索中信息交流分布的统计结果（图 5-10）得知：在问题解决的前、中、后三个阶段，参与过信息交流的样本对象分别为 238 人、411 人、261 人，占比分别为 54.0%、93.2%、59.2%。可见，信息交流贯穿于社会合作信息查寻与检索过程的始终，尤其是中期高达到 90%以上的对象都参与过信息交流过程，表明人际信息源对于社会合作的问题解决有着不可替代的作用。这也证实了前面提出的研究假设，即 H1：信息交流与社会合作信息查寻与检索所有阶段显著相关。

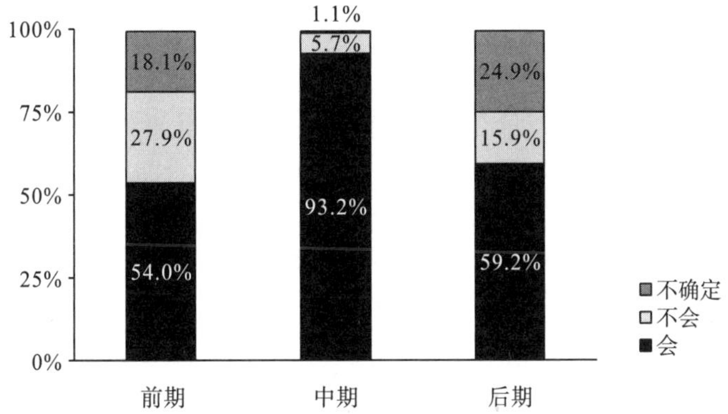

图 5-10　社会合作信息查寻与检索的信息交流分布

从三个不同阶段的交流对象分布（图 5-11）得知：与身边的同学、同事、朋友以及论坛网友的交流是其主要形式，尤其是与身边的同学、同事、朋友等的交流更受到青睐。进一步分析发现，在各个时期，身边的同学、同事、朋友等占交流对象总数的比例分别为 27.7%、28.2%、31.8%，而论坛中的网友则占 12.2%、18.5%、20.7%。可见，与论坛中的网友相比，样本对象更倾向于选择身边的人作为交流对象，这一特征在社会合作前期表现最明显，后期次之，中期表现最弱。这可能是由强弱联系所发挥的不同作用所致。

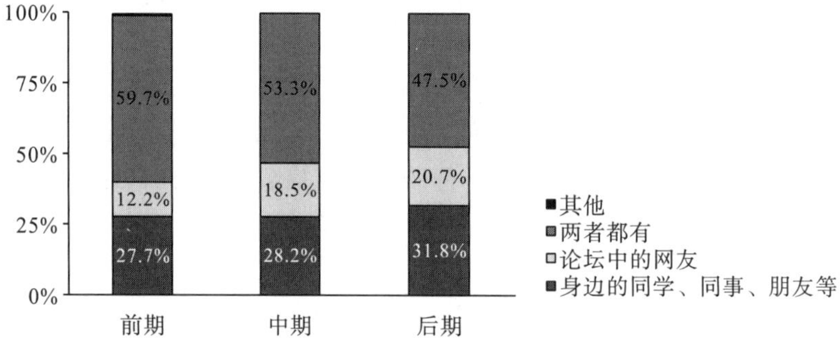

图 5-11 社会合作信息查寻与检索的交流对象分布

强弱联系理论是由美国社会学家马克·格兰诺维特(Mark Granovetter)于 1974 年提出。“弱联系”虽然不如“强联系”那样坚固(金字塔)，但是在传递资源、信息、知识过程中，格兰诺维特认为弱联系更具重要性。强联系之间由于彼此很了解，知识结构、经验、背景等相似之处颇多，并不能带来进一步的新的资源信息和知识，所增加的信息大多是冗余的；而弱联系所提供的资源信息或知识比较具有差异化，如果在弱联系之间搭起某种形式的桥梁，就可以传递多种多样的资源信息和知识(Granovetter，2000)。

在社会合作信息查寻与检索的三个时期，强联系和弱联系共同影响着合作的发展，但强联系的影响却更明显，尤其表现在前期。这主要是由于当热点议题或社会问题发生或被提出时，由于时空限制，无法及时将有共同兴趣爱好的网民集聚一起，个体在网络空间中还无法识别自己的“盟友”。相比较而言，在日常工作和生活中却存在着志趣相投的同学、同事或朋友等，人与人之间的关系紧密，有较强的情感维系，彼此之间有着较多的互动机会，且无过多的时空交流障碍，自然而然信息交流便产生在强联系中。随着事件或问题的进一步发展，虚拟空间中的网民阵营聚焦逐步明显，此时弱联系的作用便开始得到发挥，尤其体现在中期。弱联系促使信息在网络空间中得到快速传播，使得网络中的成员能够及时更新以及修正原先观点，促使问题得到进一步解决。在后期，随着问题的逐步明朗化，原先临时组建的弱联系可能随之消除，因此没有中期表现得那么明显。

从信息交流目的统计结果(表 5-28)得知：前期的交流目标主要针对问题本身，具体体现在获得与问题更多的相关信息以及建议对策上(占比为 36.05%)；后期的交流目标主要是为了交流心得，占比达 79.7%，其次是了解是否还有其他问题未解决(占比为 53.64%)。

表 5-28 社会合作信息查寻与检索的交流目的

时期	交流目的	人数	比例/%
前期	看他人是否了解此问题	110	24.94
	得到更多的相关信息	193	43.76
	询问解决问题的建议或对策	159	36.05
	其他	3	0.68

续表

时期	交流目的	人数	比例/%
后期	看他人是否满意	84	32.18
	交流心得	208	79.69
	看是否还有其他问题未解决	140	53.64
	其他	3	1.15

5.3.6　社会合作的其他信息活动特征

样本对象在社会合作信息查寻与检索中的参与度统计结果(图 5-12)显示：有 93.9%的调查对象不同程度地分享有价值的信息或问题的解决策略，对于问题的解决发挥着不可替代的作用，尤其是 36.1%的被调查者经常分享信息，在其中发挥着“意见领袖”作用。由此可见，社会合作已逐渐成为一种新的问题解决方案。

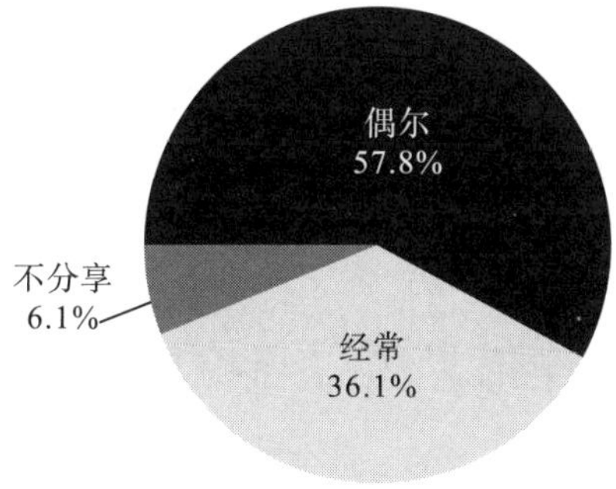

图 5-12　社会合作信息查寻与检索的参与度分布

对于社会合作中成员共享信息的使用判断统计来看：有 35%的被调查者选择使用论坛中的特殊成员(包括级别较高或经验丰富的网友等)所共享的信息，而 62.50%的被调查者认为“只要信息有用便会参考借鉴”，而不在乎信息提供者的身份地位。可见，信息提供者的身份虽然对用户选择使用有一定影响，但大家更加注重信息对问题解决的适用性。因此，对信息提供者来说，共享符合问题解决需要的知识信息才有可能有效促进社会合作查寻与检索的顺利实施。

从社会合作信息查寻与检索的具体活动统计结果如图 5-13 左边部分所示：在问题解决过程中，样本对象倾向于从事两种类型的信息查寻活动，即查找同类主题的信息和查找特定的信息，占比分别为 66.2%和 60.8%；其次则为查找已知的信息和更新信息，分别占 33.8%和 26.3%；此外，个别被调查者会发表态度观点或者寻找能帮助其更好解决问题的人。而当检索不到与任务目标相匹配的有用信息时，近四分之三(73.9%)的被调查者认为可转向查寻目标其他方面的信息，仅有 19.7%的样本对象会选择直接放弃，由此表明参与社会合作信息查寻与检索的成员利他意愿比较高。

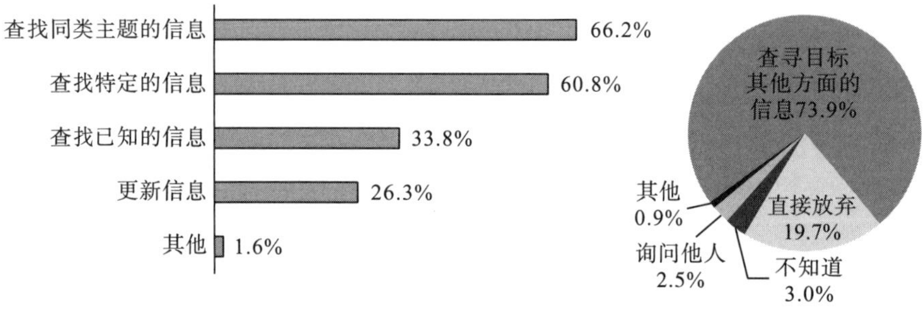

图 5-13 社会合作信息查寻与检索的信息查寻行为特征

关于成员稳定参与合作过程的统计数据发现：当社会合作信息查寻与检索的中途碰到其他有趣事情时，有 36.3%的成员明确表示会放弃当前任务，有 25.8%的成员表示难以确定，而 37.9%的成员表示不会放弃当前任务。这表明，社会合作信息查寻与检索过程的维系完全取决于成员的心性状态，不具有明显的道义与责任约束，这与企业项目团队、高校科研团队的合作信息查寻与检索行为有明显的差异。

关于其他成员在问题解决过程中暂时遇到困难时的态度调查数据显示：8.4%的样本对象明确肯定不会给予帮助，26.5%的样本对象表示难以确定，65.1%的样本对象选择主动帮助他人。这表明，在社会合作信息查寻与检索过程中，大多数成员还是愿意帮助他人，期望在共同努力中完成工作任务。

5.4 社会合作信息查寻与检索的行为机制探索

社会合作信息查寻与检索行为机制探索主要依赖于行为影响因素量表数据。为此，将获取的 441 份有效问卷的量表随机分为两份，其数据量分别为 220 份与 221 份，为了便于区分，将前者命名为量表 A，后者则为量表 B。应用探索性因子分析方法提取量表 A 中的因子结构，依据获得的因子结构以量表 B 数据构建结构方程模型，利用验证性因子分析检验假设因子结构的契合度，从而构建社会合作信息查寻与检索行为的影响因素模型，最后基于模型在语境视角下探讨社会合作信息信息查寻与检索的行为机制。

5.4.1 探索性因子分析

在因子分析前，首先应对量表的信度进行测量，检验量表的一致性和稳定性。其中，量表的信度常用 Cronbach' s α 系数来检验。荣泰生(2010)经研究发现，当 Cronbach' s α 值大于等于 0.70 时，属于高信度；其值在 0.35～0.70，属于尚可使用；Cronbach' s α 值小于 0.35 时，则为低信度。

当量表的一致性和稳定性均相对较好时，便可以进行因子分析。在因子分析时，利用 KMO 检验和 Bartlett 球形检验来计算各测量问项之间的相关性高低，进而确定是否适合于因子分析。

KMO 检验统计量取值在 0～1，它是用于比较变量间简单相关系数和偏相关系数的指标。其常用的度量标准：KMO≥0.90 时，非常适合；0.8≤KMO<0.9，适合；0.7≤KMO<0.8，一般；0.6≤KMO<0.7，不太适合；0.5≤KMO<0.6，勉强适合；KMO <0.5，极不适合。

Bartlett 球形检验用于检验相关矩阵是否为单位矩阵，即检验各个变量是否各自独立。其原假设为相关系数矩阵为单位矩阵。在因子分析中，若拒绝原假设，即 Bartlett 统计值的显著性概率小于等于 0.05 时，则说明适合做因子分析。反之，则说明这些变量可独立提供一些信息，不适合做因子分析。

对量表 A 中 29 个变量进行检验，结果如表 5-29 和表 5-30 所示：Cronbach' s α 值为 0.904；KMO 值为 0.846；Barlett 的球形度检验相伴概率小于 0.05，达到显著性要求。因此，表明量表 A 的一致性和稳定性都较好，符合因子分析的前提条件。

表 5-29　量表 A 的信度分析

Cronbach' s α	项目数 N
0.904	29

表 5-30　量表 A 的 KMO 和 Bartlett 球形检验

KMO 样本充分性检验值		0.846
Bartlett 球形检验	近似卡方值	2749.458
	自由度	406
	显著性概率	0.000

因子分析中有多种提取公因子的方法，本部分采用最常使用的主成分分析法，并以最大方差法对因子载荷矩阵进行旋转，其分析结果如表 5-31 和表 5-32 所示。当不限定因子为个数时，特征值大于 1 的因子共有 7 个，可解释量表约 61.732%的变异量。但查看其所提取的因子时，发现相关聚类的解释力并不强。因此，有必要重新进行探索性因子分析。

表 5-31　量表 A 第一次因子分析的总方差解释表

成分		初始特征值			提取平方和载入	
		合计	方差的百分比/%	累积的百分比/%	合计	方差的百分比/%
方面	1	8.214	28.323	28.323	8.214	28.323
	2	2.613	9.012	37.335	2.613	9.012
	3	1.761	6.072	43.407	1.761	6.072
	4	1.673	5.771	49.178	1.673	5.771
	5	1.409	4.859	54.037	1.409	4.859
	6	1.205	4.157	58.194	1.205	4.157
	7	1.026	3.539	61.732	1.026	3.539
	8	0.954	3.289	65.021		

表 5-32 量表 A 第一次因子分析的旋转矩阵

旋转成分矩阵 [a]

	成分						
	1	2	3	4	5	6	7
信任他人 2	0.783	0.139	0.270	0.125	0.037	−0.014	0.029
信任他人 3	0.760	0.143	0.090	0.157	0.145	0.115	−0.002
信任他人 5	0.724	0.152	0.091	0.128	0.143	0.176	0.119
社区氛围	0.597	0.294	0.151	−0.120	0.214	0.047	0.145
信任他人 4	0.583	0.127	−0.039	0.164	0.009	0.253	0.129
信任他人 1	0.502	0.103	0.244	0.262	−0.083	0.383	−0.105
权限强化 2	0.097	0.824	0.100	0.190	−0.104	0.186	0.008
物质激励 2	0.139	0.758	0.084	0.028	0.242	0.110	0.106
权限强化 1	0.211	0.742	0.124	0.227	−0.183	0.039	0.108
物质激励 1	0.195	0.685	0.113	−0.029	0.217	0.124	0.080
权限强化 3	0.142	0.649	0.060	0.172	0.138	0.113	−0.106
认知效果 2	0.196	0.091	0.803	−0.017	0.147	−0.002	0.175
认知效果 1	−0.006	0.086	0.668	0.105	0.166	0.231	0.035
个人相关性	0.296	0.115	0.646	−0.021	0.178	0.025	0.088
认知效果 3	0.090	0.240	0.631	0.087	0.209	0.051	0.243
自我效能 2	−0.009	−0.013	0.522	0.140	0.376	0.459	0.080
情境认知 2	0.106	0.152	0.046	0.861	0.016	0.050	0.117
情境认知 3	0.201	0.137	0.033	0.780	0.196	−0.041	0.097
情境认知 1	0.135	0.153	0.077	0.748	0.104	0.224	−0.033
内在需求 1	0.015	0.080	0.087	0.136	0.689	0.113	−0.039
内在需求 2	0.151	0.019	0.336	0.131	0.664	−0.061	0.078
社会文化	0.160	0.126	0.244	−0.070	0.638	0.099	0.123
自我效能 1	0.187	0.085	0.214	0.228	0.502	0.337	0.160
信任社区 1	0.232	0.207	0.132	0.004	0.125	0.730	0.259
信任社区 2	0.216	0.269	0.269	0.080	0.127	0.661	0.034
群体一致性	0.248	0.215	−0.162	0.132	0.080	0.426	0.211
任务认知 2	−0.039	0.126	0.133	0.055	−0.073	0.148	0.729
任务认知 3	0.117	0.002	0.092	0.068	0.186	0.121	0.728
任务认知 1	0.263	−0.046	0.397	0.048	0.101	0.013	0.605

提取方法：主成分分析；旋转方法：最大方差法；a. 迭代 10 次收敛。

重新进行处理后，发现 6 个因子的聚类比较理想，且可解释量表约为 58.194%的变异量(表 5-33)，其因子聚类结果如表 5-34 所示。

表 5-33 量表 A 第二因子分析的总方差解释表

成分		初始特征值			提取平方和载入	
		合计	方差的百分比/%	累积的百分比/%	合计	方差的百分比/%
方面	1	8.214	28.323	28.323	8.214	28.323
	2	2.613	9.012	37.335	2.613	9.012
	3	1.761	6.072	43.407	1.761	6.072
	4	1.673	5.771	49.178	1.673	5.771
	5	1.409	4.859	54.037	1.409	4.859
	6	1.205	4.157	58.194	1.205	4.157
	7	1.026	3.539	61.732		

表 5-34 量表 A 第二次因子分析的旋转矩阵表

旋转成分矩阵 [a]

	成分					
	1	2	3	4	5	6
内在需求 2	0.700	0.149	-0.011	0.138	0.000	-0.004
自我效能 2	0.673	0.040	0.041	0.125	0.205	0.258
社会文化	0.633	0.155	0.093	-0.060	0.022	0.181
认知效果 2	0.615	0.254	0.155	-0.049	0.402	-0.282
内在需求 1	0.586	0.002	0.039	0.153	-0.184	0.236
认知效果 1	0.584	0.056	0.160	0.077	0.253	-0.058
认知效果 3	0.553	0.133	0.280	0.067	0.386	-0.132
自我效能 1	0.540	0.196	0.077	0.233	0.110	0.351
个人相关性	0.539	0.343	0.162	-0.046	0.259	-0.194
信任他人 2	0.172	0.801	0.147	0.112	0.094	-0.098
信任他人 3	0.153	0.764	0.133	0.155	-0.016	0.111
信任他人 5	0.154	0.727	0.140	0.127	0.097	0.184
社区氛围	0.230	0.594	0.272	-0.119	0.104	0.084
信任他人 4	-0.016	0.584	0.121	0.164	0.107	0.266
信任他人 1	0.130	0.546	0.158	0.242	0.047	0.171
权限强化 2	-0.008	0.119	0.845	0.182	0.066	0.103
权限强化 1	-0.077	0.229	0.756	0.217	0.172	-0.033
物质激励 2	0.225	0.138	0.735	0.034	0.042	0.165
物质激励 1	0.227	0.198	0.669	-0.026	0.038	0.153
权限强化 3	0.145	0.151	0.646	0.172	-0.120	0.103
情境认知 2	0.043	0.115	0.155	0.860	0.127	0.030
情境认知 3	0.155	0.197	0.116	0.785	0.043	0.010
情境认知 1	0.154	0.154	0.169	0.744	-0.004	0.160

续表

	成分					
	1	2	3	4	5	6
任务认知 2	0.012	-0.040	0.121	0.056	0.723	0.181
任务认知 1	0.297	0.275	-0.042	0.039	0.649	-0.023
任务认知 3	0.173	0.100	-0.033	0.078	0.633	0.248
信任社区 1	0.241	0.260	0.240	0.001	0.301	0.639
群体一致性	-0.017	0.241	0.201	0.142	0.135	0.496
信任社区 2	0.334	0.261	0.323	0.067	0.145	0.477

提取方法：主成分分析；旋转方法：最大方差法；a. 迭代 10 次收敛。

根据主成分旋转矩阵(表 5-34)可提取六个公因子，其公因子命名如下：

第一公因子：包括量表中的内在需求 2、自我效能 2、社会文化、认知效果 2、内在需求 1、认知效果 1、认知效果 3、自我效能 1、个人相关性等问项，反映的是社会合作参与者的个人特性，命名为“个人相关”。

第二公因子：包括量表中的信任他人 2、信任他人 3、信任他人 5、社区氛围、信任他人 4、信任他人 1，反映的是社会合作参与者与他人间的关系认知，命名为“信任成员”。

第三公因子：包括量表中权限强化 2、权限强化 1、物质激励 2、物质激励 1、权限强化 3，体现社会合作参与者受到外在环境的激励强化影响，命名为“激励强化”。

第四公因子：包括量表中的情境认知 2、情境认知 3、情境认知 1，反映社会合作参与者的情境感知与认识，命名为“情境认知”。

第五公因子：包括量表中的任务认知 2、任务认知 1、任务认知 3，反映社会合作参与者对问题解决的任务感知，命名为“任务认知”。

第六公因子：包括量表中的信任社区 1、信任社区 2、群体一致性，反映社会合作参与者对群体的信任进而达到群体共识，命名为“群体一致”。

提取公因子及问项详情如表 5-35 所示。

表 5-35 社会合作信息查寻与检索行为的影响公因子及问项

公因子	变量	问项
个人相关	自我效能	1.我认为社区其他成员会接受我所共享的信息
		2.我认为自己参与合作后将有利于问题的进一步解决
	内在需求	1.在问题解决过程中，我会关心或在意自己的表现
		2.在问题解决过程中，一旦设定了目标，即使困难，我也要尽量完成
	认知效果	1.问题解决后，能最大限度地满足我的兴趣及好奇心
		2.问题解决后，接触到的有用信息能够丰富我的知识
		3.与社会伦理有关的问题解决后，更能增强我的道德责任感
	个人相关性	1.若共享的信息有具体的信息来源为证，我认为这样的信息更加真实可信
	社会文化	1.在问题解决过程中，当我认为自己具备某方面的优势(如掌握重要信息、搜索技能较好等)，为了赢得他人的认同和尊重，我通常会积极参与讨论

续表

公因子	变量	问项
信任成员	信任他人	1.我相信社区其他成员对我们讨论的话题有足够的了解
		2.我相信社区其他成员能积极主动地共享有价值的信息
		3.我相信社区其他成员能很好地参与讨论，共同解决问题
		4.我相信社区其他成员在讨论过程中不会故意捣乱
		5.我相信社区其他成员会在自己能力范围之内尽量帮助他人
	社区氛围	1.我认为社区及社区成员致力于建立一个公正、互惠的社区氛围
激励强化	物质激励	1.社区的虚拟货币机制对我很重要
		2.社区的经验值或积分制度等对我很重要
	权限强化	1.社区是否颁发荣誉会员(如达人、管理员等)称号对我很重要
		2.社区提供的会员等级制度对我很重要
		3.社区提供的权限管理制度对我很重要
情境认知	情境认知	1.问题解决过程中，我了解解决此问题的社区其他成员的每一步行动
		2.问题解决过程中，我了解解决此问题的社区其他成员对自己的看法
		3.我了解我和他人每一步的行动对解决问题将产生的影响
任务认知	任务认知	1.当解决问题需要花费大量的精力时，我认为与他人合作解决比自己单独查寻效果要更好
		2.当任务比较紧急时，我认为与他人合作解决比自己单独查寻效果更好
		3.当单独查寻感到不安、烦恼、有压力时，这时我认为合作查寻是解决问题的好方法
群体一致	信任社区	1.社区的网站很安全，因此在社区中与其他成员交流时我感觉放心
		2.社区有管理员和版主进行管理，因此在社区中与其他成员交流时我感觉放心
	群体一致性	1.如果大多数成员都认为这个信息是真实的，自然而然我也认为它是可信的

5.4.2　社会合作信息查寻与检索行为的影响因素模型构建

以 5.4.1 中提取的因子结构及命名解释为基础，构建社会合作信息查寻与检索中的用户行为影响因素模型，旨在了解用户行为的主要影响因素及各因素之间的关系。在具体研究中，本部分将采用结构方程模型软件工具 AMOS17.0 进行数据分析和模型验证，通过计算每条路径的标准化回归系数(即路径系数)和显著性，构建模型的路径关系图，从而确定各变量之间的关系。

1. 初始模型构建

结构方程模型：$\boldsymbol{\eta}=\boldsymbol{B\eta}+\boldsymbol{\Gamma\xi}+\boldsymbol{\zeta}$，若$\boldsymbol{\eta}$是由 p 个外因潜在变量组成的 $p\times1$ 向量，$\boldsymbol{\xi}$是由 q 个内因潜在变量组成的$q\times1$ 向量，则上述方程可变为：$\boldsymbol{\eta}=(\mathbf{I}-\boldsymbol{B})^{-1}(\boldsymbol{\Gamma\xi}+\boldsymbol{\zeta})$。假设矩阵$\boldsymbol{\psi}=\mathrm{cov}(\zeta,\zeta)$，则$\boldsymbol{\psi}$是残差向量的协方差矩阵。

根据上述基本原理，得到结构方程模型识别的准则如表 5-36 所示(吴明隆，2009)。

需要说明的是，依据 t 法则，若是模型的自由度$(df)>0$ 或$t\leqslant(p+q)(p+q+1)\div2$，表示数据点数目多于估计参数数目，此时自由度为正数，估计结果是允许拒绝原假设。此

表 5-36 结构方程模型识别准则和条件

识别准则和条件	识别对象	条件要求	充分或必要条件
t 法则	模型	$t \leqslant (p+q)(p+q+1) \div 2$	必要条件
递归模型	模型	$\boldsymbol{B}$ 为严格下三角矩阵 ψ 是对角矩阵	充分条件
零 $\boldsymbol{B}$	模型	$\boldsymbol{B}=0$	充分条件
阶条件	方程	不在方程的变量至少 p-1 ψ 自由估计	必要条件
秩条件	方程	$\boldsymbol{C}_i$ 的秩为 p-1 ψ 自由估计	充分条件

时，假设模型无法与样本数据契合，此种模型识别称为过度识别。结构方程模型的检验，希望研究者提供的模型是过度识别模型，如此才能进行模型适配度的检验，以判别模型是否适合，若模型不适合，可以进行模型的修正；如果模型适合也可以再进行简约模型的检验。

在构建模型前，首先对用于结构方程模型的数据进行整体分析。由表 5-37 和表 5-38 得知，量表 B 的 Cronbach' s α 值为 0.909；整体 KMO 值为 0.870，大于 0.8，通过 KMO 检验；Bartlett 球形检验伴随概率小于 0.05，达到显著性要求。因此，量表 B 的样本数据符合因子分析的要求，可进行后续分析。

表 5-37 量表 B 的信度分析

Cronbach' s α	项目数 N
0.909	29

表 5-38 量表 B 的 KMO 和 Bartlett 球形检验

KMO 样本充分性检验值		0.870
Bartlett 球形检验	卡方近似值	2972.180
	自由度	406
	显著性概率	0.000

根据量表 A 提取的公因子，采用 AMOS 17.0 软件构建初始一阶模型，解释各潜在变量和观察变量间的共变和相关关系，如图 5-14 所示。

初始模型共包括 6 个潜在变量，分别为情境认知、任务认知、信任成员、激励强化、个人相关、群体一致；29 个测量指标：COC1、COC2、COC3 表示情境认知的 3 个观察变量，TAC1、TAC2、TAC3 表示任务认知的 3 个观察变量，TOR1、TOR2、TOR3、TOR4、TOR5、COA 表示信任成员的 6 个观察变量，MOP1、MOP2、MOR1、MOR2、MOR3 表示激励强化的 5 个观察变量，SEE1、SEE2、INN1、INN2、COE1、COE2、COE3、PER、SOC 为个人相关的 9 个观察变量，TRC1、TRC2、GRC 为群体一致的 3 个观察变量；e1～e35 为 35 个观察变量估计误差。

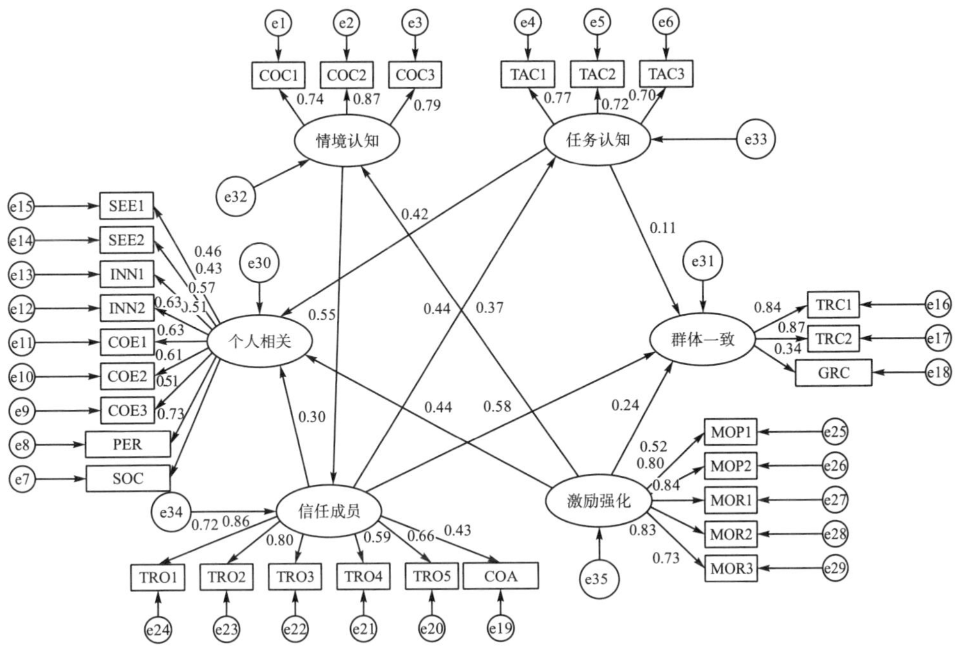

图 5-14 社会合作查寻与检索行为的影响因素一阶模型

将量表 B 的 221 份数据导入 AMOS17.0，得出初始模型，模型中路径值没有极端值出现，表明该模型是可以识别的。考虑到一阶模型相对复杂，因此尝试将其转化为二阶模型。

2. 二阶模型的转化与重构

在构建的一阶模型基础上，将二阶的潜在变量转化为直接观测变量。利用路径值归一法求出各个变量的权重，以潜在变量“群体一致”为例来说明。由于 TRC(群体一致性)包括 TRC1 和 TRC2，TRC1 的权重为 0.85/(0.85+0.88)，TRC2 的权重为 0.88/(0.85+0.88)。因此，TRC 的值可加权处理为 $W_{TRC1}\times X_{TRC1}+W_{TRC2}\times X_{TRC2}$(其中 X_{TRCi} 指量表中其对应的观测值，i=1，2)。同理，分别求出其他 6 个需要合并的观测变量的值。

在此基础上，重新构建二阶模型。构建后的模型包括 6 个潜在变量、17 个观察变量和 21 个估计误差。其中，情境认知包括 COC1、COC2、COC3 表示的 3 个观察变量，任务认知包括 TAC1、TAC2、TAC3 表示的 3 个观察变量，信任成员包括信任他人和社区氛围表示的 2 个观察变量，激励强化包括物质激励和权限强化表示的 2 个观察变量，个人相关包括自我效能、内在需求、认知效果、个人相关性和社会文化表示的 5 个观察变量，群体一致包括信任社区和群体一致性表示的 2 个观察变量，e1～e21 为 21 个观察变量估计误差。具体如图 5-15 所示。

在对模型进行整体适配度估计之前需要先检验模型是否违反估计，查核参数估计值的合理性。根据 Byrne(2009)的研究成果可知，模型违反估计有 4 种常见情形：①出现负的误差方差；②协方差间标准化估计值的相关系数大于 1；③标准化系数超过或非常接近 1(通常可接受的最高阈值为 0.95)；④出现非常大的标准误差或标准误差为极端小的数值。

从图 5-15 可以看出，在所构建的二阶模型中，并没有出现以上 4 种情况，表明该模型并未违反估计，因此可以对模型的整体适配度进行估计。

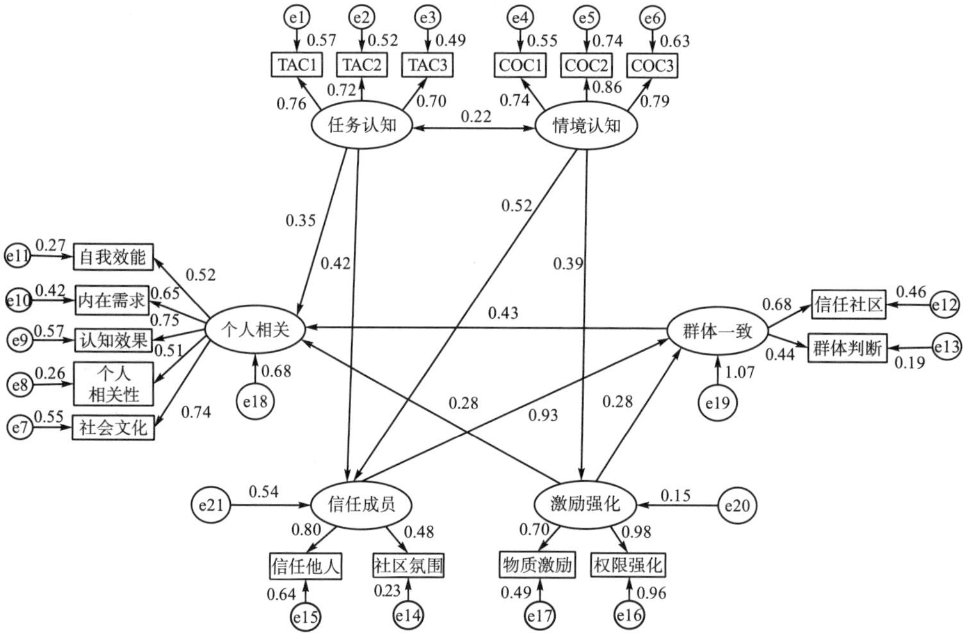

图 5-15 社会合作信息查寻与检索行为的影响因素二阶模型

3. 二阶模型的修正与评估

对生成的二阶模型进行整体性拟合检验，结果显示：卡方值为 240.982，相应伴随概率小于 0.05，故应拒绝该模型。同时，RMR（root mean square residual）越接近于 0 表示模型拟合度越好，通常要求 RMR<0.05。此模型 RMR=0.057，表明模型不能完全配合数据。因此，有必要对模型加以修正。

对模型进行修正处理，结果如表 5-39 所示。其中，修正指标 MI 表示释放一个先前固定的参数后，模型重新估计下所降低的最小卡方值，一个 MI 可以解释为一个自由度的卡方分配。Bagozzi 和 Yi（1988）认为修正指标高于 3.84 时就有必要加以修正。因此，当 MI 值大于 3.84 时，如果参数的因果性有足够理论支持，便考虑将其释放，进行重新估计。

表 5-39 二阶模型的修正结果参数

对应残差	MI	Par Change	调整后卡方值	调整后 P 值
e3↔e20	15.171	0.212	224.874	0.000
e8↔e17	13.156	0.142	211.030	0.000
e6↔e17	11.496	−0.118	198.913	0.000
e5↔e14	9.823	−0.109	188.491	0.000
e13↔e14	10.682	−0.164	175.769	0.000
e5↔e11	9.616	0.080	165.565	0.000
e7↔e8	8.602	−0.100	154.676	0.001
e11↔e17	7.817	0.081	145.825	0.003
e1↔e7	7.040	−0.098	137.766	0.009
e4↔e18	6.333	−0.071	130.817	0.021

续表

对应残差	MI	Par Change	调整后卡方值	调整后 P 值
e13↔e18	5.368	0.086	124.570	0.042
e11↔e19	5.455	−0.052	117.816	0.084
e14↔e20	5.216	0.102	111.726	0.146
e1↔ e21	4.785	−0.044	103.843	0.275
e5↔e20	4.919	−0.085	95.327	0.471
e11↔e20	5.487	−0.077	87.786	0.661
e9↔e16	4.364	−0.044	81.927	0.787

Par Change 是指当模型改变时（例如将 e3 与 e20 建立关系）对应变量间关系的变化情况（例如 e3 与 e20 的协方差增加 0.212）。根据修正指标表，在残差之间逐一建立关系、释放估计。每次释放后，再根据新的模型修正指标表评估，其修正具体过程如表 5-39 所示。值得注意的是，在残差之间建立关系时，不仅要注重理论及统计上的关系，而且要合乎实际逻辑，且不能在误差与潜在变量之间建立关系，如果建立便会违背结构方程模型假设（即残差与潜在变量无关）。

从修正后模型可以发现：卡方值为 81.927，比原先的模型（240.982）减少了 159.055；相伴概率值为 0.787，已经不在拒绝范围之内。可见，修正后的模型是合理的、可以用于分析的模型。同时，在修正指标的输出报表中，MI Par Change 仅显示 e4↔e18 由于其不符合原先假设。此时，模型已经没有再修正的必要了。

模型修正结束后，检查所构建模型发现并未违反估计，因此可以对其进行适配度估计。在输出报表的拟合度指标中，各种指标均呈现出三种模型，分别为预设模型（default model）、饱和模型（saturated model）、独立模型（independence model）。其中，预设模型是本部分所建立的模型，饱和模型是对观测变量的方差及变量之间的所有相关进行估计的模型（对数据拟合最佳的模型），独立模型是指估计观测变量方差的模型（对数据适合最不佳的模型）（荣泰生，2009）。

在模型拟合度（goodness-of-fit）评估方面，若模型拟合度越高，则代表模型可用性越高，参数的估计越具有其含义。较常使用模型拟合度指标有三类，分别为绝对拟合度指标、相对拟合度指标、精简拟合度指标。

1）绝对拟合度指标

卡方值，越小越好；伴随概率 P，是利用差异值与自由度所计算出的概率值，如果大于 0.05 即可认定该模型与数据拟合适度，反之即可认定该模型与数据拟合不适度。值得注意的是，卡方检验会受到观察值个数的影响，当观察值个数增加时，显著性值（P 值）会有接近 0 的倾向，因此在使用大量数据进行分析时要特别引起注意。

卡方自由度比（CMIN/DF），是差异除以自由度，值越接近 0，表示模型与数据拟合度越好。

RMR（残差均方和平方根），越接近于 0 表示模型拟合度越好，通常要求 RMR<0.05。

RMSEA（渐近残差均方和平方根），越接近于 0 表示模型拟合度越好，通常要求

RMSEA<0.1。

GFI(良适性适配指标)，越接近 1 表示模型拟合度越好，通常要求 GFI>0.9。

2) 相对拟合度指标

AGFI(调整后适合度指标)，越接近 1 表示模型适合度越好，通常要求 AGFI >0.9。

NFI(基准化适合度指标)，其值在 0～1。NFI 值越大，表示模型与数据的拟合度越好。

CFI(比较适合度指标)，其值在 0～1。CFI 值越大，表示模型与数据的拟合度越好。当数据完全拟合模型时，CFI 等于 1。

IFI(增量适合度指标)，其值在 0～1。当数据完全拟合模型时，IFI 等于 1。

TLI(非规准适合度指标)，即 Tucker-Lewis 指标，其值在 0～1。当数据完全拟合模型时，TLI 等于 1。

3) 精简拟合度指标

AIC(赤池信息标准)。AIC 越小表示该模型越优，可利用 AIC 来比较多个模型。

CAIC(一致赤池信息标准)。值越小表示模型越优，可利用 CAIC 来比较多个模型。

对所构建的模型进行拟合度评价，其结果如表 5-40 所示。结果显示：模型各项拟合度指标均达标，表明所构建的二阶模型整体适配良好。

表 5-40 二阶模型的各项拟合度评价指标

配适指标		判断准则	模型指标	模型适配判断
绝对拟合度指标	卡方值 P 值	卡方值越小越好 P>0.05	Chi-square=81.927 P=0.787	良好
	卡方自由度比(CMIN/DF)	<3	0.881	良好
	RMR(残差均方和平方根)	<0.05	0.035	良好
	RMSEA(渐近残差均方和平方根)	<0.1	0.000	良好
	GFI(良适性适配指标)	>0.90	0.961	良好
相对拟合度指标	AGFI(调整后适合度指标)	>0.90	0.935	良好
	NFI(基准化适合度指标)	>0.90	0.947	良好
	CFI(比较适合度指标)	>0.90	1.000	良好
	IFI(增量适合度指标)	>0.90	1.008	良好
	TLI(非规准适合度指标)	>0.90	1.011	良好
精简拟合度指标	AIC(赤池信息标准)	预设模型值小于独立模型值，且同时小于饱和模型值	201.927<1588.816 189.930<306.000	良好
	CAIC(一致赤池信息标准)	预设模型值小于独立模型值，且同时小于饱和模型值	465.817<1663.585 465.817<978.919	良好

4. 模型确立与解释

对通过拟合度检验的模型使用结构方程的路径来分析并对原始假设进行验证分析，其结果如表 5-41 所示。

表 5-41 社会合作信息查寻与检索的假设验证结果

影响因素	标准化回归系数	SE	CR	*P*	检验结果
任务认知↔情境认知	0.22	0.050	2.556	0.011	显著
任务认知→信任成员	0.42	0.056	4.779	***	显著
任务认知→个人相关	0.35	0.079	4.769	***	显著
情境认知→信任成员	0.52	0.057	5.175	***	显著
情境认知→激励强化	0.39	0.104	6.298	***	显著
激励强化→个人相关	0.28	0.061	4.752	***	显著
激励强化→群体一致	0.28	0.050	3.512	***	显著
信任成员→群体一致	0.93	0.226	6.257	***	显著
群体一致→个人相关	0.43	0.112	3.342	***	显著

当显著水平设为 0.05 时，如果统计量的绝对值即 CR(临界比值)大于 1.96，则可认为“在 0.05 的显著水平下，有显著性差异”；当显著水平设为 0.01 时，如果统计量的绝对值大于 2.58，则可认为“在 0.01 的显著水平下，有显著性差异”；当显著水平设为 0.001 时，如果统计量的绝对值大于 3.28，则可认为“在 0.001 的显著水平下，有显著性差异”(荣泰生，2009)。

由表 5-41 得知，任务认知与情境认知的相关系数为 0.22，相伴概率值为 0.011，初始假设 H2 成立。即：

H2：任务认知与情境认知显著相关；

由表 5-41 得知：CR 值为 4.779>3.28，表明在 0.001 显著水平下任务认知对信任成员具有显著性影响，且任务认知对信任成员的标准化回归系数为 0.42，故初始假设 H3 成立。即：

H3：任务认知正向影响信任成员。

同理，可证实以下初始假设均成立：

H4：任务认知正向影响个人相关；

H5：情境认知正向影响信任成员；

H6：情境认知正向影响激励强化；

H7：激励强化正向影响个人相关；

H8：激励强化正向影响群体一致；

H9：信任成员正向影响群体一致；

H10：群体一致正向影响个人相关。

到此，包括前面证实的初始假设 H1，所有原假设都获得证实。

基于证实的假设 H2～H10 可构建社会合作信息查寻与检索的行为特征影响因素模型(图 5-16)。由图可知，该模型包括 6 个要素：任务认知、情境认知、信任成员、激励强化、个人相关、群体一致。其中，任务认知、情境认知、信任成员是社会合作信息查寻与检索的内因，激励强化构成社会合作信息查寻与检索的外因，群体一致是在内外因共同作用下社会合作信息查寻与检索参与者的博弈迭代结果，且内因与外因各要素间也存在相互交织作用。

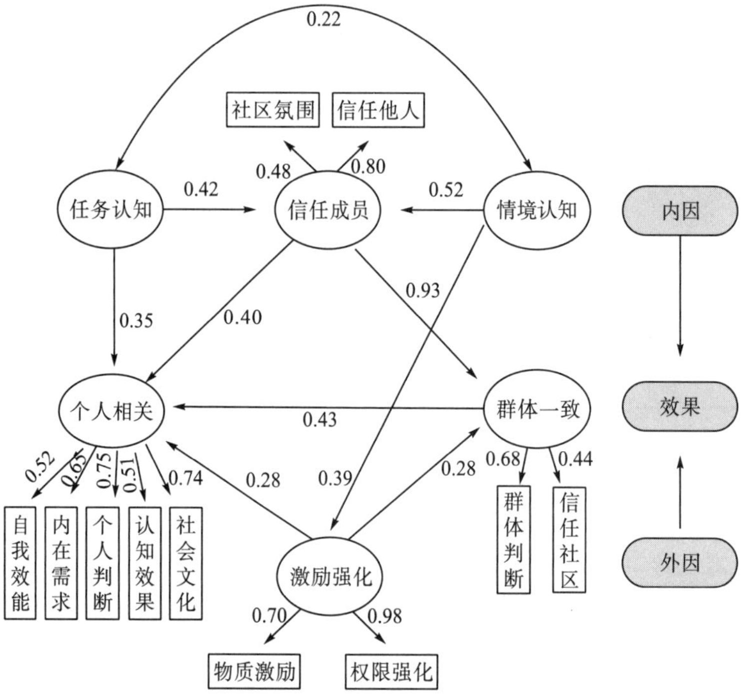

图 5-16 社会合作信息查寻与检索行为的影响因素模型

下面具体分析各要素间的相互作用关系。

(1) 内因。包括任务认知、情境认知和信任成员 3 个因素，其中信任成员由社区氛围与信任他人两个要素构成。

个体对任务和情境的感知具有一定的关联性，相关系数为 0.22，尽管不是很高，但表明二者间有相互影响作用。在一些研究中常把任务也作为情境的一部分，本书的实证表明二者尽管有联系，但还是两个不同的内容，因而应该对它们区别对待。

任务认知与情境认知直接影响社会合作查寻与检索参与者彼此间的信任。就影响程度而言，情境认知的影响力要略高于任务认知，前者的标准化路径系数为 0.52，后者的标准化路径系数为 0.42，充分表明了个体间的相互信任关系更容易受到外界的特定情境或语境认知的影响。

在信任成员的构成要素中，信任他人的作用比社区氛围的影响要大，前者的标准经路径系数为 0.80，后者的标准化路径系数为 0.48。从某种意义上讲，社区氛围在一定程度上构成任务完成的组织情境，但组织情境的核心仍然是人与人之间的相互关系。因而，要使社会合作信息查寻与检索顺利实施，构建良好的社区氛围至关重要。

内因各要素除自身相互作用外，还通过 4 条途径与外因及效果发生关联。其中，任务认知影响个人相关要素，标准化路径系数为 0.35；情境认知对外因的激励强化有影响，标准化路径系数为 0.39；信任成员分别对个人相关因素及群体一致有影响，其标准化路径系数分别为 0.40 和 0.93。从社会合作信息查寻与检索的最终目标来看，成员间的信任关系对查寻检索结果产生直接影响且影响效果大，其他内因要素要么通过外因要么通过效果的其他要素来发挥作用。

(2) 外因。仅包括激励强化一个要素，该要素由物质激励与权限强化两个变量构成。

从影响强度上看，物质激励与权限强化对激励强化的影响都较大，其标准化路径系数分别为 0.70 与 0.98，表明采用物质激励与赋予一定权限对社会合作查寻与检索参与者都有强烈影响，尤其是权限强化更能激发用户的参与热情，这反映出参与者对精神的追求更甚于物质。因而，要增加激励强化的效果，首先是给参与者提供足够的权限进阶，其次是给予一定的物质奖励。

激励强化作为外因，在社会合作信息查寻与检索中对个人相关因素和群体一致的影响程度相同，均仅为 0.28。与内因对社会合作信息查寻与检索的影响相比，外因对查寻检索效果的影响相对较小，表明个体对信息的相关判断是以自我认知为基础的，个体作为一个理性人存在，激励强化机制仅在一定程度上对社会合作起着加速或促进的作用。

此外，激励强化还受到外因中情境认知的影响，标准化路径系数为 0.39。表明外因的作用是建立在一定的语境基础上，相应的物质激励与权限强化应与特定语境相适应，其外因作用才可能发挥得更好。

(3) 效果。从实证研究结果看，社会合作信息查寻与检索效果是个人相关因素和群体一致的博弈迭代结果，包括两个方面：群体一致形成及个人相关因素优化。

群体一致受到激励强化与信任成员的直接影响，其中激励强化的标准化路径系数为 0.28，信任成员对群体一致的直接影响高达 0.93，表明社会合作群体内部的人际氛围对群体一致性意见的形成相较激励强化措施更重要；群体一致由群体判断和信任社区两个部分构成，前者的标准化路径系数为 0.68，后者的标准化路径系数为 0.44，表明群体一致的主要功能是达成群体判断共识，其次是促进社区信任关系发展，与内在因素信任成员间形成良性的互动关系，因而群体一致性判断的形成依赖于良好的群体人际关系，也是社会合作信息查寻与检索的重要成果。

个体相关受到任务认知、激励强化与群体一致的直接影响，三者的标准化路径系数分别为 0.35、0.28 和 0.43，其中群体一致性的影响最大，表明群体内部的一致性判断对个人相关要素优化的影响更高，内因的任务认知影响其次，外因的激励强化影响最弱；个人相关由自我效能、内在需求、个人判断、认知效果和社会文化 5 个因素构成，其中对个人判断能力及社会文化素养的作用效果较大，标准化路径系数分别为 0.75 和 0.74。

对比社会合作信息查寻与检索的效果构成，群体一致与个人相关要素的影响路径表现出极大的差异性：个体相关要素的改善更多是在外因（激励强化）影响下由个体的任务认知水平主导，而群体一致性判断则是在外因（激励强化）影响下由群体成员的信任关系决定，群体一致性判断作为社会合作信息查寻与检索的问题解决具体指向在内外因作用下得以实现是显性的作用效果，而最本源的效果是参与者个体相关因素的改善与优化。

5.4.3 社会合作信息查寻与检索的行为机制

1. 合作触发的语境认知匹配机制

社会合作的触发通常是由用户知识结构与环境刺激信息语义不确定之间的不匹配引起的。具体来说，分为两种情况，即当用户已有的知识结构不完整或利用自身的信息素养难以消除不确定时，用户会向所处环境发出求助信息；相反，当用户感知利用自身的知识结构能够解决环境中的问题时，可能会主动提供相关信息。由此可见，个体是否选择参与社会合作信息查寻与检索的过程，既是对自身知识结构的评估过程，又是对自身所处社会语境的认知过程。其中，前者处于支配地位。

在二者的权衡中个体做出参与社会合作的选择，很大程度上出于对自身所从属的群体语境的信任和认同。与企业项目团队和高校科研团队相比，虽然社会合作所处的虚拟社区在组织结构上显得更加松散，但实证研究表明：在所调查的 441 名回帖用户，即参与过社会合作的用户中，84.8%出于兴趣爱好，35.6%出于道德责任，8.8%出于互帮互助。个体将参与回帖、讨论解决问题由兴趣爱好上升到道德层面，完全是基于对社区组织的信任和对社区文化的认同。这一点在所构建的用户行为影响因素模型中也得到了充分体现。其中，信任成员对群体一致的影响为 0.93，远高于其他影响因素，表明个人在认知上已经融入了所从属的社区语境，对群体的行为自然而然地就表现为一种顺从，不管他自身是否有所意识。可见，正是对社会语境中独特、稳定的核心价值理念的认可，才驱使个体选择了参与社会合作。

此外，自我效能和激励强化也触发着个体参与社会合作的实现。Kim(2002)认为，自我效能是个体对自我的一种认知，当面临特定问题时，它会影响到个体对自身的评价，进而影响到决策的制定，表现为是否采取行动、何时开始行动、付出多大努力以及何时终止行动等一系列行为。自我效能会影响到个体的动机与行为，是个体知识分享时自我激励源的重要因素，当个体意识到自己分享知识能提高社会收益、促进社会进步时，便会采取知识共享的行为。激励强化理论则认为个体的行为是基于一定利益考虑的(周涛和鲁耀斌，2009)。对于虚拟社区的参与者来说，除了道德责任的理念外，是为了获得虚拟货币、积分或管理权限，抑或建立自己的威望和声誉，才分享知识或经验的。

韩毅(2013)认为，自我效能理论夸大了个体行为主观动因的作用，过分强调社会语境因素对个体行为的规范约束作用，是一种“过社会化”(oversocialized)观点；而激励强化理论过于强调个体的经济利益属性，没有充分考虑到社会语境因素对个体行为的规范约束作用，是一种“欠社会化”(undersocialized)观点。对于一个理性的个体而言，应在这二者间寻求某种平衡，既不无视语境的约束功能，也充分发挥自己的主观能动性。所构建的用户行为影响因素模型中，在个人对于信息的相关性判断这一点上，自我效能、激励强化对其的影响分别为 0.52、0.28，尤其是激励强化，它对个人相关性判断及其群体一致性达成的影响均仅为 0.28，这充分体现出参与者已然在自我效能和激励强化之间寻找到平衡点，对经济利益并不过分追求，相反更加强调和注重发挥自身的主观能动性。可见，参与者是作为一个理性的个体参与社会合作信息查寻与检索行为的。

综上所述，在社会合作信息查寻与检索的触发阶段，个体对社群语境认知的认同是关键因素，直接决定着个体的动机和成因，而个体对自身知识结构认知的评价是重要因素，直接影响着参与决策及参与程度。同时，个体在自我效能和激励强化中寻求着平衡，使得其社会合作行为实施更加理性。

2. 合作演化的语境关系结构机制

赵玲等(2009)的研究表明：经济生活中的信任不是产生于制度安排或普遍道德，而是个体间的社会关系；这种社会关系由个体或他人连接的渠道、强度、互动频率、网络中心度、占有信息的多寡及整体网络密度等组成，成员间联系的数量、彼此间的相似性和感知到的交互促进信任产生。

对于企业项目团队和高校科研团队来说，为完成任务构建的团队合作除了团队间的社会关系网络外，组织或团队的制度安排在很大程度上约束着团队成员的行为。与之不同的是，基于松散关系组成的社会合作信息查寻与检索，虽然也受到虚拟社区准则规范的影响，但并不起主导作用，而由个体组成的社会关系网络才是合作信息查寻与检索的关键力量和动力机制，但同时它又并不能完全取代所确立的制度规范，因为在一定程度上它只是促使合作搜索加速或延缓的催化剂。

一定社会语境中触发的合作信息查寻与检索能否继续演化下去，在很大程度上取决于所参与主体之间形成的社会关系网络，它是合作搜索演化发展的驱动力。其中，网络中个体的结构位置及个体之间的相互作用将影响着合作搜索广度和深度的发展。在合作搜索过程中，主体之间的关系逐渐建立，随着演化的深入，所建立的关系随之不断发生分化，涌现出意见领袖、活跃成员及边缘成员等不同的角色，角色的形成、分工及贡献使得社会关系网络中的组织和结构更加明朗化，从而使得个体及个体之间的关系得到重新塑造，合作信息查寻与检索随着社会网络关系的重塑和演化得到深化。

在社会关系网络演化中，人和信息也在相互作用中发生变化。基于兴趣爱好而形成的专业性或非专业性的虚拟社区，在相互交流和共享合作中，主体之间逐渐形成了对兴趣的共同感知及对分享的共同渴望。在此基础上，一个非正式或半正式的知识共享平台不断建立和完善。由此可以看出，主体参与社区合作，已然不仅仅是兴趣爱好，而是为了获得自己在真实世界中无法获取的信息或知识，可能是发展动态，也可能是学习工具等等。此时，群体所建立的社会关系网络便可突显其独特的优势。

同时，在主体的频繁交流与合作中，将对问题形成共同的理解、对问题的解决方案不断创新优化并最终可能达成共识，这不仅是一个信息或知识的交流过程，更是一个信息或知识的创造过程。由于社区所属语境的包容性与开发性，必然吸引更多的个体加入进来，使得人脑中更多的隐性资源被开发出来，使得开放社区体系中的知识不断得到提纯。经研究发现：信息提供者的身份或权威对用户选择信息并不构成太大影响。相反，他们更加注重信息的质量，有 62.5%的用户表示只要认为信息有用便会参考借鉴。可见，社会合作搜索有利于形成一个独特的知识资源库，它为社会智能的挖掘和复用提供了语境基础和框架支撑。

当然，社会合作信息查寻与检索行为的收敛取决于问题的解决程度，但与企业项目团队和高校科研团队不同的是，其问题解决不具有刚性约束条件，全在于参与者的心性状态。但无论如何，群体语境的约束与激励仍然是社会合作信息查寻与检索行为演化的根本性力量。

3. 合作持续的语境文化理念机制

一次社会合作信息查寻与检索，从开始触发到最后结束，无论结局是否达成共识，这种以社会网络关系为载体的合作都将深深打上语境文化的烙印。其中，它包含着两个层面：一是狭义语境文化，二是广义语境文化。

社会合作的开展是基于虚拟社区的，主体若想参与其中，必须接受社区的一系列规则才能完成相应注册成为社区成员。继而以社会网络关系为基础在主体间传递其所倡导的价值理念，并设置奖励惩罚措施，实现引导和规范社区成员行为的目的。通过正向激励强化(如增加经验值、奖励虚拟货币、提高会员等级、获得更多权限等)促使成员更加遵守社区规范；相反，通过反向惩戒(如冻结账号、屏蔽评论等)引导成员向社区规范靠拢。通过持续强化和引导，使得社区成员对社区规范产生认同与接受，继而其行为不断趋于依从与协同，久而久之，特定的价值理念或社区氛围，即狭义语境文化便自然形成。

作为社会中的个体，从一出生便会受到社会及社会文化的影响和熏陶。从这个层面来说，主体首先是社会成员，其次才是社区成员。因此，社会所倡导的规章制度、伦理道德引导着主体的行为和认知，成为其价值观的一部分。这种认知影响自然而然会体现在社会合作信息查寻与检索中。

上述实证研究表明：在个人相关性判断中，社会文化对其直接影响达到 0.74；在群体一致性中，社区氛围对其间接影响达到 $0.48\times0.93\approx0.45$。可见，社会文化对个人认知的影响是深远的，而社区氛围在规范和引导社区成员行为中则发挥着积极的作用。

由此可见，这种狭义和广义的语境文化影响着社会合作的发展及共识的达成。随着合作的延伸与扩展，狭义文化和广义文化在相互作用和相互融合中影响着个体的认知和发展。从这个意义上讲，若正向积极的语境文化得到倡导和认同，在社会搜索分工中合作与共享的价值理念将有利于社会智能的构建和发展。Lander 等(2004)认为，正是在这种立体语境的合作理念交互作用下，合作信息查寻与检索作为一种次生的行为方式才可能获得持久的生命力，创建出一种“基于知识信任(knowledge-based trust)”的知识社会运作范式。从这个意义上讲，社会合作信息查寻与检索不再是无记忆的单用户信息行为过程，而是在经历的各种语境中留下不可磨灭的印痕；随着这些印痕的不断累积与叠加，最后就形成一种留存于行为习惯的社会文化。

第 6 章 合作信息查寻与检索的相关性模型

长期以来，相关性研究一直是信息查寻与检索中的核心议题，因而在合作信息查寻与检索中也需要解决相关性问题。但合作信息查寻与检索的相关性更强调过程性、探索性及群体共识性，因而如何解析合作信息查寻与检索过程中的相关性判据及影响因素，构建相关性过程模型并阐释其基本原理就成为研究中需要解决的重要问题。

6.1 合作信息查寻与检索相关性的研究思路

6.1.1 相关性研究的历史回顾

目前相关性的研究主要包括三个方面：①相关性理论研究，包括相关性内涵、相关性类型、相关性模型；②相关性判断研究，包括相关性判断行为、相关性判据；③相关性实践研究，如相关性排序、相关反馈等。类似于信息检索研究，多数研究人员认为相关性研究分为两个学派：面向系统与面向用户。其中，对于相关性理论特别是相关性概念的研究是两个学派共同研究的重点；相关性判断研究是面向用户相关性研究的重要内容，主要是对用户的相关性判断行为及其判断依据的实证研究；相关性实践研究，是面向系统的相关性研究方向，主要围绕信息检索系统开展，涉及相关性排序、相关反馈与查询扩展、系统评价等。考虑到本书目标是面向群体用户的相关性判断研究，因此将重点回顾当前面向用户的相关性研究进展。

1. 相关性研究历史

多数学者认为相关性研究始于 20 世纪 50 年代，张新民等(2008)认为应该从 20 世纪 30 年代算起，而庞弘燊和徐文贤(2009)指出“国外的相关性研究至今已有上百年的历史”，王雅坤和成全(2012)更是将相关性概念追溯到 17 世纪早期图书馆用户认识到的查找相关信息的问题。

按照 Mizzaro(1997)的观点，相关性研究从开始至今，可以划分为三个阶段：1958 年(科学信息国际会议)之前；1959～1976 年，以 Saracevic(1975)发表的综述性文章为标志；1977 年至今。成颖(2011)认为，目前第三阶段的结束尚未有明确的标志，但庞弘燊和徐文贤(2009)以 Mizzaro 的综述性文章为依据，认为可以将 1997 年之后的研究划归为第四阶段，并指出这一时期的研究与前面三个阶段有较大差异。

2. 相关性定义与类型

然而不管从何时开始相关性研究，也无论处于哪个研究阶段，时至今日对于相关性如何界定依旧未有统一的认识。美国学者 Saracevic 认为相关性可理解为“交流过程中来源与终点(接受者)之间接触效率的量度”，并提出了一个相关性概念生成器，通过五组元素的组合，可以获得上千个相关性概念。

Schamber 等(1990)指出给“相关性”一个明确的或可操作的定义具有以下必要性：①相关性是衡量信息系统性能的指标，新的技术和系统不可避免要以人做出的相关性判断为基础进行评估；②部分信息检索系统在工作过程中要用到用户的相关性判断，在这类系统中相关性起着关键作用；③情报学最终必须把相关性作为一个基本概念而给出理论和经验上的定义，这样本学科才可以接下去讨论其他问题。

研究人员在探求相关性概念过程中从不同的视角提出了众多的相关性类型，如系统相关性、用户相关性、主题相关性、算法相关性、逻辑相关性、情境相关性、心理相关性、情感相关性、社会认知相关性、语法相关性、语义相关性、语用相关性、主观相关性、客观相关性等类型，以及效用性、有用性、适用性、针对性、关于性等众多与相关性接近的概念。

Schamber(1994)陈述了三种相关性观点：系统观、信息观、情境观。系统观是客观的，是指一种查询请求与一种文献相匹配；信息观是主观的，是指一种信息请求和一种文献之间的联系；情境观也是主观的，指某用户的信息需求与某文献之间的关系(黄慕萱，1997)。成颖认为系统观是面向系统的，而信息观与情境观是面向用户的。其中系统观的相关性有三个基本假设，可以通过词汇选择相似性、语法结构相似性、词频概率等方法实现；信息观的相关性包括 Cooper 的逻辑相关、Ingwersen 的四种相关性(aboutness)、Lancaster 面向文档的相关性判断与面向问题的相关性判断；情境观的相关性包括 Wilson 的情境相关性(situational relevance)与 Harter 提出的心理相关性(psychological relevance)(成颖，2011)。

Saracevic(1996)提出相关性的 5 种表现类型，将相关性划分为：①系统或算法相关性；②主题相关性；③认知相关性或适用性(pertinence)；④情境相关性或效用；⑤动机或情感相关性。Ingwerson 和 Järvelin(2007)在研究相关性类型时，基本采纳了 Saracevic 的划分，不过用“社会-认知相关性”代替了 Saracevic 的“动机/情感相关性”。

黄祥喜(1984)在总结已有相关性定义的基础上，提出三个不同层次的相关性概念：①匹配性，是指信息或信息表征与检索策略(检索式、检索语句)的一致性，由系统做出判断，属于系统相关性；②相关性，指信息内容与信息提问的一致性，这种一致性由能够理解信息和提问内容的鉴别人(用户本人除外)或鉴别小组(用户本人是其中一员)来确认，属于用户相关性；③适用(针对)性，信息内容与信息需求的一致性，由用户本人判断，属于用户相关性。

吴美美(1998)也给出了类似的层次区分：词汇相关、逻辑相关和适切相关(pertinence)。这种层次的划分与韩毅(2003)所给的语法相关、语义相关、语用相关有一定的对应关系：语法相关是指检索结果与检索表达式在词汇上的匹配；语义相关是指检索结果与主观信息需求的匹配；语用相关是指检索结果与决策需要信息间的相关。尽管相关性判断非常复杂，但任何结果的相关性判断的最终目的都是满足用户的需求。

黄慕萱(1997)指出，由影响相关性判断的因素可知，相关性不可能纯粹由主题决定，许多非主题因素也会影响相关性判断，因此相关性不能简单地定义为主题相关，而是要向非主题相关的定义发展。较为知名的非主题相关的概念有 Cooper 的逻辑相关性、Wilson 的情境相关性、Harter 提出的心理相关性等。

3. 相关性模型

吴丹(2011)指出，在无法给出精确定义的情况下，学术界通常采用一种理论体系或模型来概括相关性。在所给出的相关性模型中，Saracevic 的交互式相关性模型和 Mizzaro 的四维相关性模型最具典型性与代表性。

Saracevic(1996)先从直觉、哲学、交流的角度以及关系、意图、情境、推论和交互等一般属性阐释了相关性的广义框架，再从系统、通信、情境、心理和交互 5 个情报学框架解释了相关性的本质，其中交互框架主要包括 Ingwersen 的信息检索交互认知模型、Belkin 的片段模型以及 Saracevic 自己提出的层次模型。

Ingwersen 的认知模型着重挖掘信息检索过程中涉及的认知元素，对于相关性的考虑隐含其中；Belkin 提出的片段模型认为用户与信息检索系统的交互是发生在信息检索片段中的一系列交互，而相关性是交互的基础；Saracevic 的层次模型指出信息检索交互发生在用户的认知、情境、情感和计算机的工程、处理、内容等多个层面，该模型阐释了相关性的本质，认为用户与计算机交互的目的就是为了处理相关性。

Mizzaro(1998)提出的相关性四维模型认为相关性可以形式化地表示为信息资源、信息需求、时间和构件四个维度的笛卡尔积。其中，信息源维度包括文档、文档替代品和信息三个实体，用户信息需求可区分为真实的信息需求、感知到的信息需求、查询请求和查询表达式四个层次；时间维度是该模型不同于以往研究的重要特点，体现了相关性判断的动态性；构件维度则可以分为主题、任务和情境三种。王家钺(2001)认为，Mizzaro 的四维模型把相关性的各个方面分析得淋漓尽致，然而也将相关性置于无法准确度量的窘境。

4. 相关性判据研究

相关性判断的研究深受相关性理论特别是相关性定义与类型发展的影响，并以实证研究为主，研究人员主要探讨用户的相关性判断行为，在进行相关性判断时所使用的判据，或者用户相关性判断的主要影响因素。

Saracevic(2007)和成颖(2011)分别对涉及用户相关性(判断)行为及其判断依据的研究进行了综述。成颖认为根据研究热点分布可以将相关性判断研究分为三个阶段：1990 年之前为第一阶段，此阶段的实证研究主要包括信息检索系统的测试与评价，如 Cuadra 和 Katter 以及 Ress 和 Schultz 开展的实验室研究；第二阶段为 1990～2000 年，开始转向基于自然主义的研究，不过仍然以学术信息环境为主；2000 年之后进入第三阶段，研究人员的视野逐渐转向了网络环境以及多媒体信息资源。

研究人员多数采用访谈、调查以及出声思维法获取数据，对数据的分析以内容分析法为主，研究对象以高校学生和教师为主，从指定检索任务开始转向真实信息需求情境下的研究，从学术信息环境开始转向多元信息环境。进一步总结已有相关性判断研究可以发现：

(1)用户是相关性判断的核心，成颖等认为(2005)相关性判断是一个认知过程。因此用户的个体差异、知识结构和认知风格等会影响相关性判断。

(2)相关性判据具有动态性。成颖(2011)有相关研究发现：在信息检索活动的不同阶段，相关性判据的选用有明显变化；此外，不同情境下具体相关性判据的选择和使用也有显著差异。

(3)不同的用户会使用相似的相关性判据，不同研究中的相关性判据存在一定的重合。尽管研究中涉及的研究对象、环境不同，研究总结归纳的相关性判据数量差异较大(少则10余项，多则上百项)，不过研究中发现用户使用的相关性判据具有相似和重合之处。成颖(2011)据此得出一个结论：建立一个跨用户类型、问题情境、信息环境的核心相关性判据是完全可能的。

6.1.2 合作信息查寻与检索相关性的研究回顾

文献调研发现，针对合作信息查寻与检索的研究主要集中在开发合作信息查寻检索系统和研究合作信息查寻行为上，对合作信息查寻与检索中群体用户相关性判断的研究非常少。已有研究主题内容主要集中在两个方面：合作相关性判断策略和合作相关性判断类型。

1. 合作相关性判断策略

1)两阶段合作相关性评估策略

Wu 与 Liu(2003)认为，在企业运作与管理活动中，已经被执行过的任务是一种非常重要的信息资源，可以为当前任务提供有价值的信息，同时也可用于构建知识工作者(用户)的任务文档和描述他们的任务需求。利用知识支持系统达到上述要求是可行的，其中最重要的就是在企业任务执行过程中为知识工作者提供与任务相关的信息(被编辑过的信息)，满足他们的信息需求。企业任务的知识密集性和复杂性决定了知识工作者评价工作的难度，对大量的任务进行评价会给知识工作者造成非常大的负担，而合作机制则能够有效解决这个问题。基于此，研究人员在2003年提出利用合作者和领域专家相关性判断的合作相关性反馈技术修正任务文档，为工作者推荐相似任务。2008年，Liu 和 Wu 在原有方法的基础上做出改进，提出一种基于任务的合作相关性评估方法。

该方法主要分为两个阶段进行：

第一阶段：首先通过组织活动确定任务类目，将已经执行的任务按照类目进行分类；其次合作者或任务专家或同事利用模糊语言方法在系统提供的合作工作中间计算当前任务与每个类目之间的相关度，系统给出“非常低”“低”“正常”“高”“非常高”“极高”六个度量水平；然后通过加权平均对每个合作者的评分进行聚合，用一个特征向量表示；最后根据类目与任务之间的相似度识别出参考任务子集。

第二阶段：评价当前任务与每一个参考任务之间的相似度，其判断方法与第一阶段相同。在本阶段中，知识工作者利用第一阶段合作者的判断成果，不用浏览判断所有任务，其工作强度和认知负担都大大减轻。

该方法利用合作者的相关性判断，甄别出与当前任务相关的参考任务，然后利用一个修正的相关性反馈技术对当前任务的初始任务文档(即任务需求)进行修正，利用修正后的任务文档进行知识检索，其结果比直接利用查询式获得的结果更具有相关性。研究人员利用三轮实验验证了该方法的可行性和可靠性。

Abecker 等(2000)指出，两阶段合作相关性评估方法主要聚焦于为知识密集型任务提供知识支持，但没有考虑到当前任务所处的情境和工作过程，基于语境的知识支持可以利用当前任务的情境、角色和与工作相关的技能来为知识的获取和检索提供情境感知。

2) 群体共识方法

Zhang (2002) 认为在群体/组织语境乃至社会语境下，想要探讨测量不同类型用户的搜索效果，即判断检索结果的相关性就不能忽略信息检索的合作本质属性。他认为在搜索同一问题时，一篇文献被更多的用户检索到，那么这篇文献就更加相关，用户间进行信息共享就隐含着对信息有着相同或相似的判断，基于这种想法提出一种基于群体共识来测量相关性的方法。

Barry (1994) 研究发现，领域共识 (consensus within the field) 是用户进行相关性判断的标准之一，它是指用户之间对知识场域 (intellectual field) 内与之相关的文本信息理解的一致性程度。群体共识方法主要包括四个步骤：①将群体内所有成员针对同一问题检索到的文献汇集在一起；②根据检索到该文献的人数，对文献进行排序；③赋予一个截断阈值将排序后的文献集划分为相关集 (共识集) 和非相关集；④根据检索到文献的人数给相关集中文献赋予权重，计算该文献的相关分数。实证部分选取 56 个具有不同教育水平、学术背景、语言和计算机技能的研究生、本科生和高中生进行试验，结果表明采用群体共识方法得到的结果与采用查全率和查准率评价的结果一致，具有一定的可行性和可靠性。

该方法可以利用计算机自动完成，不需要增加用户的额外负担，是比较客观的方法，具有很强的操作性。但是该方法存在三个问题：①仅仅依靠检索到一篇文献的人数就判定文献的相关性是否太过于简单。在实际查寻中检索到的文档通常是由检索系统或搜索引擎根据用户的查询词返回结果，其返回结果并不代表就是相关结果；②虽然实验结果与基于查全率和查准率的判断一致，但是 Su (1994) 曾提出查全率和查准率不能显著地反映用户信息检索是否成功，即用户是否找到符合自身信息需求的信息不能仅依靠查全率和查准率来判断；③虽然此方法考虑到信息检索发生的社会语境 (合作或者交互)，但是这种合作和交互式完全是隐形的，用户之间没有显性的语言或意识上的交流。

3) 同步合作信息检索系统中的相关性判断策略

合作在信息查寻活动中扮演非常重要的角色，Foley 等 (2006) 认为通过合作中的交互，信息需求很容易被识别，但通过与搜索引擎交互来分解信息需求的过程和实施搜索任务的过程仍然是个体活动。针对这一问题，研究人员提出一种能够允许用户通过合作来满足共享信息需求的环境，讨论在该环境下搜索引擎通过只显示最新的信息从而消除合作者之间的冗余来进行任务分解的方法，同时提出利用相关性反馈技术支持合作者之间的知识共享，最后讨论如何将多个用户的相关性判断结合在一个同步合作信息查寻模型中。

为了将多个搜索者的相关性判断有效地结合起来，研究人员总结出以下 3 种影响因素：①相关性判断的权威性。搜索者的搜索经验、培训经历、认知特点和智力/理解力 (intelligence)、个性品质、专业知识都决定着搜索者相关性判断的权威性 (Hsieh，1993)。②相关性会随时间而衰退。在合作搜索任务之初，用户信息需求是模糊的，但在后续的搜索中，用户可以获得关于搜索主题更多的信息，加深对任务的理解，因此 Bates (1989) 指出只有最近的相关性判断才能很好地反映用户的信息需求，也就是说搜索任务进行的阶段会对相关性判断产生影响。③相关性判断个性化 (personal relevance judgment)。合作信息查寻与检索的优点在于用户从不同方向看待任务，以不同的方式完成任务。如果在合作信息查寻与检索中，仅以群体用户做出的相关性判断结果作为唯一的判断结果，那么很可能会丧失用户的创新性以及在搜索任务中产生的新发现。

类似还有徐树维(2010)提出的同步协作检索结果的相关性判断策略。他认为当前合作信息查寻系统的相关性判断只是让每个用户对检索结果进行判断，没有考虑到用户的动态特征，协作者之间缺乏有效的信息共享。该方法的机制是向每个协作者分配有冗余的结果子集，利用用户的直接判断解决元搜索引擎优化检索结果的不足，实现检索过程中用户经验和检索知识的共享和重用。研究表明，用户的特征(包括专业知识、搜索经验、认知能力、专长等)对检索结果的判断有直接影响，因而在确定最终相关结果时必须要考虑不同用户的特征。作者提出可以利用用户的判断权重来解决这一问题。由于用户的特征最终会反映到对搜索结果相关性判断上，一个用户如果多次准确地判断，那么其个人特征对最终判定为相关结果集的影响更大，所以根据用户对最终判定为相关的结果集的贡献力量和用户参与协作任务的次数来调整用户的判断权重。

从以上研究来看，各学者提出的合作相关性判断策略有一个共同点，都是基于检索结果进行的，即都是利用合作信息查寻与检索系统综合多个用户的检索结果和判断结果后对结果进行重新排序，是基于检索结果的合作相关性判断。在此产生这样一个疑问，在合作相关性判断过程中，用户的妥协心理会对相关性判断造成什么样的影响呢？而同步协作检索结果相关性判断策略主要是从算法和理念上对检索结果进行优化，结合以用户为中心的理念考虑到了用户的个人特征对相关性判断的影响，但只是一种很笼统的方法，并未详细考虑到用户各种具体特征值的影响区分。另外，用户只是相关性判断过程中的影响因素之一，其他因素(诸如搜索任务情境、用户对情境的感知和理解、搜索任务过程阶段等)的影响都没有考虑到。只有综合考虑多因素，才能完善合作相关性判断的结果，使合作信息检索系统能够根据用户和搜索任务的具体背景和环境能动地、自动地返回用户真正所需的信息，满足用户获得“动态”查寻结果的期望。

4. 合作相关性判断类型

González 和 Shah(2010)认为在交互式信息查寻环境中，应该更多考虑以用户为中心的相关性，这其中就包括动机相关和情感相关。但在当前的研究中，无论是算法相关还是其他几种以用户为中心的相关性概念中均没有考虑到群体语境下信息的动态评价，为了在合作信息查寻环境下探索相关性及其情感维度，研究人员引入了“群体情感相关”(group’s affective relevance，GAR)这一概念，并且探索测量群体情感相关性的不同方法，检验这些测量方法与团队绩效的相关程度，同时还提出一个能够在信息查寻系统中实施的群体情感相关性模型，以便支持合作信息查寻与检索(González and Shah，2010；González，2013)。

有研究人员指出，当用户以群体形式进行信息查寻活动时，情感维度对于他们完成合作任务可能是相当重要的，因为情感对团队绩效可能有着积极或者消极作用。Saracevic 定义情感相关为意图、目标、情绪、用户动机和信息之间的关系，这里的信息既可以指用户检索到的，也可以是存在于系统文档中的，还可以是现实生活中的存在物。研究人员将情感相关引入到合作信息查寻中，定义“群体情感相关”为每一个群体成员对某一特定用户在团队中共享的特定信息对象的整体情感体验。利用群体情感相关判断的优势在于，它不仅可以根据群体成员的情绪体验判断团队绩效，还可以探索用户通过信息的相关性判断表达出的感觉如何影响用户在信息查寻过程中收集到的信息的质量和相关性，用户是如何受同伴对共享信息的相关性判断影响，以及这些效果如何影响作为一个社会系统的团队。

在合作信息查寻系统中引入 GAR，能够为测度合作时个体用户的情绪感知提供更好的方法。研究人员在 Kuhlthau 的 ISP 模型基础上提出一个在合作信息查寻系统中支持群体情感相关性实施的模型。在该模型中，用户通过与系统进行交互，分享他们查寻到的信息和情感相关性判断，而后系统利用其他用户的判断动态计算 GAR，最终共享信息的用户得到的反馈驱使他们产生情感反应，使得同伴能够在后来的检索活动中识别出他们。

GAR 方法与前文提到的合作相关性判断策略不同，在测量过程中不仅利用用户的检索结果和相关性判断结果，还利用用户判断信息对象相关性的过程，是一种基于过程的相关性判断方法。GAR 的提出证明在相关性判断过程中，群体用户的情感倾向会影响最终的相关性判断结果，但是情感维度只是群体相关性判断影响因素中的一方面，还有更多的因素需要被考虑，诸如相关性判断的核心——用户的主观因素，进行相关性判断时所处的情境等，仅仅依靠群体情感相关性判断不能完美地解释群体相关性判断过程，要想全面深入了解合作信息查寻与检索判断过程，提高合作信息查寻与检索效率，在合作相关性模型中必须综合客观和主观各个维度的影响因素。

6.1.3 合作信息查寻与检索相关性的研究思路

虽然近年来合作信息查寻与检索研究已经成为情报学的研究热点，研究深度与广度也不断拓展，但对合作情境下群体用户是如何开展相关性判断、群体用户相关性判断受到哪些因素影响及这些因素间的相互作用结构等问题的研究相对较少。

相关性作为一个动态的认知概念，受到客观判据和主观因素的双重影响，这就自然而然产生以下一些问题：在合作信息查寻与检索相关性判断过程中，除了已有研究中提到的各种影响因素外，还有哪些主观与客观因素影响相关性判断过程，这些主客观因素是如何影响着相关性判据的使用，合作语境下相关性判断影响因素与单用户的影响因素是否存在差异，能否建立一个跨语境和任务的合作相关性模型？

基于此，本部分的基本目标是：识别出合作信息查寻与检索相关性的主客观判据，揭示这些判据间的相互作用结构，构建合作信息查寻与检索相关性模型。

具体实践思路是：从实际的合作信息查寻与检索事例入手，应用扎根理论与案例研究方法提取合作信息查寻与检索的相关性判据集合，基于相关性判据的范畴归并形成判据间的初始关系结构，利用相关性判据编制测度量表，基于大规模的调查数据集确认并修改初始结构关系，以此进一步从结构与过程两方面构建合作信息查寻与检索的相关性模型。

上述过程中，最基础的环节是识别出合作信息查寻与检索的相关性判据及构建这些相关性判据的初始关系结构，它们是后续相关性判据量表编制、相关性判据关系结构修正与完善、相关性模型构建的基础。因此，下面主要说明如何从实践案例识别出合作信息查寻与检索的相关性判据及构建这些相关性判据的初始关系结构。

1. 案例数据收集方案

(1)活动开展前。招募到访谈对象后，为了对研究对象及其组成群体的背景信息有一定的了解，设计《个体及群体基本信息调查表》，从姓名、年龄、专业、信息检索能力、群体间熟悉程度等多个方面掌握研究对象的背景信息，并要求研究对象在开展合作信息查寻与检索活动之前填写表格。

成颖(2011)认为，由于相关性判断及判据研究需要信息用户具备真实的信息检索与信息利用情境，这样的情境可以激发其真实的信息需求情境以利于评估文献中所蕴含的信息。因此，在了解研究对象基本信息的基础上，通过与研究对象交谈，挖掘其真实生活、学习、工作或其他问题，确定合作信息查寻与检索需求。

(2)活动开展中。确定合作信息查寻与检索任务后，在研究对象查寻与检索信息的过程中，一方面记录研究对象的各项活动与操作，选用屏幕录制软件记录其在计算机上的具体操作，设计《合作信息查寻与检索活动观察记录表》，指导研究人员观察并记录合作信息查寻与检索活动的具体场所、用户的非计算机操作行为等；另一方面为了掌握研究对象实施这些行为的真实原因，要求研究对象采用出声思维法，在操作的同时阐释自己的想法，并对用户的出声思维进行录音，同时由于交谈或讨论是合作信息查寻与检索的一种重要合作形式，因而研究对象之间的交谈也一并录音。

(3)活动结束后。仅依赖研究对象的观察与研究对象的出声思维与交谈，并不足以保证能够真正理解研究对象合作信息查寻与检索行为及其对查寻到信息的相关性判断，因此在研究对象的信息查寻与检索活动结束后，通过深度访谈了解研究对象行为背后的相关性判据使用、对检索结果的满意程度等问题，为此设计《合作信息查寻与检索行为访谈提纲》；为补充观察与访谈过程中可能的遗漏，保证数据的完整性与可靠性，在访谈结束后请研究对象填写一份自我报告，为此设计《合作信息查寻与检索及相关性判断报告》。

对于收集到的数据，可通过转录、誊写等预处理，将其全部转化为文本，以便开展扎根理论方法的数据编码。通过三轮编码过程的迭代，分析群体用户在合作查寻与检索信息的过程中的行为尤其是相关性判断行为特征、机制、影响因素、判据使用等。

2. 案例数据收集与预处理

根据制定好的研究方案，设计所需调查表、提纲等，并准备屏幕录制软件、数据处理与分析软件与录音设备。通过张贴纸质广告与论坛发帖的形式招募研究对象，展开研究的场所选择在研究对象熟悉与了解的地点(如寝室、自习室或其工作场所)。

在数据收集过程中，首先由各位参与研究的研究对象填写《个体及群体基本信息调查表》，以便研究人员更多地了解研究对象及其团队。在此基础上通过访谈，挖掘研究对象真实的生活或学习问题，商议合作信息查寻与检索任务；同时，在征得研究对象知情与同意的基础上，研究人员在研究对象的个人计算机上安装“屏幕录制专家”软件。在指导研究对象如何使用屏幕录制软件与出声思维法后，正式开始查寻活动，通过屏幕录制软件记录研究对象的操作过程，并使用录音笔记录研究对象的出声独白与对话。在研究对象开展查寻活动的过程中，研究人员依据事先设计的《合作信息查寻与检索活动观察记录表》，观察并记录研究对象的非计算机操作活动、查寻活动现场环境等。

合作信息查寻与检索活动的结束时间一般由研究对象决定，通常控制在 3 小时以内。

当研究对象宣布活动正式结束后，研究人员根据对研究对象的了解和对查寻过程的观察记录，对研究对象展开群体性的半结构化访谈，并对访谈进行录音。针对研究对象开展合作查寻与检索活动形式的不同，给予不同的设计表格，如果合作查寻与检索活动中各成员各自使用单独的计算机开展查寻活动时，由其单独填写《合作信息查寻与检索及其相关性判断报告(个人)》；如果合作查寻与检索活动中各成员共用一台计算机时，则请其填写《合作信息查寻与检索及其相关性判断报告(集体)》。在数据收集过程中，每次进行一组案例观察与访谈，均根据上一案例中出现的问题及时调整随后案例的数据收集方式与方法。

所有案例的数据，包括各种手写笔记、电子文本、音频、视频数据，全部整理为文本资料。其中，各种纸质观察记录全部输入计算机，借助于 QSR Nvivo8 软件将所有的音频与视频数据转录为文本。

3. 案例数据编码处理

案例数据整理主要采用了扎根理论的数据编码方法。扎根理论方法包括一些系统而又灵活的准则，指导收集和分析质性数据，并扎根在数据中建构理论。其中，对数据进行多级质性编码是其主要内容与特色。

1) 扎根理论版本选择

扎根理论在其发展过程中，由于其灵活性和合理性吸引了不同领域的质性研究者，使其成为社会科学使用最多的研究方法之一；同时，研究人员数量的增长也使得扎根理论呈现出多种不同版本，备受争议。目前存在有三个主要的扎根理论研究方法版本：Glaser 与 Strauss 的原始版本、Strauss 与 Corbin 的程序化版本、Charmaz 的建构扎根理论版本。

(1) Glaser 和 Strauss (1967) 的合著《扎根理论发现》(*The Discovery of Grounded Theory*) 被视为扎根理论的最初版本，是此方法的经典叙述。该版本将扎根理论定义为一种发现方法，其类属从数据中生成，依赖于直接的、常常是狭隘的经验主义。Glaser 及其追随者对后两个版本的扎根理论方法论提出批评，认为它们偏离扎根理论的正统。然而，Lyons 和 Coyle (2010) 认为，该版本对方法的研究程序表述不清，且对于研究者如何实施分析也模棱两可。

(2) Strauss 和 Corbin 版本提出较详尽的分析过程。为了建立理论，此版本的扎根理论提供了一套有系统的思考和概念化资料的方式，透过理论抽样，并对资料进行开放编码、主轴编码和选择编码等来统整资料中的条件、脉络、行动/互动和结果，试图理解和说明许多存在于人类社会的复杂现象 (Lyons and Coyle，2010)。由于它在某些方面背离最初的版本，该版本受到 Glaser 的强烈批评 (Strauss and Corbin，2001)。

(3) Charmaz (2009) 提出扎根理论的另一个版本：建构主义扎根理论方法。在经典扎根理论著作中，Glaser 和 Strauss 的发现理论认为理论来自独立于观察者的数据。作为 Strauss 的学生，Charmaz 认为，数据的理论不是被发现的。“我们是所研究世界及所收集数据的一部分。通过我们在过去和现在的参与，以及与人们、视角和研究实践的互动，我们建构自己的扎根理论”。Charmaz 还指出，任何理论形式提供的都是对被研究世界的一种解释性图像，而不是世界的实际面貌 (Lyons and Coyle，2010)。

建构主义提出这样一个概念：(社会) 实在是人们制造 (或建构) 的，而不是被人们发现的。因此，虽然 Glaser 与 Strauss 的原始版本堪称经典，Strauss 与 Corbin 的程序化版本因其易操作性已成为目前研究人员使用最多的版本，但本书更倾向于 Charmaz 的建构主义扎根理论版本。

2)扎根理论分析过程

Charmaz(2009)的建构主义扎根理论过程主要包括以下环节：

(1)数据收集。研究人员可以使用不同的数据收集方法，所收集的数据应该充分，具有丰富的细节，并将其放在相关的情境与社会背景之中。而这一点正是合作信息查寻与检索行为与相关性判断研究的基本要求与现实语境。

(2)数据编码。主要包括初始编码与聚焦编码，初始编码推动研究人员对数据进行解析并开始概念化，而聚焦编码则使研究人员对大量的数据进行区别、分类，并将分解后的数据重新综合。

(3)撰写备忘录。备忘录可以理解为关于编码过程与编码内容的分析笔记，可以帮助研究人员比较数据、代码，增强分析力度。在此阶段，可以对备忘录进行分类、整合，必要时可以用图表的形式整合想法、梳理逻辑。使用备忘录可以将代码提成为概念类属，为理论建构做准备。

(4)撰写草稿。通过对草稿的不断修改，建构具有说服力的论点，检验类属，判断、解释核心类属。

将上述环节以线性形式逻辑表示，则如图 6-1 所示。

Lyons 和 Coyle(2010)认为，在实际研究中，这些环节是不断循环往复、迭代进行的。扎根理论分析的独特标志之一就是资料收集与分析的动态性相互作用。扎根理论方法旨在提供一套灵活却又不失系统的准则指导数据收集与分析，因此在实际研究过程中在数据编码与分析过程中并未严格遵照图 6-1 中的步骤，而是根据实际情况作了适当调整。

3)扎根理论编码

编码是对数据内容进行定义的过程。通过编码过程，可以将数据加以分解、概念化和整合，以形成理论。因此，Charmaz(2009)认为编码意味着对数据片段用一个简短的名称进行归类，同时对每一部分数据进行分类、概括和说明，而所使用的具体代码则体现研究人员如何对数据进行选择、区分和分析性说明。

扎根理论编码主要分为初始编码和聚焦编码两个主要阶段。在编码过程中，本书使用了“提问题”和“不断比较”的方法。其中，所提的问题诸如这些数据是关于什么的研究、这些数据表明了什么、是谁的观点、这一具体数据指向哪个理论类属等，以使编码紧密结合数据；而“不断比较的方法”(constant comparative methods)则包括诸如事件与事件的比较、概念与事件的比较、概念与概念之间的比较等。

本部分所收集的数据是特定情境下群体用户的合作信息查寻与检索及其相关性判断行为，对于这样有着丰富细节、与基本经验问题或过程有关的数据来说，逐行编码会发挥特别好的作用(Charmaz，2009)。不过 Glaser 认为，逐行编码会产生太多的类属与属性，造成过度概念化的狼狈。因此，本书在初始编码时采用“以逐行编码为主，以逐个事件为辅”的数据编码单位。

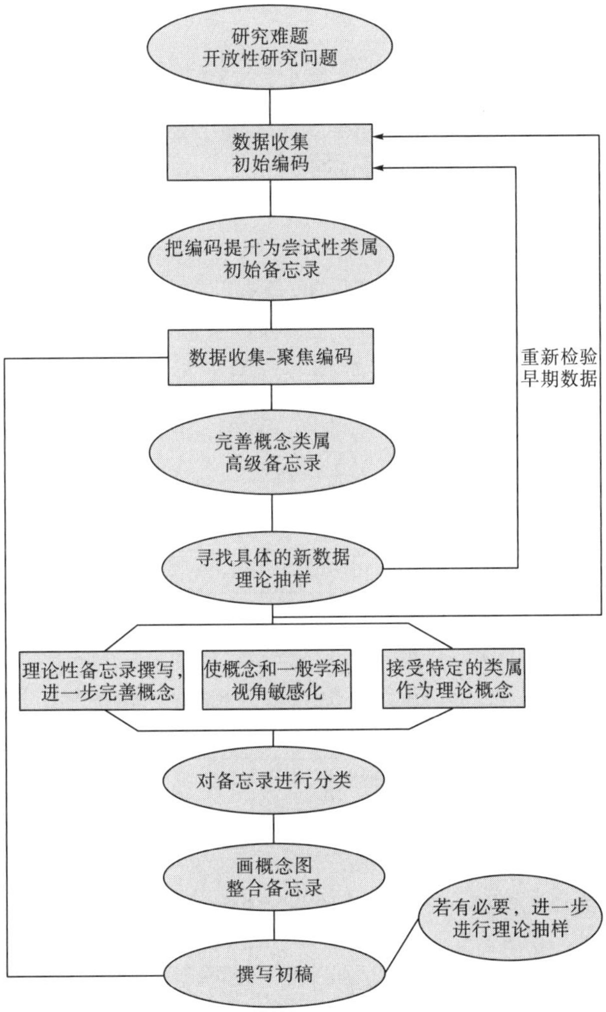

图 6-1　扎根理论过程［根据 Charmaz(2009) 修改］

在初始编码基础上，通过与数据的对比筛选初始代码，选用那些频繁出现和最为重要的初始代码进行聚焦编码，进一步提高编码的指向性和概念化程度。同时，不断撰写关于数据、编码的备忘录，分析归纳数据中所蕴含的概念范畴。通过撰写、整理备忘录，将编码提升为概念与范畴，尝试进行理论建构，探索合作信息查寻与检索的相关性判断行为特征与过程机制。

在后期的合作相关性判据量表编制中，一方面总结借鉴已有研究中的相关性判据，另一方面结合前期研究中的扎根理论编码分析结果，整合这些基本判据并制定合作相关性判据量表初稿，根据量表设计测试《合作信息查寻与检索相关性判据量表》的调查问卷，发放、回收问卷后，对问卷数据进行分析，依据数据分析结果，修订合作相关性判据量表。

由于合作信息查寻与检索的相关性判据涉及主客观两个方面，下面首先据此识别出主客观判据，再依据这些判据构建调查问卷，通过大规模调研数据来构建和检验这些判据间的关系结构，从而确立合作信息查寻与检索的相关性过程模型。

6.2 合作信息查寻与检索相关性的客观性判据识别

6.2.1 合作信息查寻与检索的研究案例

1. 研究案例对象的基本信息

为获得合作信息查寻与检索相关性判断的客观性判据，根据招募者的基本信息共遴选13名在读高校学生为案例对象，其中：男性3人，女性10人；本科生9人，硕士研究生4人；毕业班学生9人(案例1、2、3)，非毕业班学生5人(案例4、5)；年龄分布在18～25岁；专业涉及食品科学、植物保护、化学(师范)、物理学(师范)、广播电视编导、思想政治教育。其个人基本信息如表6-1所示：

表6-1 研究对象个体基本信息

案例	人员	性别	年龄	学历	年级	专业	信息检索能力自评
案例1	F	女	22岁	硕士研究生	2	食品科学	较好
	W	女	25岁	硕士研究生	2	食品科学	较好
	J	女	25岁	硕士研究生	2	食品科学	一般
	C	女	24岁	硕士研究生	2	食品科学	较好
案例2	S	男	24岁	本科生	4	植物保护	一般
	Luo	男	23岁	本科生	4	植物保护	一般
案例3	R	女	22岁	本科生	4	化学(师范)	一般
	D	女	23岁	本科生	4	化学(师范)	较好
	G	女	22岁	本科生	4	化学(师范)	一般
案例4	Z	男	22岁	本科生	2	物理学(师范)	较好
	X	女	19岁	本科生	2	广播电视编导	较好
案例5	Li	女	18岁	本科生	1	思想政治教育	一般
	Q	女	19岁	本科生	1	思想政治教育	较好

根据表6-1可知，研究对象对其信息检索能力有两种自我评估结果：7人认为自己的检索能力较好，6人将其检索能力定位为“一般”(调查表中共有五级标准，依次为：“差”“较差”“一般”“较好”“很好”)。观察此表可以发现，对检索能力的自我评估与其性别、年龄、专业、受教育水平等并无明显相关关系。而在本书的后续数据收集与分析过程中也发现，研究对象对自己检索能力的评估与实际情况存在一定的出入。以案例5为例，尽管研究对象Li认为自己检索能力“一般”，但在实际合作查寻过程中，Li却常常在帮助、指导认为自己检索能力“较好”的Q。

13个案例对象组成了五个群体，从研究对象填写的调查表可知，其中案例1、2、5中的研究对象是因本次研究活动而临时组成的合作群体，在任务结束后团队解散；案例3的研究对象在本研究之前已经实施过合作信息查寻与检索活动，并且长期保持合作的群体形式；而案例 4，则是因本次查寻任务而组成的一个合作群体，不过今后会考虑继续采用这样的合作群体形式。有 4 组案例对象是室友关系，另外一组案例对象是情侣关系。此外，每位研究对象均认为自己对合作者的熟悉程度与合作者对自己的熟悉程度是相同的，且对群体中的其他成员具有相同的熟悉程度，均达到了“熟悉”“很熟悉”的水平。具体信息见表 6-2 所示。

表 6-2　案例对象群体的基本信息

案例	人数	CIS&R 团队类型	成员间关系	成员间熟悉程度
案例 1	4 人	临时组建，任务结束后解散	室友	熟悉 1/很熟悉 3
案例 2	2 人	临时组建，任务结束后解散	室友	熟悉 1/很熟悉 1
案例 3	3 人	前期已经组建，长期维持团队的形式	室友	熟悉 1/很熟悉 2
案例 4	2 人	刚刚组建，并会长期以团队形式持续	情侣	很熟悉 2
案例 5	2 人	临时组建，任务结束后解散	室友	很熟悉 2

2. 合作信息查寻与检索案例的具体内容

在对研究对象有了一定了解后，通过与研究对象交谈挖掘其当下所面临的真实生活或学习上的问题，确定其实际信息需求，由此制定合作信息查寻与检索活动任务。最终，5 组研究对象均以其所面临的日常生活问题或学习任务展开其合作信息查寻与检索活动，其具体内容如表 6-3 所示。

表 6-3　案例对象合作信息查寻与检索的任务主题

案例	主题
案例 1	选购一张手机存储卡
案例 2	寻找一家比较满意的托运服务
案例 3	制订前往广西北海的毕业旅行计划
案例 4	查找暑期实习/兼职
案例 5	为撰写课程论文查找资料

案例 1：选购一张手机存储卡

在本案例中，J 提出自己需要购买一张 1G 的手机存储卡，但不确定在哪里买、买什么样的手机存储卡，因此提出请寝室另外三名室友帮其一起查找。合作信息查寻与检索活动发生于 C、F、J、W 的寝室中，每人各自使用一台笔记本电脑进行搜索。此外，还使用了纸、笔、手机等工具。4 人的物理位置分布如图 6-2(a)所示，中间无实物阻隔，每人可听到其他人的声音，也可前往他人位置查看其电脑屏幕。查寻开始时，每人分别选定不同的查寻途径，如 J 查寻校内论坛、W 在“淘宝网”开展查寻，C 查寻“京东商城”等网站，F 查寻“团购”类网站等。最后，J 选择并确定购买某张手机存储卡后活动结束，历时约 1 小时。

案例 2：寻找一家比较满意的托运服务

在此案例中，Luo 与 S 二人均为大四学生，即将毕业离校，因此两人需要寻找一家托运服务公司来将行李等寄送回家。合作信息查寻与检索活动发生于二人所在寝室，两人共用 S 的台式电脑开展查寻活动，其中主要由 Luo 进行操作，S 则站在 Luo 的右后方观察其操作与屏幕(图 6-2(b))，并不时提出意见。中途，S 曾拿出一张事前获得的托运服务广告宣传单展示给 Luo。待二人确定使用哪一家公司提供的托运服务后活动结束，历时约 15 分钟。

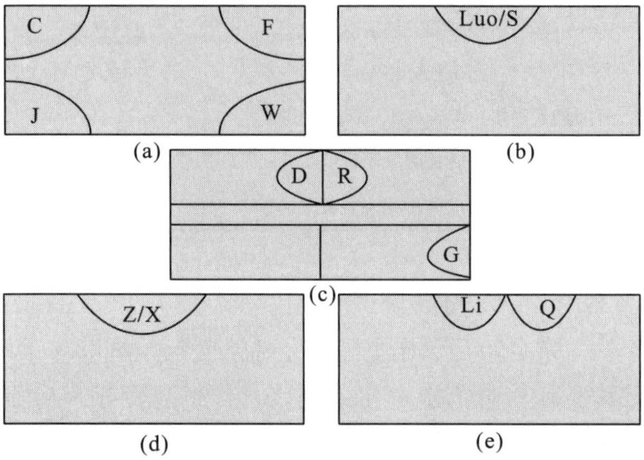

图 6-2　CIS&R 人员物理位置示意图

案例 3：制订前往广西北海的毕业旅行计划

本案例中的合作信息查寻与检索活动参与人员也是即将毕业的大四学生，因此几个室友考虑前往广西北海毕业旅行。不过，在参与本次查寻与检索活动的 3 人中，R、G(与另外两名室友)将参与本次旅行，而 D 并不参与此次毕业旅行。三人分别坐在自己的床上，使用各自的笔记本电脑开展查寻活动，具体物理位置如图 6-2(c)所示。此外，三人还使用了手机、纸、笔、计算器等工具与设备。活动后期，有一名欲参加本次旅行的室友回到寝室，短暂参与讨论。3 人制定一份均觉得满意的计划(包括出行方式、车次、住宿、饮食、景点、费用等)后结束本次活动，历时约 2 小时。

案例 4：查找暑期实习/兼职

本案例中，Z 与 X 二人为情侣关系，均为大二学生，准备在接下来的这个暑假去参加实习或做兼职。合作信息查寻与检索活动发生在某教学楼自习室中，两人共用 X 的笔记本电脑进行查寻，其物理位置如图 6-2(d)所示。在查寻与检索活动开始后不久，由于无线网络中断，换到另一无其他人员的自习室。查寻过程中，两人不断交替操作计算机，一人使用计算机时，另一人则在一旁观看，并不时用手指指点屏幕内容，整个过程两人不断进行讨论。待 Z 筛选出几个可备投递简历的岗位后，X 放弃为自己进一步查寻实习或兼职岗位。本次合作信息查寻活动历时约 1 小时 30 分钟。

案例 5：为撰写课程论文查找资料

Li 与 Q 为同班同学兼室友，本次查寻活动是为撰写本学期一门课程的课程论文而查找文献资料。该课程教师要求学生自定主题，Li 为自己待定的主题是“班级管理组织形式的作用”，Q 暂时未能确定自己的主题，因此在 Li 建议下共同选用这一主题，两人共同开展资料查找。合作信息查寻与检索活动发生于二人的寝室中，Li 与 Q 各自使用自己的笔记本电脑，不过两人共用一张桌子，因此她们并排挨坐在一起，可清楚看到对方的电脑屏幕及操作，其物理位置如图 6-2(e)所示。合作查寻过程中，两人不断查看对方的查寻结果、交互意见，Li 曾短暂操作 Q 的电脑为其演示操作过程。此外，二人还用纸、笔进行记录。最后两人觉得已查找到足够文献后结束本次查寻活动，历时 1 小时 10 分钟。

6.2.2　合作信息查寻与检索相关性的客观性判据编码

从初始编码开始到聚焦编码，整个过程中不断撰写备忘录，特别是在聚焦编码的基础上，通过撰写备忘录对数据、现象、编码、概念范畴不断进行思考。与数据编码类似，在撰写备忘录时也采取“不断比较的方法”，对数据与数据、数据与编码、编码与概念范畴、范畴与范畴之间开展比较。根据 Charmaz 的观点，撰写备忘录包括但不限于以下内容：编码或范畴的定义、内容，原始数据，对范畴的分析与论证。

采用扎根理论方法，最终共获得现象定义 1297 个，初始编码 660 个，聚焦编码 74 个，通过撰写备忘录最终将编码提升为 17 个主要概念范畴，每个范畴有其子范畴，部分子范畴又被分解为几个次级子范畴。17 个概念范畴分别为查寻者个体、查寻者合作群体、实际任务/问题、合作信息查寻与检索任务、合作信息查寻与检索动因、合作查寻与检索信息、合作信息查寻结果、合作分工、合作相关性判断、信息交互、查寻反馈、信息浏览、信息保存、合作问题解决、求助团队以外人员、合作信息查寻与检索效应、干扰因素。

1. 查寻者个体

在人的行为或活动中，人作为行为或活动的实施者，其主体性地位不言自明。因此，在合作信息查寻与检索行为研究中，查寻者这一主体自然成为一个重要的概念范畴。对查寻者个体这一范畴的理解主要包括以下几方面(表 6-4)。

表 6-4　概念范畴：查寻者个体

范畴	子范畴	次级子范畴
查寻者个体	个人信息查寻习惯	
	信息查寻经验	一般查寻经验
		合作查寻经验
	领域知识与经验	
	个体背景	

(1) 个人信息查寻习惯。鉴于每个查寻者具有不同的信息检索能力、信息查寻历史、认知风格等，不同的查寻者在开展信息查寻与检索活动时，具有个人的一些偏好或者习惯使用的查寻途径、检索方法等。通常人们在查寻信息时倾向于根据以往的经验，遵循习惯的方式，采集最容易获取的信息。以案例 2 为例(表 6-5)。

表 6-5 概念范畴“信息查寻习惯”示例

数据	编码
Luo：那行。我平时要遇到问题的话，一般先不上网，我是一般先选择看书，从书上面解决，如果书上解决不了，又是比较麻烦的话，我就通过网络。一般我用的搜索引擎，如果是我一个人需要信息的话，我用百度；如果是好比我们一个班，大家都要搜索这个信息的话，我就一般用 Google，不用百度，因为百度的搜索大家都一样，我就采用 Google……	信息查寻习惯 个人查寻与合作查寻使用不同途径 期望得出与他人不同的结果

(2)查寻者知识。查寻者作为一个具有主观能动性的认知主体，知识结构是其作为一个认知者的基本内涵。在信息查寻与检索中，查寻者的知识可以区分为：领域知识、信息查寻与检索知识。领域知识包括与实际任务/问题的内容、领域、概念、主题、人员、问题和解决过程等有关的知识；而信息查寻与检索知识涉及信息源、信息系统、信息技术、信息检索策略、检索方法和技巧等，可进一步细分为：一般查寻与检索知识、合作查寻与检索知识。

(3)个体背景。除了表 6-1 中的性别、年龄、学历等人口统计学属性外，主要是指个体所处的情景，包括历史背景、当前现状等。如案例 3 中，有查寻者平时在做兼职，因此其毕业旅行计划安排要考虑该查寻者的时间安排；而案例 2 中两位研究对象均为班干部，因此此前有过多次为筹备班级活动而开展合作信息查寻与检索的经验。

2. 合作查寻者群体

合作信息查寻与检索活动通常是多人共同开展的活动，因此查寻者通常以群体的形式出现。对查寻者合作群体这一概念范畴，可从合作群体结构、合作关系、合作者角色/身份、合作者选择依据四个方面进行理解(表 6-6)。

表 6-6 概念范畴：合作查寻者群体

范畴	子范畴
合作查寻者群体	合作群体结构
	合作者间关系
	合作者角色/身份
	合作者选择依据

查寻者通常根据社会关系、配合默契程度、性格、实际任务所需等多种因素选择合作者，多个查寻者共同组成了一个合作群体。合作群体结构是指该群体的组织化程度、组织形式等，如有着严格的领导与被领导关系或是松散的无领导团队，采用何种群体结构决定了合作者在这一群体中的角色以及合作者之间的关系。

查寻者的角色或身份是指其在组织结构中相对于其他查寻者而言所处的位置、起到的作用。在合作信息查寻与检索活动中，查寻者可能是团队的领导或负责人，也可能仅作为一个普通成员完成所负责的查寻任务；合作者之间的关系可以是求助者与施助者、指导者与被指导者这样的不对等关系，也可以是彼此角色无差别的平等关系。查寻者在合作信息查寻与检索活动的不同阶段所扮演的角色可能并不唯一，查寻者之间的相对身份也有可能发生逆转或互换。

3. 实际任务

实际任务这一概念范畴是相对于“信息查寻与检索任务”而言的，是指人们的工作任务、学习任务、日常生活问题、兴趣爱好等；在完成任务、解决问题、满足兴趣爱好时，人们由于自身知识结构上的缺陷而开展信息查寻、检索、交流、分享等活动，以获取知识或信息来弥补这种缺陷，即为信息查寻与检索任务，如表 6-7 所示。

表 6-7　概念范畴：实际任务

范畴	子范畴
实际任务	实际任务内容
	实际任务情境
	基于实际任务的交流

实际任务引发了信息查寻与检索任务，其内容通常就是人们在工作、学习、生活中遇到的问题；每个任务还有其具体的情境，如其来源、所处阶段、涉及人员、时间要求等，具体的任务情境将会影响到信息查寻与检索活动的开展、问题解决方案的制定等。以案例 6.3 中的数据(表 6-8)为例，研究对象的毕业旅行这一任务已经有了较长时间的准备(存钱、商量旅行地点)，并提出旅行的目的之一是看海。基于这样的情境，在查寻与检索信息时，研究对象尤其注意所查寻的出行方式、旅游景点的费用、海景等。

表 6-8　概念范畴“实际任务情境”示例

数据	编码
R：其实我们是上个学期就已经奠定了基础，上个学期就在考虑毕业旅行，然后这个学期(G：这个学期一来就开始)大家都在挣钱，(G：先存钱嘛，然后就是开始商量去哪儿嘛)，已经商量了几个月了，(G：商量了几个地方，大概可以先算一下，比如说去杭州啊，去其他地方)，刚开始就是想去上海，后来又变成苏州，(G：太贵嘛，这些地方)，后来又是杭州，(G：最后就改啊改，就定到北海，就确定去北海，确定去北海，然后就怎么去啊……)，像四川啊，湖南这些地方，后来还是觉得想去海边看看……	实际任务情境

查寻者之间对于实际任务的内容与情境的理解具有一定的差异，因此需要查寻者通过交流来把握任务内容或任务背景，呈现自己对于任务的理解，通过明确任务要求来寻求任务共识等。

4. 合作信息查寻与检索任务

类似于“信息查寻与检索任务”，合作信息查寻与检索任务这一概念范畴是指因实际任务引发的多个查寻者合作开展的信息查寻与检索任务。合作信息查寻与检索任务具有多种类型，因实际任务、合作者群体结构等差异可区分为求助-帮助型、共同任务型，因所需信息特征可区分为信息类任务、事务类任务、导航类任务；因计算机设备使用方式不同可区分为共用电脑型、并行电脑型等。对于这些合作信息查寻与检索任务类型，将在后续的案例对比研究中结合具体案例进行阐释。

表 6-9 概念范畴：合作信息查询与检索任务

范畴	子范畴	次级子范畴
合作信息查寻与检索任务	信息需求	
	查寻方向	
	信息问题	基于信息问题的交流
		新生信息问题
	合作信息查寻与检索任务类型	

合作信息查寻与检索任务的内容可从信息需求、查寻方向与信息问题三个层面理解（表 6-9）。其中，信息需求在一定程度上是实际任务的信息反映，是模糊的、与实际任务情境紧密联系的；查寻方向则是对信息需求的一种分解或者阐释，使用户在开展查寻活动时有一定的指向性，即查寻某个方面的信息或者某种类型的信息；信息问题，则是用户在查寻过程中具体、细化的信息需求，可能具体到一个细微的问题，如在某网站购买商品的运费是多少、某趟车次的发车时间等。从信息需求、查寻方向到信息问题，查寻者对自身知识结构缺陷理解的模糊程度逐步降低，对信息和知识的要求逐步具体、清晰。而信息问题最终被查寻者在使用具体的信息检索系统或搜索引擎中表达为一个检索式、一个或几个关键词等。

信息需求会随着查寻过程的进展、用户的认知活动而发生变化。查寻者可能随着查寻活动的开展而提出更为细致的信息问题或者衍生出新的信息问题，也可能因查寻结果的大量涌现而迷失了查寻方向、调整查寻方向。

个体信息查寻与检索任务中也存在这样的层次性，但与之不同的是，合作信息查寻与检索参与者之间通过交流来分享对信息需求、查寻方向与信息问题的认知，并通过交流与讨论来进一步明确和调整。

5. 合作查寻与检索信息

合作查寻与检索信息是在明确合作信息查寻与检索任务后，查寻者制定查寻策略、选择查寻途径、选择检索项、制定检索式、开始探索性查寻时所需信息，在此过程中查寻者相互之间进行交流，并在某一时刻宣布查寻结束，如表 6-10 所示。

表 6-10 概念范畴：合作查寻与检索信息

范畴	子范畴	次级子范畴
合作查寻与检索信息	制定查寻策略	
	查寻途径	具体查寻途径
		基于查寻途径的交流
		查寻途径选择依据
		进入查寻途径方式
		更换查寻途径
	检索项	选择检索项
		基于检索项的交流
	检索式	制定检索式
		基于检索式的交流
	基于查寻活动的交流	
	查寻结束	

查寻策略是指查寻者对查寻途径、检索项、检索式等查寻过程内容与环节的计划与方案，在合作信息查寻与检索中查寻策略可能还包括查寻途径的分配、查寻主题的分解等安排。查寻策略可以由某位相对具有“领导”或“组织者”身份的查寻者制定并下达给其他查寻者，也可经所有查寻者共同讨论制定。不同的合作信息查寻与检索任务会有不同的查寻策略，同一任务不同阶段的查寻策略也可能有所差别。

查寻途径是指查寻者所使用的信息源或检索工具，包括搜索引擎、网络数据库、导航网站、专题性网站(如旅游资讯、购物网站、求职网站)、书籍报刊等；查寻者在不熟悉某一查寻途径时会向其他查寻者咨询其网址或使用方法，也有查寻者主动向合作者推荐某个查寻途径，几个查寻者之间也会对比评价各自使用的查寻途径优劣；查寻者通常是根据自己的使用经验、查寻内容的主题范围、查寻途径的知名度与权威性等因素选择查寻途径，其进入具体查寻途径的方式有：直接输入网址、点击收藏夹、使用搜索引擎查寻、浏览导航类网站的分类目录以及使用浏览器保存的历史记录等；如果存在当前查寻途径使用不熟练、查寻效果不佳、想要扩大查寻范围等情形，查寻者可能会更换查寻途径。

检索项通常是对检索内容或形式的一些限制条件，如在查寻职位类信息时可以限定职位类别、行业类别、区域、发布时间等，在检索学术文献时限定文献形式为图书、期刊论文、报纸、科技报告、专利等。

检索式是查寻者表达自己检索提问的逻辑表达式，一般由检索词和某些符号组成。在网络信息搜索中，查寻者所给出的检索式可能仅是一个或几个关键词，也可能是一句话(如一个问句)，对逻辑运算符的使用并不显著。

在实施合作信息查寻与检索时，查寻者除了交流所使用的查寻途径、选定的检索项和检索式之外，还会就查寻进展、查寻任务安排、信息技术使用方法、查寻与检索过程中出现的失误等进行交流。在结束自己的查寻与检索活动时，查寻者还会向其他查寻者通告相关事宜。

6. 合作查寻与检索结果

合作信息查寻与检索结果这一概念范畴包括四个子范畴：基于结果的交流、对结果的认知、对结果的处理以及结果不一致，如表 6-11 所示。

表 6-11　概念范畴：合作查寻与检索结果

范畴	子范畴	次级子范畴
合作查寻与检索结果	基于结果的交流	
	对结果的认知	对比结果 对结果的理解
	对结果的处理	
	结果不一致	同一用户前后结果不一致 不同用户查寻结果不一致

交流与共享查寻结果是合作信息查寻与检索行为的重要特征，查寻者之间既有关于查寻结果的直接交流，如将获得的文献全文发送给其他查寻者，也有经过一定处理后再分享

查寻结果，如总结查寻结果内容后用自己的语言陈述、选择查寻结果中的部分内容进行复述等；既有主动分享或推荐自己的查寻与检索结果给合作者，也有在其他查寻者的请求下告知查寻结果的内容。

合作信息查寻与检索的目的不仅仅是获取结果，还是在对查寻结果的认知基础上解决实际问题，完成工作或学习任务。在结果认知方面，查寻者对查寻结果有自己的理解，也会与其他查寻者交流各自的理解；查寻者会对比自己查寻到的结果，不过更多的是自己与其他合作者的查寻结果进行对比，从中择取最优结果。

在交流、理解结果的同时，查寻者也对结果做出一定的处理，包括对查寻结果进行排序(如按价格、销量等对查寻到的商品进行排序)、将查寻过程不同阶段获取的查寻结果进行汇总、舍弃或删除某些查寻结果等。对结果的处理可以认为是查寻者认知的表现，而另一方面这种处理也受到了其他查寻者的影响。

由于查寻与检索任务较为复杂，参与其中的查寻者人数增多，在合作信息查寻与检索活动中会不时出现结果不一致的现象。这种不一致包括同一查寻者前后查寻结果不一致与不同查寻者就同一问题的查寻结果不一致。针对结果不一致，查寻者会探索是否出现错误、错误的原因是什么、坚持或者放弃自己的查寻结果等。

7. 合作相关性判断

合作相关性判断是一个重要概念范畴，包括查寻者的相关性判断行为与结果、相关性判断不一致、基于相关性判断的交流、所使用的相关性判据几个子范畴，具体如表 6-12 所示。

表 6-12 概念范畴：合作相关性判断

范畴	子范畴	次级子范畴
合作相关性判断	相关性判断	
	相关性判断不一致	同一用户前后不一致
		不同用户不一致
	基于相关性判断的交流	
	相关性判据	

在合作信息查寻与检索过程中，查寻者所表达出的相关性判断意见一般就是“好”与“不好”这样简单的二分评价，不过更多时候查寻者并不明确表达其相关性判断意见，而是直接利用所获取信息制定问题解决方案，或放弃相关信息；相关性判断也会出现不一致的现象，如查寻者在刚刚获取某信息与认真阅读该信息内容后对该信息的判断意见会发生变化，或者查寻者最初对某一信息判断为相关但在获取其他信息后可能认为该信息不相关，以及不同的查寻者对同一信息的相关性判断也可能不一致。查寻者之间对于相关性判断的交流，既包括相关性判断意见的交流与讨论，也包括相关性判据的分享。

通过分析查寻者之间交流内容及后续的访谈，获取到查寻者做出相关性判断的依据主要有信息内容、形式特征、信息质量、任务情境、信息利用等多个方面。关于这些内容将在后面相关部分进行详细阐述。

8. 合作问题解决

信息查寻与检索活动的最终目的是为解决实际问题，完成任务。在合作信息查寻与检索过程中，查寻者除了制定、修改、选择、确定问题解决方案外，对于问题解决方案本身以及选择哪个方案的讨论也是这一概念范畴的重要内容(表 6-13)。

表 6-13　概念范畴：合作问题解决方案

范畴	子范畴	次级子范畴
合作问题解决	提出问题解决方案	
	基于问题解决方案本身的交流	
	选择问题解决方案	问题解决方案选择依据
		做出选择
		基于选择问题解决方案的交流
	确定问题解决方案	
	变更问题解决方案	

一个具体任务可能由多个问题组成，任务本身可能还将会分解为不同的、相互关联的子任务，某个子任务也可能产生多个问题。因此，针对一个具体的实际任务可能需要多个相互联系的问题解决方案或者一个复杂的整体方案。在此过程中，查寻者讨论问题解决方案的细节内容、是否完善、由谁决定最终方案、为何选择某个方案。

合作问题解决方案与合作信息查寻结果之间的界线比较模糊。有时，某个查寻结果本身就是可资利用的问题解决方案；在另外一些情况下，某个查寻结果可能仅仅只是问题解决方案的基础，需要查寻者进一步分析、处理才能做出决策；在更多时候，查寻者需要将多个查寻结果整合起来，通过分解、重组、加工，在理解与认知的基础上才足以构建问题解决方案。

9. 合作分工

合作分工即查寻者在合作信息查寻与检索活动中的劳动分工(表 6-14)。常见的合作分工的形式有：①分解待解决问题，每个查寻者负责其中一部分，最后汇总、筛选查寻结果；②为查寻者分配不同的查寻途径，然后汇总不同来源的查寻结果；③分配每个查寻者查寻不同类型的信息，之后进行汇总；④既不分解任务，也不分配查寻途径与信息类型，而是由某位查寻者执行具体查寻操作，其他查寻者从旁观察并提出意见等。

表 6-14　概念范畴：合作分工

范畴	子范畴
合作分工	合作分工形式
	合作分工依据
	合作分工明确程度
	调整分工

一般是根据查寻者的自身情况(如查寻经验、个人特长等)和实际任务情境进行分工，分工可能是由某位查寻者统筹分配，也可以是由查寻者主动请缨。不过，查寻者的分工可能并不会严格限制且十分明确，在查寻与检索过程中，合作分工会根据查寻效果、查寻者的反馈不断进行调整。

10. 信息交互

劳动分工与信息交互是贯穿于合作信息查寻与检索活动的两个主要特征，信息交互的概念范畴如表 6-15 所示。信息交互可分为两种：一是人-机交互，即查寻者借助于计算机设备对查寻途径、检索系统、查寻结果进行的操作，如进入某个网站、选择检索项、输入检索式、点击查寻结果列表中的链接、浏览查寻结果内容、保存查寻结果等；二是人-人交互，即查寻者之间的信息交流，包括查寻与检索活动中查寻者与查寻者之间对于领域知识、信息查寻与检索知识、个人背景、实际任务情境、查寻途径、检索项、检索式、查寻结果、相关性判断、问题解决方案等的交流，还包括查寻者与团队以外成员的交流。可以发现，信息交互的主要内容分散于其他概念范畴中，方式各异，其产生的作用也有所不同。

表 6-15 概念范畴：信息交互

范畴	子范畴
信息交互	信息交互方式
	信息交互作用

合作信息查寻与检索活动中，查寻者在其他成员的协作下完成任务，为了实现与其他成员的成功协作，每一个查寻者都需要借助于合理的形式和手段准确地向他人发出与自己的思想、情感以及行为有关的各种信息，并准确地理解他人发送的各种信息。因此，查寻者之间的交流内容不仅仅是查寻过程中获取的信息，还包括对查寻效果和情感的交流，这将在“查寻反馈”概念范畴中详细解释。

11. 信息保存

查寻者会保存其拟采纳的信息以做进一步处理，或为防备遗忘而保存相关信息。信息保存的概念范畴如表 6-16 所示。查寻者保存信息的具体方式有建立电子文档、加入收藏夹、下载全文等，保存的内容包括页面网址、文档标题、具体文字内容等，部分查寻者还会对保存的信息做出注释、分类归档等。

表 6-16 概念范畴：信息保存

范畴	子范畴
信息保存	信息保存
	基于信息保存方式的交流

信息保存是查寻者采纳(或接受)查寻结果的一种表现，保存的目的在于之后的信息利用。当然，并非只有被查寻者保存信息才会被使用，更多查寻结果已通过查寻者的认知作用而成为其知识结构的一部分，已经存储于查寻者的头脑之中，查寻者并不需要保留这些信息的物理实体或虚拟空间位置。

12. 信息浏览

这里的信息浏览主要是指对查寻结果的浏览与查看，其概念范畴见表 6-17。部分查寻者在获得查寻结果后，会有选择地点击查寻结果链接，或者只重点查阅页面中的部分内容；也有查寻者会顺次点击查寻结果列表，下翻到几页、十几页甚至是所有的查寻结果列表页面。

表 6-17　概念范畴：信息浏览

范畴	子范畴
信息浏览	选择性浏览
	顺序浏览
	浏览具体内容

13. 查寻反馈

查寻反馈这一概念范畴(表6-18)主要是指查寻者在查寻效果与情感方面对其他查寻者做出的反应与交流。在查寻效果不佳或者对查寻结果感到满足时，查寻者会向其他成员说明；而在查寻与检索过程中，查寻者表现出的情感状态则有惊喜、满足、挫败、疲惫、无奈、烦躁等，因阶段、人员不同而有所不同。

表 6-18　概念范畴：查寻反馈

范畴	子范畴
查寻反馈	查寻效果反馈
	情感反馈

14. 求助团队以外人员

在合作信息查寻与检索活动中，查寻者除了寻求同一团队中合作者的帮助外，还会求助于团队以外的成员，他人也是一种查寻途径(表 6-19)。其中，某些团队外人员被视为“专家”，如案例 3 中研究对象多次提出咨询班上一位家住北海的同学，案例 1 中研究人员被查寻者 C 认为是 IT 专业人员而被咨询电子数码产品购买途径；查寻者求助的另外一些团队外人员还有对实际任务比较了解的人员，如案例 5 中研究对象对任课老师要求不太清楚的时候，向同寝室的另外一位同学咨询详情。

表 6-19　概念范畴：求助团队以外人员

范畴	子范畴
求助团队以外人员	向团队以外人员求助
	团队以外人员给予帮助

15. 合作信息查寻与检索效应

所谓效应是指由某种动因或原因所产生的一种特定的现象，研究发现合作信息查寻与检索活动中有一种类“社会助长效应”。简单地说，社会助长效应是指当他人在场或与他人一起活动时，个体的行为效率有提高的倾向。在访谈中，研究对象均在不同程度上表示合作者之间有一种相互监督、相互促进的作用，能够感受到团队力量，扩大查寻面，提高查寻量，而且有助于做出最优选择。合作信息查寻与检索效应概念范畴如表 6-20 所示。

表 6-20 概念范畴：合作信息查寻与检索效应

范畴	子范畴
合作信息查寻与检索效应	合作查寻与检索效应
	个人查寻与检索劣势

合作信息查寻与检索效应在一定程度上是相对于个人信息查寻与检索而言的，也就是说，合作带来的效果或反应，应该是个人信息查寻与检索中所没有的，或者是有所不同的。比如，“合作者相互督促”是个人信息查寻与检索没有的，“扩大查寻范围”则是与个人信息查寻相同之处。个人信息查寻与检索相对而言表现出时间成本较大、个人能力局限、查寻途径有限等劣势。

16. 合作信息查寻与检索动因

前面指出是实际任务触发了合作信息查寻与检索任务，不过查寻者参与到合作信息查寻与检索活动中还有其他一些原因，如个人难以完成任务、想要借助于集体智慧、集体任务不允许个人单独完成等。

17. 干扰因素

在合作信息查寻与检索活动中，还会有一些干扰因素对查寻者的行为造成影响，诸如非团队人员的突然出现、非本次任务问题的介入等，均会影响到查寻者的进度。

6.2.3 合作信息查寻与检索案例的对比研究

1. 案例对比的概念框架

在扎根理论分析过程中，研究者有意忽略案例之间存在的差异，将几个案例数据集中起来，从整理后的大量数据中抽取、凝练出上述概念范畴；而在案例对比研究中，将重新审视几个案例之间的异同，回到具体情境中研究合作信息查寻与检索行为。通过扎根理论方法得出的编码与概念范畴为案例研究提供了一个描述与分析框架，部分概念范畴将作为案例描述与分析的变量，从案例中来到案例中去，用于重新梳理每一个具体案例。

将提取的 17 个概念范畴进一步聚焦，可以归并为 5 个核心范畴：查寻者(包括“查寻者个体”“查寻者合作群体”)，实际任务，合作信息查寻与检索任务，合作信息查寻与检索过程与结果(包括“合作查寻与检索信息活动”“合作查寻与检索结果”“合作相关性判断”“合作分工”“信息交互”“信息浏览”“信息保存”“查寻反馈”几个概念范畴)，合作问题解决。这 5 个核心范畴之间可描述为如下关系结构(图 6-3)。

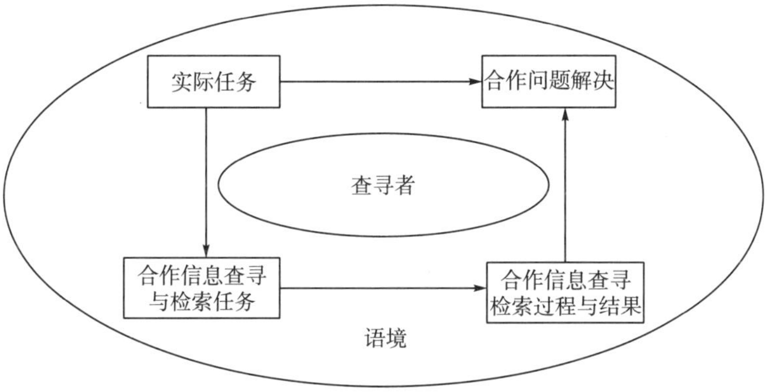

图 6-3　核心概念范畴的关系结构

在一定语境范畴中，实际任务驱动查寻者(们)开始合作信息查寻与检索任务，查寻者通过合作信息查寻与检索过程以及获得的查寻结果提出问题解决方案，完成实际任务。其中，查寻者作为信息查寻与检索活动的内在驱动力，其他四个概念范畴以查寻者(及其群体)为中心，即几个范畴之间的相互作用均是通过查寻者实现。

需要指出的是，语境在前面的扎根理论分析中并未作为一个单独的概念范畴出现，而是分散于其他范畴之中的。韩毅等(2012)指出，用户信息查寻行为是在特定的社会语境下产生的，这种社会情境是由社会组织文化语境、工作任务语境、查寻任务语境、用户知识结构语境等嵌套而成。基于案例数据的扎根分析，图 6-3 中的语境主要是由处于社会文化这一大环境中的查寻者语境、实际任务语境、信息查寻检索任务语境以及合作查寻与检索活动的具体执行环境(物理环境、信息环境)等组成。查寻者、任务、查寻与检索活动一方面受语境的影响，另一方面它们也是语境的重要组成部分。

根据德国心理学家勒温提出的人类行为公式 $B=f(P, E)$，人类行为 B 是主体 P 与环境 E 交互作用的结果(俞国良等，1999)。将这一公式与图 6-3 对比，可以认为：在合作信息查寻与检索活动中，查寻者(及其群体)这一范畴即为主体 P；与“环境”相比，“语境”这一概念层次更为清晰，主要涉及实际任务与合作信息查寻与检索任务两个核心范畴；合作信息查寻与检索活动中的行为，则由“合作信息查寻与检索过程与结果”和“合作问题解决”两个范畴组成，不仅包括信息查寻与信息检索行为，还包括查寻者的信息选择与利用行为。

因此在案例研究中，主要包括三个方面的对比：主体、语境与行为。其中，主体就是合作者所组成的小群体，语境则侧重于实际任务语境及合作信息查寻与检索语境，而行为方面是指包括信息查寻、信息浏览、相关性判断、信息保存与问题解决等在内的合作信息查寻与检索行为。可以设想的是，不同案例中主体与语境之间的差异会引发合作信息查寻与检索及其相关性判断行为的差异，下面将从这三个层面对案例之间的异同展开分析。

2. 主体层面的对比

在表 6-1 与表 6-2 中，对案例中查寻者个体与群体的基本信息已有一些介绍。案例之间在主体层面的对比，主要从合作查寻者群体这一范畴属性展开比较，如表 6-21 所示。

表 6-21　案例间的主体层面比较

概念范畴	案例 1	案例 2	案例 3	案例 4	案例 5
合作信息查寻经验	无	有	有(频率较高)	有	有
合作群体结构	无领导团队	无领导团队	无领导团队	无领导团队	无领导团队
合作关系	平等合作关系	平等合作关系	平等合作关系	平等合作关系	平等合作关系
合作者身份/角色	普通成员	普通成员	普通成员	普通成员	普通成员

从表 6-21 可知，在开展本次合作查寻与检索活动之前，几个群体之间的合作历史经验差距较大：案例 1 中的几位查寻者此前虽有过其他方面的合作，但此次是她们首度在信息查寻与检索中的合作；而案例 3 中的几位成员，之前就经常共同开展合作查寻与检索活动，可以称之为“娴熟型”合作。由此可以推断出：群体的合作查寻经验对合作信息查寻活动与相关性判断会产生影响。

几个案例中，合作群体均是一种非正式组织，且群体中并无人充当组织者或领导人的角色，合作者认为彼此之间是一种平等的合作关系，这使得合作者之间的信息交流基本上没有障碍。这种平等关系表现为查寻者在群体中的相对位置基本相当，均为合作群体中的普通一员，无能主导合作查寻与检索活动或者向其他成员下达指令的人。

3. 语境层面的对比

语境层面除上述的查寻者语境外，主要是指实际任务语境与合作信息查寻检索任务语境。根据表 6-3 内容可知，前面四个案例均为日常生活问题，而案例 5 则是学习任务。学术信息查寻可以视为结构化查寻，有固定或标准的检索项目，如题目、主题、关键词、作者、来源等，日常生活信息查寻与之相比则是一种非结构化的查寻。就任务的复杂性而言，案例 2 较为简单，案例 3 的任务最为复杂，其他 3 个案例复杂程度较为相当。

案例 1 是由某位查寻者提出自己面临的问题，其他查寻者在其请求下或主动要求帮助该查寻者查寻该问题；案例 2、案例 3 的查寻者则是为了完成共同的任务而开展合作信息查寻与检索活动；案例 4、案例 5 中的查寻者则是互相帮助对方获取所需信息。

借助于 CSCW(计算机支持的协同工作)研究成果，可以将合作信息查寻与检索行为从时空两个维度可以区分为四种：①同时同地合作；②同时异地合作；③异时异地合作；④异时同地合作。本次研究中的五个案例均为同时同地的合作信息查寻与检索活动。

Twidale 等(1997)将用户间的合作区分为联合搜索(joint search)、协同搜索(coordinated search)、随意询问(free query)、定向询问(directed query)、偶然接触(chance contact)几种形式，其中联合搜索是指一群人共用一台终端，并在此过程中讨论他们的想法、计划下一步行动；协同搜索则是指多个人使用多台终端，讨论他们在查什么、对比查寻结果，有时可能还会开展信息查寻的竞赛。Amershi 和 Morris(2009)在对同地合作搜索实践的调查中，也做出了类似区分，不过将其分别称之为“共用电脑式搜索(shared-computer search)”和“并行电脑式搜索(parallel-computer search)”。案例 5 中的两位查寻者虽然各自使用自己的电脑开展查寻，不过由于二人并排挨坐在一起，可以随时查看对方的电脑，因此将其归为“并行&共享电脑型”的合作。

具体的语境层面比较结果如表 6-22 所示。

表 6-22　案例间的语境层面比较

概念范畴	案例 1	案例 2	案例 3	案例 4	案例 5
实际任务内容	日常生活问题	日常生活问题	日常生活问题	日常生活问题	学习任务
实际任务语境	个人问题	集体问题	集体问题	相同问题	相同任务，各自完成
合作信息查寻检索任务类型	-求助帮助型 -同时同地型 -协同查寻型 -并行电脑型	-集体任务型 -同时同地型 -联合查寻型 -共享电脑型	-集体任务型 -同时同地型 -协同查寻型 -并行电脑型	-互助型 -同时同地型 -联合查寻型 -共享电脑型	-集体任务型 -同时同地型 -协同查寻型 -并行&共享电脑

4. 行为层面的对比

主体与语境的差异，使得几个案例之间在行为层面也有较大差异。

(1) 案例之间的分工形式有所不同。虽然每个案例中合作者之间的分工并非十分明确，但可以发现合作信息查寻与检索任务形式会影响查寻者的分工。案例 2 与案例 4 中，由于多个查寻者共用一台电脑，而目前的个人计算机尚不支持多用户并发操作，因此在某一时刻具体的查寻活动只能由其中一位查寻者执行，其他查寻者从旁观看并提出意见；而案例 1 中，查寻者选择分配查寻途径的方式，依次扩大查寻范围寻求最优结果；案例 3 中，由于问题本身较为复杂，因此查寻者将该问题分解为几个方面，分别由不同的查寻者进行查寻；而案例 5 中，查寻者则是综合使用多种分工方式，一方面将所选的课程论文主题进行分解，另一方面又分别选用不同查寻途径，并限定查寻信息的类型。

(2) 所选用的查寻途径不同。网络搜索引擎是多个案例中的重要查寻途径，此外每个案例均有独特的查寻途径，如案例 1 中的“校园网络论坛”、案例 2 中的“广告宣传单”、案例 3 中有查寻者曾使用手机上网进行查寻、案例 4 中的“网址导航类”网站、案例 5 由于查寻信息内容不同于其他案例而使用“学术搜索引擎”。

(3) 信息交流内容与方式略有区别。在合作信息查寻与检索活动中，查寻者交流与共享的信息内容主要有查寻途径、检索项、检索式、查寻结果、相关性判断意见、相关性判据、问题解决方案等，既有对查寻过程的共享也有对查寻结果的共享。在案例 2 与案例 4 中，由于共用电脑，查寻者之间是一种全程、实时的信息交流与分享，而其他案例更依赖于查寻者清晰的语言表达。

(4) 对于查寻结果不一致与相关性判断不一致的处理方式有区别。在 5 个案例中均出现了相关性判断不一致的现象，且查寻者使用的相关性判据也各有侧重。在案例 2 和案例 3 中，由于是集体的共同任务，需要任务成员之间达成统一的问题解决方案，因此对相关性判断不一致的容忍度较小，在出现查寻结果不一致与相关性判断不一致时，查寻者之间会开展积极的讨论与交流或者根据不一致之处开展新的查寻，来寻求一致的相关性判断，中间会有较为明显的“冲突-协调”活动。而在案例 1 和案例 4 中，对信息的相关性、适用性做出最终判断的是问题提出者，如案例 1 中的 J、案例 4 中 Z 与 X(Z 与 X 互为问题提出者)。对于相关性判断不一致的容忍则相对要高一些，以“帮助者”身份出现的查寻者对自己出现前后不一致的判断并不是很在意，而其相关性判断与“问题提出者”不一致之时也很容易放弃自己的判断意见。案例 5 中，虽然两位查寻者选用共同的课程论文题目并一起查找资料，但两人如何学习这些资料、如何撰写课程论文却是独立进行的，鉴于两人对同一主题的理解可能存在不同，因此在判断相关性时仅仅是参考了对方的意见，如果相关性判断意见不一致时还是会在一定程度上保留自己的意见。

最终，除案例 4 查寻者因时间压力而在任务未全部完成时结束查寻外(仅获取了其中一位查寻者准备投递的岗位信息)，其余四组查寻者均得到了自己满意的查寻结果，确定了问题解决方案。

具体的合作信息查寻与检索行为对比如表 6-23 所示。

表 6-23 案例间的行为层面比较

概念范畴	案例 1	案例 2	案例 3	案例 4	案例 5
合作分工形式	分配查寻途径	一人执行操作， 一人从旁观看	分解任务	一人执行操作， 一人从旁观看 (轮流进行)	分解任务 分配查寻途径 分配信息类型
查寻途径	网络搜索引擎 校园网络论坛 购物网站	网络搜索引擎 广告宣传单	网络搜索引擎 分类信息网站 购物网站 手机	求职信息网站 分类信息网站 网址导航网站	学术搜索引擎 网络搜索引擎
信息交流内容	查寻途径 关键词 查寻结果 相关性 问题解决方案	检索式 查寻结果 相关性 问题解决方案	查寻途径 查寻结果 相关性 问题解决方案	查寻途径 检索项 检索式 查寻结果 相关性 问题解决方案	查寻途径 检索项 检索式 查寻结果 相关性 信息技术
信息交流方式	交谈	共享电脑屏幕 交谈	交谈	共享电脑屏幕 交谈	交谈 共享电脑屏幕 操作合作者电脑
查寻结果不一致	有	无	有	无	无
相关性判断不一致	有	有	有	有	有
相关性判据	有用性 信息来源 信息需求 信息质量	任务情境 有用性 信息需求 信息表现形式	任务情境 有用性 信息传播特征 信息来源 信息表现形式 信息需求 信息质量 信息标引特征	信息质量 有用性 查寻者 信息需求 信息表现形式 问题情境 信息结构特征	信息需求 问题情境 有用性 查寻者 信息质量 信息标引特征
问题解决	解决	解决	解决	部分解决	解决

5. 案例对比的研究结论

通过上述三个层面的比较可得出以下结论：

(1) 查寻者群体之前是否有过合作信息查寻与检索活动经验对查寻活动的影响并不明显。通过案例之间的对比发现，无论是如案例 1 之前无合作查寻信息的经验或是如案例 3 有较高合作频率，在行为层面的不同之处均并不明显。

(2) 没有等级之分的合作群体结构、平等的合作关系对合作信息查寻与检索活动中的信息交流有一定的促进作用。研究发现，几个案例中查寻者之间的信息交流频繁、顺畅，一方面是由于查寻者之间较为亲密的社会关系造成的，另一方面可能是每一个合作群体平等的群体结构降低了信息交流的障碍，合作者相互平等的关系使得这种信息交流是一种平行的横向信息交流，提高了信息交流的效率。

(3) 语境(实际任务语境与合作查寻检索任务情境)对合作分工方式、查寻途径、信息交流方式等有一定影响。实际任务性质的不同直接决定了合作查寻与检索任务的类型，而物理空间的布局、设备设施的使用进一步影响查寻者开展合作查寻与检索活动的方式。本部分几个案例所涉及的任务主题均适宜采用网络搜索的方式获取所需信息，任务主题的具体内容对于选择具体的查寻途径(如选用综合搜索引擎还是学术数据库)则起到关键作用。可以使用的电脑数量一方面决定了查寻者分工的方式，如一人操作还是大家同时开展查寻，另一方面也限制了信息交流的方式。共同使用一台计算机的查寻者除了能够口头交流外，还可以直接实时地、全程地分享屏幕内容，很大程度上减少了对查寻结果内容的复述，更多是对信息相关性、适用性的讨论。此外，共享计算机屏幕也在一定程度上减少了口头交流过程中的信息失真与错误问题，如在案例 3 中 D 查寻机票价格时误将网页中“北京”视为“北海”并将查寻结果告知其他成员。

(4) 合作信息查寻与检索行为之间存在一定的相互影响。如分工方式的不同会影响到查寻途径的使用，“共享电脑型”合作查寻检索行为通常由一人执行具体操作，在同一时刻只能使用一种查寻途径，而“并行电脑式”合作查寻与检索活动若采用分配查寻途径的分工方式，则可能多个查寻者在同一时刻使用多种查寻途径；使用不同的查寻途径，可能造成查寻者获得的查寻结果不一致，而共用一台电脑仅由一人执行操作则仅出现一种查寻结果，不存在多用户查寻结果不一致的情况。由于查寻者获得的查寻结果可能存在差异，且查寻者使用的相关性判据也各不相同，会造成查寻者之间在相关性判断上出现不一致。此外，信息交流方式的不同会影响到查寻者之间共享信息的效率与效果，共享屏幕甚至直接操作合作者的电脑，能传递的信息量远大于同一时间内的口头交谈，而信息交流则对整个合作查寻与检索活动过程起着重要作用。

6.3　合作信息查寻与检索相关性的主观性判据识别

6.3.1　合作信息查寻与检索的研究案例

1. 案例对象招募与选择

通过网络方式招募到 19 个具有真实信息需求的合作团队，通过对其信息需求、团队组成等各方面进行初步了解后，选取其中 4 个团队作为本部分的案例对象，共计 11 人。基本信息如表 6-24 所示。

案例 1 的两名成员来自化学(师范)专业，具有相同的知识背景，两人长期结伴上自习，在生活和学习中相互了解并且积累了深厚的感情，两人对信息检索能力的自评认知与后续的观察研究相符。

案例 2 的两名成员分别来自药学和软件工程专业，两人在进行合作信息查寻与检索活动以前并不相识，完成之后团队将会解散。两人在合作信息查寻与检索活动中展现的信息能力与他们的自评程度吻合。

案例 3 的三名成员均来自同一个专业，YL 和 GY 还是室友关系，其中 GY 具有丰富的旅游经验，虽然三人团队在前期就已组建，但由于只有在有任务的情况下才形成团队，因而 GY 对其余两人的熟悉程度不同。在后续的合作信息查寻与检索活动中，三人协作自如，均表现出较强信息检索能力，这与 GY 的检索水平自我认知不符。

案例 4 中的四名成员来自同一个专业，具有同样的专业背景，同时也生活在同一个寝室中，相互之间非常熟悉，也具有非常深厚的感情。四人均认为自己的检索能力一般，但在实际观察中发现，FHF 的检索能力相对好一些，在查寻过程中经常帮助指导其他成员。

表 6-24 案例对象的基本信息

	姓名	性别	专业	检索能力自评	成员关系	成员间熟悉程度	团队形式
案例 1	CWC	女	化学(师范)	较好	同学、好朋友	熟悉	刚刚组建并长期保持
	YQS	女	化学(师范)	一般	同学、朋友	熟悉	
案例 2	ZH	女	药学	一般	陌生人	非常不熟悉	临时组建，任务后解散
	ZJ	男	软件工程	较好	陌生人	非常不熟悉	
案例 3	ZY	女	化学(师范)	较好	同学/同学	熟悉/熟悉	前期已经组建，但仅在有任务时才以团队或小组形式出现
	YL	女	化学(师范)	较好	室友/同学	熟悉/熟悉	
	GY	女	化学(师范)	较差	室友/同学	熟悉/有点了解	
案例 4	WDF	女	轻化工程	一般	室友	非常熟悉	前期已经组建，但仅在有任务时才以团队或小组形式出现
	FXM	女	轻化工程	一般	室友	非常熟悉	
	FHF	女	轻化工程	一般	室友	非常熟悉	
	WYF	女	轻化工程	一般	室友	非常熟悉	

2.合作信息查寻与检索的任务设置

通过与研究对象进行深入交谈后，了解到研究对象在当前阶段所面临的有关学习和生活上的问题，经协商确定了实际任务，继而明晰了合作信息查寻与检索的主题任务，具体如表 6-25 所示。

表 6-25 案例对象的合作信息查寻与检索任务主题

案例对象	查寻任务
案例 1	查找资料完成化学实验设计与评价
案例 2	选购一部手机
案例 3	制定一份去桂林的旅游计划
案例 4	查寻考研信息

案例 1：查找资料完成化学实验设计与评价

本案例中，合作查寻检索任务主要来自他们的学习任务，团队成员之一需要设计并完成一个化学实验来证明“食盐是否能延长蜡烛的燃烧”，而另一成员则要对该成员的实验设计和操作进行评价。因此两人在课堂外合作查寻有关实验方案设计及评价标准。合作查寻与检索活动在一自习室展开，周围有零星几人正在学习，两人毗邻而坐，各自使用一台笔记本电脑进行搜索。查寻开始阶段两人协作分工，CWC 查寻实验设计方案，YQS 查寻实验评价标准；查寻过程中，两人一度交流频繁，甚至使用同一台电脑，但一段时间后交流减少，直到周围同学逐渐离开后，又频繁交流。半小时后，两人认为查寻到足以完成实验设计的相关信息，合作查寻检索活动结束。

案例 2：选购一部手机

此案例中，ZH 因受朋友之托，要为其购买手机提供意见，希望与他人一起合作查寻有关手机的信息。合作查寻检索活动在图书馆一楼休闲区展开，两个并排而坐，各自使用一台笔记本电脑，ZH 使用“百度”搜索，ZJ 主要利用“中关村在线”查寻；查寻过程中两人多次交流，共享屏幕。中途，ZH 放弃搜索，在旁观察 ZJ 操作，此后的查寻过程由 ZJ 主导查寻过程。15 分钟后，合作团队确定了选购的手机品牌和型号。

案例 3：制定一份去桂林的旅游计划

本案例中，3 人均为大四毕业生，为了纪念三人的感情， 3 人计划前往桂林进行毕业旅行。合作查寻检索活动在 GY 寝室进行，三人坐在书桌前共同使用一台笔记本电脑。寝室其余同学均在进行休闲娱乐活动(如看电视等)。在合作查寻检索开始阶段，查寻设备和网络无法响应，导致整个团队心情受到影响；后续合作查寻检索过程顺利，3 人自然协调的轮换使用检索设备并频繁进行交流，同时还伴随使用纸、笔、手机、计算器等工具设备。历时 48 分钟以后，3 人制定了一份比较满意的计划。

案例 4：查寻考研信息

本案例中的研究对象为大三学生，即将面临毕业与考研抉择，想要了解本专业的考研信息，因而在寝室开展合作查寻检索活动。四人并排而坐，共同使用一台笔记本电脑。在合作查寻检索活动开始阶段，团队合作查寻过程顺利；中途，FHF 和 FXM 需求改变，想要查寻就业和其他学校、其他专业考研信息，团队成员开始出现分歧；历时 52 分钟后，合作查寻检索活动结束，最终没有查寻到满意的信息。

李鹏等(2014)的研究表明合作信息查寻检索活动以 2～4 人为宜。本部分所选取的研究对象均符合要求，所开展的合作查寻检索任务包含生活、娱乐、学习等各方面，团队组建形式也呈现多样化，因而其研究对象具有一定的代表性。

6.3.2　合作信息查寻与检索相关性的主观性判据编码

鉴于前面对影响合作相关性判断的客观判据进行了深入研究，本部分的主要目的是抽取客观判据以外的影响因素，故在现象提取中未对信息客体呈现的判据特征进行编码定义。通过对原始资料进行逐行编码，最终获得现象定义 767 个，归纳凝练后形成概念 490 个，通过不断比较形成 10 个主要范畴，然后对各主要范畴进行理论饱和分析，最终提升为 5 个核心范畴，分别是：语境、主体特质、信息交流、需求与目标、分工与角色。

1. 语境

张爱霞等(2007)认为任何信息行为都发生在一定的语境之中，语境一旦发生变化，用户的信息需求、信息行为以及对信息选择判断也会随之改变。因而用户的相关性判断行为与查寻者在信息搜寻活动时所处和所感知的特定环境和状态有关。本书中的语境范畴主要包括社会环境、工作环境、任务情境和时间因素，如表 6-26 所示。

表 6-26　核心范畴：语境

核心范畴	子范畴
语境	社会环境
	工作环境
	任务情境
	时间因素

(1)社会环境。社会环境作为一切活动产生的大背景，包括整个社会或组织的思想、文化、约定俗成的规定或准则等，它勾勒出一个相关性判断的基本准则，能够在潜在不自知的情况下影响查寻者的信息选择和信息使用，甚至影响查寻者对其他层次语境的感知能力。本部分的社会环境主要包括社会规范和社会偏见意识。社会规范是指人们在社会互动过程中衍生出来的相习成风/约定俗成或由人们共同制定并明确施行的规矩或准则，社会偏见意识则是整个社会在对事物的认知过程中形成的一种特定态势或普遍看法。社会环境编码示例(部分)如表 6-27 所示。

表 6-27　子范畴社会环境编码示例(部分)

数据	编码
【数据来源：案例 1】 YQS：就是可能会遗漏有用的信息，会紧张，……我们说话会影响他们……考虑到这一点……就是说多了，会影响到他们，所以还是觉得算了，不讨论了……所以对信息的判断有影响。 CWC：刚才那样，我觉得刚才那个女生他们背着书包出去了，我就觉得有点不好意思，无形之中，感觉我影响了别人，感觉在无形中把有用的知识给删了。	社会规范：自习室不宜(大声)喧哗
【数据来源：案例 3】 YL：比如说像日本，只要跟日本有关的东西都很反感，即使他们说的再好……这个不用讲啊，爱国情节嘛，从小书本是那样教的，环境灌输的就是不好的，就是各种事情都记在脑子里面，所以你会判断，就是从小到大，从小的印象就不好，大家都这样嘛，一提日本就很冒火的这种，然后跟日本有关的信息，首先第一个就是否认的态度，比如说有的人说他的什么方面很好，就算他真的很好，我也不愿意接受。	社会偏见意识

(2)工作环境。与社会环境相比，工作环境与合作信息查寻与检索活动联系更加紧密，它是合作信息查寻与检索活动开展时查寻者在对信息进行判断选择时能够切实感受到的环境，包括查寻检索活动开展时的场所、查寻者使用的查寻设备等。工作环境编码示例(部分)如表 6-28 所示。

表 6-28 子范畴工作环境编码示例(部分)

数据	编码
【数据来源：案例 2】 ZH：我觉得有一点，因为网络慢，感觉好烦，我想下次再弄。 【数据来源：案例 3】 T：你们觉得很烦的时候，重新刷出来以后，看到这个信息以后，有什么变化？ 众：感觉非常欣喜，欣慰，肯定会。烦躁的心情就减少了，欣喜的心情能够替换。	查寻设备：网络

注：T 表示群体特质。

(3)任务情境。本书中的任务情境，包含实际任务和合作信息查寻与检索任务。任务情境编码示例(部分)见表 6-29。李鹏(2013)认为实际任务是指人们的工作任务、学习任务、日常生活问题、兴趣爱好等，而查寻检索任务则是指人们在完成实际任务、解决问题、满足兴趣爱好时，由于自身知识结构上的缺陷而展开的信息查寻、检索、交流、分享等活动。合作信息查寻与检索活动通常是由在现实生活中的实际任务催生而来，每个实际任务都有其特定的、具体的情境，诸如任务来源、任务性质、任务阶段等，而查询者对信息进行选择判断时，直接关联的即为是否能够解决具体情境中的实际任务；而合作查寻检索任务则是解决实际任务的途径，该过程的实施难度、进展程度等具体情况也影响着查寻者对实际任务的理解和对信息的选择判断。

表 6-29 子范畴任务情境编码示例(部分)

数据	编码
【数据来源：案例 1】 CWC：为什么要查这个东西，查这个任务，就是说我们老师今天布置了一个作业……就是我们几个小组内做一个实验探究，食盐能否延长蜡烛的燃烧嘛。	实际任务
YQS：我就看那个信息里面有没有有关食盐的信息，有没有关于蜡烛燃烧的，如果是满足我的实验要求，我再把它下载下来。	满足实际任务
【数据来源：案例 2】 ZJ：在心情不好的时候，这就要看任务的重要性，如果事情很重要的话，我还是会认真看，如果事情不重要的话，我就是瞟一眼。	任务重要性

(4)时间因素。任何一个任务或活动都有特定的时间限制，合作信息查寻与检索活动的时间限制从客观上决定了每一阶段所能分配到的时间，时间压力在无形中影响着查寻者的个人状态，从而影响查寻者对信息的选择和判断。另一方面，查寻者内心的时间期许和感知，也会影响查寻者对信息的选择和判断。时间因素编码示例部分如表 6-30 所示。

表 6-30 子范畴时间因素编码示例(部分)

数据	编码
【数据来源：案例 1】 CWC：还有 20 多分钟。 YQS：她要在 26 教打扫卫生，时间有点紧。	时间压力
【数据来源：案例 3】 GY：还有一个原因，我感觉就是这个任务应该有时间限制，所以我们什么都很慌。对，就是不让你们等太久。 T：但是这个任务是没有时间限制的呀 GY：对，潜意识感觉到的。 YL：如果是平时，肯定自己先玩其他的，然后再发表意见。就感觉平时就可以该干嘛就干嘛，但是这次就必须要集中精力。	潜意识的时间压力

注：T 表示群体特质。

2. 主体特质

这里的主体特质泛指开展合作信息查寻与检索的认知主体表现的特质及心理活动，包括个人特质、群体特质以及在群体环境下的个体心理(表 6-31)。

表 6-31 核心范畴：主体特质

核心范畴	子范畴
主体特质	个人特质
	群体特质
	个体心理

(1)个人特质

合作信息查寻与检索活动的实施主体是由多个具有主观能动性的认知主体构成，这些认知主体在信息的选择判断过程中会根据自己所具有的某些特质事先对信息进行筛选和评判。个人特质编码示例(部分)如表 6-32 所示。

在合作查寻检索活动中，查寻者一方面会根据自己以往长期学习、生活中形成的固定特质(如查寻者的知识背景、生活经验、兴趣爱好、性格等)对当前信息进行判断，进而对那些符合自己特质和预期的信息给予高度评价；另一方面，某些特质会随着合作查寻检索活动的开展而产生变化，诸如：情绪、态度、认知状态等，在这种情况下查寻者对信息的判断则可能不一致。个人特质这一范畴主要包括：兴趣、价值观、习惯、身体状态、自我效能、经验、情绪、表达能力、合作倾向、主观想法、直觉、知识结构、性格、态度等。

表 6-32 子范畴个人特质编码示例(部分)

数据	编码
【数据来源：案例 2】 ZJ：我叫**，就读西南大学计算机软件学院，我平时……也经常关注一些电子产品……就是自己感兴趣，然后帮同学选都有查，然后自己买的时候也有，因为经常查找相应的电子产品信息，这些品牌也比较熟悉，看到的时候自然就知道哪些是自己要的了。	兴趣：关注电子产品 相似信息的查寻经验
ZJ：我呢就是喜欢买一些性价比高的，追求性价比。然后不追求啥子档次，别人的看法，就是认为在使用限定的经济能力内选最好的东西，所以我看的东西也是这样的。	价值观：消费观
ZH：我觉得性格对我的判断有影响吧，我觉得两个人的性格都还挺随和的，都能够接受别人所说的……他的判断，他整个描述很流畅，很自信。	性格：能够接受意见 表达能力：描述流畅
ZJ：如果只是瞟一眼，没有什么问题吧，因为对电子产品我还是比较熟悉的，有一定的把握(准确判断)的.......然后加上自己觉得找信息的能力还是比较强的。	自信
【数据来源：案例 3】 GY：我觉得，如果实在需要的话，可能会说一两句吧。一般我觉得主要是根据我自己的心情，如果我当时比较低落的话，我可能会一言不发，就是这种。如果情绪高涨，就可能跟大家争论。	情绪
YL：特别是很饿的时候(笑)，我一般就是只要有点饿，旁边的人在说话的时候，我都不想搭话的那种。我知道很没礼貌，但是我就是很不想说话。	身体状态
YL：我们经验很欠缺的，比如像旅游这种事情我希望跟她一起做。 GY：因为他会知道旅游百事通，还有携程，我们都没有听过。	经验

(2)群体特质

在合作信息查寻与检索活动过程中，查寻者通常根据自身周围存在的社会关系、配合默契程度、任务特征等多种因素来选择合作者，然后形成一个合作团队。当多个查寻者以团队方式出现时，就会形成该群体结构的自有特征。对于群体特质这一范畴，可以从群体构成、群体中成员间的关系、成员间的熟悉程度、成员间的感情、成员间的信任以及群体的氛围几个方面理解(表 6-33)。

群体构成指参与合作查寻检索活动的人员数量、结构、专业构成等；成员间的关系则体现为群体成员在现实生活中已存在的真实社会关系(诸如同学、室友、陌生人等)及虚拟社会关系；群体成员间的熟悉程度通常是由成员关系衍生而来，社会关系的不同强度会导致成员之间熟悉程度的不同；群体感情则是指成员相互之间的情感距离，是成员相互之间的心理反应，诸如：喜欢、讨厌、爱慕等；群体氛围指群体成员整体感知和认同的具有一定特色的气氛，群体氛围因每次参与人员、任务进展、群体的其他特质等多因素的共同作用而有所不同；群体成员间的信任则包括对成员能力和品质的认可与赞同。

表 6-33　子范畴群体特质编码示例(部分)

数据	编码
【数据来源：案例 2】 ZH：然后对于刚才这个同学，我觉得这个同学挺靠谱(笑)。就感觉这个男生应该对电子产品比较理解，从他的描绘当中就感觉他很熟悉，提供很多信息让人觉得很靠谱的。	成员信任：能力
ZJ：然后就是我对这个队友的看法，她就是乐于助人，就是愿意帮助同学，提供自己力所能及的事，比如帮同学买手机呀，然后向周围人询问，问人家的手机情况，就是一种热心肠。	成员信任：品质
ZH：……然后这个就会给人产生一种信赖感，然后再后面就是你介绍那个专业的时候(笑)，你那个专业跟这个东西很贴近，所以我比较相信他说的	群体信任：信赖感
ZH：首先可能对陌生人跟平时熟悉的人，可能你跟陌生人之间会有稍稍的还是多多少少有点距离感。然后这种距离感有些会，就是让你对自己的性格有所收敛，交流就没有这么随心所欲。	群体信任：专业知识
【数据来源：案例 4】 FHF：我们这个团队的气氛肯定会啊。	群体成员间的关系
T：一般怎么影响？ FHF：如果气氛不好，低沉沉的，那感觉就…… WDF：就查不下去了。	群体氛围

(3) 个体心理

合作群体由多个人构成，每个人是一个天然的自身利益追求者与维护者。群体用户的合作相关性判断过程是一个博弈过程，因而并不一定每次都能够达成群体内部的一致性判断。当群体内部相互之间进行博弈时，群体中的个体会因某些心理而产生妥协或投射，进而对信息做出非客观的选择性判断。

从编码中提取的个体心理范畴主要包括趋熟心理、趋利心理、趋众心理、选择性理解、崇尚权威、畏难心理和同理心(表 6-34)。

趋熟心理表现在信息交流和共享过程中，查寻者对熟悉成员分享的信息或表达的意见更容易持赞同或相信的态度，而相对不熟悉成员发表的意见和分享的信息存在排斥心理，当群体氛围不融洽时表现得尤为突出；趋利心理则表现在信息查寻和交流过程中，查寻者对符合自己利益的信息更愿意持赞同的态度；趋众心理即为从众心理，就是指在群体的影响和压力下，查寻者为了达到和群体一致的判断而放弃自己的意见和判断；选择性理解则表现为查寻者更愿意将与自己情况、情感、经历等相符的信息判断为相关；崇尚权威是指当在群体中有明显的专家或领导时，查寻者在自我知识、能力存在缺陷无法对信息进行抉择判断时，更愿意采纳权威人士的意见；畏难心理主要表现在合作查寻检索任务比较困难时，查寻者认为继续执行查寻任务会耗费更多的时间和精力，因而改变对信息的选择和判断；同理心则是指查寻者在信息相关性判断过程中带入他人的立场、情感、经历等，从而影响到自己对信息的客观选择与判断。

表 6-34　子范畴个体心理编码示例(部分)

数据	编码
【数据来源：案例 1】 CWC：肯定是相信熟悉的人，熟悉程度和影响程度是成正比的嘛。因为我相信他的判断	趋熟心理
CWC：他们学了文献检索的，他们知道在哪里面查的，这个权威性要高一些。	权威
YQS：一般有一点纠结的情况时，我觉得有点有用，又有点没用，然后别人再跟你解释，这个时候，别人推你一把跟拉你一把的效果(区别)很大。 CWC：不管觉得好还是不好，只要你在纠结的情况，他稍微说一点你就是觉得听了她的吧。	趋众心理
【数据来源：案例 2】 ZH：我没有这种经历，但是我同学有，所以说我就认同他(ZJ)。 ZJ：领导者，必须有一个领导者，对某一个项目或者事情比较熟悉的人，也对我判断有比较大的影响。	同理心：带入他人的经历 崇尚权威
【数据来源：案例 4】 WYF：比如说脸上长痘了，你网上查一下你过敏的原因吧，然后你看见有的说得很严重，有的说很轻，反正我是很愿意相信那些说得很轻的。	选择性理解

3. 信息交流

信息交流贯穿于整个合作信息查寻与过程，主要指成员之间的信息互动过程。信息交流并不仅仅局限于成员之间的语言交流，还包括身体语言及表情交流、书写交流、共享检索资料和结果等。通常在合作查寻检索活动中，成员之间会就任务理解、信息需求、检索策略与途径、领域知识、信息的判断抉择、问题解决方案等进行交流，以期最后获得群体的一致性理解和判断。除此以外，在有外界条件刺激或干扰时，群体成员也会与群体以外的成员进行交流。从案例数据可以发现，每个成员借助这种合理的形式和手段向群体表达自己的意见和情感，支持合作查寻检索活动的顺利开展。

从编码中提取的信息交流范畴主要包含成员交流意愿、交流积极性、交流程度、交流便利性及共享检索资源(表 6-35)。

表 6-35　核心范畴信息交流编码示例(部分)

数据	编码
【数据来源：案例 2】 ZJ：就问题来说，我们也是想方设法地讨论这个问题，想这个问题，研究这个问题。然后通过给张图形，上网然后我们互相聊天，聊天了解我们周边同学对这些电子产品，如 Iphone 还是魅族的认识，然后自己上网去查找相关资料，然后再综合进行评价，到底要选哪些手机。	交流方式：聊天 交流对象：成员和周围同学
ZH：就是，当时就通过询问，就是她的朋友需要什么样的手机，什么样的价位，然后什么样的牌子等等一些参数。然后根据这些参数再进行选择，选定。	交流方式：询问
ZJ：课程设计的时候，比如说做一个网站系统，然后需求分析，可行性分析的时候，我只是写了几行几点，只想到几点，但是我们交流的时候，我同学想到更多，而且还画出了相应的流程图，数据流图，等等。	信息交流的程度

4. 需求与目标

李鹏(2013)认为，信息需求是查寻者因实际任务/问题而意识到的知识缺陷和需要补充知识和信息的一种表现。在合作信息查寻与检索活动整个过程中，从最初的信息需求模糊不清到逐步清晰明了是一个动态、变化、迭代的过程。查寻者对需求的明确程度，直接关系后续查寻行为和信息的选择与判断。Ingwerson 和 Järvelin (2007) 表示，在特定的群体事境中，信息需求具有个人和集体认知的性质。目标是查寻检索需要达到的要求，是相关性判断的基础，是合作查寻与检索行为收敛的基本条件。需求与目标编码示例(部分)见表 6-36。

当个人的信息需求或目标与群体的需求或目标无法达到一致时，合作查寻与检索活动就无法顺利持久开展下去，对信息的选择和判断会因为需求与目标不同而无法达成团队一致性判断，如案例 4 中，各成员的最终诉求不一致，导致合作查寻活动无法顺利开展，最终也没有达成一致性判断。

表 6-36　核心范畴需求与目标编码示例(部分)

数据	编码
【数据来源：案例 1】 CWC：……老师叫我们做这个实验嘛，我们想尽快地或者是尽好地去解决这个问题，所以我们今天就在网上多查一些有关的资料嘛，达到的目的也就是说尽好地能够找到与我们这个问题更相关的一些内容，能够更好地帮助我们去解决我们所要解决的问题。	信息需求
YQS：这个肯定会。因为我做实验，他要以一个量化或者质化的表来判断我实验怎么样，我肯定要知道他是怎么去量化的，现实一点，我要拿高分，我要知道他从哪些方面来给我打分。做的时候我会特别的注意，他会在这个方面给我打分，所以我要更严谨一点，更好地去把这个事做好。	分工子目标
【数据来源：案例 2】 ZJ：当时就通过询问她的朋友需要什么样的手机，什么样的价位，什么样的牌子等等一些参数。然后根据这些参数然后再进行选择，选定......一般来说，她说过，她朋友对 5S 和 5 就是不接受，因为价格太贵了。然后朋友说也可以接受就是 4，就是以前的手机降价.... ZJ：如果要改变的，那么我会愿意自己对她那个朋友进行交流，更加详细地了解需求。	详细的产品需求
【数据来源：案例 4】 T：想过啊，那 FXM 是正处于犹豫当中，那你们三个是定了要考研的，那你们三个的学校定了吗？ FHF：没有。 WYF：有想考的 WDF：诶，我也有想考的学校 T：恩，FHF 你想考哪里？ FHF：恩，因为是考纺织工程，就考东华大学，要是考心理学就去华东师范或者是上海的一个什么学校都行。	信息需求一致
WDF：我主要是想定一下南京那边，地区在南京。 WYF：其实心理学我还是想考川大的嘛，本专业的话就相当于是跟着我们张老师吧。 T：那也就是说你们今天有共同要解决的问题吗？ FHF：有啊(大家笑)。	需求和目标不一致

注：T 表示群体特质。

5. 分工与角色

劳动分工是团队工作的一种常见形式。在合作信息查寻与检索活动中的分工形式主要有：①查寻开始前，群体成员对任务进行分解，统筹分配后每个人负责完成其中的一个子任务或查寻途径，最后汇总、筛选结果，完成群体一致性判断，如案例 1；②查寻开始时，团队成员就查寻检索任务自发进行信息查寻，然后在查寻过程中，根据寻找到的信息特点或途径以及成果等自发地形成分工协作，在查寻检索活动中或结束阶段共享判断结果，如案例 3；③在整个查寻过程中，没有对任务进行明确分工，但是由具体某位成员主导查寻过程，而其他查寻者则在一旁观看或协助，如案例 2；④在信息查寻过程没有明确分工，多个成员共同主导查寻过程与查寻方向，并在信息查寻过程中就对信息选择进行判断，如案例 4。尽管有如此多的分工形式，但是合作信息查寻与检索活动中的分工，并不是一成不变的，查寻者们会根据查寻效果和查寻中的反馈进行及时的调整与修正(表 6-37)。

在进行合作信息查寻与检索活动时，成员因分工不同而承担不同的角色，主要有以下两种：①群体中有明显的领导者和统筹者，则合作查寻与检索任务由他们协调与统筹，而其他人员则是属于从属者或协调者，负责完成各项子任务；②群体中没有明显的领导者或权威者，所有成员平等相处，共同协商完成合作查寻检索活动。

表 6-37 核心范畴分工与角色编码示例(部分)

数据	编码
【数据来源：案例 1】 CWC：所以刚刚那个实验分工的时候，我查的是实验，他查的是那个评价，量化表……这样的话，稍微好一点嘛，本身两个人一个团队，就是分着做，要不然的话，一个信息我找了，他也找了，结果还有其他的信息又没找，浪费了时间。因为分工，不管是对一个团队还是一个公司或者一个部门，明确分工还是很重要的。	分工
【数据来源：案例 2】 ZH：在开始其实没有分工，但是到后面其实就很明确了，我感觉他是主要的执行者，他提供一些很具体的信息，而我的话，我就大概属于比较服从	分工 角色：主要执行者 角色：服从者

6.4 合作信息查寻与检索相关性判断的影响因素

相关性判断过程是一个由认知主体主导、对信息客体进行抉择的动态过程，因而在这一个过程中，用户对信息客体的判断不仅只受到信息客体本身优劣及其外在属性的影响，还受到信息主体的多种内在因素影响，用户在这些因素的共同作用下进行选择判断。合作信息查寻与检索是在群体语境下的查寻检索活动，其相关性判断除了受到个体查寻检索的影响因素作用外，还受到与群体有关因素的影响，因此建立这些因素与合作信息查寻检索活动间的关系、探寻合作信息查寻与检索的相关性模型就成为研究的必然需求。

影响相关性判断的信息客体因素，已有诸多学者展开卓有成效的研究并取得丰硕成果，如 Saracevic(1975)、Park(1992)、Cool(1993)、Barry(1994)、Schamber 和 Bateman(1996)、张耀辉(2012)、胡秀梅和邓小昭(2010)等等，多数学者使用“判据(criteria)”这一专业名词来表示，但是这些研究都是基于单用户相关性判断进行的，在研究对象上与本部分有所差异，但能给本部分的研究提供参考。

通过前述合作信息查寻与检索的客观判据与主观判据的案例编码提取的判据因素能否满足进一步研究的需求，需要对提取结果进行质量评价与适用性评价，进而描述不同因素间的作用关系，构建合作信息查寻与检索的相关性模型。

6.4.1 合作信息查寻与检索相关性判断影响因素的量表编制

DeVellis(2010)认为量表就是一种测量工具，它由多个项目构成，形成一个复合分数，用以解释不宜用直接方法测量的理论变量水平。本部分量表编制的变量基础是扎根理论编码中提取的相关性判断影响因素的具体范畴，这些范畴是对研究案例中相关性判断影响因素的抽象和概括，结合研究案例中各范畴的具体指标和相关文献的研究结果，对各变量进行指标化，以此作为编制合作信息查寻与检索相关性判断影响因素量表的项目来源。

1. 合作信息查寻与检索相关性判断的客观因素量表

1) 合作信息查寻与检索相关性判断的客观判据

基于前面的 5 组案例数据的扎根分析，最终共获得现象定义 1297 个，初始编码 660 个，聚焦编码 74 个；通过撰写备忘录最终将编码提升为 17 个主要概念范畴，分别为：查寻者个体、查寻者合作群体、实际任务、合作查寻检索任务、合作查寻与检索信息活动、合作查寻与检索结果、合作相关性判断、合作分工、信息交互、信息浏览，信息保存、查寻反馈、合作问题解决。据此可建构合作信息查寻与检索的过程模型(图 6-4)。

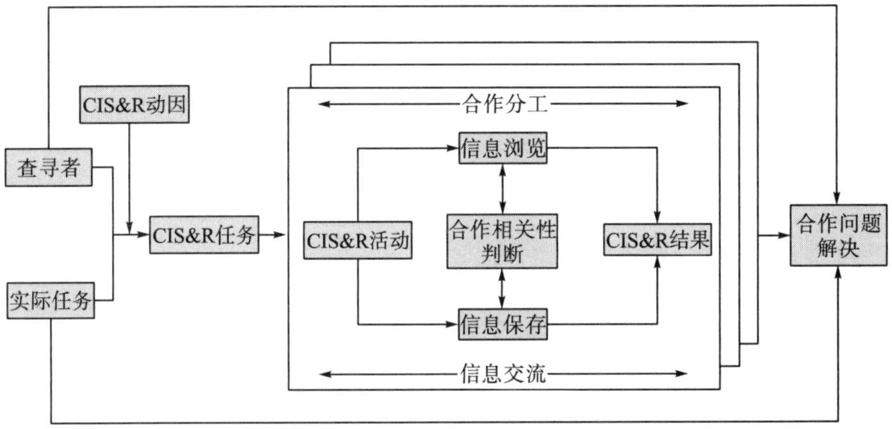

图 6-4　合作信息查寻与检索的过程模型

从该模型可以发现：查寻者在实际任务驱动下产生信息需求；在合作查寻与检索动因作用下形成查寻者合作群体；确定合作查寻检索任务后通过信息查寻与检索活动、信息浏览、相关性判断、信息保存等具体环节获取所需信息并利用这些信息形成问题解决方案；在此过程中，查寻者有各自的分工，履行各自的职责，在各个环节与阶段查寻者间通过信息交流来形成共识，且随着时间的演化不断地优化调整(如分工方式、检索对象、相关性判据选择等)。

在上述过程模型中，合作相关性判断居于核心地位。合作相关性判断是多个用户对实际任务、合作查寻检索任务、查寻结果和问题解决方案的共同认知结果，用户与信息检索系统的交互、用户与用户之间的信息交流都是为了处理所获得信息的相关性，以达成较为一致的相关性判断意见。因此，相关性判断衔接了合作信息查寻与检索活动的各个环节，并推动查寻与检索活动的动态演化。

相关性判断是一个复杂、动态、多维、认知的过程，但有贯穿于该过程的基本标准或依据，比如布尔检索系统在判断某个文档是否满足用户检索式时，首先是判断文档的标引项目与检索项目是否相符，再判断是否满足逻辑关系。而用户对某信息是否满足需求的判断就要复杂得多：不仅要考察该信息主题内容的相关性，还要考虑与问题解决的适合程度、信息的可获取性、信息的质量因素等。在合作信息查寻与检索研究中，必须综合考虑各个方面的因素来寻求相关性判据集合；从用户的视角来看，相关性判据是指查寻者对信息的相关性做出判断时所参考的标准或依据。

根据对 5 个案例数据的扎根理论分析，抽取出合作信息查寻与检索的相关性判据有10类，分别是：

(1)查寻者。查寻者相关性判据，是指查寻者依据自己或群体的实际情况对信息是否相关做出判断，包括查寻者的个人经验、知识结构等。

(2)语境。语境主要包括查寻者主体语境、实际任务语境、检索系统语境、信息空间语境等，均是影响相关性判断的重要因素。对于查寻者而言，语境如时间限制、经济能力限制、知识能力限制等方面使得用户在获取信息时除“主题”要求外，还希望查寻到的信息与实际任务其他方面相匹配。

(3)信息需求。信息需求是查寻者因实际任务/问题而感受到知识缺陷而需要补充知识和信息的动机表现，在查寻过程中信息需求是动态变化的，是一个逐渐从模糊到清晰的过程。因此这一类的判据通常比较主观、抽象，查寻者将其笼统地表述为“自身需要”“我的需求”“我们的要求”等。

(4)信息内容有用性。信息内容有用性主要是指查寻者所获得的信息表达出的实际意义能够解决所面临问题的程度，通常可将其区分为可用性和适用性。可用性，即可资利用，表示该信息可用于解决问题；而适用性则是指某信息不仅可以用来解决问题，而且可以很好匹配问题解决。具有可用性的信息最终不一定都会使用，而具有适用性的信息应用于形成问题解决方案的可能性则大大提高。

(5)信息标引特征。信息标引特征诸如标题、摘要、关键词等，是指在不同程度上代表文献信息内容、表征特定格式与具体物理位置等文献信息特征，这些特征通常可以被专业信息人员或信息系统加以组织来表征具体信息。查寻者在判断信息的相关性时，这些特征是较为明显的判断线索。

(6)信息来源特征。信息来源特征是指信息的来源渠道信息，如查寻结果所出现的网站、网页、检索系统，或者提供该信息的人员等。在判断信息的相关性时，查寻者会从获得信息具体渠道的声誉、可靠性以及权威性等角度予以考虑，通常来自优质信息源的查寻结果被查寻者判断为相关的可能性更大。

(7)排列次序。查寻结果的排序也是查寻者判断信息相关性的重要依据，特别是在使用搜索引擎或学术数据库时，一般系统均会对结果有一个默认的相关性排序(或其他排序)。查寻者通常倾向于浏览排序在前的信息，因此将这些信息判断为相关的概率较大。

(8)信息质量。信息质量主要包括信息的完整性、可靠性、时效性等。其中完整性是指所获取的信息不是残缺的，或者涉及查寻者所需的各个方面；可靠性是指该信息是准确可靠的；时效性是指某信息是最新的，或者覆盖了特定的时间范围。查寻者在判断信息的相关性时通常会对质量较高的信息予以较高程度关注。

(9)信息结构特征。信息结构主要是针对网页信息而言，包括页面的设计、布局、链接深度以及页面信息的分类、导航等。用户更倾向于清晰简洁的页面布局、明确的分类目录等，而在页面中嵌入广告、出现浮窗以及大量信息重复时，将会影响用户对信息的选择。

(10)信息表现形式特征。信息的表现形式，如文本、图像、照片、视频等，这些不同的形式因其可理解性、可利用性等差异会影响用户对信息的判断与选择。

对比单用户检索的相关性判据研究成果(表 6-38)可以发现：基于扎根理论分析出来的

合作信息查寻与检索相关性判据基本上都出现于前人相关研究成果中。换言之，用户在合作信息查寻与检索中使用的相关性判据与用户在个人信息查寻与检索中所使用的相关性判据从总体上而言并没有太大差异。所不同的是，信息交流在合作查寻与检索中扮演了重要角色，一个查寻者进行相关性判断所选用的判据会在一定程度上影响其他查寻者的相关性判据选用，当然也会受到其他查寻者相关性判断意见的影响。

表 6-38　单用户相关性判据的已有研究

相关性判据类别	已有研究成果
查寻者	Cuadra 和 Katter(1967)；Nilan(1988)；Park(1993)等
语境	Cuadra 和 Katter(1967)；Ress 和 Schultz(1967)；Park(1993)等
信息需求	Cuadra 和 Katter(1967)；Park(1993)；Cool 等(1993)
信息内容可用性	Cool 等(1993)；Tang and Solomon(2001)；Savolainen and Kani(2006)；Taylor 等(2007)
信息标引特征	Cool 等(1993)；Wang(1994)；Tombros(2003)；Meng(2005)等
信息来源特征	Nilan(1988)；Schamber(1991)；Barry(1994)
排列次序	Eisenberg 和 Barry(1988)等
信息质量	Schamber(1991)；Tang and Solomon(2001)；Kim(2007)等
信息结构特征	Buarnes(2003)；Tombros(2003)；Wu 和 Tsai(2005)
信息表现形式	Cool 等(1993)；Burton(2000)；Tombros(2003)等

然而，基于案例分析提取出的合作查寻与检索的相关性判据都是抽象性的概念，对于实际的相关性计算难以具有实际意义，因而需要把这些概念分解为可测度的指标，并要保证分解出来的指标有意义且反映了上述相关性判据的实质内容。为此，可根据案例研究结果及已有研究成果设计测度量表并用探索性因子分析来检验之。

2)合作信息查寻与检索相关性判据的量表编制

由于在相关性判断时信息可获取性是一个重要参照标准，因而编制量表时增加了案例分析没有析出的该类别指标；另外，基于用户当前使用的信息源主要来源于网络，因而将“信息次序特征”改为“信息传播特征”，主要指网络信息传播系统中具体的网站、网页中信息被转载、分享、点击、置顶等。为了保证编制的初始量表效度，对每个设计的指标都给出了它的原始根据，由此得到一个由 11 个大类 62 项别的相关性判据项目池。

再根据该项目池选择合适的量表形式。由于主要是对态度的测量，因此选择了李克特 5 点式量表来陈述项目表达，并基于初步的预调查确定了量表的基本内容与陈述形式。

根据李克特初始量表编制了调查问卷，问卷的发放主要在高等院校及科研院所，并通过各种方式来回收问卷。数据回收的基本情况如下：共回收 312 份问卷，其中有效问卷为 300 份；男性 112 人，女性 188 人；年龄分布于 18~28 岁，以 20~23 岁最多；被试来自 30 多个院所的 110 多个专业；共有本科生 223 人，研究生 66 人，其他 11 人。通过问卷中的甄别部分(即是否有合作信息查寻与检索经历)再删除个案 20 例，共得有实际意义的有效个案 280 例。测试问卷数据采集后，应用 SPSS 进行测试问卷项目分析、因子分析、信度检验等。

(1)量表项目分析

项目分析的主要目的在于检验编制的量表中单个题项的适用性或可靠程度。项目分析通常包括题项的鉴别度(或分辨力)与同质性，前者是探究高低分组的被试在每个题项的差异，后者进行题项间同质性检验，其结果可以作为个别题项筛选或修改的依据。对项目鉴别度的判断，最常用的是临界比值法(critical ratio，CR，又称极端值法)。CR 值的计算是根据量表总分区分出高分组和低分组被试，再求高分组、低分组在每个题项的平均数差异的显著性。

检验结果表明，共有 22 个项目差别指标未达标，其中查寻者、信息需求两个类别的项目全部被取消，语境类别的项目仅剩余一项，其他类别项目有不同程度的删除。仔细分析这一结果：“查寻者”“信息需求”和“语境”三个类别实际上是相关性判断的影响因素，它并不能作为相关性判据本身；相关性判据代表的是信息需求与查寻结果相关关系的判断依据或标准，而相关性判断行为影响因素则是制约用户执行判断行为的外在因素。因此，把“语境”类别剩余的一项的也予以删除，加上其他判据类别被删除的项目共有 23 项，保留下来的项目共 39 项，分布于 8 个类别中。

(2)探索性因子分析

在做因子分析前，首先对量表做了 KMO 和 Bartlett 球形检验，检验结果如表 6-39 所示。其中，KMO 值为 0.885，大于通常的 0.8 标准，通过 KMO 检验；Bartlett 球形检验显著性水平小于 0.05，达到显著。因此量表适合做因子分析。

表 6-39 量表的 KMO 和 Bartlett 检验

取样足够度的 KMO 度量		0.885
Bartlett 球形检验	近似卡方	5211.168
	自由度	741
	显著性	0.000

选用主成分分析法提取量表的公因子；由于量表的 39 个项目分布于 8 个类别中，因此为满足对应性将公因子的数目限制为 8；量表编制时采用类平行模型，即假定项目以及项目层面之间是相互独立的，因此使用正交旋转法进行因子旋转，并选择常用的最大方差法。检验结果如表 6-40 所示，所得主成分顺序为：信息来源特征、信息内容有用性、信息索引特征、信息表现形式、信息质量、可获取性、信息结构特征与信息传播特征。从表 6-40 可以发现：8 个公因子约仅能解释变异的 60.5%，即大约还有 40%的变异无法由这些相关性判据来解释，因而还有大量的与相关性判据有关的因素必须考虑到相关性判断中，如在前面项目分析中删除的查寻者、语境与信息需求等，这些将列入后面的主观性判据中分析。

根据旋转成分矩阵的观察发现：在公因子 3(信息索引特征)中包含了“信息表现形式”“信息结构特征”和“信息质量”三个类别的 6 个项目；在公因子 6(可获取性)中包含了“可获取性”和“信息质量”两个类别的 4 个项目。在一个共同因子中若是包含不同层面的测量项目，可以保留项目较多的层面，删除其他层面中的项目。

表 6-40　提取主成分可解释的总方差

成分	初始特征值			提取平方和载入			旋转平方和载入		
	合计	方差的百分比/%	累积的百分比/%	合计	方差的百分比/%	累积的百分比/%	合计	方差的百分比/%	累积的百分比/%
1	11.206	28.733	28.733	11.206	28.733	28.733	4.336	11.117	11.117
2	2.721	6.978	35.711	2.721	6.978	35.711	3.462	8.878	19.995
3	2.215	5.679	41.390	2.215	5.679	41.390	3.075	7.886	27.880
4	2.051	5.260	46.650	2.051	5.260	46.650	3.051	7.824	35.704
5	1.555	3.986	50.636	1.555	3.986	50.636	2.964	7.601	43.305
6	1.475	3.781	54.417	1.475	3.781	54.417	2.620	6.719	50.024
7	1.241	3.182	57.599	1.241	3.182	57.599	2.062	5.287	55.311
8	1.130	2.898	60.497	1.130	2.898	60.497	2.022	5.186	60.497

提取方法：主成分分析。

经过比较分析，最终删除 quality10、quality9 与 structure4 共 3 个项目，量表项目个数调整为 36 个，分别归于信息来源特征、信息内容有用性、信息索引特征、信息表现形式、信息质量、可获取性、信息结构特征与信息传播特征 8 个层面。

3) 分层面信度检验

信度是指根据量表所测结果的一致性或稳定性，在态度量表中常用的信度检验方法为 Cronbach’s α 系数。在项目分析中，已对整个量表的内部一致性予以检验，然而由于在社会科学研究中，通常每个量表会包含几个层面，因此除了检验总量表的信度系数外，还应检验各层面的信度系数。一般认为，对于态度或心理知觉量表，其总量表的信度系数最好在 0.80 以上，量表各层面的信度系数最好在 0.70 以上。

检验发现：其中 usefulness8、manifestation4 两个项目与其所在层面中其他项目之间的内部一致性较差，应该予以删除。因此，最后编制的正式量表中共有 34 个项目，具体结果如表 6-41 所示。

表 6-41　客观性判据使用的项目池

变量	项目
信息内容有用性	在进行合作信息查寻与检索（CIS&R）时，我浏览的信息内容比较容易理解
	在进行合作信息查寻与检索（CIS&R）时，我浏览的信息内容重点比较突出
	在进行合作信息查寻与检索（CIS&R）时，我浏览的信息内容长度适宜
	在进行合作信息查寻与检索（CIS&R）时，我浏览的信息内容简单明了
	在进行合作信息查寻与检索（CIS&R）时，我浏览的信息具有丰富的信息量
信息可获取性	在进行合作信息查寻与检索（CIS&R）时，我浏览信息不需要等待太久
	在进行合作信息查寻与检索（CIS&R）时，我浏览信息不需要密码或注册
	在进行合作信息查寻与检索（CIS&R）时，我浏览的信息是免费的
信息索引特征	在进行合作信息查寻与检索（CIS&R）时，我浏览的信息标题中出现了我使用的关键词
	在进行合作信息查寻与检索（CIS&R）时，我浏览的信息摘要中出现了我使用的关键词
	在进行合作信息查寻与检索（CIS&R）时，我浏览的信息标签中出现了我使用的关键词
	在进行合作信息查寻与检索（CIS&R）时，我浏览的信息简介中出现了我使用的关键词

续表

变量	项目
信息来源特征	在进行合作信息查寻与检索(CIS&R)时，我更看重出现在比较有名的网页或网站的信息
	在进行合作信息查寻与检索(CIS&R)时，我更看重出现在政府机关的网页中的信息
	在进行合作信息查寻与检索(CIS&R)时，我更看重出现在官方网页中的信息
	在进行合作信息查寻与检索(CIS&R)时，我更看重出现的网页或网站声誉比较高的信息
	在进行合作信息查寻与检索(CIS&R)时，我更看重作者是专家的信息
	在进行合作信息查寻与检索(CIS&R)时，我更看重作者是名人的信息
	在进行合作信息查寻与检索(CIS&R)时，我更看重来源于权威期刊的信息
	在进行合作信息查寻与检索(CIS&R)时，我更看重来自专业教材的信息
信息传播特征	在进行合作信息查寻与检索(CIS&R)时，我更看重排在搜索结果的前面的信息
	在进行合作信息查寻与检索(CIS&R)时，我更看重网站置顶的信息
信息质量	在进行合作信息查寻与检索(CIS&R)时，我浏览的信息主要针对特定的领域
	在进行合作信息查寻与检索(CIS&R)时，我浏览的信息是准确的
	在进行合作信息查寻与检索(CIS&R)时，我更看重在其他来源也出现过的信息
	在进行合作信息查寻与检索(CIS&R)时，我浏览的信息是完整的
	在进行合作信息查寻与检索(CIS&R)时，我浏览的信息是最新的
	在进行合作信息查寻与检索(CIS&R)时，我浏览的信息是详细的
信息结构特征	在进行合作信息查寻与检索(CIS&R)时，我会关注布局美观的网页或网站上的信息
	在进行合作信息查寻与检索(CIS&R)时，我会关注布局有条理的网页或网站上的信息
	在进行合作信息查寻与检索(CIS&R)时，我会关注信息目录清晰的网页或网站上的信息
信息形式特征	在进行合作信息查寻与检索(CIS&R)时，我会关注以文本形式呈现的信息相关性
	在进行合作信息查寻与检索(CIS&R)时，我会关注以图表形式呈现的信息相关性
	在进行合作信息查寻与检索(CIS&R)时，我会关注以影像形式(如有声读本、动画、视频等)呈现的信息相关性

2. 合作信息查寻与检索相关性判断的主观因素量表

分析合作信息查寻与检索的主观性判断案例，得到5个抽象性概念：语境、主体特质、信息交流、需求与目标、分工与角色；为了能够对最终结果进行测度，增加一个抽象性概念，即合作信息查寻与检索的相关性结果判断。Devellis(2010)采用类平行模型作为量表的测量模型，即假设所有项目共享一个潜变量，但是并不要求每个项目与潜变量之间有相同程度的关系，所有项目在一定程度上反映了潜变量。量表采用李克特5点式测量方式：1～5分别对应非常不符合、比较不符合、不确定、比较符合、非常符合。

1)合作信息查寻与检索主观相关性判据的初始量表

语境指合作信息查寻与检索活动发生时特定的环境和状态，包括社会环境、工作环境、任务情境和时间因素四个子范畴；主体特质是指合作信息查寻与检索中主体所呈现的特质及心理活动，包括个人特质、群体特质以及群体环境下的个体心理；信息交流是指合作信息查寻与检索过程中群体成员之间的互动过程，包含成员交流意愿、交流积极性、交流程度、交流便利性以及共享检索资源；信息需求是查寻者因实际任务/问题而感受到的知识缺陷而需要补充知识和信息的一种形态，其心理预期即为查寻目标；分工是指合作信息查寻与检索活动中群体成员所承担的责任，其所处地位即为角色。

借鉴已有的研究成果及案例分析结果，设计合作信息查寻与检索的主观相关性判据初始量表(表 6-42)。

表 6-42 合作信息查寻与检索主观相关性判据项目池

变量	项目	来源
社会环境	我认为自己具有良好的成长环境	本书；Schamber(1994)
	我认为自己受过良好的教育	
	在进行合作信息查寻与检索(CIS&R)时，我和团队成员会遵守社会上约定俗成的规定或习俗	
	在进行合作信息查寻与检索(CIS&R)时，我会被社会中普遍的偏见意识(如：洋奶粉品质好等)影响	
	在进行合作信息查寻与检索(CIS&R)时，我会被团队成员对信息的态度和偏见(如：仇日情绪)影响	
工作环境	在进行合作信息查寻与检索(CIS&R)时所在的场所是方便的	本书
	在进行合作信息查寻与检索(CIS&R)时所在的场所是我/团队熟悉的	
	在进行合作信息查寻与检索(CIS&R)时，查寻设备(包括使用的工具和网络)能顺利响应或运行	
任务情境	在进行合作信息查寻与检索(CIS&R)时，浏览、阅读的信息与团队在现实生活中需要完成的实际任务(如：完成课程论文、制定旅游计划等)相符	本书；Taylor 等(2009)；Vakkari 和 Hakala (2000)
	在进行合作信息查寻与检索(CIS&R)时，浏览、阅读的信息与团队的具体任务(如：查找某一篇文章、查找某个景点)相符	
	在进行合作信息查寻与检索(CIS&R)时，我比较重视这次查寻任务	
	在合作查寻任务进行到不同阶段时，我会改变之前对某信息的判断	
	我参与的合作查寻任务不太复杂	
	我和他人一起查寻的信息是关于生活、娱乐等休闲型的	
时间因素	在进行合作信息查寻与检索(CIS&R)时有充裕的时间	本书
个人特质	我曾经和他人合作完成过信息查寻任务	本书；Schamber(1994)；Taylor 等(2009)；Savolainen 和 Kari(2006)；Park(成颖，2011)；
	我具备与这次合作查寻任务相关的知识	
	在合作以前，我曾经查寻过与本次合作查寻主题相关的信息	
	我认为自己具有良好的阅读习惯	
	在进行合作信息查寻与检索(CIS&R)时，我浏览、阅读的信息与我的价值观相符	
	在进行合作信息查寻与检索(CIS&R)时，我相信自己有正确判断信息的能力	
	在进行合作信息查寻与检索(CIS&R)时，我因对某信息很好奇而进行进一步探究(如注意、查寻、提问等)	
	在进行合作信息查寻与检索(CIS&R)时，我保持着积极乐观的情绪状态	
	在进行合作信息查寻与检索(CIS&R)时，我是以严谨、认真的态度对待它	
	在进行合作信息查寻与检索(CIS&R)时，我能清楚地表述合作查寻任务	
	在进行合作信息查寻与检索(CIS&R)时，我能清楚地表达我的意见和看法	
	在进行合作信息查寻与检索(CIS&R)时，我能理解某信息表达的内涵	
	在进行合作信息查寻与检索(CIS&R)时，我能对空间立体结构(如：三维立体图)进行解读	

续表

变量	项目	来源
个人特质	在进行合作信息查寻与检索(CIS&R)时，我同意信息内容所呈现的观点/思考方向	
	我查寻信息有自己惯用的方式	
	我认为自己看待事物有自己惯用的角度、方式、方法	
	我认为自己拥有丰富的日常生活经验	
	我认为自己具备专业的检索知识或技能	
	通常情况下，我愿意与他人一起合作以完成查寻任务	
	在进行合作信息查寻与检索(CIS&R)时，我浏览、阅读的信息与我的兴趣相符	
	在进行合作信息查寻与检索(CIS&R)时，我的身体状况是比较好的(如：精力充沛，无病痛等)	
	在进行合作信息查寻与检索(CIS&R)时，我能理解团队成员向我传达的观点和意见	
	在进行合作信息查寻与检索(CIS&R)时，我没有利用更多外界刺激(包括信息、人、周边环境)帮助我判断信息	
	在进行合作信息查寻与检索(CIS&R)时，我有时不经过推理分析直接判断浏览到的信息	
	在进行合作信息查寻与检索(CIS&R)时，我表现出了性格中的某一特征(如活泼、内向、急躁、易受情绪和环境影响等)	
	在进行合作信息查寻与检索(CIS&R)时，我因想要满足我的求知欲去深入了解某信息的相关知识	
群体特质	我认为我的团队成员具有较强的能力	本书
	我认为我的团队成员具有优秀的品质或人格魅力(如诚实、执着、正直、善良等)	
	我和团队成员彼此之间相互认识	
	我和团队成员相互之间比较熟悉	
	我和团队成员之间有比较深厚的感情	
	我所在的团队氛围比较友好、和谐、融洽	
	在合作过程中，团队成员间会相互信任、依赖	
	我认为与我一起查寻信息的人数在合适范围内	
个人心理	在进行合作信息查寻与检索(CIS&R)时，我倾向于相信熟悉的成员向我传达的信息	本书
	在进行合作信息查寻与检索(CIS&R)时，我倾向于相信对我有利的信息	
	在进行合作信息查寻与检索(CIS&R)时，有时我会为了得到团队的统一意见而放弃自己对信息的判断	
	在进行合作信息查寻与检索(CIS&R)时，我倾向于相信符合自己情况的信息	
	在进行合作信息查寻与检索(CIS&R)时，有时我会因为团队领导者/专家/权威者的意见而放弃自己的意见	
	在进行合作信息查寻与检索(CIS&R)时，有时我会觉得任务进行下去很困难而想要放弃	
	在进行合作信息查寻与检索(CIS&R)时，有时我会对他人曾经的经历、遭遇感同身受	
信息交流	在进行合作信息查寻与检索(CIS&R)时，我愿意就合作查寻任务或查寻到的信息进行交流讨论	本书
	在进行合作信息查寻与检索(CIS&R)时，我会积极踊跃地参与到交流讨论中	
	在进行合作信息查寻与检索(CIS&R)时，我能无所顾忌地交流讨论，表达自己的意见	
	在进行合作信息查寻与检索(CIS&R)时，我可以立刻投入到交流状态中	
	在进行合作信息查寻与检索(CIS&R)时，团队有多种交流方式(如：语言交流、肢体交流)	

续表

变量	项目	来源
需求与目标	在进行合作信息查寻与检索(CIS&R)时，我明确合作查寻任务所需的内容 在进行合作信息查寻与检索(CIS&R)时，我准确了解团队的需求或请求 在进行合作信息查寻与检索(CIS&R)时，我明确合作查寻的目的 在进行合作信息查寻与检索(CIS&R)时，我明确自己所负责查寻的子任务目标 在进行合作信息查寻与检索(CIS&R)时，我查寻的目标与团队查寻的目标一致	本书
角色分工	在进行合作信息查寻与检索(CIS&R)时，我在团队中担任重要角色 在进行合作信息查寻与检索(CIS&R)时，团队能进行有序的协作	本书
相关性判断	在进行合作信息查寻与检索(CIS&R)时，查寻到的信息符合我/团队成员提交的检索式 在进行合作信息查寻与检索(CIS&R)时，团队最终能对信息达成一致性的判断 在完成合作信息查寻后，我/团队比较满意查寻到的信息 在进行合作信息查寻与检索(CIS&R)时，找到的信息有利于解决团队的实际任务	本书

2) 合作信息查寻与检索相关性判据的量表测度分析

为了对设计的初始量表进行评估，以初始量表为基础设计调查问卷，同时把通过检验的客观性判据量表整合在一起。量表的测试问卷为两部分：第一部分为人口统计特征和甄别题项，人口统计特征包括性别、年龄、学历和专业，甄别题项为是否有过合作信息查寻与检索经历和合作查寻信息类型；第二部分是合作信息查寻与检索相关性判断影响因素量表，分为量表 I 和量表 II。在发放的测试问卷中，为了排版的整洁美观，以及规避被试者的迎合作答心理，打乱了部分题项的顺序。

本次预调查采用网络问卷和纸质问卷相结合的方式，研究样本主要来自在校大学生，以及有过合作信息查寻与检索经历的其他人群。共发放 209 份问卷，其中有效问卷 196 份，整理后的频数分布如表 6-43 所示。

表 6-43　预调研被试统计结果

	类别	频数	百分比/%
性别	男	80	40.8
	女	116	59.2
年龄	18 岁及以下	1	0.5
	19~26 岁	155	79.1
	27~34 岁	38	19.4
	35 岁以上	2	1.0
学历	高中及以下	8	4.1
	大学专科	24	12.2
	大学本科	101	51.5
	硕、博士研究生	63	32.2
学科门类	哲学	3	1.5
	经济学	9	4.6

续表

	类别	频数	百分比/%
学科门类	法学	9	4.6
	教育学	29	14.8
	文学	4	2.0
	历史学	1	0.5
	理学	22	11.2
	工学	47	24.0
	农学	6	3.1
	医学	7	3.6
	管理学	49	25.0
	艺术、体育学	2	1.0
	无	8	4.1

样本男女比例约为 2∶3，总体分布合理；大学本科学生占被调查对象的 51.5%，硕、博士研究生的比例为 32.1%，两者的总比例为 83.6%；学科主要集中在工学、管理学、理学和教育学四个门类。由于分量表 II 在前面已经进行过项目分析，本部分采用相同方式对分量表 I 进行分析。变量名的设置规则为“字母+题号”，其中 Y 表示语境、G 表示个人特质、T 表示群体特质、J 表示信息交流、X 表示用户心理、F 表示角色与分工、XQ 表示需求与目标、XG 表示相关性判断。

项目分析的主要功能在于检测编制的量表或测验题项的适切度或可靠程度，项目分析通常包括题项的鉴别度与同质性。

(1) 鉴别度

最常用的项目鉴别度的判别指标是临界比值(critical ration，CR)，即极端值法。其基本原理是将所有被试的问卷得分按照高低顺序排列，区分出高分组和低分组，计算出高低两组被试在每个题项得分的平均值，进而计算两者差异的显著性水平。如果 CR 值未达到显著水平，则表明该题项鉴别度不够，可予以删除。通常在分组时，采用 27%作为分组时所得到的鉴别度可靠性最大。

本书首先利用“序列平均数法”替换缺失值，利用 SPSS 进行 CR 值计算，得出量表的高分组和低分组，其中得分在 260 以内的为低分组，得分大于 295 的为高分组，根据分组结果进行独立样本 t 检验，发现所有题项的 t 值均达到显著($P<0.05$)，因而所有题项均可以保留。

利用临界比值法分析时，除了显著性可以作为判别标准以外，临界比值的 t 统计量也是参考项目之一，通常 t 统计量的标准值设定为 3.000，若是该题项高低分组差异的 t 统计量小于 3.000，可以考虑将之删除。影响因素分量表 I 的 CR 值分析结果如表 6-44 所示，其中 Y20、Y31、Y32、G43、G45、G46、X60 得分略低，可以考虑将之删除。

表 6-44　合作信息查寻与检索相关性判断影响因素分量表 I 的项目分析

	鉴别度			同质性检验				
题项	显著性	决断值	题项与总分相关	删除该题的 α 系数	共同性	因素负荷量	未达标指标数	备注
Y1	显著	7.576	0.559**	0.959	0.332	0.576		
Y2	显著	6.578	0.533**	0.959	0.314	0.56		
Y20	显著	2.827	0.287**	0.960	0.054	0.232	4	删除
Y21	显著	6.74	0.495**	0.959	0.215	0.464		
Y22	显著	4.793	0.383**	0.960	0.104	0.323	3	待定
Y23	显著	8.152	0.638**	0.959	0.4	0.632		
Y24	显著	5.661	0.463**	0.959	0.223	0.473		
Y25	显著	9.545	0.664**	0.959	0.466	0.683		
Y26	显著	9.317	0.560**	0.959	0.315	0.561		
Y27	显著	7.951	0.563**	0.959	0.32	0.566		
Y28	显著	7.087	0.511**	0.959	0.269	0.518		
Y29	显著	6.408	0.502**	0.959	0.245	0.495		
Y30	显著	7.265	0.494**	0.959	0.259	0.509		
Y31	显著	4.11	0.346**	0.960	0.072	0.269	3	删除
Y32	显著	2.077	0.193**	0.960	0.012	0.11	4	删除
G3	显著	7.6	0.531**	0.959	0.298	0.546		
G4	显著	7.797	0.508**	0.959	0.267	0.517		
G5	显著	8.782	0.512**	0.959	0.263	0.513		
G6	显著	10.324	0.643**	0.959	0.438	0.661		
G7	显著	6.728	0.508**	0.959	0.26	0.51		
G8	显著	7.287	0.600**	0.959	0.367	0.606		
G9	显著	8.675	0.645**	0.959	0.416	0.645		
G10	显著	8.069	0.524**	0.959	0.279	0.528		
G19	显著	6.939	0.529**	0.959	0.273	0.522		
G33	显著	7.741	0.546**	0.959	0.282	0.531		
G34	显著	8.202	0.565**	0.959	0.338	0.581		
G35	显著	7.626	0.568**	0.959	0.333	0.577		
G36	显著	6.823	0.547**	0.959	0.324	0.569		
G37	显著	7.24	0.528**	0.959	0.304	0.551		
G38	显著	6.851	0.494**	0.959	0.26	0.51		
G39	显著	7.537	0.509**	0.959	0.278	0.527		
G40	显著	8.22	0.630**	0.959	0.414	0.643		
G41	显著	6.971	0.590**	0.959	0.363	0.602		
G42	显著	7.599	0.521**	0.959	0.266	0.516		
G43	显著	7.082	0.470**	0.960	0.179	0.423		删除
G44	显著	7.041	0.549**	0.959	0.298	0.546		
G45	显著	4.526	0.330**	0.960	0.062	0.249	3	删除
G46	显著	5.651	0.472**	0.959	0.193	0.44	2	删除
G47	显著	8.499	0.628**	0.959	0.416	0.645		
G48	显著	7.932	0.565**	0.959	0.342	0.585		
G49	显著	8.373	0.589**	0.959	0.386	0.621		
T11	显著	6.795	0.517**	0.959	0.262	0.512		
T12	显著	7.817	0.532**	0.959	0.301	0.549		
T13	显著	6.21	0.570**	0.959	0.351	0.592		
T14	显著	6.451	0.569**	0.959	0.345	0.587		
T15	显著	7.368	0.530**	0.959	0.3	0.547		
T16	显著	9.006	0.593**	0.959	0.366	0.605		
T17	显著	7.241	0.579**	0.959	0.37	0.608		
T18	显著	6.982	0.563**	0.959	0.348	0.59		

续表

	鉴别度			同质性检验				
题项	显著性	决断值	题项与总分相关	删除该题的 α 系数	共同性	因素负荷量	未达标指标数	备注
J50	显著	9.221	0.678**	0.959	0.485	0.696		
J51	显著	8.328	0.600**	0.959	0.374	0.612		
J52	显著	7.743	0.508**	0.959	0.262	0.512		
J53	显著	8.72	0.538**	0.959	0.276	0.525		
J54	显著	6.333	0.498**	0.959	0.27	0.52		
X55	显著	7.397	0.557**	0.959	0.277	0.527		
X56	显著	5.484	0.429**	0.960	0.13	0.361	2	待定
X57	显著	4.753	0.322**	0.960	0.068	0.262	3	待定
X58	显著	3.541	0.356**	0.960	0.091	0.301	3	待定
X59	显著	5.131	0.325**	0.960	0.058	0.24	3	待定
X60	显著	2.074	0.214**	0.960	0.016	0.125	4	删除
X61	显著	5.581	0.480**	0.959	0.212	0.46		
F62	显著	10.581	0.586**	0.959	0.342	0.585		
F63	显著	6.5	0.432**	0.960	0.209	0.457		
XQ64	显著	6.131	0.523**	0.959	0.306	0.553		
XQ65	显著	8.069	0.594**	0.959	0.388	0.623		
XQ66	显著	8.044	0.594**	0.959	0.382	0.618		
XQ67	显著	7.237	0.559**	0.959	0.353	0.594		
XQ68	显著	7.081	0.517**	0.959	0.293	0.541		
XG69	显著	8.88	0.614**	0.959	0.378	0.615		
XG70	显著	6.881	0.501**	0.959	0.29	0.539		
XG71	显著	8.548	0.599**	0.959	0.373	0.611		
XG72	显著	8.043	0.577**	0.959	0.372	0.61		

2.同质性检验

同质性检验的指标通常有三个：题项与总分的相关性、信度系数、共同性与因素负荷量。

题项与量表总分的相关性越高，则表示该题项与整个量表的同质性越高，一般将相关系数小于 0.4 视为低度相关，表示题项与整体量表的同质性不高，可以删除。从表 6-44 可以看到 Y20、Y22、Y31、Y32、G45、X57、X58、X59、X60 均不达标准，可以考虑将之删除。

信度检验则是代表量表的一致性或稳定性，通常都采用 Cronbach' s α 进行检验，根据数据计算影响因素分量表 I 的内部一致性系数(Cronbach' s α)为 0.960(表 6-45)，表明量表的内部一致性非常稳定。表 6-45 中第 5 列为删除该题项后 α 系数改变值的大小，如果删除某题项后，α 系数变大，则此题项可以考虑删除。

表 6-45 分量表 I 信度分析结果

Cronbach' s α	N of Items
0.960	72

共同性与因素负荷量则表示题项能解释共同特质或属性的变异量。如果题项的共同性越大，那么该题项则能越多地测量到该特质或构念的程度，反之亦然；当共同性较低时，则可以考虑将该题项删除。因素负荷量则表示题项与总量表的关系密切程度，其值越大则

同质性越高。共同性与因素负荷量两个指标密切相关，通常情况当共同性值低于 0.2，因素负荷量小于 0.45 时，则表明该题项与总量表的关系不够密切，可以考虑将之删除。从表 6-44 中可以看出：Y20、Y22、Y31、Y32、G43、G45、G46、X56、X57、X58、X59、X60 均不达标，可以考虑将之删除。

从显著性、决断值、题项与总分相关、题项删除后的 α 值、共同性、因素负荷量等指标判定各题项的鉴别度和同质性，其中 Y20、Y31、Y32、G43、G45、G46、X60 指标均不理想，所以将之删除；而 Y22、X56、X57、X58、X59 虽有个别指标不达标，但是若删除它们则会造成测量内容不完整，因而暂时保留，待进行探索性因素分析后再决定删除与否。进行探索性因素分析时，若待定项目不影响内容效度，则可以考虑将之删除。

1) 分量表 I 的探索性因子分析

项目分析和信度分析以后，接下来是检验量表的建构效度，通常采用因子分析方法来进行验证。因子分析分为探索性因素分析和验证性因素分析，其中探索性因素分析是找出量表的潜在结构，减少题项的数目。吴明隆(2010)认为，当变量数目(题项数)超过 50 时，以特征值 1 为因子提取的准则可能会提取过多的共同因子。

本书量表是根据前述扎根理论编码及文献中提取的因素构成，因此将对各抽象概念进行探索性因子分析；由于每一次删除测量题项后会造成因子结构的变动，所以要持续进行因子分析，直到共同因子符合预期或者能够合理命名为止。

进行因子分析前，首先对量表做 KMO 和巴特利特(Bartlett)球形检验，检验各抽象概念是否适合进行因子分析。KMO 的测度要求如下：

表 6-46　因子分析标准和 KMO 值

KMO 值	是否适宜因子分析
KMO≥0.9	非常适合
0.8≤KMO<0.9	很适合
0.7≤KMO<0.8	适合
0.6≤KMO<0.7	不太适合
0.5≤KMO<0.6	只能勉强
KMO <0.5	不适合

下面以语境概念为例说明探索性因子分析过程。

1.第一次探索性因子分析

语境共包含 12 个题项，分别为 Y1、Y2、Y21、Y22、Y23、Y24、Y25、Y26、Y27、Y28、Y29、Y30，将其全部纳入因子分析，结果如表 6-47 和表 6-48 所示。

表 6-47　语境的 KMO 值和 Bartlett 检验(第一次探索性因子分析)

取样足够度的 KMO 度量		0.813
Bartlett 检验	近似卡方	636.380
	自由度	66
	显著性	0.000

表 6-48 语境的第一次探索性因子分析结果

	成分			
	1	2	3	4
Y1 社会	0.827	0.151		0.172
Y2 社会	0.764	0.151	0.110	0.151
Y26 任务阶段	0.640		0.310	
Y28 场所	0.143	0.798		0.161
Y29 场所		0.768	0.173	
Y30 社会	0.214	0.573	0.299	
Y27 设备	0.316	0.502		0.374
Y24 合作查寻任务		0.105	0.843	0.219
Y23 实际任务	0.259	0.201	0.655	0.363
Y25 任务重要性	0.401	0.257	0.634	
Y22 任务复杂性			0.166	0.805
Y21 时间压力	0.238	0.161		0.774

a. 旋转在 5 次迭代后收敛。

检验的 KMO 值为 0.813，适合进行因子分析。共提取 4 个公因子，但在因子 1 中 Y26 与 Y1、Y2 不属同一层面，在因子 2 中 Y30 与 Y27、Y28、Y29 不属于同一个层面，无法命名。根据因素筛选的规则，在一个共同因子中若包含有不同层面的测量题项，可以保留项目较多的层面，因而首先考虑删除 Y30。

2. 第二次探索性因子分析

删除 Y30 后，探索性因子分析结果如表 6-49 所示。Y1、Y2、Y26 存在于公因子 1 里，无法对其合理命名，因 Y1 的因子负荷量最大，根据因子筛选规则，该因子删除后因子结构可能会有很大改变，因此在探索的前期过程中可以考虑将之删除。

表 6-49 语境的第二次探索性因子分析结果

	成分			
	1	2	3	4
Y1 社会	0.828	0.174		0.145
Y2 社会	0.772	0.126	0.105	0.161
Y26 任务阶段	0.642		0.308	
Y28 场所	0.150	0.816		0.101
Y29 场所		0.767	0.213	
Y27 设备	0.311	0.590	0.137	0.279
Y24 合作查寻任务			0.854	0.203
Y23 实际任务	0.268	0.187	0.660	0.358
Y25 任务重要性	0.401	0.249	0.654	-0.125
Y22 任务复杂性			0.152	0.831
Y21 时间压力	0.241	0.205		0.760

a. 旋转在 5 次迭代后收敛。

3. 第三次探索性因子分析

删除 Y1 后，因子分析结果如表 6-50 所示。公因子 1 中 Y2 和其他题项不属于同一个层面，且该层面主要以 Y23、Y24、Y25、Y26 为代表的任务情境为主，故考虑将之删除。

表 6-50 语境的第三次探索性因子分析结果

	成分		
	1	2	3
Y25 任务重要性	0.779	0.246	
Y23 实际任务	0.657	0.162	0.417
Y24 合作查寻任务	0.655		0.281
Y26 任务阶段	0.652	0.163	
Y2 社会	0.508	0.251	0.172
Y28 场所	0.127	0.826	
Y29 场所	0.165	0.729	
Y27 设备	0.272	0.623	0.277
Y22 任务复杂性	0.104		0.833
Y21 时间压力	0.168	0.243	0.763

a. 旋转在 5 次迭代后收敛。

4. 第四次探索性因子分析

删除 Y2 后，因子分析结果如表 6-51 所示。因子 3 的两个题项可以纳入因子 1 任务情境中，因而考虑将其一删除；因 Y21 的因素负荷量相较于 Y22 更小，因而考虑将之删除。

表 6-51 语境的第四次探索性因子分析结果

	成分		
	1	2	3
Y25 任务重要性	0.788	0.277	
Y24 合作查寻任务	0.729		0.253
Y23 实际任务	0.663	0.169	0.408
Y26 任务阶段	0.590	0.207	
Y28 场所		0.827	0.107
Y29 场所	0.174	0.722	
Y27 设备	0.268	0.637	0.287
Y22 任务复杂性	0.104		0.836
Y21 时间压力	0.156	0.243	0.770

a. 旋转在 5 次迭代后收敛。

5. 第五次探索性因子分析

删除 Y21 后，因子分析结果如表 6-52 和表 6-53 所示。KMO 值为 0.781，适合进行因子分析，最终提取了 2 个因子，因子 1 包含 Y22、Y23、Y24、Y25、Y26，将其命名为任务情境；因子 2 包含 Y27、Y28、Y29，将其命名为工作环境。两个因子共能够解释语境构念 51.721%的变异量(表 6-54)。

表 6-52　语境的 KMO 值与 Bartlett 检验(第五次探索性因子分析)

取样足够度的 KMO 度量		0.781
Bartlett 检验	近似卡方	335.118
	df	28
	Sig.	0.000

表 6-53　语境的第五次探索性因子分析结果

	成分	
	1	2
Y23 实际任务	0.783	0.219
Y24 合作查寻任务	0.775	
Y25 任务重要性	0.611	0.349
Y22 任务复杂性	0.530	
Y26 任务阶段	0.493	0.275
Y28 场所		0.829
Y29 场所	0.126	0.723
Y27 设备	0.308	0.667

a. 旋转在 5 次迭代后收敛。

表 6-54　语境可解释的总方差

成分	初始特征值			提取平方和载入			旋转平方和载入		
	合计	方差的百分比/%	累积的百分比/%	合计	方差的百分比/%	累积的百分比/%	合计	方差的百分比/%	累积的百分比/%
1	3.051	38.140	38.140	3.051	38.140	38.140	2.231	27.885	27.885
2	1.087	13.581	51.721	1.087	13.581	51.721	1.907	23.836	51.721

提取方法：主成分分析。

按照相似的处理过程对其他抽象概念进行探索性因子分析。因子分析适合性检验结果(表 6-55)表明：角色与分工的 KMO 值为 0.5，小于基本标准要求，不适合进行因子分析，因而不将其纳入正式量表；其他抽象概念的 KMO 值都达到因子分析基本要求，且巴特利特球形检验满足显著性要求。

表 6-55　其他概念的 KMO 值、Bartlett 检验及可解释总方差

构念	KMO 值	Bartlett 检验(显著性)	解释的总方差/%
主体特质	0.869	0.000	50.211
信息交流	0.793	0.000	49.833
需求与目标	0.811	0.000	57.188
角色与分工	0.5	0.000	——
相关性判断	0.734	0.000	55.085

主体特质的探索性因子分析最终结果如表 6-56 所示。生成三个因子，因子 1 包含 T13、T14、T15、T16、T17、T18，将其命名为群体特质，因子 2 中包含 G3、G5、G10、G36、G37、G39、G41、G42、G49 等 9 个题项，将其命名为个人特质，因子 3 包含 X55、X56、X57、X58、X59，将其命名为个人心理。三个因子可解释总方差为 50.211%。

表 6-56　主体特质的探索性因子分析结果

	成分		
	1	2	3
T15 熟悉程度	0.752	0.143	0.123
T17 氛围	0.752	0.217	
T14 关系	0.750		0.120
T16 感情	0.742	0.163	0.190
T18 信任	0.706	0.234	
T13 信任	0.644	0.250	
G41 认知	0.172	0.706	
G5 经验	0.115	0.695	0.106
G37 情绪	0.252	0.682	
G39 认知	0.153	0.677	
G3 习惯	0.128	0.628	
G42 认知	0.137	0.574	0.225
G49 态度	0.436	0.507	
G36 自我效能	0.413	0.431	0.101
G10 知识	0.407	0.343	0.103
X56 趋利		0.141	0.766
X59 权威			0.764
X58 选择性			0.680
X55 趋熟	0.164	0.352	0.631
X57 求同			0.628

a. 旋转在 5 次迭代后收敛。

信息交流的探索性因子分析结果如表 6-57 所示，所有题项 J50、J51、J52、J53、J54 聚合成为一个因子，即命名为信息交流，可解释总方差为 49.833%。

表 6-57　信息交流的探索性因子分析结果

	成分
	1
J51 积极性	0.773
J52 程度	0.711
J53 便利性	0.709
J50 意愿	0.691
J54 方式	0.639

a. 提取 1 个成分。

需求与目标的因子分析结果如表 6-58 所示，所有题项 XQ64、XQ65、XQ66、XQ67、XQ68 聚合成为一个因子，将其命名为需求与目标，可解释总方差为 57.188%。

表 6-58 需求与目标的探索性因子分析结果

	成分
	1
XQ65 信息需求	0.814
XQ68 一致性	0.789
XQ66 团队	0.741
XQ67 个人	0.727
XQ64 信息需求	0.706

a. 提取 1 个成分。

相关性判断的因子分析结果如表 6-59 所示，所有题项 XG92、XG69、XG70、XG71 聚合成为一个因子，将其命名为相关性判断，可解释总方差为 55.085%。

表 6-59 相关性判断的探索性因子分析结果

	成分
	1
XG70 相关性判断	0.817
XG92 相关性判断	0.777
XG71 相关性判断	0.712
XG69 相关性判断	0.652

a. 提取 1 个成分。

2) 分量表 II 的探索性因子分析

尽管在前面已经进行过分量表 II 分析，但在新的样本数据中可能还会有新的发现。表 6-60 是因子分析适合性检验结果：从 KMO 值来看，信息传播特征、信息形式特征的检验值都没有达到因子分析的基本需求，将其从正式量表中删除；其他 6 项都满足因子分析要求，且巴特利特球形检验结果满足显著性要求。

表 6-60 各层面的 KMO 值与 Bartlett 检验及解释的总方差

层面	KMO 值	Bartlett 检验（显著性）	解释的总方差/%
信息有用性	0.708	0.000	44.64
信息可获取性	0.607	0.000	54.204
信息标引特征	0.772	0.000	57.078
信息来源特征	0.839	0.000	44.054
信息传播特征	0.462	0.000	——
信息质量	0.814	0.000	48.721
信息结构	0.615	0.000	51.424
信息形式特征	0.407	0.000	——

信息有用性的因子分析结果如表 6-61 所示，所有题项 YY1、YY2、YY3、YY4、YY5 聚合成为一个因子，命名为信息有用性，可解释总方差为 44.640%。

表 6-61　信息有用性的探索性因子分析结果

	成分
	1
YY3 信息有用性	0.725
YY4 信息有用性	0.702
YY2 信息有用性	0.693
YY1 信息有用性	0.650
YY5 信息有用性	0.558

a. 提取 1 个成分。

信息可获取性的因子分析结果如表 6-62 所示，所有题项 KD6、KD7、KD8 聚合成为一个因子，命名为信息可获取性，可解释总方差为 54.204%。

表 6-62　信息可获取性的探索性因子分析结果

	成分
	1
KD7 信息可获取性	0.796
KD8 信息可获取性	0.730
KD6 信息可获取性	0.678

a. 提取 1 个成分。

信息标引特征的因子分析结果如表 6-63 所示，所有题项 BY9、BY10、BY11、BY12 聚合成为一个因子，命名为信息标引特征，可解释总方差为 57.078%。

表 6-63　信息标引特征的探索性因子分析结果

	成分
	1
BY11 信息标引特征	0.786
BY10 信息标引特征	0.758
BY12 信息标引特征	0.746
BY9 信息标引特征	0.731

a. 提取 1 个成分。

信息来源特征的因素分析结果如表 6-64 所示。删除 LY18 后，剩余题项 LY13、LY14、LY15、LY16、LY17、LY19、LY20 聚合成为一个因子，命名为信息来源特征，可解释总方差为 44.054%。

表 6-64 信息来源特征的探索性因子分析结果

	成分
	1
LY15 信息来源特征	0.718
LY16 信息来源特征	0.714
LY13 信息来源特征	0.705
LY20 信息来源特征	0.683
LY19 信息来源特征	0.680
LY14 信息来源特征	0.568
LY17 信息来源特征	0.557

a. 提取 1 个成分。

信息质量的因素分析结果如表 6-65 所示，所有题项 ZL23、ZL24、ZL25、ZL26、ZL27、ZL28 聚合成为一个因子，命名为信息质量，可解释总方差为 48.721%。

表 6-65 信息质量的探索性因素分析结果

	成分
	1
ZL26 信息质量	0.831
ZL28 信息质量	0.759
ZL27 信息质量	0.728
ZL24 信息质量	0.685
ZL25 信息质量	0.656
ZL23 信息质量	0.476

a. 提取 1 个成分。

信息结构特征的因素分析结果如表 6-66 所示，所有题项 JG29、JG30、JG31 聚合成为一个因子，命名为信息结构特征，可解释总方差为 48.721%。

表 6-66 信息结构特征的探索性因素分析结果

	成分
	1
JG30 信息结构特征	0.856
JG31 信息结构特征	0.843
JG29 信息结构特征	0.316

a. 提取 1 个成分。

通过初始量表设计及相应的项目分析、探索性因子分析，最终确定了六个抽象概念和 70 个题项，它们构成合作信息查寻与检索相关性判断的基本变量，将用于设计合作信息查寻与检索相关性判断影响因素正式量表。6 个抽象概念分别为：语境、主体特质、需求与目标、信息交流、相关性判据使用和相关性判断，其中语境包含工作环境和任务情境两个层面，主体特质包含个人特质、群体特质、个体心理三个层面，相关性判据使用包括信息有用性、信息可获取性、信息标引特征、信息来源特征、信息质量、信息结构特征六个层面。

6.4.2　合作信息查寻与检索相关性判断的影响因素识别

1.研究假设

(1) 合作信息查寻与检索的正式量表包含的 6 个基本概念，根据研究目标及这些基本概念间的逻辑指向，可提出如下研究假设：

H1：需求与目标正向影响合作信息查寻与检索相关性判断；

H2：语境正向影响合作信息查寻与检索相关性判断；

H3：信息交流正向影响合作信息查寻与检索相关性判断；

H4：主体特质正向影响合作信息查寻与检索相关性判断；

H5：相关性判据使用正向影响合作信息查寻与检索相关性判断。

(2) 用户对信息资源进行合作相关性判断时，最直观的感受是信息资源呈现的判据特征，具有不同教育背景、性格、认知能力等特质的用户，在合作相关性判断时会根据自身特质对判据进行选择性使用，使用程度也会有所不同。需求与目标依赖于查寻问题的识别过程，并贯穿于整个信息查寻过程，用户对信息需求和查寻目标理解的充分性也决定用户对判据的选择使用以及各项判据对判断结果的影响权重。据此提出如下假设：

H6：主体特质正向影响合作信息查寻与检索的相关性判据使用；

H7：需求与目标正向影响合作信息查寻与检索的相关性判据使用。

(3) 语境涉及合作信息查寻与检索发生的时间、空间、物理环境和社会环境，是影响用户信息查寻检索过程中的认知和抉择的重要外部因素。合作信息查寻与检索过程本质上是基于问题解决认知缺陷的一种信息获取过程，用户对认知缺陷的意识源于自我内部与外界环境之间进行交互时的不适感或匹配差。因此可认为用户对认知缺陷的识别即对需求与目标的感知，据此提出假设 H8；任何事物都是在时间与空间中发展演化，相关性判断行为是由认知主体在语境中产生的选择认知，是时间维度上的动态演化过程，因而在合作相关性判断行为中，根据语境的各要素刺激查寻主体的特质表现和查寻主体之间的信息交流，可提出假设 H9 和 H10。

H8：需求与目标与语境显著相关；

H9：主体特质与语境显著相关；

H10：信息交流与语境显著相关。

(4) 查寻主体是合作相关性判断行为的实施主体，是整个行为的核心，查寻主体具有的多样化特质，其认知水平、教育背景、理解能力等因素差异会造成用户对信息需求意识和理解出现偏差，而用户多样化的性格特征、情绪反应则会作用于整个信息交流过程。反之，用户对信息需求的理解程度和信息交流情况能够反作用于用户，使用户特质随之产生改变，据此提出假设H11和H12：

H11：需求与目标与主体特质显著相关；

H12：信息交流与主体特质显著相关。

(5)用户对信息需求的感知程度是一个动态变化过程，也是从模糊到清晰的过程，群体对信息需求的共识则是通过信息交流实现的，据此提出假设H13：

H13：需求与目标与信息交流显著相关。

综上提出合作信息查寻与检索相关性判断的影响因素概念模型(图6-5)。

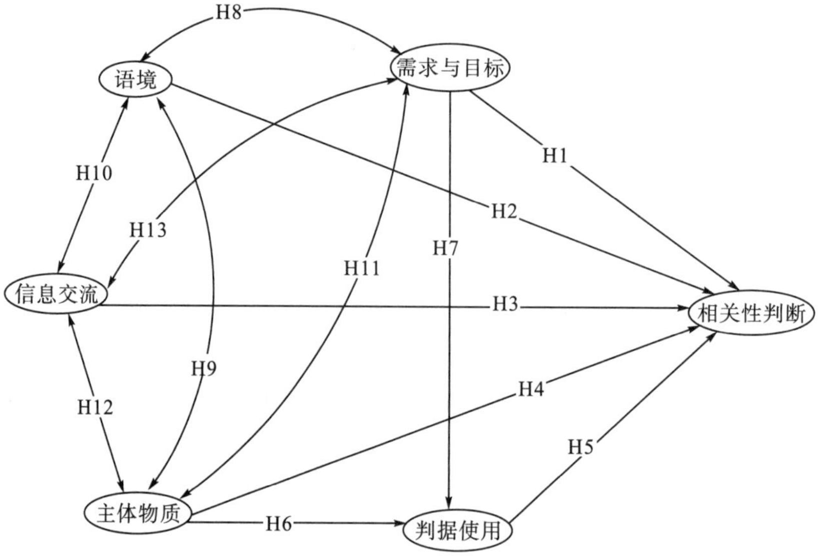

图6-5 合作信息查寻与检索相关性判断的影响因素概念模型

2. 数据获取与信度分析

基于前面获得的合作信息查寻与检索相关性判断的影响因素量表设计合作信息查寻与检索相关性判断影响因素调查问卷，经过预调研修正形成正式调查问卷(参见附录4)。通过实地调研、网络问卷、论坛发放、邮件发送等形式最终收集536份问卷，基于问卷的甄别题项，删除没有合作信息查寻与检索经验的无效问卷以及连续20个题项选择相同答案的无效问卷，共得到501份有效问卷。

1)调查数据的人口统计特征

调研数据的描述性统计结果如表6-67所示。样本男女比例约为3∶4，总体分布合理；大学本科学历占比为66.1%，硕、博士研究生占比为20.2%。

表6-67 正式调研结果的人口统计特征

	类别	频数	百分比/%
性别	男	217	43.3
	女	284	56.7

	类别	频数	百分比/%
年龄	18 岁及以下	3	0.6
	19~26 岁	378	75.4
	27~34 岁	100	20
	35 岁以上	20	4
学历	高中及以下	12	2.4
	大学专科	57	11.4
	大学本科	331	66.1
	硕、博士研究生	101	20.2
学科门类	哲学	3	0.6
	经济学	4	0.8
	法学	35	7
	教育学	25	5
	文学	73	14.6
	历史学	19	3.8
	理学	4	0.8
	工学	82	16.4
	农学	105	21
	医学	9	1.8
	管理学	11	2.2
	艺术、体育学	112	22.4
	无	19	2.6

2)信度分析

在进行结构方程分析前，需要对正式问卷数据的信度进行检验，以衡量问卷数据的一致性程度。信度检验方法主要采用 Cronbach' s α 系数，即内部一致性 α 系数。利用 SPSS 分别计算量表的各部分 Cronbach' s α 系数和各抽象概念的 Cronbach' s α 系数。吴明隆(2010)指出：对于量表整体，Cronbach' s α 值达到 0.6 则可以勉强接受，达到 0.8 以上，则信度比较高；而对于量表的各个组成部分或层面，其标准是 Cronbach' s α 值为 0.5 可以接受，达到 0.7 以上则信度较高。

分量表 I 中的 42 个题项从属于 5 个抽象概念，信度分析结果如表 6-68 所示。量表整体的 Cronbach' s α 为 0.948，各组成部分的 Cronbach' s α 均在 0.7 以上，说明量表的总体信度非常可靠。

表 6-68　分量表 I 的信度分析结果

构念	Cronbach' s α	N of Items
分量表 I	0.948	42
语境	0.795	8
主体特质	0.889	20

构念	Cronbach' s α	N of Items
信息交流	0.751	5
需求与目标	0.793	5
相关性判断	0.757	4

分量表 II 中 28 个题项均属于相关性判据使用，包括 6 个组成部分，其信度分析结果如表 6-69 所示。信息可获取性和信息结构特征的 Cronbach' s α 值均为 0.537，其信度在可接受范围内；其余各组分的 Cronbach' s α 值均在 0.7 以上，属于较高信度水平；整体 Cronbach' s α 值为 0.913，说明量表的总体信度非常可靠。

表 6-69　分量表 II 的信度分析结果

层面	Cronbach' s α	N of Items
分量表 II	0.913	28
信息有用性	0.732	5
信息可获取性	0.537	3
信息标引特征	0.741	4
信息来源特征	0.799	7
信息质量	0.766	6
信息结构特征	0.537	3

3. 结构方程模型分析

1) 题项组合

Rogers 和 Schimitt (2004) 认为，在结构方程模型 (structural equation modeling，SEM) 分析中，大部分都是将各个题项作为基本的分析单位，将其作为潜变量的指标变量。但在实际情况中，如果每个潜变量测量的项目比较多或者量表整体项目比较多，则模型的整体拟合情况可能不太好，特别是在样本量不够多时尤其明显。

为了有效解决这类问题，人们提出项目组合 (item parceling) 方法。卞冉等 (2007) 认为该方法是对量表中的若干项目进行整合并形成新的观测指标的过程，形成的项目小组作为一个新的观测变量反映单个因子的情况。本部分的观测变量多达 70 个，可能会导致被试参数估计值降低，因而为了方便模型的构建，保证最终模型拟合的效果，于是对量表项目进行项目组合，组合方式是根据探索性因子分析的结果，将每个因子下的项目按照因子负荷量的高低给予相应的权重，采用加权值作为项目小组 (新的观测变量) 的分值。根据探索性因子分析的结果，语境包括 2 个因子，主体特质包括 3 个因子，相关性判据使用包含 6 个因子，故而需要进行项目组合的就是这 11 个因子。

首先利用 AMOS 计算出 11 个因子中各项目的标准因素负荷量 (图 6-6)，然后利用因子负荷量根据公式 6.1 和 6.2 计算出项目的权重及各项目小组 (即新的观测变量) 的值。

$$\gamma = n_i \Big/ \sum_{i=1}^{k} n_i \tag{式 6-1}$$

$$\eta = \gamma_1 X_1 + \gamma_2 X_2 \tag{式 6-2}$$

其中 η 为新的观测变量(如任务情境)，γ 为各项目的权重，X 为原观测变量的测量值(如 Y22)，n 为各项目的因子负荷量。

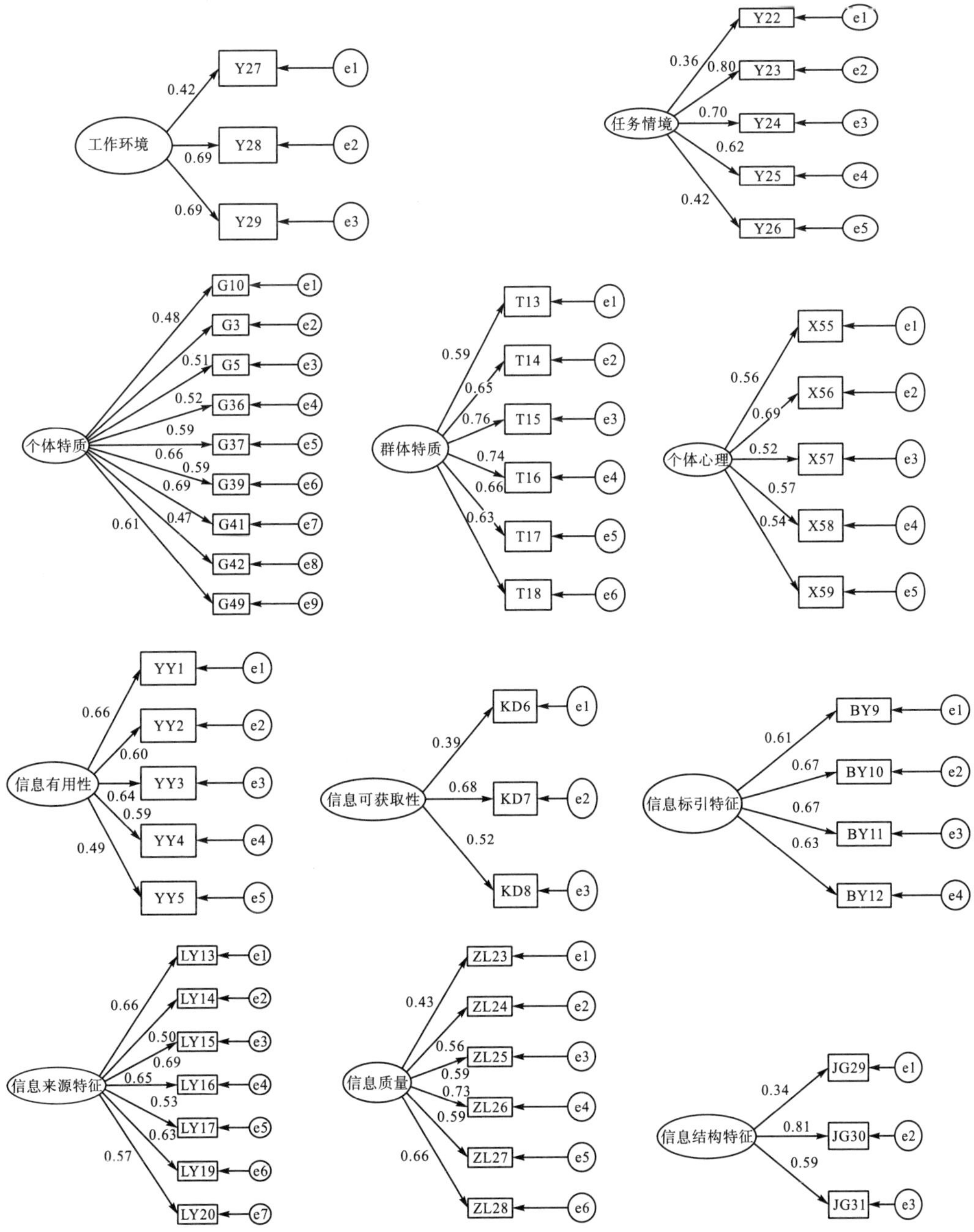

图 6-6　各项目小组的因子负荷量

最终形成的项目小组(即：新的观测变量)方程如下：

任务情境=0.12*Y22+0.28*Y23+0.24*Y24+0.21*Y25+0.14*Y26

工作环境=0.23*Y27+0.38*Y28+0.38*Y29

个人特质=0.09*G10+0.1*G3+0.1*G5+0.12*G36+0.13*G37+0.12*G39+0.13*G41+0.09*G42+0.12*G49

群体特质=0.15*T13+0.16*T14+0.19*T15+0.18*T16+0.16*T17+0.16*T18

个体心理=0.19*X55+0.24*X56+0.18*X57+0.2*X58+0.19*X59

信息有用性=0.22*YY1+0.2*YY2+0.21*YY3+0.2*YY4 +0.16*YY5

信息可获取性=0.25*KD6+0.43*KD7+0.33* KD8

信息标引特征=0.24*BY9+0.26*BY10+0.26*BY11+0.24*BY12

信息来源特征=0.16*LY13+0.12*LY14+0.16*LY15+0.15*LY7+0.13*LY17+0.15*LY19+0.13*LY20

信息质量=0.12*ZL23+0.16*ZL24+0.17*ZL25+0.21*ZL26+0.17*ZL27+0.19*ZL28

信息结构特征=0.20*JG29+0.47*JG30+0.34*JG31

经过项目分组以后，观测变量减少至25个，潜变量即为量表中的6个基本组分。

2)收敛效度分析

在进行结构方程拟合前，需要利用收敛效度分析验证各因子属同一个上位概念。收敛效度是指测量相同潜在特质的题项或测验会落在同一上位概念，且题项与测验间所得的测量值之间具有高度的相关性，主要通过因子载荷、平均变异抽取量(average variance extracted，AVE)和组合信度(composite reliability，CR)来反映。Fornell 和 Larcker(1981)提出评估收敛效度的标准是：①所有题项标准化的因素负荷量大于0.5；②组合信度要大于0.7；③平均变异抽取量大于0.5。采用AMOS计算各组分的收敛效度，结果如表6-70所示。

表6-70 各组分的收敛效度

构念	测量条款	标准化因子载荷	标准误差(SE)	临界比(CR)	平均变异抽取量(AVE)	组合信度(CR)
语境	工作环境	0.75	——	——	0.59	0.74
	任务情境	0.79	——	——		
主体特质	个体特质	0.888	——	——	0.56	0.78
	群体特质	0.77	0.08	12.591		
	个体心理	0.55	0.065	10.738		
信息交流	J50	0.632	——	——	0.38	0.75
	J51	0.736	0.109	11.254		
	J52	0.6	0.099	10.121		
	J53	0.532	0.092	9.259		
	J54	0.569	0.092	9.738		

构念	测量条款	标准化因子载荷	标准误差(SE)	临界比(CR)	平均变异抽取量(AVE)	组合信度(CR)
需求与目标	XQ64	0.644	——	——	0.46	0.79
	XQ65	0.657	0.093	11.376		
	XQ66	0.629	0.091	11.026		
	XQ67	0.703	0.096	11.891		
	XQ68	0.663	0.093	11.447		
相关性判断	XG69	0.564	——	——	0.44	0.76
	XG70	0.697	0.125	10.33		
	XG71	0.61	0.113	9.63		
	XG72	0.774	0.135	10.587		
判据使用	信息有用性	0.76	——	——	0.51	0.86
	信息可获取性	0.54	0.069	11.59		
	信息标引特征	0.76	0.062	16.671		
	信息来源特征	0.79	0.059	17.365		
	信息质量	0.76	0.06	16.668		
	信息结构特征	0.64	0.071	13.938		

根据 Fornell 和 Larcker 的收敛效度标准：①表中所有观察变量的标准因子载荷量均大于 0.5，完全符合标准；②所有组分的组合信度均大于 0.7，非常符合标准；③信息交流、需求与目标和相关性判断的平均变异抽取量分别为 0.38、0.46、0.44，略低于 0.5 水平，而其余各组分的平均变异抽取量则大于 0.5，基本符合标准。如何解释这些不符合标准的 AVE 呢？Fornell 和 Larcker 认为平均变异抽取量是属于比较保守的指标，单独以组合信度为基础指标，仍然可以将各组分认定为具有合适的收敛效度。基于此，对于以上平均变异量小于 0.5 的构念，仍然可以将其判定为具有收敛效度。

3）初始结构方程模型构建

根据前面的研究假设和题项组合结果建立合作信息查寻与检索相关性判断的影响因素初始模型，如图 6-7 所示。

其中，潜在变量 6 个，分别是语境、主体特质、需求与目标、信息交流、相关性判据使用以及相关性判断；6 个潜在变量共有 25 个观测变量，其中语境包括任务情境和工作环境 2 个观测变量，主体特质包括个体特质、群体特质和个体心理 3 个观测变量，需求与目标包括 XQ64、XQ65、XQ66、XQ67、XQ68 等 5 个观测变量，信息交流包括 J50、J51、J52、J53、J54 等 5 个观测变量，相关性判据使用则包括信息有用性、信息可获取性、信息标引特征、信息来源特征、信息质量、信息结构特征等 6 个观测变量，相关性判断则包括 XG69、XG70、XG71、XG72 等 4 个观测变量；e1～e25 为 25 个观测变量的残差。

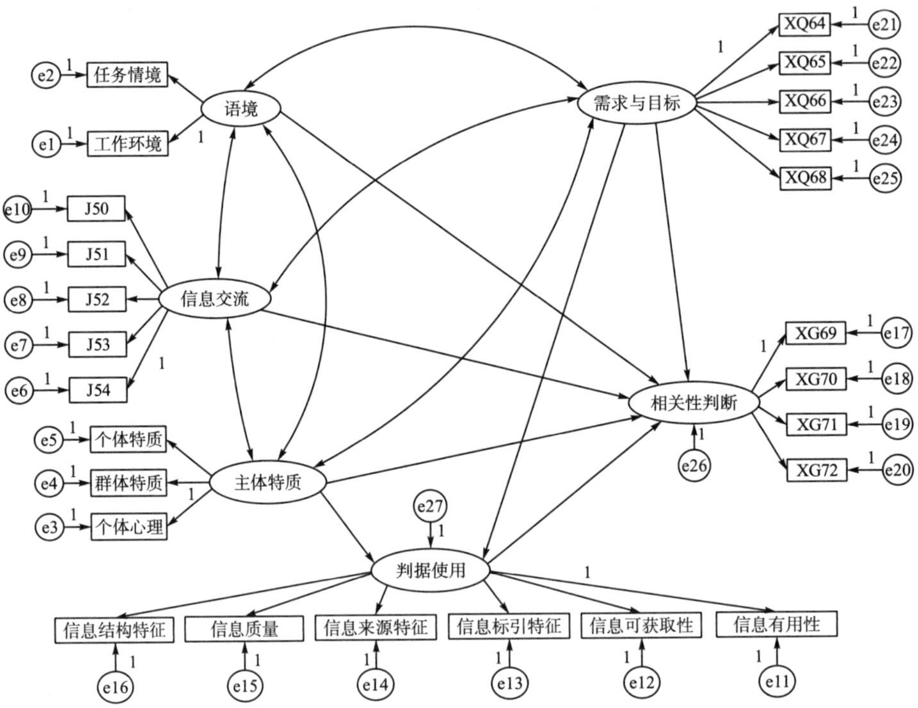

图 6-7 合作信息查寻与检索相关性判断的影响因素初始模型

4) 模型的识别与估计

SEM 中对模型的识别有三种形态，分别为正好识别、过度识别和低度识别。SEM 要对模型进行适配度的检验，提供的初始模型必须是过度模型。模型识别的第一步是计算数据点的数目与模型中的参数数目。数据点的数目是样本方差与协方差的数目，参数的数目是模型中待估计的回归系数、方差、协方差总数目。根据 *t* 法则，若是模型的自由度(df)大于 0，表示数据点数目多于估计参数总数，那么该模型则为过度识别。将正式问卷的 501 份数据导入 AMOS 以后，对初始模型进行识别，其结果如图 6-8 所示。自由度为 262，大于 0，属于过度识别，可以进行后续模型的修正与分析。

对模型进行适配度评估之前还需要检验模型是否违反估计，检查该模型参数估计值是否合理。研究成果表明，以下 4 种常见的情形属于模型违反估计：①出现负的误差方差；②协方差间标准化估计值的相关系数大于 1；③标准化系数超过 1；④出现非常大的标准误差或标准误差为极端小的数值。

从模型识别的结果(图 6-8)可以发现：主体特质→相关性判断的标准化系数为-4.63，信息交流→相关性判断的标准化系数为 2.96，语境→相关性判断的标准化系数为 2.25，模型违反估计，故而对模型进行修正。

删除部分路径后，再重新计算的结果如图 6-9 所示。修正后模型没有出现以上 4 种情况，所有参数全部符合标准，但模型的各项指标中卡方值=536.944，显著性水平小于 0.05，故应拒绝该模型。因此，误差项相互独立的模型假定无法获得支持，必须对模型进行修正，使其可以进行整体模型适配度评估。

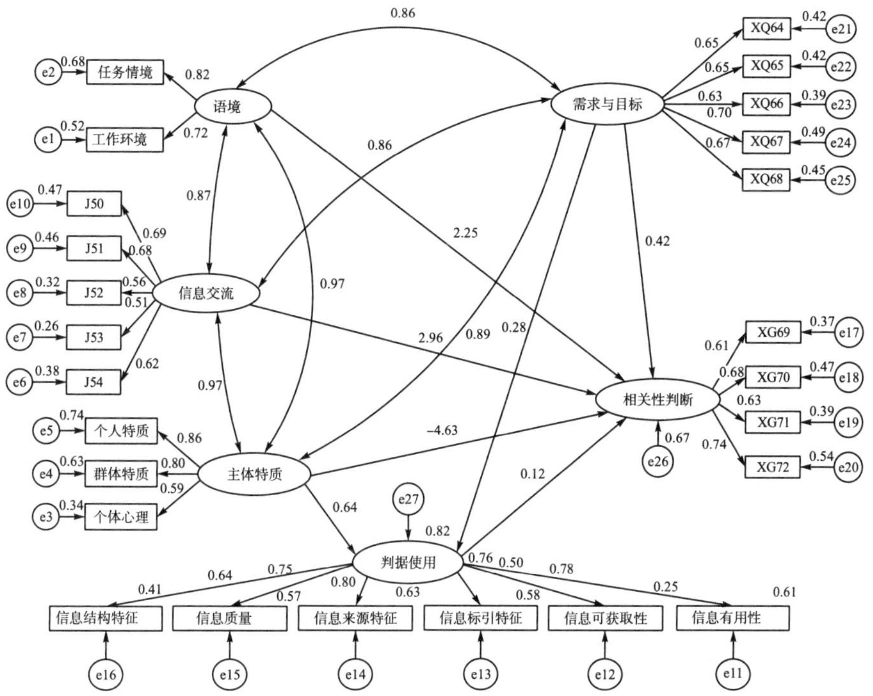

卡方值=532.739；P值=0.000（p=0.000)；自由度=262；卡方自由度比=2.033
RMSEA=0.045；GFI=0.922；AGFI=0.903;RMR=0.021；IFI=0.956；
NFI=0.917；TLI=0.949；CFI=0.956；PNFI=0.801；AIC=658.739

图 6-8　初始模型参数估计

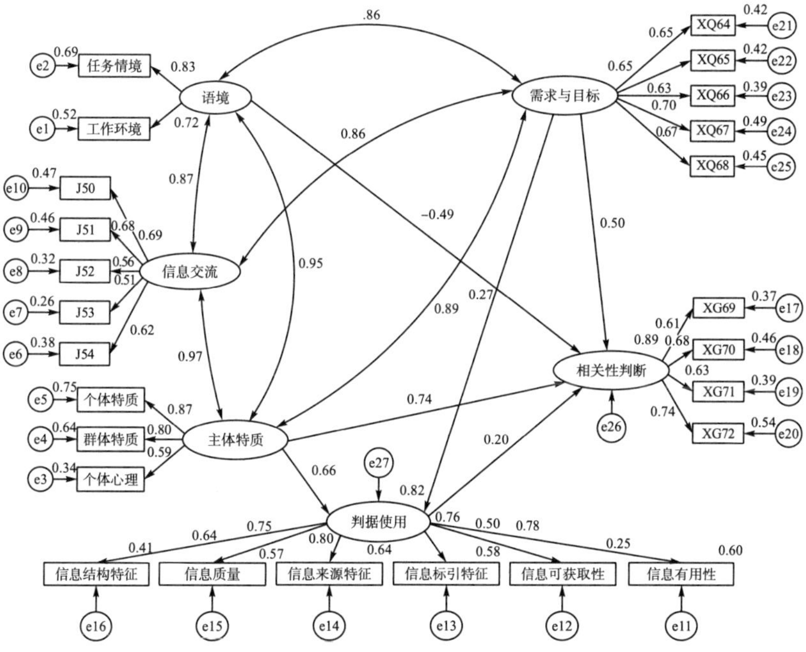

卡方值=536.944；P值=0.000（p=0.000)；自由度=263；卡方自由度比=2.042
RMSEA=0.046；GFI=0.921；AGFI=0.902;RMR=0.021；IFI=0.956；
NFI=0.916；TLI=0.949；CFI=0.955；PNFI=0.803；AIC=660.944

图 6-9　初始模型修改后的参数估计

5)模型的修正与适配度评估

模型修正的方法主要是通过释放或改变原先模型的固定参数，从而影响模型的自由度和卡方值，释放某些参数后重新估计模型，其卡方值会有所降低。本部分主要是根据AMOS提供的修正指标，依据MI(即释放一个固定参数后，模型重新估计后所降低的最小卡方值)从高到低在残差之间建立共变关系释放参数。每一次释放参数以后，模型的估计值都会有所变动，因而一次只能释放一个参数，且释放必须符合SEM假定的路径，如潜变量和残差之间不能建立共变关系。AMOS中MI的默认修正指标为4，通过对多个参数进行修正评估，当没有出现MI大于4的修正指标后，对模型进行适配度检验。

适配度是指搜集的数据与假设的路径分析模型图相互之间是否匹配，不同学者提出了多种关于评价模型适配度的指标。Bogozzi和Yi(1988)提出从三个方面的指标来评判假设模型与实际数据是否吻合，分别是基本适配度指标、整体模型适配度指标、模型内在结构适配度指标，其中整体模型适配度指标又细分为绝对适配指标、相对适配指标和简约适配指标。计算模型修正后的适配度指标如表6-71所示。

表6-71 模型的适配度评估标准与结果

指标		评价标准	模型拟合	模型适配判断
绝对适配指标	卡方值	越小越好	242.837	
	显著性概率值	*P*>0.05	0.268	优
	卡方自由度比(NC)	1<NC<3	1.056	优
	残差均方和平方根(RMR)	<0.05	0.014	优
	渐进残差均方和平方根(RMSEA)	<0.08(<0.05，优良；<0. 08，良好)	0.011	优
	良适性适配指标(GFI)	>0.90	0.963	优
	调整后适配度指数(AGFI)	>0.90	0.947	优
相对适配度指标	增值适配指数(IFI)	>0.90	0.998	优
	规准适配指数(NFI)	>0.90	0.962	优
	非规准适配指数(TLI)	>0.90	0.997	优
	比较适配指数(CFI)	>0.90	0.998	优
简约适配指标	简约调整后的规准适配指数(PNFI)	>0.50	0.738	优
	Akaike讯息校标(AIC)	理论模型值小于独立模型值，且同时小于饱和模型值	432.837<650.000 432.837<6469.772	优
	AIC指标的调整值(CAIC)	理论模型值小于独立模型值，且同时小于饱和模型值	928.415<2345.397 928.415<6600.187	优

经过不断的修正与评估，经检验后模型没有违反参数估计，进行适配度估计后得到了本书的最佳模型。

4. 研究假设验证

根据上述分析结果，利用 AMOS 结构方程的路径分析模型——递归模型进行假设的验证分析，验证结果如下表 6-72 所示。

表 6-72　模型影响因素结果分析表

假设路径	标准化回归系数	SE	CR	*P*	显著性
判据使用←主体特质	0.616	0.133	5.628	***	显著
判据使用←需求与目标	0.309	0.094	2.898	0.004	显著
相关性判断←主体特质	0.537	0.3	2.278	0.023	显著
相关性判断←需求与目标	0.547	0.14	3.624	***	显著
相关性判断←判据使用	0.202	0.103	2.045	0.041	显著
相关性判断←语境	−0.314	0.201	-1.538	0.124	不显著
主体特质←→需求与目标	0.902	0.02	9.555	***	显著
语境←→信息交流	0.831	0.024	9.367	***	显著
信息交流←→需求与目标	0.833	0.026	9.078	***	显著
语境←→主体特质	0.961	0.019	9.867	***	显著
主体特质←→信息交流	0.951	0.021	9.259	***	显著
语境←→需求与目标	0.863	0.024	9.765	***	显著

表中第五列的 *P* 代表显著性水平，当该参数估计在 0.001 的水平上显著，则以符号***表示，其余数字则代表该参数在这一水平上显著。当 CR（临界比）绝对值大于 1.96 时，则表示参数估计在 0.05 的水平上显著，当 CR（临界比）绝对值大于 2.58 时，则表示参数估计在 0.01 的水平上显著，当 CR（临界比）绝对值大于 3.28 时，则表示参数估计在 0.001 的水平上显著（荣泰生，2009）。

H1：需求与目标正向影响合作信息查寻与检索相关性判断。

由结构方程模型的拟合路径系数可知，需求与目标与相关性判断的路径系数为 0.547，在 0.001 的水平上显著，假设 H1 成立，即需求与目标正向影响合作信息查寻与检索的相关性判断。

H2：语境正向影响合作信息查寻与检索相关性判断。

由结构方程模型的拟合路径系数可知，语境与相关性判断的路径系数为-0.314，*P*=0.124，未达显著性水平，假设 H2 不成立，即语境对合作信息查寻与检索相关性判断无显著影响。

H3：信息交流正向影响合作信息查寻与检索相关性判断。

由于该假设违反参数估计（图6-8），不符合模型的基本适配指标，因此删除了该路径，假设 H3 无法证明，即信息交流与合作信息查寻与检索相关性判断间的关系无法确定。

H4：主体特质正向影响合作信息查寻与检索相关性判断

由结构方程模型的拟合路径系数可知，主体特质与相关性判断的路径系数为 0.537，*P*=0.023，在 0.05 水平上显著，假设 H4 成立，即主体特质正向影响合作信息查寻与检索的相关性判断。

H5：判据使用正向影响合作信息查寻与检索相关性判断。

由结构方程模型的拟合路径系数可知，判据使用与相关性判断的路径系数为 0.202，P=0.041，在 0.05 水平上显著，假设 H5 成立，即判据使用正向影响合作信息查寻与检索的相关性判断。

H6：主体特质正向影响合作信息查寻与检索中的判据使用。

由结构方程模型的拟合路径系数可知，主体特质与判据使用的路径系数为 0.616，在 0.001 水平上显著，假设 H6 成立，即合作信息查寻与检索的主体特质(包括个人特质、群体特质和群体环境下的个人心理)正向影响判据使用。

H7：需求与目标正向影响合作信息查寻与检索的判据使用。

由结构方程模型的拟合路径系数可知，需求与目标与判据使用的路径系数为 0.309，P=0.004，在 0.01 水平上显著，假设 H7 成立，即合作信息查寻与检索的需求与目标正向影响判据使用。

H8：需求与目标与语境显著相关。

由结构方程模型的拟合路径系数可知，需求与目标与语境的相关系数为 0.863，在 0.001 水平上显著，假设 H8 成立，即合作信息查寻与检索的需求与目标与语境显著相关。

H9：主体特质与语境显著相关。

由结构方程模型的拟合路径系数可知，主体特质与语境的相关系数为 0.961，在 0.001 水平上显著，假设 H9 成立，即主体特质与合作信息查寻与检索的语境显著相关。

H10：信息交流与语境显著相关。

由结构方程模型的拟合路径系数可知，语境与信息交流的相关系数为 0.8311，在 0.001 水平上显著，假设 H10 成立，即信息交流与合作信息查寻与检索中的语境显著相关。

H11：需求与目标与主体特质显著相关。

由结构方程模型的拟合路径系数可知，需求与目标与主体特质的相关系数为 0.902，在 0.001 水平上显著，假设 H11 成立，即合作信息查寻与检索的需求与目标与主体特质显著相关。

H12：信息交流与主体特质显著相关。

由结构方程模型的拟合路径系数可知，主体特质与信息交流的相关系数为 0.951，在 0.001 水平上显著，假设 H12 成立，即合作信息查寻与检索中的信息交流与主体特质显著相关。

H13：需求与目标与信息交流显著相关。

由结构方程模型的拟合路径系数可知，需求与目标与信息交流的相关系数为 0.833，在 0.001 水平上显著，假设 H13 成立，即合作信息查寻与检索的需求与目标与信息交流显著相关。

综上，得到模型假设验证结果如表 6-73 所示。

表 6-73　初始模型假设验证结果

标号	研究假设	验证结果
H1	需求与目标正向影响合作信息查寻与检索相关性判断	成立
H2	语境正向影响合作信息查寻与检索相关性判断	不成立
H3	信息交流正向影响合作信息查寻与检索相关性判断	无法验证
H4	主体特质正向影响合作信息查寻与检索相关性判断	成立
H5	判据使用正向影响合作信息查寻与检索相关性判断	成立
H6	主体特质正向影响合作信息查寻与检索中的判据使用	成立
H7	需求与目标正向影响合作信息查寻与检索中的判据使用	成立
H8	需求与目标与语境显著相关	成立
H9	主体特质与语境显著相关	成立
H10	信息交流与语境显著相关	成立
H11	需求与目标与主体特质显著相关	成立
H12	信息交流与主体特质显著相关	成立
H13	需求与目标与信息交流显著相关	成立

5. 合作信息查寻与检索相关性判断的影响因素分析

基于实证数据利用结构方程模型方法确立合作信息查寻与检索相关性判断的影响因素关系结构(图 6-10)，其中单向箭头表示因果影响关系，双向箭头表示因素间的交互影响关系。

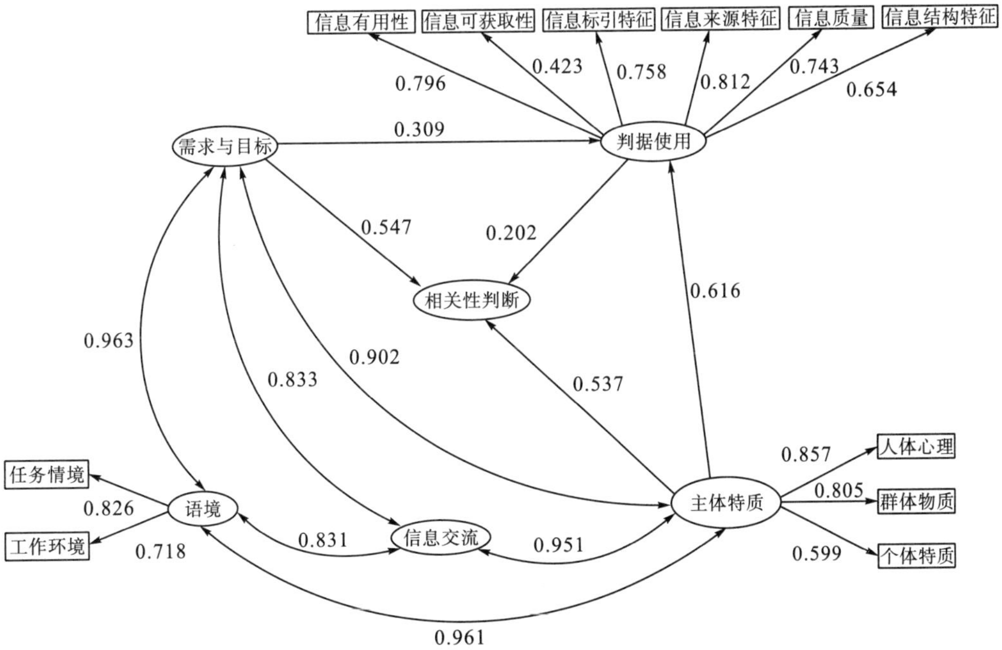

图 6-10　合作信息查寻与检索相关性判断的影响因素模型

该模型显示：合作信息查寻与检索过程中，群体用户进行相关性判断时受到多个因素的影响，且这些因素间彼此相互作用。这些因素包括：主体特质、需求与目标、判据使用、语境、信息交流。其中需求与目标、判据使用、主体特质直接影响相关性判断，语境、信息交流通过需求与目标、主体特质影响合作相关性判断，且语境与信息交流间存在强烈的相互作用。

1)合作相关性判断影响因素的路径分析

在合作信息查寻与检索相关性判断的影响因素关系结构中，可通过路径分析识别出变量间的作用效果。路径分析主要针对单向影响关系，其作用效果包括直接作用和间接作用，两者的作用总量合称为总体作用。直接作用的量化指标为变量之间直接作用的路径系数，而间接作用则用变量之间的标准路径系数的乘积量化，总体作用则是直接作用与间接作用之和，可利用总体作用大小反映变量间的相互影响程度。合作信息查寻与检索更关注相关性判断受到哪些因素的影响，下面讨论主体特质、需求与目标、判据使用三个潜变量对相关性判断的影响程度。

(1)主体特质

主体特质的间接作用：主体特质→判据使用→相关性判断：0.616*0.202≈0.124；

主体特质的总体作用：0.537+0.124=0.661；

个体特质作用：个体特质→主体特质→判据使用→相关性判断：0.857*0.661≈0.566；

群体特质作用：群体特质→主体特质→判据使用→相关性判断：0.805*0.661≈0.532；

个体心理作用：个体心理→主体特质→判据使用→相关性判断：0.599*0.661≈0.396。

从主体特质对相关性判断的路径分析结果(表 6-74)可以看到：主体特质对相关性判断的总体作用为 0.661，即主体特质每变化一个标准单位，相关性判断相应地变化 0.661 个标准单位，其对相关性判断的直接作用大于间接相关作用；其细分变量个体特质、群体特质和个体心理对相关性判断的间接影响作用分别为 0.566、0.532、0.396，因而从改善合作信息查寻与检索相关性判断来看，重点关注效果更为明显的个体特质及群体特质。

表 6-74 主体特质对合作相关性判断的作用效果

变量	直接作用	间接作用	总体作用
主体特质	0.537	0.124	0.661
个体特质	—	0.566	0.566
群体特质	—	0.532	0.532
个体心理	—	0.396	0.396

(2)需求与目标

需求与目标的间接作用：需求与目标→判据使用→相关性判断：0.309*0.202≈0.062；

需求与目标的总体作用：0.547+0.062=0.609。

即需求与目标变化一个标准单位时，合作信息查寻与检索相关性判断结果将相应变化 0.609 个标准单位，其中“判据使用”对相关性判断的间接影响较弱。

(3) 判据使用

判据使用的直接作用：0.202；

信息有用性作用：信息有用性→判据使用→相关性判断：0.796*0.202≈0.16；

信息可获取性作用：信息可获取性→判据使用→相关性判断：0.423*0.202≈0.085；

信息标引特征作用：信息标引特征→判据使用→相关性判断：0.758*0.202≈0.15；

信息来源特征作用：信息来源特征→判据使用→相关性判断：0.812*0.202≈0.164；

信息质量作用：信息质量→判据使用→相关性判断：0.743*0.202≈0.15；

信息结构特征作用：信息结构特征→判据使用→相关性判断：0.654*0.202≈0.132。

表 6-75　判据使用对合作相关性判断的作用效果

变量	直接作用	间接作用	总体作用
判据使用	0.202	—	0.202
信息有用性	—	0.16	0.16
信息可获取性	—	0.085	0.085
信息标引特征	—	0.15	0.15
信息来源特征	—	0.164	0.164
信息质量	—	0.15	0.15
信息结构特征	—	0.132	0.132

从判据使用对相关性判断的路径分析结果(表 6-75)可以看到：即判据使用变化一个标准单位时，合作信息查寻与检索相关性判断结果将相应变化 0.202 个标准单位。对其细分变量来说：信息有用性每改变一个标准单位，相关性判断结果就会相应变化 0.16 个标准单位；信息可获取性每改变一个标准单位，相关性判断结果相应改变 0.085 个标准单位；信息标引特征每改变一个标准单位，相关性判断结果相应变化 0.15 个标准单位；信息来源特征每改变一个标准单位，相关性判断结果相应变化 0.164 个标准单位；信息质量每改变一个标准单位，相关性判断结果相应变化 0.15 个标准单位；信息结构特征每改变一个标准单位，相关性判断结果相应变化 0.132 个标准单位。除信息可获取性影响相对较小之外，其他各类判据对相关性判断的影响作用大致相似。

表 6-76　潜在变量对合作相关性判断的作用效果

潜在变量	直接效果	间接效果	总体效果
需求与目标	0.547	0.062	0.609
主体特质	0.537	0.124	0.661
判据使用	0.202	—	0.202

从对合作信息查寻与检索相关性判断有直接影响的因素作用效果(表 6-76)来看：合作信息查寻与检索中，群体用户相关性判断受到主体特质的影响最大，需求与目标则为其次，而信息自身客观性特征对相关性判断的影响最小。这从一个侧面表明，相关性判断是一个主观、多维度过程。

2）合作相关性判断的影响因素分析

尽管合作信息查寻与检索的影响因素间作用关系复杂，层次繁多，但核心是各因素如何影响相关性判断。下面主要从一阶潜变量层面展开分析。

（1）主体特质的影响

主体特质对合作相关性判断的总体作用效果为 0.661，是影响合作相关性判断最重要的因素。主体特质包括合作信息查寻与检索相关性判断中呈现出的独有个体特质、若干个体组成团队的群体特质以及群体环境中个体所产生的心理反应。从主体特质的作用强度数据来看，个体特质和群体特质对合作相关性判断的作用大致相似，但比个体心理对合作相关性判断的影响作用更大。

合作相关性判断是由个体认知逐步发展至群体共识的过程，实施这一过程的主体是由多个拥有自我特质的个体基于特定内在张力组成的群体。个体组成群体的原动力要么是一种任务分配，要么是社会求助，要么是自发形成，或者是其他方式，但无论以怎样的方式形成群体结构，个体特质都是形成群体意识的基础，这种意识的逐步凝聚与清晰就形成了独特的群体特质；只有当群体特质趋于稳定或者愈加与面临的问题趋于匹配时，用户的相关性判断就越容易达成共识，其问题解决程度就越容易令人满意；个人特质既包括自身的知识结构、习惯、经验、认知能力、表达能力、理解能力等比较稳定的内容，也包括进行相关性判断时的情绪、态度和自我效能等比较容易受到外界环境影响的内容，只有当这些内容与外部语境要求高度契合时，以个体特质为基础的群体特质才更容易形成稳定结构。

李宁（2000）认为当若干个个体构成一个群体，那么他们的意识和行为则会相互联系和相互影响，同时该群体还会具有共同的行为目标并且遵守共同的行为规范。一个群体的存在就必然呈现出展示群体属性的特质，这些特质在合作相关性判断中会在无形中对个体的某些特质产生影响或冲突，进而影响到群体对信息的抉择与判断。这个隶属于群体的特质包括但不限于个体成员之间的关系、熟悉程度、感情、群体成员之间的信任以及形成的氛围等。群体特质呈现积极向上的状态，当其展现出一定凝聚力的时候，合作相关性判断的正向结果就会更令人满意。

合作语境带来的群体约束规范作用，使群体中的个体与独立的个体在心理活动上会有明显不同，外在约束规范使群体成员心理产生趋同作用，尽管在实践中个体会对群体行为有所保留，但客观上会促使合作相关性判断最终达成群体一致性。该一致性的形成过程是群体用户的博弈结果，合作信息查寻与检索的预期结果越明晰其博弈收敛的速度越快，群体成员间越容易达成一致性判断。群体心理效应中的趋熟心理、趋利心理、趋众心理、选择性理解、崇尚权威等对合作相关性判断的一致性收敛有正向的促进作用，但也可能在群体心理压力下产生附和的不健康结果，这需要对群体判断结果采取审视态度。

主体特质对合作相关性判断的显著性影响，既表明相关性判断的主观性与认知性特点，也要求构建合作信息查寻与检索团队时要充分考虑群体成员的特质契合与冲突，使群众成员在心理上保持必要张力，避免群体心理可能引发的负面影响。

（2）需求与目标的影响

需求与目标对合作信息查寻与检索相关性判断的总体作用效果为 0.609，其中直接影响作用达 0.547。

合作信息查寻与检索行为源起于问题解决过程中知识缺陷引发的信息需求感与满足感，既包含信息需求的识别也包含需求满足的目标设定。需求与目标既受到主体特质的直接影响，也受到主体特质通过信息交流、语境的间接影响，同时也深刻影响信息客体相关性判据使用。

合作信息查寻与检索过程是群体用户对信息需求不断明晰化的过程，包括真实信息需求、感知到的信息需求、表达出的信息需求以及向检索系统提交的查询表达式间的迭代演化过程，是信息需求与目标从模糊到清晰、从分散到共识的转化过程。从时间演化维度来看，这种转化过程包括每个群体成员的 4 种需求形式的顺次转化与迭代反馈；从多空间扩散维度来看，这种转化过程包括群体信息需求和群体成员需求的顺次转化与迭代交流。因此，以满足信息需求为目标的合作信息查寻与检索相关性判断是一个动态过程。

合作信息查寻与检索过程也是群体用户对信息查寻目标不断明晰化的过程，是群体用户通过相关性判断不断确定查寻收敛条件的博弈过程。查寻目标受制于信息需求，也反馈信息需求，是一个不断平衡与抉择的过程。不断明确的查寻目标直接影响群体用户相关性判断的抉择结果，也影响着相关性判据的使用，因此，以实现信息查寻目标为导向的合作信息查寻与检索相关性判断是一个动态过程。

以客观性为基础的需求与目标，把主观性的主体特质、背景性的语境和支持功能的信息交流有机关联起来，是合作信息查寻与检索相关性判断的基础条件。信息需求与目标的明晰化过程，也是合作相关性判断收敛条件的识别过程，其对合作相关性判断的影响程度就不言而喻了。

(3)判据使用的影响

此处的判据使用是指主体进行合作相关性判断时聚焦的信息呈现特征，表征的是主体进行相关性判断时对客观对象的关注程度。判据使用对合作相关性判断的作用效果为 0.202，相对于主体特质、需求与目标来说其作用程度明显较低，表明相关性判断的主观性成分更加浓烈，是客观性基础上的主观判断过程。从影响因素间的关系结构来看，判据使用既对相关性判断有直接影响，也是连接主体特质、需求与目标而指向相关性判断的中介，因而判据使用在合作相关性判断中具有重要作用。依据作用关系大小排序，判据使用包括信息来源特征、信息有用性、信息标引特征、信息质量、信息结构特征、信息可获取性 6 个方面。

信息来源特征是指信息发源地或者生产地，既可以指信息的原始来源也可以是信息交流系统中的某个存储位置，通常代表着信息的可靠性、权威性和高信誉，尤其是信息的原始产生地。用户进行合作相关性判断时，相似信息判断与抉择中来源特征的影响巨大(影响系数为 0.812)，其来源越佳，判断为相关的可能性越高。

信息有用性是指信息与问题解决的匹配程度，包括信息的可用性和适用性。当信息内容能够用来解决问题以及能够很好地解决问题时，主体判断为相关信息的可能越大。

信息标引特征既表征信息存在位置的线索，也在一定程度上代表信息内容实质。用户进行合作相关性判断时，这些线索越显著、揭示的信息内容越清晰其判断为相关的可能性越高。

信息质量则主要包括信息的完整性、可靠性以及时效性等。在合作信息判断过程中，当信息的质量越高，用户越容易判断为相关。

信息结构特征则是针对信息的组织形式。用户进行合作相关性判断时，信息组织混乱会增加用户摄取信息的难度，用户无法迅速从中找到自己需要的或相关的信息，从而影响到对信息的选择，故而信息结构特征越美观简洁、组织分类越明确有条理，合作相关性判断越容易进行。

当信息能够获取时，用户才有可能对信息进行准确恰当的相关性评判，信息可获得性越高，用户能够利用它解决问题的可能性也就越高。在当前网络化数据化条件下，信息获取门槛相对降低，因而在整个判断使用中其重要性相对较低。

(4) 信息交流的影响

此处的信息交流是指群体用户间的信息交换与共享过程，贯穿于合作信息查寻与检索的整个过程，是个体信息查寻与检索、合作信息查寻与检索的重要差异。在相关性判断阶段，信息交流的内容既包括对相关信息的判断意见，也包括对整个合作查寻与检索的问题解决任务、信息需求与目标、查寻语境等方面的理解与感知，故信息交流和主体特质、需求与目标、语境间都显著相关。

主体特质中个体、团体的某些外在特质(如团队氛围)和个体心理活动，在一定程度上会引发群体交流障碍，交流障碍又会反向作用于主体特质，两者之间的恶性循环最终会导致主体特质的改变，从而对判据使用和合作相关性判断产生影响。因此，畅通主体间的交流渠道和改善主体间的信息交流效率，将会有利于合作相关性判断效果的提升。

群体用户之间相互交流，无论是基于查寻检索过程还是查寻检索结果，都会让群体成员之间对需求与目标认知更加清晰，从而间接地对合作相关性判断和判据使用产生影响；反之，当需求与目标模糊不清时，为了查寻检索过程的有效完成，群体成员间必然会产生信息交流的强烈倾向，从而调动群体成员交换和共享信息的积极性。

信息交流都在一定的语境中进行，频繁的深度交流会引发查寻检索者对语境的感知改变，而语境的改变则会改变信息交流的意愿和效果，故两个因素之间相互影响，同时会间接对合作相关性判断产生影响。

虽然研究中未能识别出信息交流对相关性判断的直接影响，但通过与主体特质、需求与目标、语境的相互作用，信息交流将对合作相关性判断产生间接影响。

(5) 语境的影响

虽然没有识别出语境对合作相关性判断的直接影响，但是同信息交流一样，语境作为与主体特质、需求与目标、信息交流共变因素，间接通过主体特质、需求与目标对合作相关性判断产生影响。

语境提供了合作信息查寻与检索的基础条件。其中，社会文化语境提供最基本的背景变量，工作任务语境产生信息需求与任务目标，查寻与检索语境提供信息获取的渠道与方式，它们的嵌套组合为合作信息查寻与检索的实施提供支持作用。

6.5　合作信息查寻与检索的相关性模型

6.5.1　合作信息查寻与检索的过程特征

合作信息查寻与检索的过程大致可做如下描述：查寻者在实际任务的触动下，产生信息需求，在合作信息查寻与检索动因的作用下，形成查寻者合作群体，确定合作查寻与检索任务，通过开展信息查寻与信息检索活动、信息浏览、相关性判断、信息保存采纳等具体环节获取所需信息，并利用这些制定问题解决方案。在此过程中，查寻者有着各自的分工，履行自己的职责，且在各个环节与阶段查寻者之间均有着信息交流。

合作信息查寻与检索的过程包含以下特征：

1）任务驱动性

合作信息查寻与检索行为并不是无端发生的，而是由任务触发的。这里的任务是指工作任务、学习任务、日常生活问题甚至于查寻者的兴趣爱好等实际任务或问题，在这些任务或问题的作用下，用户发觉自己的知识结构存在一定的缺陷，不足以解决这些问题，因此开始寻求信息与知识以弥补缺陷，完成任务。受任务驱动，在相应动因作用下，形成群体的查寻者开始制定共同的查寻与检索任务。促使查寻者以合作的方式查寻信息的原因可能是查寻者认为无法依靠一己之力获取所需信息来解决问题，因而求助于他人；也可能是多个查寻者本身就是同一任务的成员，在完成集体任务时需要群策群力。

2）语境约束性

合作信息查寻与检索行为发生的语境是由处于社会文化环境中的查寻者语境、实际任务语境、合作查寻与检索任务语境以及具体执行合作查寻与检索活动的场所与信息系统甚至是已有的查寻结果等组成，可以认为语境因素渗透在合作信息查寻与检索活动的各个层面与阶段，或者说合作信息查寻与检索过程中的每个组件均是语境中的一部分。因此语境作为一种对合作信息查寻与检索行为及相关性判断行为的隐性影响因素，制约着查寻者的认知、决策与行动。

3）动态迭代性

在合作信息查寻与检索活动中，查寻者的信息需求是动态变化的。这是因为：通常引发合作查寻的实际任务都较为复杂，一般会分解为多个相互联系的子任务或子问题，因此很可能在查寻某一子问题的信息时提出新的问题，或根据对某个子问题相关信息的认识促使查寻者重新核实该问题，查寻的信息需求在多个子任务之间迭代转换；通过浏览查寻结果、信息检索反馈的检索词提议等人机交互过程以及查寻者之间的人人交互（信息交流与分享），查寻者对任务整体及各子任务的理解逐渐明确，可能出现新的问题，查寻者的信息需求及查寻策略也会发生转变。

乔欢（2010）表示，早期的信息查寻模型假设用户的信息需求是静态的，用户能够准确地描述自己的需求，信息查寻过程是连续不断的提问过程，直到所有与信息需求相关的文献被检索出来，检索过程才会结束。然而，根据 Bates（1989）提出的浆果采摘模型可知：用户在查寻过程中，其信息需求和信息查寻行为是不断变化的，在信息查寻过程到达一点后会导向另一个目标；用户的信息需求不是通过一次检索就可以满足，而是在一系列选择的过程中伴随着信息发现而逐步满足的。正是由于信息需求的复杂性与动态变化，合作查寻与检索过程是一个不断进行调整的探索性过程，表现为一个时间轴上的若干互相关联、相互类似的片段，每一个片段中包括信息查寻、信息检索、信息浏览、相关性判断、信息的保存采纳等具体环节。

实际上，在合作信息查寻与检索活动中，各个环节之间的界限是模糊的，或者说是交织错杂在一起的。通常有多个查寻者，由于分工不同、个人信息查寻能力的差异等原因，不同查寻者的查寻活动阶段可能并不一致，甲在选择查寻渠道制定查寻计划的时候，乙可能已经开始查寻并对查寻结果做出评价了。换言之，不同查寻者在同一时间的具体信息需求可能是不同的。信息需求的动态变化，加上同一时刻的多主体、多任务、多环节的并发操作，使得合作查寻与检索活动的具体环节具有迭代特征。

4）合作分工与信息交互性

合作分工是合作信息查寻与检索不同于个人信息查寻与检索的一个重要特征。由于合作信息查寻与检索中，多个查寻者可以根据任务需要、所需信息特征以及个人背景而进行分工，分工的形式在前文中已经有所解释，如将任务分解，每位查寻者负责其中的一个或几个子任务所需的信息以此来加快查寻速度；或者是分配查寻途径，不同的查寻者从不同的信息系统中获取信息，既可以加快查寻速度，也是扩大查寻范围、防止漏检的一种有效方式；即使是多个查寻者共用一台计算机进行查寻时，从旁观察的查寻者可以在整个过程中实时了解查寻进展与效果，交流自己的意见与建议，共同提高查寻效率。

查寻检索过程中的信息交互一方面是指人机交互，如进入信息检索系统、选择检索项、提交检索式、信息浏览、保存准备采纳的信息等，不过这些信息交互活动在传统的个人信息查寻与检索活动中也同样存在；信息交互的另一个重要方面是指人与人之间的交互，这种交互在合作信息查寻与检索活动中表现为查寻者之间的信息交流与共享。在合作查寻与检索活动中，特别是同时同地的合作形式中，口头交谈与共享屏幕是最为主要的两种信息交流方式，查寻者交流的内容涉及查寻检索活动的各个方面，从查寻者个人经验到对任务的理解，从查寻途径的选择到关键词的使用，从分享查寻结果到讨论问题解决方案，查寻者的合作依赖于信息交流。

5）问题解决的集体智慧性

Marchonini 在 1989 年曾指出："信息查寻是在特定的环境中解决问题的过程。"（乔欢，2010）合作信息查寻与检索同样是一个问题解决的过程，而且是一个依靠集体智慧解决问题的过程，其本质是知识共享，知识共享的背后是对集体智慧的利用。对集体智慧的利用，主要体现在查寻者群体通过信息交流与分工合作：加深对实际任务或问题的理解；增加查寻途径，扩大查寻范围；增加查寻结果的数量，提升对查寻结果的判断和理解效果；提高对查寻结果的利用率，完善问题解决方案。

此外，查寻者在合作查寻与检索活动中可以起到相互监督、相互促进的作用，类似于"社会助长效应"的效果，这也是团队力量的一种体现。

根据上述分析可知，合作信息查寻与检索是在一定语境约束下、由任务驱动的、在合作分工和信息交互作用下、依靠集体智慧解决问题的动态迭代过程。在查寻信息、检索信息、浏览信息、相关性判断、保存信息、利用信息等这些具体的、动态的、反复的过程中，合作相关性判断处于一个核心地位。

6.5.2　合作信息查寻与检索的相关性判断模型

Ingwersen 的认知模型、Belkin 的片段模型以及 Saracevic 的层次模型等信息检索交互模型已经指出：信息查寻与检索是一个交互式的过程，而相关性是交互的基础。相关性判断是处于整个过程中的用户与信息交互作用的认知活动，用户与信息的交互的目的就在于处理相关性。合作相关性判断是多个用户对实际任务、合作查寻与检索任务、查寻结果和问题解决方案的共同认知结果，用户与信息检索系统的交互、用户与用户之间的信息交流同样都是为了处理所获得信息的相关性，以达成较为一致的相关性判断意见。相关性判断衔接着合作查寻与检索活动的各个环节，并推动查寻与检索活动的动态变化，因而构建合作信息查寻与检索的相关性判断模型就显得十分必要了。

1. 合作相关性判断行为及特征

行为是主体与情境共同作用的结果，相关性判断行为是在特定情境下主体(用户)对客体(信息)的认知结果，而合作信息查寻与检索的相关性判断则是群体用户在合作情境下基于信息交互作用对合作查寻与检索任务、合作查寻与检索结果及其之间关系的认知结果。

与传统的单用户信息查寻与检索及其相关性判断相比，合作信息查寻与检索的相关性判断行为可以理解为：

(1) 相关性判断发生在合作语境之中。这是合作相关性判断不同于单用户相关性判断的重要特征，合作语境主要由实际任务情境、合作查寻检索任务情境、群体查寻者情境等嵌套而成，在这样的合作语境下，相关性判断在群体用户间通过协商最终达成一致，加之查寻者之间的个体差异、合作分工内容不同，因而其相关性判断变得十分复杂。

(2) 相关性判断的主体是群体用户。与单用户信息查寻及相关性判断不同，合作信息查寻与检索是多个用户共同参与相关性判断。该相关性判断过程可能是群体成员先就查寻检索到的信息单独判断相关性进而共享查寻检索结果，也可能是基于某个特定平台群体成员共同完成相关性判断。

(3) 相关性判断的客体包括查寻检索过程和查寻检索结果。与单用户查寻检索过程相比，合作信息查寻与检索的相关性判断过程是在群体成员不断交互中的迭代过程，因而其客体不仅包括查寻检索结果，还包括合作查寻检索过程中的各种中间环节，因此用户在进行相关性判断时需要考虑的因素更多，认知负担也随之增加。

因此可以认为，合作相关性判断尤其是一致性的相关性判断是群体查寻者在交流的基础上根据认知结果做出的一种决策。在合作信息查寻与检索活动中，交流主要是指群体成员间的交互，是查寻者之间的信息交流与共享；认知，则包括对语境、实际任务、合作查寻与检索任务、查寻过程与结果以及最终的问题解决方案的理解与认识；决策，是在认知的基础上对于任务与信息之间关系做出的判断，而基于查寻者之间的不断交流所做出的共同判断则是群体决策的体现。故合作相关性判断行为具有以下三方面的特征：

1）认知特征

近年来的信息检索认知范式指出，信息检索及相关性判断是一个认知过程，这一点已经成为研究人员的共识。合作信息查寻与检索活动同样是一个认知过程，查寻者的认知主要作用于实际任务和合作查寻检索任务。查寻者通过对实际任务的全面深刻认知，意识到自己的知识结构缺陷，才会产生信息需求；只有对信息需求有全面深刻把握，才能促使查寻者开始查找信息，有效判断自己查寻检索结果及同伴共享信息是否相关。

合作相关性判断是查寻者对合作查寻检索任务与合作查寻结果及其之间关系的认知过程。首先，合作相关性判断由多个判断主体执行，每一个判断者的知识结构、认知风格、相关性判据选用偏好各有不同，在此情境下要达成相关性意见的共识，需要参与其中的查寻者共同努力，同时也会增加查寻者的认知负担；其次，相关性是信息需求和查寻结果之间的关系，但通常引发合作查寻与检索的任务或问题都比较复杂，查寻者对于信息需求的理解程度可能存在很大差异，可能导致相关性判断认知上的偏差；第三，作为相关性判断中与信息需求相匹配的信息资源，除了单个查寻者本人从信息检索系统中得到的结果外，有更多信息来自合作者的交流与分享，查寻者需要处理更多的认知信息。多种原因的叠加，查寻者在相关性判断上使用的判据可能各不相同，二者之间的关系可能是在某一种相关性判据上的映射，也可能是几种判据的映射组合，这就增加了合作相关性判断的认知复杂性。

2）交流特征

作为一种交互式信息检索活动，合作信息查寻与检索中的交互不仅仅是用户与信息检索系统之间的人机交互，更为重要的是用户之间的人人交互，即信息交流。为实现与其他成员的成功协作，每一个查寻者都需要借助于合理的形式和手段准确地向他人发送与自己的思想、情感以及行为有关的各种信息，并准确地理解他人发送的各种信息。

合作相关性判断是一个通过信息交流达成一致的过程。基于相关性判断的交流，其目的是为了获得一致的相关性判断意见，达成合作者之间的共识。其交流内容，既包括查寻者交换对某信息做出的判断意见，还包括解释做出该判断的依据、对该信息的理解以及查寻者的情感反馈等。相关性判断意见的直接交流，可能触发查寻者在相关性判断意见上的冲突，即发生相关性判断不一致现象；而接下来的对相关性判据的解释，则是群体查寻者相互协调寻求共识的过程。而情感交流与反馈也是相关性的重要方面，它是每一个群体成员对某个用户在群体中共享的信息对象的整体的情感体验。

3）决策特征

根据洛西的定义，决策是为了实现一个特定的目标，根据客观情况，在占有一定信息与经验的基础上，借助于一定的工具、技巧和方法，对影响目标实现的诸多因素进行准确的计算和判断优选后，对行动做出决定（周三多，2005）。

信息检索的相关性判断是基于信息需求认知对所需信息的选择判断过程，是一个典型的决策过程。合作相关性判断是群体决策过程，尽管这一过程可能比较短暂，并且可能没有正式的程序或流程。

在合作查寻与检索过程中，通常由参与其中的几个查寻者共同完成较为一致的相关性判断，因此是一种群体决策的形式；尽管合作相关性判断通常较为短暂，决策的具体环节在合作相关性判断中的体现可能并不明显，但作为一个“冲突-协调”的多用户博弈过程只能在大家合作的情形下才能完成；合作相关性判断并不是以获取相关信息为终极目标，获取信息最终是为了解决问题、完成任务，因而相关性判断中主要包括两类决策：一是依据合作查寻检索任务对查寻结果做出判断，即相关性判断；二是根据实际任务对问题解决方案做出选择。但一般来说，查寻结果与问题解决方案之间的界线较为模糊，因而相关性判断与问题解决方案选择是紧密结合在一起的，很多时候较难将两种决策分割开来。

2. 合作相关性判断模型

Cuadra 与 Katter(黄幕萱，1997)在其相关性判断的经典研究中，将影响相关性判断的 38 项因素分为 5 类：①文献类型，包含主题及其难易程度；②信息需求的表述；③判断者的经验、背景及态度；④判断条件，比如时间压力、输出顺序、文献数量等；⑤表达方式的选择及相关性判断的尺度(黄慕萱，1997)。Saracevic(1975)在其综述性文章中，将上述影响相关性的 5 类变量进行了重组：文献及文献表征、检索提问、判断情境与条件、表达方式、判断者，并指出判断者造成的影响最大。Park(1992)将 1990 年之前的涉及相关性判断影响因素的六项研究成果进行整理，认为相关性判断影响因素依旧分为五大类：文献、条件、文献表现形式、检索提问表述、判断者。

综上可知，研究人员对于影响相关性判断的因素基本上达成了共识，相关性判断主要包括五类：查寻者、信息需求及其表达、文献及其表征形式、判断情境、判断表达方式。同理，合作信息查寻与检索中，影响相关性判断行为的因素基本上也是这几个方面，但是每个影响因素均更为复杂。

根据扎根分析得出的概念范畴，可以将这合作信息查寻与检索的 5 类影响因素表述为：查寻者个体与群体、合作查寻检索任务、合作查寻结果、语境、相关性判断表达与交流。其中，合作查寻检索任务与合作查寻结果作为相关性关系的两端，决定了相关性本身，从而影响相关性判断行为；查寻者作为做出判断的主体，不同的个体给出的判断意见存在差异，群体结构也在一定程度上影响其达成一致性意见的水平；而语境、相关性判断表达与交流则更多的是影响相关性判断的一致性。

合作信息查寻与检索过程中，相关性判断的主体是查寻者群体，客体是合作查寻检索任务、合作查寻结果及其之间的相关性。其中相关性是合作查寻检索任务与合作查寻结果在相关性判据集合上的关系，这种关系取决于查寻者群体对集合中相关性判据的选用，并随时间的推移而动态变化。

在交流、认知和决策的共同作用下，查寻者们达成了相关性判断的共识。其中，认知主要是查寻者对合作查寻检索任务和查寻结果的理解与认识，而查寻者之间交流的主要内容有合作查寻检索任务(包括信息需求、查寻方向、提问、检索式等)、查寻结果以及对查寻结果的相关性判断意见和使用的具体判据，决策则是查寻者在交流和认知的基础上，对相关性判据(集合)的选用及合作查寻检索任务与合作查寻结果在该判据上的关系做出的判断，最终形成具有一定一致性的相关性判断意见。

据此建构合作信息查寻与检索相关性判断模型(图 6-11)。该模型以合作信息查寻与检索相关性内涵为内核，以相关性判断行为特征与影响因素为外壳，阐释合作信息查寻与检索中相关性判断的形成过程，强调合作相关性判断在交流、认知和决策三个层面的特征，并揭示影响合作相关性判断的重要因素。

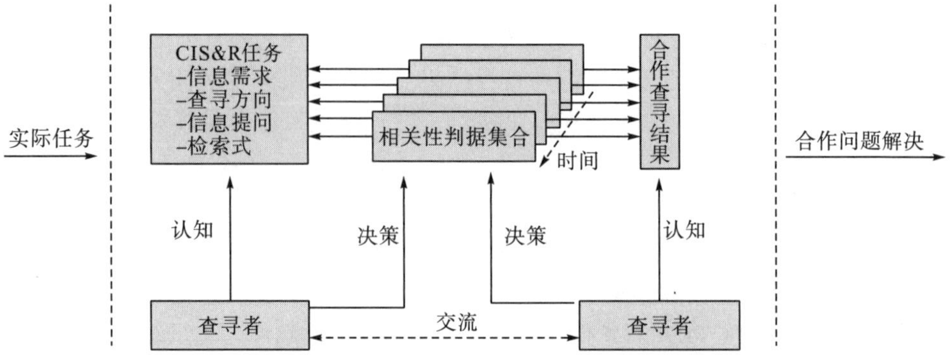

图 6-11 合作信息查寻与检索的相关性判断模型

模型中，查寻者(群体)、合作查寻检索任务与合作查寻结果三个影响因素则分别是合作相关性判断的主体与客体。另外两个相关性判断影响因素中，语境因素未明显地表达出来，可认为语境是一个隐性的影响因素，同时也可以将模型中的各个部分均视为语境的组成部分，而相关性判断表达与交流这一影响因素则隐含交流之中。

下面对 5 个构成要素作简要说明。

(1)查寻者个体与群体。对于查寻者个体而言，主要包括其信息查寻习惯、信息查寻与检索经验、领域知识及诸如性别、年龄等个人背景；作为一个群体，该群体的结构、查寻者之间的合作关系、查寻者不同的角色或身份等均对相关性判断有一定影响。此外，还包括查寻者的合作分工。

查寻者个体之间的差异特别是主题知识的差异，影响着查寻者对实际任务、信息查寻与检索任务以及查寻结果的认知，进而造成不同查寻者在相关性判断上的差异；而查寻者在群体中的合作关系、角色扮演、劳动分工的不同，将影响查寻者群体对相关性判断一致性的处理。当查寻者以“帮助者”的身份出现时，更倾向于听取由问题“求助者”做出的相关性判断意见，而以同一任务成员身份出现的查寻者们则要求相关性判断得到多数人的赞同甚至是所有人的一致同意。特别是在以分配查寻途径的分工方式开展合作查寻与检索活动时，这种对相关性判断达成共识的需求更为强烈。此外，查寻者对自己检索能力的评估在一定意义上代表了其对自己信息查寻与检索知识的自我认知与预期，自我评估水平的高低也会影响其对相关性判断意见的表达。

(2)合作查寻检索任务。其含义是指在实际任务驱动下，查寻者产生的信息需求、查寻方向和信息提问。根据 Mizzaro(1998)的研究，合作查寻检索任务的这三个层次再加上查寻者使用的检索表达式，非常接近于一般意义上的信息需求的四个层次：用户真实的信息需求(RIN)、用户感知到的信息需求(PIN)、用户的检索请求(quest)以及用户使用的查询表达式(query)。查寻者对于问题或需求的理解处于不同层次时，对于相关性的理解与处理有较大差异：如仅考虑查寻到的信息与检索表达式的匹配时，查寻者做出的是语法相关性判断，而如果考虑的是该信息与感知到的信息需求之间的一致性时，则是一种语用相关性的判断。

(3)合作查寻结果。包括查寻者通过与信息检索系统交互获得的结果，还包括了其他查寻者所分享与交流的查寻结果，以及求助团队以外人员获得的信息。由于查寻结果数量的增多，查寻者在选择信息时通常是做最优选择，因此其相关性判断是相对的，即相对于其他信息而言某信息是相关的，如果未能获得该信息，其他信息或许会被判断为相关。这是一种相对相关性，而非信息的绝对相关性。

(4)语境。主要由实际任务情境和合作查寻检索任务情境组成，实际任务情境基本决定合作信息查寻与检索活动的具体情境，它们是合作相关性判断乃至整个合作查寻检索活动的根源，而它们本身之间及其细分层面构成一副交叠、嵌套的复杂关系，是目前学术界研究的热点话题及需要解决的核心问题。

(5)相关性判断的表达与交流。查寻者对相关性的表达有时仅仅是简单的“好”与“不好”，有时则较为复杂；查寻者基于相关性判断的交流可以分为询问、回应和争辩。当相关性的表达较为简单时，查寻者通常对于该信息是否相关有着明确的一致性意见；而如果查寻者需要通过交流对查寻结果的理解、判断的依据甚至展开讨论时，查寻者之间很可能对该信息的相关性持有不同意见，这时通常需要查寻者就相关性共同做出决策。

6.5.3　合作信息查寻与检索的相关性匹配模型

1. 合作相关性匹配要素

Lancaster(1979)认为相关性就是信息资源体系与用户信息需求体系两个集合中元素间的映射关系，这一观点已经得到了学术界的广泛认可。相关性判断在本质上就是主体根据预期的相关性函数阈值判断信息资源集合与用户需求集合的匹配对象，并根据查寻检索结果不断调整相关性函数阈值进行反馈调整。合作相关性判断过程与个体相关性判断主要差异在于判断主体是群体而不是个人，信息需求内容是群体共同认知结果，而面对的信息资源体系并没有什么特别差异。

1)群体信息需求

Belkin 等(1982)在 ASK(anormalous state of knowledge)理论中提出用户在与检索系统交互时，其信息需求将经历以下阶段的转换：问题解决将产生用户的真实信息需求(RIN，real information need)，被用户感知到的信息需求(PIN，percieved information need)，用户用自然语言描述感知到的信息需求从而形成查寻请求(request)，以及用户借助检索语言对查寻请求形式化描述形成查询表达式(query)。由于用户自身的信息意识和相关素质的限制，这四种需求在转化的过程中，往往会发生偏差，这是导致信息查寻结果出现偏差的主要原因。

合作信息查寻与检索中，群体用户的需求表示与单用户存在显著差异，可用图 6-12 来表示群体用户信息需求的转换过程。

群体成员感知、表达自我需求：群体成员首先根据所面临的问题对自己真实的信息需求进行感知和表达，形成群体成员个体独有的查寻请求(personal request，PR)，这一需求是用户进行合作信息查寻与检索的内在驱动力。

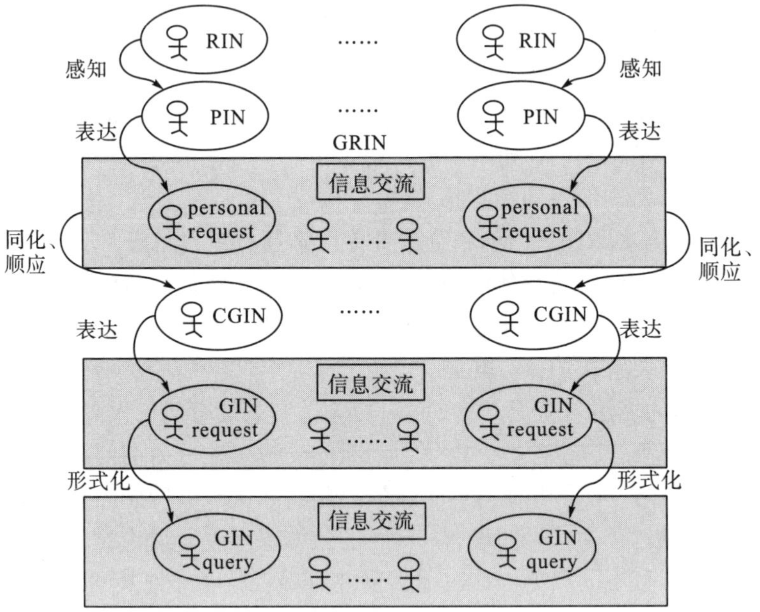

图 6-12 群体用户信息需求的转化和表示

群体信息需求：个体成员通过自然语言表达自己的查寻请求后，群体成员相互之间会通过询问、探求、共享等各种交流方式明确对方和自己的信息需求，并在交流过程不断深化、挖掘潜在的个人真实信息需求。同时，在此过程中成员间会根据该群体形成时共建的约束准则对各成员的查寻请求进行修正和集成，从而形成该群体的真实信息需求，即群体真实信息需求(group real information need，GRIN)。

由于群体的真实信息需求是所有成员查寻请求的修正集合，因而在进行合作信息查寻与检索之初，群体中的成员首先要对群体真实信息需求(GRIN)进行理解。如果与自己之前信息需求认知相似，则直接将其吸收到当前的认知状态中(即同化过程)；如果与自己之前认知略有差异甚至冲突，则为了群体任务的解决通常是改变自己的原有认知状态(即顺应过程)，从而达成群体真实信息需求在群体成员间的共识，将其命名为共识性的群体信息需求(common group information need，CGIN)。

群体成员对合作查寻与检索的信息需求达成共识以后会再次经历向单用户信息需求转换的过程，即用自然语言描述群体信息查寻请求 GIN Request(group information need request，GIN Qequest)，并借助检索语言将 GIN Request 形式化表达出来得到群体查寻表达式 GIN Query(group information need query，GIN Query)，信息交流贯穿这两个阶段。

尽管图 6-12 能较好地描述合作信息查寻与检索的群体信息需求转换过程，但还有很多重要的问题需要进一步解决。首先，由于源起于问题解决的真实信息需求在初始阶段较为模糊，加之用户本身信息素养的限制，信息需求的感知过程非常困难，用户可能无法完全知道自己到底需要什么样的信息；其次，受到用户表达能力以及群体成员意见的影响，用户可能无法独立而正确地表述自己的信息需求。另外，在群体活动中用户在表达自己信息需求时会受到诸多外在因素的影响，从而可能没有真实地表达自己的信息需求；然后是受到用户理解能力的限制，群体信息需求在同化过程中产生变异；最后是用户没有掌握足够的检索知识和技能，形式化描述过程也会产生偏差。对于这些问题的解决，只有通过群体用户的有效信息交流来尽可能克服，因而如何开发促进有效信息交流的工具和平台成为合作信息查寻与检索过程的重要基础性工作。

2) 信息资源

信息资源是相关性判断的核心集，Mizarro 认为这一集合中包含了文献、文献替代品和信息 3 个元素。本处认为 Mizarro 提出的 3 个元素基本覆盖了信息资源的集合要素，因而仅对这一维度进行微小的补充说明和重命名。

文献是指用户从检索系统中找到的物理实体，该元素不仅包括传统的纸质文献、各类数字化文本信息和网络中的文本信息，还包括网络资源中各类多媒体格式信息(音乐、视频、图像等)、软件、网络日志等具有不同格式和类型的信息资源，故将其命名为信息实体。信息实体是合作相关性判断的主要对象。

文献替代品是指文献的特征描述和表示，通常是指题名、关键词、作者、摘要、文献来源项等书目数据。随着网络资源的大量涌现，文献的替代品除了通常的标引和组织形式，还应包括信息资源的来源网站、信息资源的呈现方式等，故将其命名为信息替代品。信息替代品可为合作相关性判断提供线索。

信息是指用户在阅读检索出信息实体或信息替代品时所获得或创造的内容。由于问题解决的复杂性，通常某一信息实体或信息替代品仅能提供问题解决的一小部分信息内容，而且这些内容必然通过用户知识结构辨识从而融入主体知识结构，融入过程不仅是原始信息内容到主体知识结构的简单、客观映射，还包括主体依据自身知识结构有意无意地对原始信息的再加工结果。

所有的信息实体、信息替代品及信息还需要在群体成员中共享，待群体成员达成共识后才能最后完成相关性判断过程，只有获得群体认可的信息实体、信息替代品及信息才有可能在问题解决中发挥现实作用。

3) 查寻主体

与单用户信息检索相比，合作信息查寻与检索中的查寻主体是多个单用户组成的群体，实施查寻活动和相关性判断行为的主体既是单个的认知主体，也是多个用户组成的群体，故查寻主体是合作相关性匹配的第三个维度。

查寻主体维度主要包括个体及由个体组成的群体两个元素。群体不是个体的简单线性相加，而是在问题解决语境中的非线性叠加，通过复杂的关联构成一个整体结构。在合作信息查寻与检索过程中，当个体对信息资源的相关性判断一致程度较高时，表明个体与群体之间的一致性也较好，此时个体对群体信息需求和信息资源的理解和判断就较为一致。

查寻主体维度主要影响整个合作信息查寻与检索活动过程与检索结果评价，该维度与 Mizarro 相关模型的“构件”维度相呼应。其中，群体用户在特定语境下需要解决的任务是查寻主体形成的根本原因，而分解出的查寻检索主题是群体用户相关性判断的核心依据。实践中，主体在特定语境及工作任务的共同作用下将形成群体的独有特质，它是个体在任务解决过程的协同累积结果，体现了不同于单用户查寻检索的特征。

4）时间

合作信息查寻与检索过程作为一个迭代反复的群体行为过程，显然不是一蹴而就的，是群体成员以信息需求为基础在多次交流基础上的共识形成过程。该共识形成过程是在一定的时间范畴中完成，因而时间因素也是合作相关性判断匹配的重要元素。该要素的价值既体现在个体的查寻检索过程中，也体现在群体的相关性判断进程中。

对个体来说，其需求的转化过程是时间的函数，是个体在任务语境驱使下的从真实信息需求到提问的非线性转换过程，在查寻检索信息及群体成员反馈信息的共同作用下不断重塑信息需求，直到与群体在需求认知上趋于一致。

群体相关性判断，无论是查寻检索过程的映照还是共享结果的辨识，都体现时间的函数。在时间进程中，群体成员不断地博弈妥协，最后可能达成共识，也可能是无收敛地结束。

2. 合作相关性匹配模型

参考 Mizarro 的相关性四维模型，结合合作信息查寻与检索的过程模型，构建了合作信息查寻与检索的相关匹配模型（图 6-13）。由图 6-13 可以看到：合作相关性就是群体信息需求和信息资源在个体和群体之间的一种匹配关系，因素“需求与目标”影响查寻主体对群体信息需求表示过程，因素“判据使用”影响查寻主体对信息资源的选择和评价过程，而“主体特质”则影响着查寻主体对相关性匹配的选择和判断。

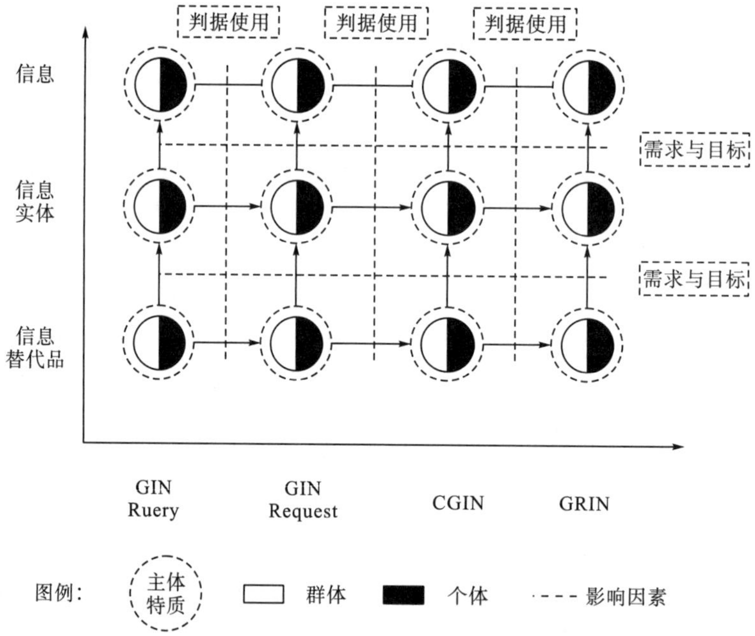

图 6-13 合作信息查寻与检索的相关性匹配模型

合作信息查寻与检索活动是在社会、文化背景下，由实际任务驱动，发生于特定的工作空间中的一种认知活动，社会环境、工作环境和任务情境共同构成了合作查寻与检索活动的语境。在实际的合作查寻检索活动中，语境没有明显地表示出来，而是作为一个隐形因素弥散于整个活动过程中。合作相关性判断作为合作查寻检索活动中的核心环节，也存在于该语境中，并随着时间的推移而动态变化。其相关性匹配随着时间的变化可用图 6-14 来描述。

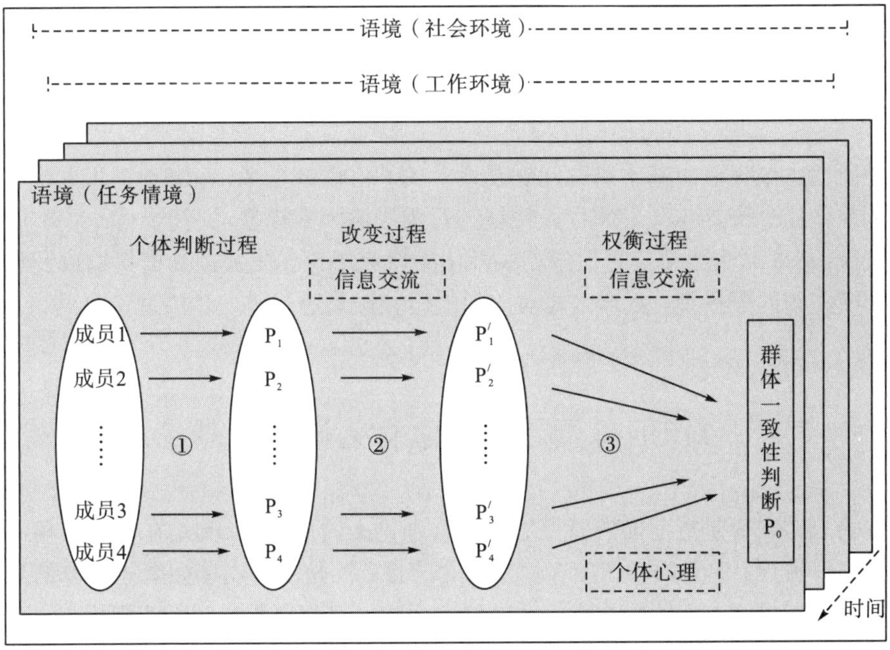

图 6-14 合作信息查寻与检索的相关性判断过程

当群体成员开始对检索到的信息进行判断时，首先将该信息与自己理解的群体信息需求进行匹配，然后根据自我的情况(包括能力、认知状态、知识经验等)进行初步判断形成判断结果 P_i，多个成员的判断结果就形成了初步结果集 P，这一过程也就是图 6-14 中的过程①；成员完成个人判断以后，相互之间就会针对初步结果集 P 展开进一步的交流辨识，交流的内容包括对需求和任务的理解、对查寻过程的回顾与审视、判断时选用的判据以及判断结果等，该过程就是成员之间的交互过程，是整个合作相关性判断过程的内核，在一定程度上改变了成员的认知和判断或者增强了成员判断的信心，强化了初始判断结果(P_i)，从而形成了改变后判断集 P′，这一过程也就是图 6-14 中的过程②；在权衡阶段，在用户心理和信息交流的双重作用下，成员之间相互博弈，个体或放弃或改变或坚持之前的判断结果，最终达成群体的一致性判断 P_0，这一过程也就是图 6-14 中的过程③。

群体用户的合作相关性判断全过程(即过程①②③)都遵循相关性匹配模型。在过程①中，成员根据匹配模型对信息资源做出判断，得到查寻检索的初步结果 P_i；在过程②③中，通过信息交流这一交互过程和用户心理的作用改变了用户对群体信息需求、信息资源的感知和评价，从而促使用户对相关性进行了匹配调整；经过多次博弈，最后群体用户可能达成了群体一致性判断，当然也可能无法收敛。因此，合作相关性就是用户的群体信息需求集合与信息资源集合在信息交流和用户心理作用下在个体和群体间达成的一致性匹配关系。

第 7 章　合作信息查寻与检索行为的研究总结与展望

基于研究主题提取的基本研究问题及设计的基本研究框架，第 3～5 章主要讨论了不同语境下合作信息查寻与检索的行为特征与行为影响因素模型，并简要讨论了不同语境下的行为机制；第 6 章主要从信息检索相关性出发研究了合作相关性判据集构成及相关性判断的过程模型与匹配模型。本章主要对前面的研究结果进行进一步的理论总结，并展望其研究趋势。

7.1　合作信息查寻与检索行为研究的理论总结

本章的总结主要是对前面的研究结果进行理论上的提升，尤其是在语境视角下对相关研究成果进行梳理。主要内容集中在以下三个方面：一是从宏观层面阐述合作信息查寻与检索的行为过程机制；二是从语境角度来总结合作信息查寻与检索的实现机制；三是从知识共享视角探讨合作信息查寻与检索的实现过程。

7.1.1　合作信息查寻与检索的行为过程机制

语境（context）提供了合作信息查寻与检索的宏大背景，它是信息需求产生的根源，也为信息查寻检索过程及结果判断提供了基本情境，它包括文化语境、社会语境、组织语境、任务语境及查寻检索语境。当任务语境给出的任务本身是以团队方式存在时，团队成员将通过群体交流（communication）体系共同识别信息需求并分配或主动承担查寻检索任务，或当任务是面向单个用户时，如果主体对所面临的问题及需求难以准确识别或缺乏在该语境中查寻检索到问题解决所需信息时，则可通过社会交流（communication）体系来寻求帮助；当群体基于工作任务以交流方式实现彼此间的信息交互，或其他社会个体基于兴趣爱好、道德责任等方式接受社会求助邀约后，就形成了某种合作（collaboration）关系，在一些约束条件支配下或各种内外因素激励下，这种合作关系将持续演化发展；在合作过程中，不同参与者因水平、能力等的差异，所承担的问题解决子任务也各不相同，因而在合作信息查寻与检索过程中，其贡献（contribution）度也千差万别；最终，参与群体会在设置的基本判断标准基础上经过多轮博弈迭代达成基本共识（consensus），从而结束这次合作查寻与检索过程或开启新一轮合作信息查寻与检索。这一流程（图 7-1）反映的是特定语境下合作信息查寻与检索的行为过程路径。

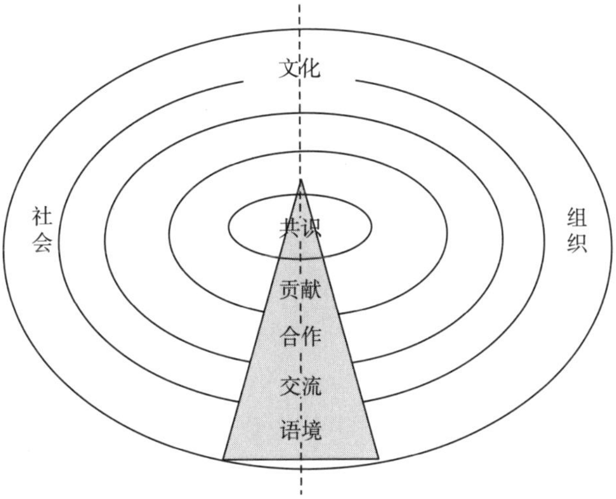

图 7-1　合作信息查寻与检索的 5C 模型

在任务完成或问题解决的某个决策点可能存在诸多不同的选择，相应的信息行为演化路径上也自然存在各种可能，因而会形成一个信息查寻与检索行为的演化谱系，合作信息查寻与检索仅是该谱系中的一种可能。其起源就是问题解决本身就是团队行为，或个体单独无法完成任务时应运而生的产物。

信息查寻检索行为是一种优化或弥补决策问题知识差的方法措施。决策问题是什么，知识差有多大，取决于决策主体对于语境的感知；在特定的文化背景层面上，特定的社会语境及组织语境是主体决策的主要约束变量，它可能是一种有意识的活动也可能是潜移默化的一种状态。因而，查寻检索对语境有非常高的依赖性：语境通常暗含着某种特定的价值函数，一方面提供了行为的指向性(可能是目标清晰的有意识活动也可能是模糊的潜意识活动)，另一方面提供了行为效果的判断标准。根据以往的经验来看，一般越是具体的语境(如特定检索系统的检索语境)其行为指向性和行为效果的判断标准越明确，越是抽象的语境(如特定决策语境下对信息价值的判断)其行为指向性和行为效果的判断标准越模糊。

当决策主体意识到特定语境下的信息需求时，基于决策模式及自身知识存量的对照可以决定是否需要通过信息查寻检索来获取需要的额外知识量。如果决策比较简单，决策者自身知识存量足以解决问题时，决策者只需调用自身的知识存量就可以解决问题；但当决策问题比较复杂且需求的知识量超过自身知识结构时，决策者就不得不通过外部环境来获取满足决策需要的其他知识，此时必然启动决策者的交流系统。决策者会基于自己的信息获取经验，选择不同的交流方式来获取需要的信息：可以从自己知晓的信息空间特定位置获取需要的信息，也可以从熟悉的特定人员获取需要的信息，还可以从特定检索系统获取所需的信息，或者是基于一定的平台把众多相关人员集成起来形成合作查寻与检索关系，甚至是不得不创造新的知识来解决问题。显然，决策者的信息交流具有高度的开放参与性，他选用何种交流模式取决于多方面的因素：问题的复杂程度，问题解决的急迫程度，自身的知识结构，自身的信息素养，自身的社会关系资本，对语境的感知程度，等等。一般来说，决策主体会遵循一些基本原则来选择相应的交流模式：从自身逐渐向外部扩展，从私有空间逐渐向公共空间扩展，从非正式渠道逐渐向正式渠道扩展，从个体智能利用向群体社会智能复用扩展。这些扩展过程的不断延伸，彰显着信息交流的开放参与性的不断演进。

当决策主体利用语境并通过交流来获取所需信息时，就可能产生合作关系。从广义上讲，这种合作可能是从熟悉的社会关系(如从师长、同学、同事等)中获取需要信息，也可能是利用语境提供的某种平台(如组织的知识管理平台、信息空间中某个论坛或兴趣组等)来建构合作关系。这种合作关系的建立具有非常高的选择性：首选的合作对象是在距离上可接近、文化上相似、能提供决策所需的高丰度信源，其次是可基于合作查寻技术与方法来共同完成信息查寻与检索。

由于合作参与者的能力、水平的差异，因而在合作中其贡献各不相同，收益上具有非对称性。对于能力强水平高的合作参与者来说，其对问题解决的贡献率可能更大，但自身收益可能并不可观，但在集体主义、互惠主义及社会、组织文化的影响下且贡献相应的知识信息并不影响自身竞争力，同时语境又提供相应激励措施时，他们选择合作对于社会组织文化的提升以及资源的再中心性具有非常大的作用；而对于能力水平一般的参与者来说，其贡献相对来说较小，但通过参与合作过程可以最大程度地共享他人知识，有效改善其知识结构，实现收益的最大化。在语境提供的激励机制影响下，能最大限度激发他们的创造性与参与性，最大限度贡献自己的力量，从而最大限度地创新社会智能中心。

合作查寻与检索的基本目标是使问题解决尽可能达成共识。这种共识的形成，不是某个参与者的个人智慧，而是群体的协商性结果。这种协商结果的实现受制于以下几个要素：一是群体问题确认，包括问题本身、问题解决的程度；二是问题解决的标准；三是问题解决的迭代心理参量。这种协商过程，不仅是问题解决的群体智慧结晶，还可能激荡出新的问题，是创新的重要场所与手段。

当然，上述演化路径的有效展开必然要求有合作信息查寻与检索技术的支撑，包括触发交流的技术平台、交流的技术方法、共屏搜索技术、检索复用技术、协商技术、方案制定技术、可视化技术、语音转换技术、用户模型建构技术等。

上述行为过程可用图 7-2 来描述和表示。决策主体基于对语境的感知，确认当前的工作任务(可能是主动寻找也可能是被动安排)或兴趣爱好发展，在社会文化语境的约束下确定工作任务或兴趣爱好的目标及目标实现的判断标准，并依据工作任务目标或兴趣爱好来识别出可能的信息需求。满足决策主体信息需求的路径主要有 3 类：一是来源于自身知识结构或个人收藏的信息资源体系(路径 3)；二是利用各种信息查寻检索系统与信息交流工具(路径 5)或直接从信息空间(路径 2)获取需要的信息；三是咨询相关人员(如同事、朋友、师长等)或进行社会信息求助(路径 4)。决策主体采用何种途径来满足需求取决他所拥有的资本：自身领域知识的多寡、个人信息素养的高低、社会人际关系的疏密；其中，对社会人际关系的利用就产生了合作信息查寻与检索。随着工作任务的完成或兴趣爱好的不断满足，决策主体会生产相关信息并向信息空间传递这些信息(路径 1)，这一方面能增加信息空间中的信息存量，也可能实现信息空间的局部有序化；另一方面，信息查寻检索系统与信息交流工具可利用其信息采集工具把这些信息纳入社会信息系统中(路径 6)。应该说，合作信息查寻与检索过程仅是决策主体问题解决过程或兴趣爱好发展的一个可选择途径，其发生与否取决于诸多因素：是否有可利用的社会关系资本，是否有合作查寻检索的信息技术支持，是否有足够的社会文化理念支撑，是否有对语境的敏锐感知性，等。

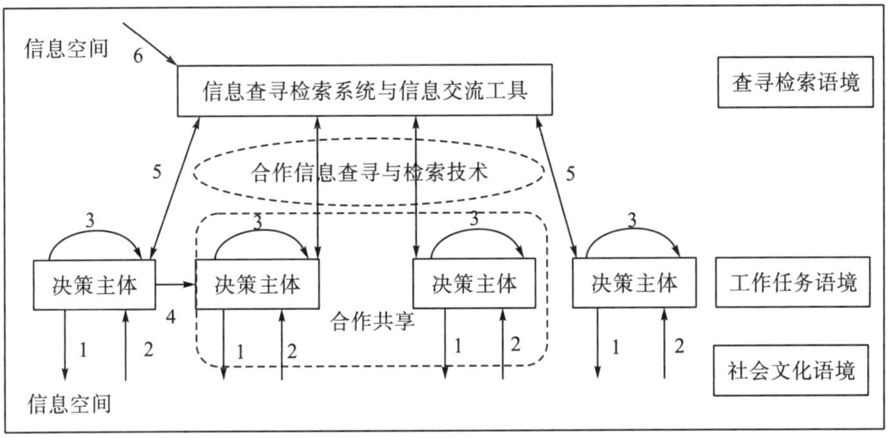

图 7-2　合作信息查寻与检索的演化路径选择

7.1.2　合作信息查寻与检索的认知语境机制

认知科学认为，人类具有感知、认识外界的认知能力；认知是人类吸收外界信息，进行加工、判断的心理现象及复杂过程；认知行为是主体从外界环境获取信息、加工信息，调整自己行为适应环境的过程(Galotti，2005)。

认知理论应用到信息检索领域即形成了信息检索的认知观，也即是信息检索的认知范式。与信息检索的系统研究范式相比较，认知信息检索范式更加注重语境(context)在检索过程中的作用，即用户检索行为是在其感知的工作任务和信息获取行为的语境中进行的。语境通常是指检索者具有的知识结构、信息检索经验等内在信息素养及其所处时间、地点、社会文化、组织环境、工作任务等外部环境。语境与检索涉及的工作任务、动机、情感、偏好与系统相关，有效的信息检索必然是诸多环境因素在用户认知层面的交互，因而语境是影响检索者认知行为和检索效果的重要外部背景变量。

语境作为一种方法论可为合作信息查寻与检索的行为机制探索提供基本框架。根据前面的实证研究结果可以发现，语境至少提供了 3 种基本功能，即：语境是如何引发合作信息查寻与检索产生的，语境是如何促使合作信息查寻与检索演化发展的，语境是如何通过合作信息查寻与检索过程涌现为一种社会理念的。

1. 合作触发的语境认知性机制

对于个体来说，当遇到依据自身知识结构及信息素养难以应对的问题时，是否参与合作信息与检索过程，既是个体对所处社会语境的一种认知，也是对自己知识结构的评估，其中前者占据支配地位。

个体之所以选择参与合作查寻与检索，很大程度上归因于对所从属群体语境的认同。如组织中特定部门或团队为完成特定任务的合作查寻与检索，这种选择来源于团队成员对组织及相应工作团队的认同，查寻过程中共享相应的知识经验既是对组织信任或认同的回馈，也是群体成员对组织语境的认知归宿，多数情况下是一种潜意识的行为方式；而在社会合作(如网络语境中的人肉搜索、信息求助等)中，个体也是基于对松散结构的论坛组织的认同，或者是对特定虚拟社区乃至于对更宽泛的社会语境的认同，个体在认知上也融入相应的虚拟社区与社会语境，因而对群体的行为表现出某种顺从性与信任性。这种语境认知性机制意味着个体对特定社会语境独特、持久的核心价值认同；正是在认同的驱使下，个体选择了合作及知识共享行为。

对自身知识结构的认知在一定程度上会影响个体对合作的选择。一般来说，对于团队工作的群体而言，成员间的关系相对亲密，为有效完成工作任务其群体合作是必须的，只是从意愿上来说个体更注重如何实现自身知识结构的优化共享；而对于松散关系的合作，知识结构能否有效改善合作群体的社会智能是参与者需要评估的一个变量，比如在人肉搜索中，如果参与者觉得自己的知识结构或获取信息对当前的搜索状态没有实质性意义时可能会选择不参与合作搜索过程(尽管从认知归宿上很愿意参加)。

触发个体参与合作信息查寻与检索可用成就激励理论和自我效能理论来解释。成就激励理论认为个体的行为是基于一定利益考虑的(周涛和鲁耀斌，2009)，如人肉搜索中的参与者除出于社会公道理念外主要还是为了在论坛中建立自己的声誉，或为获取信息需求者提供的奖励(如猫扑网上的虚拟 MP 币(张华，2008))，来分享自己的知识。Bock 和 Kim(2002)认为自我效能是个体对自我的一种评价，当个体遇见特定问题时，自我效能会影响到个体的决策，如是否采取某种行为、应该付出多大的努力、何时终止行为等。自我效能会影响到个体的动机与行为，是个体知识分享时自我激励源的重要因素，当个体意识到自己分享知识能提高社会收益、促进社会进步时，会采取知识共享的行为。显然，成就激励机制过于强调个体的经济利益属性，没有充分考虑到社会语境因素对个体行为的规范约束作用，是一种“欠社会化”(undersocialized)观点；自我效能理论则夸大了个体行为主观动因的作用，过分强调社会语境因素对个体行为的规范约束作用，是一种“过社会化”(oversocialized)观点。对于一个理性的个体而言，应在这二者间寻求某种平衡，既不无视语境的约束功能，也充分发挥自己的主观能动性。

综上可知，在合作信息查寻与检索的触发阶段，个体语境性认知中的认同是关键核心要素，个体的知识结构体系是辅助因素，前者直接决定了参与动机，后者影响其参与强度。

2. 合作演化的语境关系结构机制

触发的合作信息查寻与检索能否演化发展下去，在很大程度上取决于参与主体间形成的社会关系网络，个体在社会网络中的结构位置关系将影响其参与广度与参与深度。赵玲等(2009)的研究表明：经济生活中的信任不是产生于制度安排或普遍道德，而是个体间的社会关系；这种社会关系由个体与他人连接的渠道、强度、互动频率、网络中心度、占有信息的多寡及整体网络密度等组成，成员间联系的数量、彼此间的相似性和感知到的交互促进信任产生。

合作信息查寻与检索参与者间的关系建立始于问题解决，通过问题解决过程不断推进合作信息查寻与检索过程。随着问题解决过程中合作查寻与检索过程的演化，参与者间的关系将不断分化，会出现活跃成员、权威成员、意见领袖及边缘成员等角色，使得参与者间的社会关系网络更加明晰化与结构化，参与者间关系网络的属性、质量、网络中资源与个体动机之间的互动又反过来重新塑造着个体间的关系，引导合作查寻与检索的深化及新合作搜索的产生和演化。

基于一定社会语境所建立的社会关系网络是实现合作查寻检索行为演化发展的动力机制，但这种机制不能完全取代制度安排，而在某种意义下仅是加速或延缓合作搜索的一种催化剂。就组织范围内的特定工作团队来说，为完成任务的合作除了团队间的社会关系网络外，组织的制度安排将起关键的规范约束作用；而对于像人肉搜索这样的松散社会群体而言，群体形成的社会关系网络则是合作搜索的关键力量。

而基于兴趣爱好(可能源于工作需求也可能是纯粹的个人偏好)而形成的专业性实践社区，在广泛交流和相互帮助过程中，形成了对兴趣和目标的共同感知，以及具有分享相关知识和经验的共同愿望，由此形成一种特殊的建立在工作与实践基础之上的非正式知识共享场所。参与者加入这种实践社区的目的不仅仅是为共同兴趣，主要还是希望能从社区中获得自己无法单独取得的经验信息(尤其是参与者的隐性知识)，比如多年未解决的问题、实践操作中的难题、当前领域的新工具新信息新发展等。这一过程中，群体的社会关系网络结构就成为其中的决定性力量。

在特定语境下形成的社会关系网络中，参与者通过频繁的交流与合作，将形成问题的共同理解、信息的协同搜索、问题解决方案的新洞见和创新，这既是一个知识交流及功能化的过程，更是一个知识创造的过程。随着越来越多的参与者涌入这个开放体系，必将涌现出知识的放大效应，进而形成特定的社会智能层级，为社会智能复用提供基础的语境框架。因此，合作信息查寻与检索的演化发展，本质上讲是这一过程中所形成的社会关系结构的重构、优化与嬗变过程，是特定语境的断裂、连接与重构过程。

3. 合作创生的语境文化理念机制

一次合作查寻与检索过程的结束，无论是形成共识还是没有任何结果，都将在语境上以社会关系网络为载体形成一种记忆痕迹；随着多个记忆痕迹的累积、沉淀、选择与过滤，将形成一种符合多数人认识习惯的合作文化理念；随着这种合作文化理念的发酵，将使合作获得持续发展的动力，并将作为一种被普遍接受的惯例而优化各语境层级，如默认的规则、共享的语言、合作的信念和意识等。

这种被普遍接受的语境合作文化理念，在越为具体的语境层级(如工作任务语境、查寻检索语境等)上多以规则的形式出现，是一种约束成员行为的狭义文化。比如在组织文化语境中，个体为了共同完成所面临的工作任务，当个体期望共享组织的资源或分享自己的知识时，必须接受组织的文化规则；而在虚拟空间中，则必须接受虚拟社区的规则才能注册成为社区会员。

特定语境依靠自身的优势资源，通过共识规则在参与者间传递其倡导的价值追求和理念，通过一些惩戒措施修正一些非倡导行为，从而来规范和引导参与者行为。资源的吸引和规则的约束使得个体表现出某种依从与协同行为，在语境演化中这种依从与协同行为将获得正面评价(如等级的快速提升、得到中心成员的赏识等)，这种正面评价将强化个体更加愿意遵守相应规则。正是这种持续的反复过程，使参与者对语境产生认同；随着这种认同方式的进一步扩展，将涌现出特定的社会价值观念或意识。

这种合作与共享的社会价值观念或意识是在合理社会分工下实现社会智能最大限度共享的利他主义和互惠主义。随着这种社会合作价值观念的扩展与延伸，它将成为社会文化的重要组成部分，反过来又成为个体社会化成长过程中必然的学习与教育内容。

正是在这种立体语境的合作理念交互作用下，合作信息查寻与检索作为一种次生的行为方式才可能获得持久的生命力，创建出一种基于“基于知识信任(knowledge-based trust)”的知识社会运作范式(Lander 等，2004)。

7.1.3 合作信息查寻与检索行为的知识共享机制

1. 知识共享模型结构及机理

从20世纪70年代开始，越来越多的学者倡导情报学研究的认知观点，提出情报学研究要面向主体的认知(知识)结构。由Brookes的基本知识方程、Belkin的知识非常态(ASK)理论、Dervin的意义构建理论、Ingwersen的信息检索过程知识结构交互作用学说可知，信息的接受(用户)和传递(信息系统)都需要与知识结构发生作用，并以知识结构的改变和完善为目的(贺德方，2006)。

目前，信息检索范式“以认知为导向”是一种更深层次的“用户导向”。认知导向的信息检索，将用户的认知和行为表现作为研究重点，关注信息传递过程中发生的所有交互，关注复杂信息检索情景中的人类行动者、任务以及相关性。合作信息查寻与检索作为一种具有显著交互特征的社会群体性行为，在认知观的视角下探索其社会智能的自组织及演化发展问题显得异常必要。

由前面研究可以看到，合作信息查寻与检索是在合作语境下由任务驱动的主体之间通过会话、沟通、共享等具有交互性质的行为来查寻、检索并利用有关信息及知识的过程。其中任务包括工作任务、检索任务及兴趣爱好，主体既可是个体也可是群体，这一过程可以且应该延伸到对检索结果的处理与利用。

信息查寻与检索从根本上说是一种认知行为，其最终目标是满足用户理解和利用信息的需求，提高和完善用户的知识结构；而合作信息查寻与检索作为一种社会群体性的认知行为，以合作共赢方式实现不同用户间的合作信息查寻与检索，实质上是将知识以信息为载体进行共享，在共享过程中影响对方的知识结构。因此，合作信息查寻与检索在本质上是信息传递过程中的一种知识共享形式。

基于合作信息查寻与检索的知识共享本质，结合前面实证研究中三种典型的合作场景，在社会认知观的指导下从语境及任务的视角出发构建了合作信息查寻与检索的知识共享模型(图7-3)。

从该模型可以看到：合作信息查寻与检索是由任务驱动的处于一定语境中的不同知识结构主体之间以信息为载体的知识结构交互，最终实现不同参与主体之间的知识共享。该模型的基本构成要素包括：

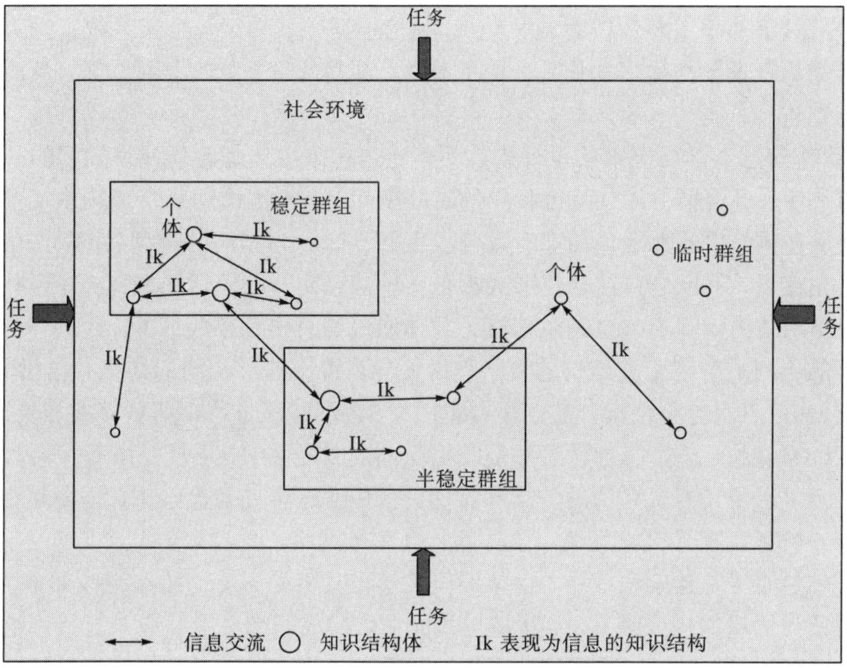

图 7-3　合作信息查寻与检索的知识共享模型

(1)合作信息查寻与检索主体：即共享知识的用户或行为参与者，表现为特定的知识结构体。尽管从广义上讲，合作信息查寻与检索的合作主体可包括人-机(系统)合作、人-人合作、机(系统)-机(系统)合作，但本书主要关注人-人间的合作。根据参与合作主体间的关系区分为三种不同的情况：稳定群组、半稳定群组和临时群组。稳定群组是指参与主体间长期存在的比较稳定的合作关系，通常是组织内因工作关系形成的稳定关系或共同兴趣爱好而形成的特殊社群；半稳定群组是因特定任务形成的且随着任务终结而解散的较长时间存在的合作关系，如组织内因特定任务组建的各类团队，因科研任务而形成的科研团队等；临时群组是指因特定情况而短暂出现的合作关系，如基于突发事件的人肉搜索，搜索引擎中使用相同检索词或检索式的偶遇合作检索等。

无论是哪种情境，合作信息查寻与检索主体都表现为一种知识结构体，这种知识结构体不仅是指处于一定情境下单个用户的知识结构及其知识处理方式，也可是多个用户形成的群体知识结构或某个信息系统的知识结构及其处理模式。因此，合作信息查寻与检索主体可视为处于一定语境中的知识结构与知识处理方式的封装与抽象。故而，合作信息查寻与检索的有效实现不仅取决于知识结构体已有知识(领域知识、信息查寻与检索知识、用户需求知识)的匹配程度，还包括相应的知识处理方式与能力(如知识学习能力、知识传递能力等)。

(2)合作信息查寻与检索客体：即可共享的知识结构。这种知识结构既可能是以某种结构化方式存在的显性知识，也可能是非结构化的隐性知识。根据合作信息查寻与检索过程中共享客体的不同可分为基于查寻过程的合作和基于查寻结果的合作(杨晓琼等，2010)。基于查寻过程的共享知识包括领域知识、用户需求知识及查寻与检索知识；基于查寻结果的共享知识主要体现为领域知识，另外根据领域知识及检索系统记录可推断出用户的需求知识及查寻与检索知识。二者在本质上都是共享并处理某种知识，从而影响参与者的知识结构。

(3)合作信息查寻与检索共享行为：即一定语境中主体与客体共享知识的交流过程。在交流过程中，可根据主体共享过程中的时间空间差异、主体间的亲疏关系及合作的规划程度、共享客体差异等把合作信息查寻与检索共享区分为不同的类型(韩毅，2011)。从信息流动的角度看，不论是哪种合作形式都是某种信息交互的表现形式；从知识共享的角度看，不同知识结构体间的共享是以信息为载体通过信息传递来完成的。因此，合作信息查寻与检索的不同类型因交流结构的复杂程度差异表现出各不相同的知识共享机制。

(4)合作信息查寻与检索共享语境：即主体与客体共享过程中所依赖的多层嵌套语境。张爱霞(2007)认为，任何信息行为都是发生在一定的语境中，语境是所有信息行为的出发点和落脚点，也是其信息行为的依据和指南。合作信息查寻与检索中，语境是由文化、社会、组织、任务、查寻检索系统、主体间社会关系网络、主体自身几个方面的嵌套。

合作信息查寻与检索语境中，主体不仅是其自身所处语境的重要组成部分，同时也是其他主体所处语境的构成因素，尤其是与其他主体构成的社会网络更是直接影响合作信息查寻与检索的语境。同时，语境具有历史积累性，并随着信息交互的过程促使知识结构体的认知不断改变，具有动态性。这样，历史语境与现实语境共同构织了主体所处的当前语境。任务是指主体执行的工作任务或与工作无关的日常任务或兴趣爱好。任务一方面是主体所处语境的核心组成部分，另一方面也是引发主体间知识结构交互、主体知识结构改变的驱动力量。

合作信息查寻与检索知识共享是在多层嵌套语境下主体间以信息为载体通过知识的外化与内化循环过程实现知识结构的重构与优化，其知识共享机制如图 7-4 所示。图 7-4 是对图 7-3 中信息交流过程的具体化，通过不同路径展示合作信息查寻与检索中的不同知识共享机制。

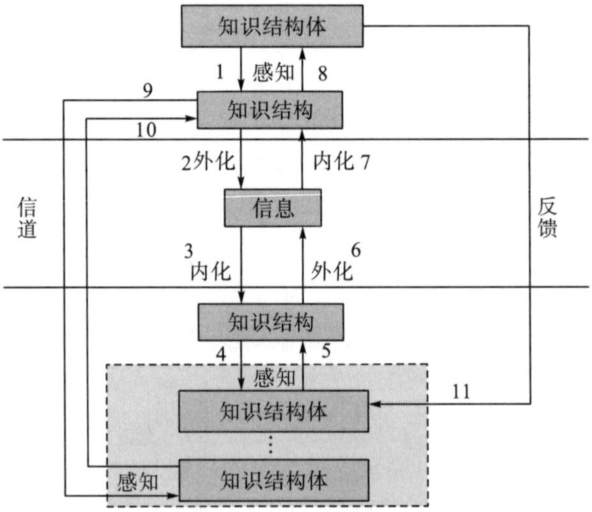

图 7-4　合作信息查寻与检索的知识共享机制

韩毅(2011)在合作信息查寻与检索的分类研究中认为，基于合作强度可以将合作信息查寻与检索分为偶遇合作、社会合作、嵌入合作与战略合作，其中合作强度指合作主体间关系疏密程度及合作过程规划程度。下面将基于主体间的社会关系疏密及其共享知识的程度，讨论合作信息查寻与检索中偶遇合作、社会合作(包含求助合作、推送合作两种不同方向的共享机制)、嵌入合作与战略合作的共享机制。

偶遇合作中，主体随机且不可预见地使用相同检索系统并使用相同(似)检索词(式)，或者使用相同的浏览路径，其共享机制如路径 5-6-7-8(或 5-6-7-8-11)所示。在其历时性共享中，多是检索系统以后控词表形式向具有相同或相似检索需求的用户展示先前用户的经验；在其同时性共享中，不仅可展示检索系统中具有相同(相似)需求的用户检索进程，还可为他们间的链接提供相应的触发机制。因此，在很大程度上，这种类型共享的更多是领域知识与信息查寻检索知识。合作主体间是一种信息不对等关系，主要是一方分享另一方的知识，反馈是简单的或者没有反馈。

社会合作中，主体基于共同的兴趣爱好或为完成共同任务在特定空间中通过某种默契而共同查寻、检索及共享特定信息与知识。按其合作与共享发起方向的不同，可区分为求助合作共享与推送合作共享。求助合作共享机制如路径 1-2-3-4-5-6-7-8 所示，其合作与共享是主动拉动式的。主体在任务的驱动下，发觉其知识结构缺陷(领域知识、查寻检索知识、需求知识、社会知识等的缺陷)，将其外化为需求信息，其他主体感知到这种需求或直接接到求助信息后，从自身知识结构选取相关知识或通过各种信息查寻与检索方式获取相关信息，通过信息的交互共享这些知识，如网络上的各类提问及回答。推送合作共享如路径 5-6-7-8-11 所示，某一主体针对其他主体可能有的知识结构缺陷或各类潜在信息需求主动分享自身知识结构，接收者对其进行一定的反馈，如维基百科中的各类词条编辑。

嵌入合作共享机制路径有 1-2-3-4 或 5-6-7-8 或两条路径同时进行。嵌入合作主体将彼此纳入自身的查寻与检索流程中，共同完成检索过程。两个或多个主体在较长时期的合作与共享的过程中，已较为熟悉对方的知识结构，逐步形成较为稳定的合作与共享关系。知识结构体之间将定期或不定期地相互传递知识，共同提高、完善知识结构。

战略合作共享机制路径有 5-6-7-9 或 10-2-3-4 或两条路径同时进行。战略合作主体建立了长期的、稳定的合作共享关系，主要以组织中持续的信息需求为出发点，不仅涉及信息与知识的共同获取与交流，而且涉及把相关信息应用到实际问题解决的过程。主体间关系紧密，不仅是独立的知识结构体，更可视为一个具有自我学习能力的整体知识结构体。合作主体一方面从组织内部分享问题解决所需知识，同时也通过信道从组织外部获取所需信息与知识，完善组织知识结构。其合作信息查寻与检索行为与其他信息行为通常融为一体，不易剥离。

这五种机制是合作信息查寻与检索知识共享模型中抽象的信息交流过程的具体化。不同的机制下，基本交互方式是相同的。主体的知识结构外化为信息的形态，以信息为载体通过信道传送，信息再内化为知识结构为其他主体识别、接收。而信道则是主体之间发生合作信息查寻与检索行为、信息共享行为的主要途径，信道可以是人与人之间面对面的交流、电话或邮件交流，可以是人与人造物(信息系统、数据库)之间的交互，也可以是人造物与人造物之间的交互操作。信道中具体的信息行为、作用方式、发生途径、干扰因素等多种多样，且不同领域中各不相同。

2. 知识共享的演化博弈机制

1) 知识共享的知识位势原理

合作信息查寻与检索作为一种社会群体性的认知行为，以合作方式由不同用户共同完成信息查寻与检索过程，在实施过程中将知识以信息为载体进行共享，并通过共享过程影响对方的知识结构。由于领域知识丰富度、信息素养高低等的不同，参与合作的用户间总存在知识存量大小、知识质量高低、知识结构优劣的差异。按照物理学观点，大知识存量相对于小知识存量、高知识质量相对于低知识质量、优知识结构相对于劣知识结构在知识共享中占据更优的知识位势，即存在更大共享知识的潜在可能性。在合作信息查寻与检索语境下，由于共同任务或兴趣爱好为群体间知识共享提供的现实平台与转移通道，高知识位势参与者向低知识位势参与者共享其知识经验，低知识位势者根据自身需求(合作任务或兴趣爱好)及状态不断地学习这些知识经验，在一定程度上改善和丰富自身的知识结构，从而为群体共识形成奠定基础。

合作信息查寻与检索过程中知识共享的过程非常复杂，是群体用户间不断的相互试探与适应过程。知识共享的提供方在决定共享哪些知识、经验与技能时，既需要评估对目标实现的贡献和自身的利益得失，也需要评估知识接受方的知识状态和接受意愿；知识共享的接受方在考虑是否学习时，一方面需要评估知识学习对问题解决的意义以及自己在整个合作过程中的角色地位，另一方面还需要评估基于自身条件的学习代价及学习收益。但无论共享过程中的主观因素如何，必然存在客观的判断条件。观察发现，共享过程中决定其共享地位(提供方还是接受方)及共享效率的决定性客观因素是主体所具有的知识位势。

为了描述合作信息查寻与检索中各主体的知识位势水平，依物理学观点并结合已有研究定义了参与主体知识位势的知识势能(potential energy of knowledge)函数(杨雷和左文宜，2012)：

$$E_{pk}=m\cdot g\cdot h \qquad \text{(式 7-1)}$$

式中，E_{pk} 为知识势能，m 为知识质量，g 为知识结构，h 为知识存量。

这里的知识质量、知识结构、知识存量可以是主体的所有知识对象，也可以是与当前问题解决有关的那部分知识对象。其中，知识存量是主体的知识总量，是测度时刻主体的知识数量总和；知识结构是主体所有知识形成的结构体系，是知识、知识处理方式所形成的关联关系；知识质量是主体知识结构的等级水平，反映的是与特定领域问题的匹配程度。在一定的合作信息查寻与检索语境下，在特定的共享时刻，参与主体的知识存量是一定的，知识质量也是一定的，因而决定参与主体共享能力相对位置关系的是其知识结构差异，因此下面在讨论知识共享博弈演化模型时将以知识结构为主要量化指标。

知识势能刻画了合作主体的潜在知识共享能力，是一种位势计算，表征了合作信息查寻与检索中各参与者做功能力的相对位置关系。从公式 7-1 可以发现，刻画知识势能函数的三个变量都不易获得客观测度值，因而知识势能仅是一个理论判别函数。

2）知识共享演化博弈模型的基本假定

在合作信息查寻与检索中，总有一部分参与者的知识存量、知识结构、知识质量较高，因而在合作中占据较有利的知识位势，占据高位势的参与者可能成为合作中的知识提供方，把自己的知识技能在群体中共享，从而改善低位势参与者的知识结构。然而，在这一过程中不是简单的提供与吸收，而是存在复杂的博弈机制。

为了掌握合作信息查寻与检索中知识共享的博弈过程，下面将按照一定阈值把合作参与者划分为两类群体（高位势群体、低位势群体）以简化研究过程，并按博弈论要求设置一些基本假定。

(1) 合作群体的知识势能函数值取值范围设定为 $0<E_{pk}<100$，并以 $E_{pk}=50$ 作为高低位势的划分阈值，$E_{pk}>50$ 的参与者归入高位势群体（用 A 表示），$E_{pk}<50$ 的参与者归入低位势群体（用 B 表示）。如果 E_{pk} 的计算值大于 100，则可通过标准化处理让其取值在设定的范围之内。

(2) 高低位势群体的参与策略集分别为共享、不共享以及学习、不学习。高位势群体的知识位势较高，在合作群体中各方面知识相对较为丰富，因此高位势群体的策略集为是否共享他们的知识经验；相反，低位势群体各方面知识相对较为贫乏，其策略为是否学习以提升知识位势；高低位势参与者通过不断地知识共享与知识学习来提高群体的整体知识位势，从而为问题解决提供更好的知识基础。

(3) 群体的有限理性。一方面由于各参与者自身知识位势的差异及合作过程中角色的不同导致其掌握的信息往往不对称；另一方面参与者在选择其参与策略时既受到客观因素的制约也受到主观因素的影响，因而参与者在选择其策略时并不是完全理性的。

3）知识共享博弈参与者的支付矩阵

合作信息查寻与检索中的知识共享作为一个博弈过程，高知识位势参与者的共享参与及低知识位势参与者的学习参与取决于交互过程中的信息收益。根据商淑秀和张再生(2015)的研究，知识共享博弈的信息收益由 3 部分构成：直接信息收益、合作信息收益、知识共享成本；伍玉等(2017)表示相应的共享行为影响因素大致可分为 3 个方面：参与者自身的因素（包括知识结构与自我效能），参与者之间相互影响的因素（包括信息沟通能力、参与者间的强弱联系），参与者与环境相互影响的因素（包括任务情境、历史信息、技术水平），具体指标及变量如表 7-1 所示。

表 7-1　合作信息查寻与检索中知识共享的影响因素

主要因素	主要指标		变量因子
参与者自身的因素	知识结构		$K(S)$
	自我效能		$Q(S)$
参与者之间相互影响因素	信息沟通能力	共享能力	$C_i(t)$
		学习能力	$C_j(t)$
	参与者间的强弱联系	强联系	N_{ij}
		弱联系	N_{ji}

主要因素	主要指标		变量因子
参与者与环境相互影响因素	任务情境	激励机制 任务分工	$W_C(x_1, x_2, x_3, x_4)$
		政策约束	
		组织文化	
	历史信息		$H(t)$
	技术水平		T

知识高位势参与者 A 的信息收益是知识共享中可从参与者 B 处获得的收益，是参与者 A 选择共享知识与经验的直接信息收益，用 K_bQ_a 表示；如果知识低位势参与者 B 选择学习参与者 A 共享的知识，由于知识共享与学习的交互产生了合作信息收益，参与者 A 的合作信息收益为参与者 A 与参与者 B 的强弱联系影响下实际共享能力带来的信息收益，用 $N_{ab}C_{ia}K_a$ 表示；除信息收益之外，知识共享也是需要成本的，如历史信息的影响、技术水平的限制、失去独占知识经验而带来的损失，本模型用特殊系数即知识共享成本系数 r 来刻画，参与者 A 的知识共享成本为 rK_a。同理，知识学习也需要成本，如历史信息的影响、技术水平的限制、学习所投入的物质与时间成本等，本模型用特殊系数即知识学习成本系数 n 来刻画，参与者 B 的知识学习成本为 nK_b。A、B 参与者的各项收益如表 7-2 所示。

表 7-2 高低知识位势参与者的知识共享信息收益

	参与者 A	参与者 B
直接信息收益	K_bQ_a	K_aQ_b
合作信息收益	$N_{ab}C_{ia}K_a$	$N_{ab}C_{jb}K_b$
知识共享成本	rK_a	*
知识学习成本	*	nK_b

于是可得到高低知识位势参与者的支付矩阵(表 7-3)。

表 7-3 高低知识位势参与者的支付矩阵

		高位势参与者 A	
		共享	不共享
低位势参与者 B	学习	$K_bQ_a+N_{ab}C_{ia}K_a-rK_a$，$K_aQ_b+N_{ab}C_{jb}K_b-nK_b$	$-rK_a$，K_aQ_b
	不学习	K_bQ_a，$-nK_b$	0，0

在合作信息查寻与检索的知识共享过程中，由于参与者是选择性共享经验、选择性学习，设高知识位势参与者 A 共享经验的概率为 p，则其不共享的概率为 1-p；低知识位势参与者 B 选择学习的概率为 q，则其选择不学习的概率为 1-q，则可得参与者 A、B 的参与概率分布(表 7-4)。

表 7-4　高低知识位势参与者不同策略的概率分布

	共享/学习概率	不共享/不学习概率
参与者 A	p	1-p
参与者 B	q	1-q

4) 知识共享博弈演化的均衡收敛

根据上述知识共享的支付矩阵与参与概率可得，高知识位势参与者 A 选择共享的期望信息收益为：

$$\begin{aligned} U_a^y &= q*\left(K_b Q_a + N_{ab} C_{ia} K_a - rK_a\right) + (1-q)*\left(-rK_a\right) \\ &= qK_b Q_a + qH_{ab} C_{ia} K_a - rK_a \end{aligned} \quad (式 7\text{-}2)$$

选择不共享的期望信息收益为：

$$\begin{aligned} U_a^y &= q*\left(K_b Q_a\right) + (1-q)*0 \\ &= qK_b Q_a \end{aligned} \quad (式 7\text{-}3)$$

则参与者 A 的平均信息收益为：

$$\overline{U}_a = pU_a^y + (1-p)U_a^n \quad (式 7\text{-}4)$$

根据博弈理论可得参与者 A 知识共享的复制动态方程：

$$\frac{dp}{dt} = p\left(U_a^y - \overline{U}_a\right) = p(1-p)\left(qN_{ab} C_{ia} K_a - rK_a\right) \quad (式 7\text{-}5)$$

同理可得低知识位势参与者 B 知识共享的复制动态方程：

$$\frac{dq}{dt} = q\left(U_b^y - \overline{U}_b\right) = q(1-q)\left(pN_{ab} C_{jb} K_b - nK_b\right) \quad (式 7\text{-}6)$$

合作信息查寻与检索中以知识位势函数划分的两个子群体的知识共享演化博弈可用上述两个复制动态方程进行刻画。

分别令上述两个微分方程为 0，得到两个子群体知识共享演化过程的均衡点，分别为：

E_1(0，0)、E_2(0，1)、E_3(1，0)、E_4(1，1)、E_5(n/$N_{ab}C_{jb}$，r/$N_{ab}C_{ia}$)

得到的均衡点并非都是稳定的，其稳定性可由该系统的雅克比矩阵①分析得到。通过对参与者 A、B 复制动态方程中 p、q 求偏导数分析得到演化稳定策略(ESS)，最后得到两个稳定均衡点，E_1(0，0)和 E_4(1，1)，即高知识位势参与者都选择不共享、低知识位势参与者都选择不学习策略或者高位势参与者都选择知识共享、低位势参与者都选择学习策略。可以看到，后者是期望的最优策略，也是合作信息查寻与检索成功与否的关键。那么，合作信息查寻与检索中两个子群体知识共享的演化博弈模型通过多次博弈后参与集收敛于哪一个稳定均衡点？群体知识结构演变表现出怎样的趋势？

5) 知识共享博弈演化的博弈收敛性

利用 Matlab 2014 版的运行环境，分别针对合作信息查寻与检索的知识共享博弈演化方程的不同影响变量编写仿真代码，并根据需要设定不同的测试迭代次数 n，不断反馈修

① 在向量微积分中，雅可比矩阵是一阶偏导数以一定方式排列成的矩阵，其行列式称为雅可比行列式。在代数几何中，代数曲线的雅可比量表示雅可比簇：伴随该曲线的一个群簇，曲线可以嵌入其中。雅可比矩阵的重要性在于它体现了一个可微方程与给出点的最优线性逼近。因此雅可比矩阵类似于多元函数的导数。

改并得到仿真结果。

在仿真计算中首先需要确定演化博弈方程的初始点。根据上文构建的知识共享演化博弈模型和基本假设进行参数设定(表 7-5)。需要说明的是：模型建立是在理想环境下进行的，参数设置具有一定的主观性，但经过测试发现在一定范围内参数值的变化不改变仿真结果。

表 7-5　合作信息查寻与检索中知识共享的演化博弈参数初值

参数符号	意义	参数初始值
K_a	A 的知识结构	60
K_b	B 的知识结构	30
N_{ab}	A、B 的联系	0.8
C_{ia}	A 的共享能力	80
C_{jb}	B 的学习能力	60
r	知识共享成本系数	0.008
n	知识学习成本系数	0.02

仿真过程是在一定范围内控制其他参数不变，迭代观测每个参数变量与参与者 A、参与者 B 选择知识共享策略、学习策略的概率 p、q 的演化趋势图。由于本书更关心的是合作信息查寻与检索的知识共享最终收敛于哪些稳定点，因而主要绘制了知识共享概率仿真演化趋势(图 7-5)。

由图 7-5 可知，在知识共享过程中，群体参与者经过多次博弈后趋于稳定并达到均衡，并收敛于(1，1)，即(共享经验，学习)；参与者 A 与参与者 B 几乎同时达到均衡，且在

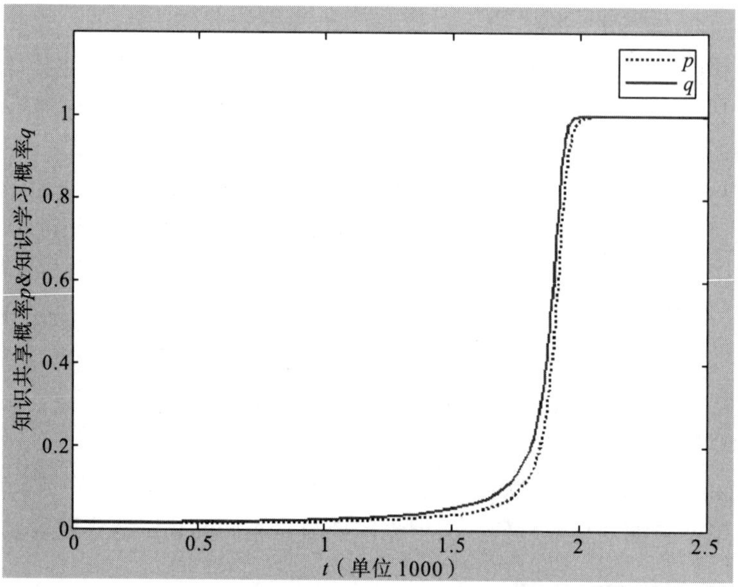

图 7-5　知识共享概率的演化趋势

演化过程中 A、B 的变化趋势高度一致，表明共享、学习过程是协同发展的，有什么样的共享氛围就产生什么样的学习氛围，有什么样学习态度就产生什么样的共享水平，因此营造参与者间和谐的群体气氛是群体知识共享的共同需求，也是合作主导者的基本责任。在协同的氛围下，演化博弈过程最终收敛于稳定参与集(共享经验，学习)，即在合作信息查寻与检索过程中高知识位势参与者选择共享、低知识位势参与者选择学习，从而达成稳定、和谐的合作关系。

达到演化均衡后，知识共享概率 p 与知识学习概率 q 无限接近于 1，参与者 A 选择共享策略、参与者 B 选择学习策略。那么，知识由高位势向低位势流动所表现的知识结构变化如何体现呢？根据布鲁克斯方程可知，个体随着新信息的不断增加而产生新的知识结构，因而可通过观察知识结构随时间的演化来分析合作信息查寻与检索过程中的不同知识位势参与者的知识结构变化趋势。根据前面的分析构建了参与者 A、B 知识结构增量公式如下：

$$K_{\mathrm{a}} = K_{\mathrm{a}} + \Delta K_{\mathrm{a}} = K_{\mathrm{a}} + K_{\mathrm{b}} Q_{\mathrm{a}} + N_{\mathrm{ab}} C_{\mathrm{ia}} K_{\mathrm{a}} - rK_{\mathrm{a}} \tag{式 7-7}$$

$$K_{\mathrm{b}} = K_{\mathrm{b}} + \Delta K_{\mathrm{b}} = K_{\mathrm{b}} + K_{\mathrm{a}} Q_{\mathrm{b}} + N_{\mathrm{ab}} C_{\mathrm{jb}} K_{\mathrm{b}} - nK_{\mathrm{b}} \tag{式 7-8}$$

图 7-6 是参与者 A、B 知识结构在多次博弈中随时间的演化趋势。从图中可知，随着时间的推移，通过合作信息查寻与检索过程中的知识共享、学习与交互，参与者的知识结构不断得到改善；越是到合作后期，参与者知识结构的改变幅度越大，反映了知识结构改善在一定程度上的累积效应；高知识位势参与者 A 比低位势参与者 B 的知识结构改善幅度大，在一定程度上体现了知识结构改善的马太效应，从另一个侧面说明高知识位势参与者采取知识共享策略是最优的。

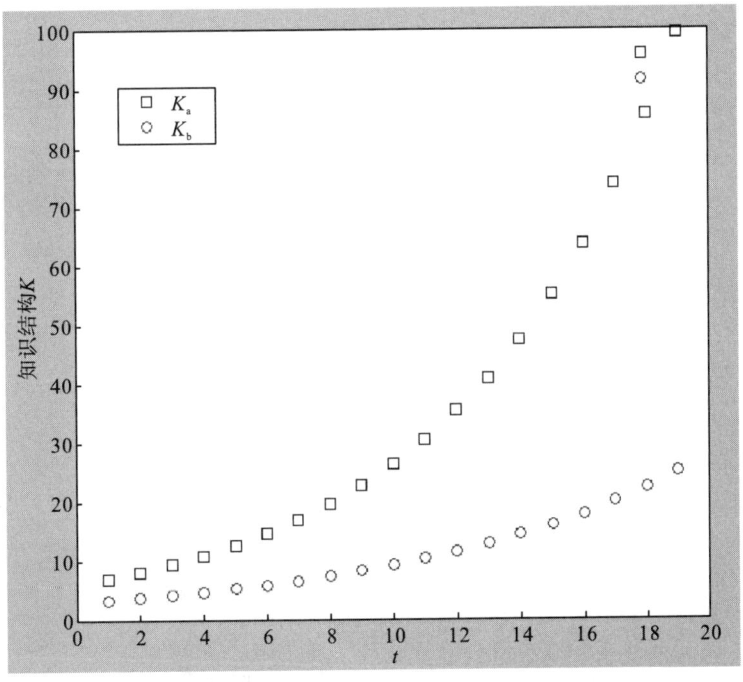

图 7-6　知识共享中高低知识位势参与者的知识结构演化趋势

仿真结果表明：群体参与策略经过多次博弈后趋于稳定，即合作信息查寻与检索用户在经过多次知识共享交互后，最终都会趋于选择合作；参与者的共享/学习能力与参与者关系对知识共享具有正向影响，而成本因素对知识共享有负向影响；演化博弈模型收敛于(1，1)，即高位势参与者选择知识共享策略、低位势参与者选择知识学习策略；通过合作过程中不断的知识共享与学习，参与各方的知识结构都会得到不同程度的改善，尤其是知识提供方的改善尤为显著。

7.2 合作信息查寻与检索的研究展望

7.2.1 本书的主要工作与研究特色

本书在语境视角下对合作信息查寻与检索的理论问题进行了较为详细的探讨，相较于过去也取得一些突出研究成果，尤其在语境方法论及合作信息查寻与检索的相关性研究方面表现突出。

1. 构建了语境视角下合作信息查寻与检索行为研究的理论框架

在详细分析目前已有的合作信息查寻与检索要素模型与过程模型的基础上，证实了语境因素在信息行为研究中的重要价值。

从语言、语义、语用三个方面阐释了语境的基本内涵，从语境的时空关系及动态属性描述了语境的多维性，从与背景、环境、情境的比较中揭示了语境的横断性与普适性，进而在信息查寻与检索认知视角基础上构建了合作信息查寻与检索的语境关系结构，并从方法论视角探讨了语境的方法论特征。针对合作信息查寻与检索的特殊性，构建了合作信息查寻与检索的嵌套语境结构模型，并基于该语境结构设计了研究框架。该框架既体现了不同语境在信息查寻检索领域的价值与作用，也凸显了社会文化语境、组织语境、查寻检索语境、认知语境间的相互转化与动态渗透。

2. 详细探讨与总结了合作信息查寻与检索的行为特征与影响因素结构

依据合作参与者间关系疏密程度及合作过程的规划程度把合作信息查寻与检索划分为偶遇合作、社会合作、嵌入合作、战略合作 4 种类型，由于偶遇合作的研究相对较多，因而本书主要针对战略合作、嵌入合作与社会合作展开了详细研究。

(1) 合作信息查寻与检索的行为特征研究。分别以企业项目团队、高校科研团队、网络社区团队为对象，以合作信息查寻与检索研究框架为依据，以案例研究的扎根编码为先导，在详细解读相关研究成果基础上结合问卷调查法对合作信息查寻与检索参与者的信息需求识别与表达、信息获取渠道与检索工具选择、检索实施、查寻检索中的交流方式选择与利用、检索反馈与检出结果利用、合作共识形成等行为特征与规律进行了研究。

(2) 合作信息查寻与检索行为的影响因素研究。在梳理国内外相关研究现状的基础上，以合作共识形成为核心关注点，提取 3 种不同语境类型下合作信息查寻与检索行为的影响因素并构建初始影响因素关联结构，采用结构方程模型方法验证和确立影响因素模型并对要素间的影响强度进行详细分析，进而识别出合作查寻与检索行为，尤其是合作信息查寻与检索利用行为形成的主要影响因素。

(3) 合作信息查寻与检索的行为机制研究。针对 3 种不同语境类型下合作信息查寻与检索行为特征及影响因素模型，从语境方法论视角解析了合作信息查寻与检索的行为触发、行为演化、行为创生机制。

3. 解析了合作信息查寻与检索行为的相关性判据并构建了相关性模型

信息查寻与检索的核心问题是相关性判断，在多人合作语境下其相关性判断就显得更为复杂。在较为详细梳理相关研究历史基础上对合作信息查寻与检索的相关性问题展开了以下研究：

(1) 合作信息查寻与检索的相关性判据识别。在深入研读合作信息查寻与检索相关性问题研究文献的基础上，通过案例扎根编码并结合文献研究成果从客观性判据、主观性判据两个方面识别出合作信息查寻与检索的初始相关性判据集，利用设计的量表搜集数据并采用因子分析方法确定了合作信息查寻与检索的相关性判据集合。

(2) 合作信息查寻与检索相关性判断的影响因素及相关性模型研究。基于相关性判据集合设计调查问卷，采用结构方程模型方法识别和检验相关性判断的影响因素并构建影响因素模型，在合作信息查寻与检索过程模型基础上结合相关研究成果构建了相关性判断模型和相关性匹配模型。

4. 研究内容与研究方法的主要特色

(1) 语境作为一种方法论是本项目的主要特色。尽管以前有诸多的研究建立于情境视角下，但更多是把情境作为信息行为发生的现实性与随机性因素，而不是把信息行为所关联的背景性因素与行为作为整体进行研究，也没有强调情境的历史累积性及不同情境要素的关联作用结构。因此，基于不同类型语境探索合作信息查寻与检索的行为特征、行为影响因素及行为机制将为有效推进用户信息行为理论的深化与创新提供新的视角与方法论。

(2) 混合研究路径是研究方法上的主要特色。在实证研究过程中，主要采用案例调研编码和问卷调查两种主要研究方法，旨在通过非预设性的访谈与观察方法补充和完善文献研究成果，力求能对用户行为产生动机及心理体验等问题有更为深刻的认识。实践证明，案例非预设性的访谈与观察确实发现了一些文献中没有体现出来的内容。

(3) 多学科理论与方法的引入与借鉴。在研究实践过程中，大量借鉴了心理学、认知科学、人体工程学、行为科学、社会学、传播学等相关学科的理论与方法，努力在学科交叉点上寻求新的突破。

7.2.2　本书的主要贡献

合作信息查寻与检索是信息查寻与检索的子领域，是用户在特定语境下所产生的一种行为方式，它是人类社会合作行为方式的一种映照。尽管目前个体信息查寻与检索研究是用户信息行为的主流，但个人信息行为并不能完全反映社会行为的全部，因而需要在多元化层面上全面审视用户的群体信息行为，这对于全面映射社会合作行为方式、深刻理解人类社会的运行机制具有重要的现实与理论价值。

在理论上，研究成果有助于深化以语境为方法论的用户信息行为研究范式认知，推进信息用户研究理论与方法在合作视域下的深化与创新，在更加立体的语境视角下俯瞰用户信息行为触发、演化及涌现特征。

在应用上，通过对不同语境类型下用户群体合作信息查寻与检索行为特征及影响因素的规律总结，尤其是影响因素模型构建与行为机制探索，不仅有利于直接捕捉群体用户的显性信息需求，也有利于创设各种条件激发与挖掘群体用户的隐性需求，提高群体用户任务执行的效率，从而增强信息管理与服务的主动性与针对性，提高用户满意度。

另外，研究成果中有关理论方面的内容可作为情报学、图书馆学、信息管理等专业学术研究或教学内容的参考资料；实证研究成果可为各类信息管理与服务机构的信息服务及相关社会治理政策制定提供依据。

7.2.3　本书的主要遗留问题及研究展望

1. 主要遗留问题

(1) 与传统单用户信息查寻与检索行为的比较研究较少。尽管在研究中的不同部分有不同程度的与单用户信息查寻与检索行为的比较研究，但缺乏系统性比较分析，尤其是对传统研究假设“查寻与检索是无记忆过程”的系统解析相对较少，这在一定程度上可能阻碍了研究成果融入用户信息行为研究理论体系。

(2) 研究成果的实践应用探索缺乏。作为社会合作行为方式在信息查寻与检索领域的映照，本研究成果对于各类信息管理机构的服务策略制定、信息系统的开发设计、国家信息治理政策制订等都具有一定效用与价值，但囿于时间精力与研究目标的限制，这部分的系统研究相对欠缺。

2. 未来研究展望

(1) 在深化语境作用机制基础上重构用户信息查寻与检索研究框架。从某种意义上讲，传统信息查寻与检索暗含两个基本假设(信息检索是单用户的活动，信息检索是无记忆过程)的根本原因在于缺乏对语境功效的深入研究。语境的背景性与历史累积性既为用户信息行为提供了场域约束，也为不同层次、不同属性语境的相互渗透与转换提供了某种关联通道，而任务语境作为信息查寻与检索的直接原因是信息查寻与检索行为的逻辑起点，因而深入研究其中的作用机制不仅对于合作信息查寻与检索行为有直接作用，也可为更高层面的用户信息查寻与检索研究框架重构提供新的契机。

(2) 开展合作信息查寻与检索的实践应用探索。从社会合作行为方式入手，依照社会合作行为方式与合作信息查寻与检索行为的映射关系，从各个应用需求(如信息系统的开发设计、信息管理机构的服务策略制定、国家信息治理政策制订等)探索合作信息查寻与检索理论、方法与技术的应用实践。

(3) 探索社会关系网络结构对合作查寻与检索效率的影响。本书在不同语境中都发现了群体关系结构对合作效率有深刻影响，而群体关系结构是社会合作行为的累积结果，因而有必要探索不同群体关系结构对合作效率的影响，尤其是松散社会关系结构的作用强度，这对于数字化网络化语境下的国家治理具有不可估量的作用。

另外，在以下方面也可进一步完善：在实证研究样本的选择上，还可增加样本量、扩大样本分布地区，尤其获得国外的研究样本，以强化其代表性，或至少开展与国外同类研究的对比以发现本土性特征；除已经进行的观察与调查研究外，还可采用较为严格的实验研究来发现更为细节性的内容，深化理论体系的可检验性；针对不同应用场景，基于用户合作信息查寻与检索行为规律开发合作查寻技术及相应信息系统。

附　　录

附录 1　企业项目团队语境下合作信息查寻与检索行为调查问卷

亲们，您们好！

我是西南大学的一名硕士研究生，目前正在参与一个科研项目研究，研究课题为“企业项目团队合作信息查寻的行为机制研究”。由于本研究结果对于改善国内信息检索技术以及大众的检索体验具有十分重要的作用，因此我们由衷希望您能抽出一点时间来认真完成本调查问卷。

本次调查大约需要占用您 10 分钟时间。本问卷采取匿名方式调查，保证您所提供的信息绝对保密，且仅作为学术研究使用。您所提供的答案不存在对错之分，请您按照要求根据实际情况回答所有问题，在您所选择的答案上划√并对一些问题作答。

第 16 题开始，请您根据个人经历及感受，用“1”到“5”之间的数字对下面各问题进行回答，数字越接近“1”代表“非常不赞同”，数字越接近“5”代表“非常赞同”。

非常感谢您的参与！

西南大学计算机与信息科学学院 2011 级硕士生刘佳

联系电话：×××；QQ：×××

注释：

1.企业项目团队是指企业组织中由一组符合条件的个体成员为实现一个具体项目的目标和各项任务而组建的共同工作团队，它由项目团队经理及若干项目团队成员组成。

2.合作信息查寻是指检索主体基于共同的兴趣爱好或为完成任务与他人共享检索过程与检索结果的信息交流活动。

您在某企业公司的团队里做过项目或者说有过企业项目团队的工作经历吗？

A.有　B.没有

1.您的性别是：

A.男　B.女

2.您的年龄范围：

A.18 岁及以下　B.19～29 岁　C.30～39 岁　D.40～49 岁　E.50 岁及以上

3.您的学历：

A.高中或中专及以下　B.大专　C.本科　D.研究生

4.您的专业属于哪一个学科门类：

A.哲学　B.经济学　C.法学　D.教育学　E.文学　F.历史学　G.理学　H.工学

I.农学　J.医学　K.军事学　L.管理学　M.艺术学

5.您最近三年参加过企业项目团队的次数是：

A.没有 B.有一次 C.大于 1 次，小于等于 3 次 D.大于 3 次，小于等于 5 次 E.大于 5 次

6.就您最近一次项目团队工作经历来说，您的岗位是：

A.高级管理者 B.团队负责人 C.核心成员 D.一般成员 E.其他

7.就您最近一次项目团队工作来说，该团队的规模为：

A.小于等于 10 人 B.大于 10 人，小于等于 20 人 C.大于 20 人

8.分配给您的项目任务是处于哪个阶段的任务：

A.该领域问题的理论研究阶段 B.领域问题的应用研究阶段 C.技术开发阶段 D.技术维护阶段 E.不清楚

9.在团队的信息查寻情境中，您最常扮演的角色为：

A.信息提供者 B.信息收集者 C.信息核查者 D.信息整理者 E.信息分析者

10.在日常工作中，您与团队成员通常在哪些方面进行了合作：

A.项目前期相关资料的调查、收集整理 B.报告及材料的撰写 C.项目需求调研及分析策划 D.项目模块系统设计 E.制定项目目标 F.制定计划与进度表 G.任务的具体执行 H.任务控制 I.成本分析 J.向领导传达项目信息

11.通常情况下，在合作信息查寻过程中，您使用以下哪 5 种渠道来获取信息？并将您所选的 5 种渠道按使用重要性排序。

A.利用经验以及手边的资料 B.询问团队中的同事 C.询问组织中团队以外的其他同事 D.询问组织外的同行人员 E.向咨询机构咨询或者向领域专家进行咨询 F.查询文字材料(如会议文件，期刊或者技术报告)来解决问题 G.企业信息系统 H.搜索引擎、网页论坛等网络资源 I.到图书馆查寻

排序结果是：

12.通常情况下，您会选择以下哪 5 种交流媒介与团队成员进行信息交流？并将您所选的 5 种媒介按使用重要性排序。

A.面对面的团队正式会议 B.纸质信件的方式 C.电话渠道 D.非正式性的小组会议的方式 E.电子邮件的方式 F.团队内部的信息公告板的方式 G.传真的方式 H.QQ、群件等网络软件 I.组织内部的虚拟平台

排序结果是：

13.通常情况下，您会选择什么样的场合与对方进行信息交流？

A.在团队集会中 B.在工作场合但非集会期间 C.在休闲娱乐中 D.随时

14.通常情况下，您与他人交流分享的频率为：

A.基本不交流 B.每天一到两次 C.每天三到四次 D.每天四次以上

15.团队认为，您完成团队指派工作任务的情况是：

A.非常好，保质保量地高效完成 B.还可以，比较好 C.刚好完成任务 D.不好 E.非常不好

16.任务的认知

1)当任务复杂且带有不确定性因素，需要花费大量的精力解决时，我认为与他人合作

解决比自己单独查寻效果要更好

A.很不同意　B.不同意　C.一般　D.同意　E.很同意

2)当任务紧急时，我认为与他人合作解决比自己单独查寻能更好地解决问题

A.很不同意　B.不同意　C.一般　D.同意　E.很同意

17.工作压力

1)当任务完成过程中感到不安、烦恼、有压力时，我认为与同事合作查寻是解决问题的好方法

A.很不同意　B.不同意　C.一般　D.同意　E.很同意

18.成员的个性特征

1)我对待事情非常乐观并且充满活力

A.很不同意　B.不同意　C.一般　D.同意　E.很同意

19.工作经验

1)在该项目任务开始前，由于曾经完成过类似任务，所以我已经非常熟悉这项任务

A.很不同意　B.不同意　C.一般　D.同意　E.很同意

2)在该项目之前，我在这一行业已经有过许多年的工作经验

A.很不同意　B.不同意　C.一般　D.同意　E.很同意

20.信息能力

1)我能够对信息的内容进行判定并对其真实性与准确性进行鉴别

A.很不同意　B.不同意　C.一般　D.同意　E.很同意

2)我能够选择出最适合于自身信息需求且最有利于解决问题的信息

A.很不同意　B.不同意　C.一般　D.同意　E.很同意

21.沟通能力

1)我能够通过各种途径有效地与对方进行交流

A.很不同意　B.不同意　C.一般　D.同意　E.很同意

2)我能够向对方清楚地表达我的想法和感受

A.很不同意　B.不同意　C.一般　D.同意　E.很同意

3)我能够意识到自身信息需求，并将其准确地表达出来

A.很不同意　B.不同意　C.一般　D.同意　E.很同意

22.习惯

1)与他人合作地解决问题，查寻信息已经成为我的一种习惯

A.很不同意　B.不同意　C.一般　D.同意　E.很同意

23.自我效能感

1)我相信我有能力且能出色地完成自己的工作任务

A.很不同意　B.不同意　C.一般　D.同意　E.很同意

24.感知个体因素

1)我认为与团队成员的合作信息查寻会提高我工作任务执行的效率与有效性

A.很不同意　B.不同意　C.一般　D.同意　E.很同意

2）我充分意识到了与团队成员进行合作信息查寻的重要性

A.很不同意　B.不同意　C.一般　D.同意　E.很同意

25.感知团队因素

1）我认为合作信息查寻对于发挥团队的作用是有用的

A.很不同意　B.不同意　C.一般　D.同意　E.很同意

2）我认为合作信息查寻将帮助团队积累知识

A.很不同意　B.不同意　C.一般　D.同意　E.很同意

3）我认为合作信息查寻将帮助团队发展壮大

A.很不同意　B.不同意　C.一般　D.同意　E.很同意

26.交流质量

1）我认为组织中成员的交流质量（交流的及时性、完整性、准确性、可信赖性）非常高

A.很不同意　B.不同意　C.一般　D.同意　E.很同意

27.团队内的沟通氛围

1）团队内部开放，沟通充分活跃且沟通量适宜

A.很不同意　B.不同意　C.一般　D.同意　E.很同意

2）工作团队氛围非常融洽

A.很不同意　B.不同意　C.一般　D.同意　E.很同意

3）团队的良好沟通状况激励了我的工作热忱，从而达成了团队目标

A.很不同意　B.不同意　C.一般　D.同意　E.很同意

4）团队的沟通令我觉得我是很重要的一分子

A.很不同意　B.不同意　C.一般　D.同意　E.很同意

28.交流与分享的意愿

1）我非常愿意与同事合作解决问题，就各种问题进行合作信息查寻

A.很不同意　B.不同意　C.一般　D.同意　E.很同意

29.团队内的信任

1）我相信在我有需要的时候，团队里的成员将会尽量帮助我

A.很不同意　B.不同意　C.一般　D.同意　E.很同意

2）在这个团队中，团队成员间相互信任

A.很不同意　B.不同意　C.一般　D.同意　E.很同意

3）我相信团队其他成员能很好地交流并且共享信息，共同解决问题

A.很不同意　B.不同意　C.一般　D.同意　E.很同意

30.合作信息查寻行为态度

1）合作信息查寻将给我一种成就感

A.很不同意　B.不同意　C.一般　D.同意　E.很同意

2）合作信息查寻能使我获得更多的信任与认同

A.很不同意　B.不同意　C.一般　D.同意　E.很同意

3）我相信与其他成员进行合作信息查寻是很有用的

A.很不同意　B.不同意　C.一般　D.同意　E.很同意

4)我相信与其他成员进行合作信息查寻是很有意思的
A.很不同意　B.不同意　C.一般　D.同意　E.很同意
5)我认为成员间的合作信息查寻是可靠的
A.很不同意　B.不同意　C.一般　D.同意　E.很同意
31.认知效果
1)任务完成后，团队中成员间的合作能使我的信息需求得到极大地满足，丰富我的知识
A.很不同意　B.不同意　C.一般　D.同意　E.很同意
2)我认为团队中合作解决问题对我高效顺利地完成工作内容有着非常积极的影响
A.很不同意　B.不同意　C.一般　D.同意　E.很同意
3)任务完成后，团队中成员间的合作能够使我的工作热情得到极大的提升
A.很不同意　B.不同意　C.一般　D.同意　E.很同意
32.管理支持
1)团队管理能够有效帮助成员克服与消除信息交流与分享的障碍因素
A.很不同意　B.不同意　C.一般　D.同意　E.很同意
33.人际关系
1)我与团队领导的关系非常融洽
A.很不同意　B.不同意　C.一般　D.同意　E.很同意
2)我对团队内成员非常了解，并与他们保持着融洽的关系
A.很不同意　B.不同意　C.一般　D.同意　E.很同意
34.团队认同感
1)对参与的团队，我有强烈的归属感
A.很不同意　B.不同意　C.一般　D.同意　E.很同意
2)作为团队中的成员之一，我感到很骄傲
A.很不同意　B.不同意　C.一般　D.同意　E.很同意

附录2　高校科研团队语境下合作信息查寻与检索行为调查问卷

尊敬的各位老师和同学们：

非常感谢您参与此次调查！本问卷旨在研究高校科研团队成员在科研过程中合作信息查寻与检索的行为特征及影响因素数据，获取的数据仅用于撰写硕士学位论文和科学研究。采用匿名方式进行调查，您的答案没有好坏、对错之分，调查结果仅用作学术研究，不涉及任何其他目的，绝不对外公开。您的信息我们将严格保密，请根据贵团队真实状况及个人感受安心作答。

西南大学计算机与信息科学学院 2011 级硕士生周畅

联系电话：×××；QQ：×××

附：合作信息查寻与检索是指检索主体基于共同的兴趣爱好或为完成任务与他人共享检索过程与检索结果的信息交流活动，其本质是知识共享过程。

第一部分：基本情况调查

1.您的性别：　A 男　B 女

2.您的职称：　A 高级职称　B 副高级职称　C 中级职称　D 初级职称　E 在读研究生

3.您的学科门类是：

A 哲学　B 经济学　C 法学　D 教育学　E 文学　F 历史学

G 理学　H 工学　I 农学　J 军事学　K 管理学　L 艺术学

第二部分：合作信息查寻与检索行为特征调查

1.您是否有参加科研项目的经验？

A.是　B.否(问卷终止，感谢您的填写)

2.您最近 5 年内所参与的项目有多少个？

A.小于等于 3 个　B.3 到 6 个(包含 6 个)　C.6 到 9 个(包含 9 个)　D.9 个以上

3.您在最近参与项目中担任的角色为？

A.项目负责人　B.核心成员　C.一般成员　D.其他(请注明)____________

4.您在最近的项目过程中开展合作信息查寻与检索的人数有多少人？

A.小于等于 3 人　B.大于 3 人但小于等于 6 人　C.大于 6 人但小于等于 9 人　D.9 人以上

5.您的团队在以下哪个选项中开展合作信息查寻与检索的频率最高？

A.查询文献了解项目主题　B.设计研究方案　C.完成研究阶段性任务　D.完善结果　E.其他(请注明)

6.您在团队合作信息查寻与检索中交流的内容是什么？(可多选)

A.文献原文　B.关键词　C.读书笔记　D.摘要　E.检索策略　F.其他(请注明)______

7.在一个课题中你们针对项目进行交流的频率是？

A.几乎每天都有　B.大约一周　C.半月左右　D.大约一个月　E.一个月以上

8.您认为项目小组中哪种角色在合作信息查寻与检索中贡献最大？

A.项目负责人　B.核心成员　C.一般成员　D.其他(请注明)__________

9.在合作信息查寻与检索过程中，您最常扮演的角色是？

A.信息收集者　B.信息提供者　C.核查者　D.撰写索引/摘要人员　E.群组管理员

10.您认为与个人信息查寻与检索相比，通过合作，以下哪个方面改变最大？

A.信息查寻的渠道的改变　B.检索词的改变　C.查准率　D.查全率　E.没什么改变　F.其他(请注明)

11.您认为与个人信息查寻与检索相比，通过合作，您的检索行为与结果的改变主要由于以下哪个原因带来的？

A.合作中扮演的角色(参见 9)　B.项目中担任的角色(参见 3)　C.合作意愿　D.成员间的交流　E.其他(请注明)__________

12.您所在的项目团队开展合作信息查寻与检索的形式是什么样的？(可多选)
A.负责人将一个任务拆分为 N 个子任务，分给不同的组员
B.成员之间根据自身的需要自发组织检索任务
C.成员之间共同查找某些信息并讨论检索词、检索策略等
D.在论坛 QQ 群或其他讨论组中以问答的形式获取(或提供)信息
E.在查寻信息的同时打电话、发短信与别人讨论如何查寻或获取帮助
F.与他人合作时直接将查寻结果以电子文档形式共享
G.与他人合作时将查寻结果内容整理编辑后以电子文档形式共享
H.与他人合作时将查寻结果打印或摘抄出来以纸质文档形式共享

第三部分：合作信息查寻与检索行为影响因素调查

序号	请根据自己对以下问题的回答和赞同程度，在相应的序号上划√，对您的配合及参与表示诚挚的谢意！	非常不同意	比较不同意	一般	比较同意	非常同意
X1	我对项目主题的理解很清晰	①	②	③	④	⑤
X2	我对项目主题充满兴趣	①	②	③	④	⑤
X3	要解决的问题对自己而言太复杂，需要在团队其他人的帮助下分析所需信息	①	②	③	④	⑤
X4	我知道哪里有所需信息，但自己无法获取，需要别人的帮助	①	②	③	④	⑤
X5	我希望通过合作信息查寻增加我对项目的知识储备	①	②	③	④	⑤
X6	我希望通过合作信息查寻提高我获取信息解决问题的效率	①	②	③	④	⑤
X7	通过合作信息查寻可以提高我完成任务的效率，缓解我的任务压力	①	②	③	④	⑤
X8	我善于通过各种形式与本团队成员分享收集到的信息	①	②	③	④	⑤
X9	我能够掌握团队其他成员提供的项目知识	①	②	③	④	⑤
X10	我能够迅速辨别和收集新的项目知识与信息	①	②	③	④	⑤
X11	我信任团队成员所分享的资料	①	②	③	④	⑤
X12	当我在项目中遇到困难时我愿意向其他成员求助	①	②	③	④	⑤
X13	我对自己的信息查寻能力总体上很自信	①	②	③	④	⑤
X14	项目过程中遇到难题时，我通常能找到几个解决方法	①	②	③	④	⑤
X15	我能通过整合团队成员的建议与意见来解决问题或创造机会	①	②	③	④	⑤
X16	团队要求成员定期报告自己的工作进展并拟出待解决问题	①	②	③	④	⑤
X17	我在本团队中有强烈的归属感和工作自豪感	①	②	③	④	⑤
X18	团队的物理环境条件(如办公室、学习室、通信工具)方便团队成员的合作	①	②	③	④	⑤
X19	我在项目完成过程中，总是被动接受团队其他成员安排的查寻任务	①	②	③	④	⑤
X20	当我遇到问题时，团队成员总是尽全力给出一个答案或线索	①	②	③	④	⑤
X21	我们团队成员间会互相在任务进行中给予评价和鼓励	①	②	③	④	⑤
X22	合作信息查寻增加了团队中有价值的文档资料和知识	①	②	③	④	⑤
X23	通过使用合作获得的信息资源，增加了我对项目知识的储备	①	②	③	④	⑤
X24	通过使用合作获得的信息资源，能够充分解决我的信息需求	①	②	③	④	⑤
X25	合作信息查寻节约时间，提高了团队的工作效率	①	②	③	④	⑤

		非常少	比较少	一般	比较多	非常多
X26	我在团队合作信息查寻中，采用面对面交流的频率	①	②	③	④	⑤
X27	我在团队合作信息查寻中，采用 QQ 等聊天工具交流的频率	①	②	③	④	⑤
X28	我在团队合作信息查寻中，采用电话交流的频率	①	②	③	④	⑤
X29	我在团队合作信息查寻中，采用邮件方式交流的频率	①	②	③	④	⑤
X30	完成团队项目需要参与人员相互依赖对方的工作结果程度	几乎不需	比较不需	不确定	比较不需	非常需要
X31	我最近参与的项目的时间紧急程度	非常宽裕	比较宽裕	一般	比较紧急	非常紧急

再次感谢您的参与！

附录 3　社会合作语境下合作信息查寻与检索行为调查问卷

亲们，大家好！

为了了解论坛中网民是如何进行合作查寻与解决问题的，我们特组织本次问卷调查。调查对象为天涯、猫扑、铁血军事、大河、水木、新浪、百度知道、QZZN.小木虫、人大经济论坛等社区中直接参与发帖或回帖的网民。

调查将采用匿名方式进行，请您根据实际情况如实提供相应信息，您的答案没有对错、好坏之分，我们将对所有问卷反馈都以保密方式保存，并承诺本次调查结果只用于学术研究，不会给您带来任何负面的影响，请安心作答。

请在您认为合适的答案上划 √，或在需要的地方填写答案。

衷心感谢您的支持和配合！

西南大学计算机与信息科学学院 2011 级硕士生韩芳芳
联系电话：×××；QQ：×××

第一部分：个人基本信息

1.您的性别：

□男　□女

2.您的年龄：

□18 岁以下　□18～25 岁□26～30 岁□31～35 岁□36～40 岁□41～45 岁□45 岁以上

3.您正在攻读或已取得的最高学历：

□高中及以下　□专科　□本科　□研究生

4.您目前从事的职业：

□学生　□高校教职工　□企事业单位员工　□自由职业者　□其他(请注明)_____

5.您经常使用的论坛(数量不限)

6.您在论坛中发过求助帖吗？(*此题设置了跳转逻辑)

A.发过　B.没有

7.通常在什么情况下发求助帖？【多选题】

A.所解决的问题过于复杂超越了我的能力范围　B.我不具备所解决此问题的专业知识　C.我所掌握的信息缺乏权威性和可靠性　D.我只掌握了所解决问题的一些零散信息　E.所解决问题的信息不容易获取　F.缺乏可以立即获得的信息　G 其他(请注明)

8.您在论坛中回过帖子吗？(*此题设置了跳转逻辑)

A.回过　B.没有

9.是什么原因促使您去回帖帮助他人解决问题的？【多选题】

A.兴趣爱好　B.道德责任　C.窥测他人隐私的好奇心　D.其他(请注明)________

第二部分：行为特征调查

1.通常情况下，浏览完帖子后，您能够准确了解发帖者的请求吗？

A.能　B.不能　C.不确定

2.(1)如果帖子描述不清楚，您还能了解发帖者的请求吗？

A.能　B.不能　C.不确定

(2)它对您即将开展的搜索有影响吗？

A.有　B.没有　C.不确定

(3)为了了解发帖者的请求，此时您通常会采取什么措施？【多选题】

A.什么也不做　B.直接询问发帖者　C.查阅资料　D.与他人交流

E.其他(请注明)________

3.(1)在解决问题之前，您会与他人交流讨论吗？(*此题设置了跳转逻辑)

A.会　B.不会　C.不确定

(2)通常会与哪些人交流讨论？

A.身边的同学、同事、朋友等　B.论坛中的网友　C.两者都有

D 其他(请注明)________

(3)与他人交流的主要目的是什么？【多选题】

A.看他人是否了解此问题　B.得到更多的相关信息　C.询问解决问题的建议或对策

D.其他(请注明)________

4.(1)在解决问题之前，您是否会先制定一定的计划？(*此题设置了跳转逻辑)

A.会　B.不会　C.不确定

(2)如果不制定计划，那您知道自己应该怎么解决问题吗？(*此题设置了跳转逻辑)

A.知道　B.不知道　C.不确定

(3)在什么情况下为解决问题您会制定计划？【多选题】

A.任何时候都会制定　B.任务非常复杂　C.任务非常紧急　D.时间充足

E.其他(请注明)________

5.在问题解决过程中，如果查不到任务目标某一方面的有用信息，您会怎么做？

A.查寻目标其他方面的信息　B.直接放弃　C.不知道

D.其他(请注明)_________

6.在问题解决过程中，当发现其他有趣的事情时，您会放弃手头的任务去解决其他问题吗？

A.会　B.不会　C.不确定

7.在问题解决过程中，您主要从事哪种类型的信息活动？【多选题】

A.更新信息　B.查找特定的信息　C.查找同类主题的信息　D.查找已知的信息

E 其他(请注明)

8.(1)在问题解决过程中，您通常从哪些渠道获取信息？【多选题】

A.使用搜索引擎(如百度、Google 等)　B.浏览综合性门户网站(如新浪、网易等)

C.浏览专门性网站(如汽车、小说等网站)　D.使用论坛、贴吧等

E.使用问答类网站(如百度知道等)　F.与身边的同学、同事或朋友面对面交流

G.打电话或发邮件与他人交流与咨询　H.在 QQ 群或其他群组中提问

I.查寻纸质报刊等　J.直接调查问题的当事人　K.其他(请注明)_________

*其中，最常用的 2 种渠道是

(2)获取信息的目的是什么？【多选题】

A.获取新的线索信息　B.验证别人提供的信息是否可靠

C.两者都有　D.不确定　E.其他(请注明)_____________

9.在问题解决过程中，您会分享哪些信息？

A.不分享　B.偶尔分享有价值的信息或解决问题的策略

C.经常分享有价值的信息或解决问题的策略　D.其他(请注明)___________

10.在问题解决过程中，您会参考借鉴哪些人提供的信息？

A.不参考借鉴　B.论坛中特殊的成员，例如级别较高或与自己互动频繁的网友等

C.只要信息有用都借鉴

11.在问题解决过程中，当社区其他成员中途遇到问题发出请求时，您会主动帮助他吗？

A.会　B.不会　C.不确定

12.在问题解决中，您通常会与哪些人交流讨论问题？

A.从不交流　B.身边的同学、同事、朋友等　C.论坛中的网友　D.包含 BC 中的人员

E 其他(请注明)

13.(1)在解决问题之后，您会与他人交流讨论吗？(*此题设置了跳转逻辑)

A.会　B.不会　C.不确定

(2)通常会与哪些人交流？

A.身边的同学、同事、朋友等　B.论坛中的网友　C.两者都有

D.其他(请注明)_________

(3)交流的主要目的是什么？【多选题】

A.看他人是否满意　B.交流心得　C.看是否还有其他问题未解决

D.其他(请注明)_______

第三部分：行为影响因素量表（请根据对以下问题的赞同程度打分）

任务认知

1.当解决问题需要花费大量的精力时，我认为与他人合作解决比自己单独查寻效果要更好

很不同意 □1 □2 □3 □4 □5 很同意

2.当任务比较紧急时，我认为与他人合作解决比自己单独查寻能更好地解决问题

很不同意 □1 □2 □3 □4 □5 很同意

3.当单独查寻感到不安、烦恼、有压力时，我认为合作查寻是解决问题的好方法

很不同意 □1 □2 □3 □4 □5 很同意

内在需求

1.在问题解决过程中，我会关心或在意自己的表现

很不同意 □1 □2 □3 □4 □5 很同意

2.在问题解决过程中，一旦设定了目标，即使困难，我也要尽量完成

很不同意 □1 □2 □3 □4 □5 很同意

自我效能

1.我认为社区其他成员会接受我所共享的信息

很不同意 □1 □2 □3 □4 □5 很同意

2.我认为自己参与合作后将有利于问题的进一步解决

很不同意 □1 □2 □3 □4 □5 很同意

信任社区

1.社区的网站很安全，因此在社区中与其他成员交流时我感觉放心

很不同意 □1 □2 □3 □4 □5 很同意

2.社区有管理员和版主进行管理，因此在社区中与其他成员交流时我感觉放心

很不同意 □1 □2 □3 □4 □5 很同意

信任成员

1.我相信社区其他成员对我们讨论的话题有足够的了解

很不同意 □1 □2 □3 □4 □5 很同意

2.我相信社区其他成员能积极主动地共享有价值的信息

很不同意 □1 □2 □3 □4 □5 很同意

3.我相信社区其他成员能很好地参与讨论，共同解决问题

很不同意 □1 □2 □3 □4 □5 很同意

4.我相信社区其他成员在讨论过程中不会故意捣乱

很不同意 □1 □2 □3 □4 □5 很同意

5.我相信社区其他成员会在自己能力范围之内尽量帮助他人

很不同意 □1 □2 □3 □4 □5 很同意

社区氛围

1.我认为社区及社区成员致力于建立一个公正、互惠的社区氛围

很不同意 □1 □2 □3 □4 □5 很同意

激励强化

1.社区的虚拟货币机制对我很重要

很不同意 □1 □2 □3 □4 □5 很同意

2.社区的经验值或积分制度等对我很重要

很不同意 □1 □2 □3 □4 □5 很同意

3.社区是否颁发荣誉会员(如达人、管理员等)称号对我很重要

很不同意 □1 □2 □3 □4 □5 很同意

4.社区提供的会员等级制度对我很重要

很不同意 □1 □2 □3 □4 □5 很同意

5.社区提供的权限管理制度对我很重要

很不同意 □1 □2 □3 □4 □5 很同意

情境认知

1.问题解决过程中，我了解解决此问题的社区其他成员的每一步行动

很不同意 □1 □2 □3 □4 □5 很同意

2.问题解决过程中，我了解解决此问题的社区其他成员对自己的看法

很不同意 □1 □2 □3 □4 □5 很同意

3.我了解我和他人每一步的行动对解决问题将产生的影响

很不同意 □1 □2 □3 □4 □5 很同意

个人相关性

1.若共享的信息有具体的信息来源为证，我认为这样的信息更加真实可信

很不同意 □1 □2 □3 □4 □5 很同意

群体一致性

1.如果大多数成员都认为这个信息是真实的，自然而然我也认为它是可信的

很不同意 □1 □2 □3 □4 □5 很同意

社会文化

1.在问题解决过程中，当我认为自己具备某方面的优势(如掌握重要信息、搜索技能较好等等)，为了赢得他人的认同和尊重，我通常会积极参与讨论

很不同意 □1 □2 □3 □4 □5 很同意

认知效果

1.问题解决后，能最大限度地满足我的兴趣及好奇心

很不同意 □1 □2 □3 □4 □5 很同意

2.问题解决后，接触到的有用信息能够丰富我的知识

很不同意 □1 □2 □3 □4 □5 很同意

3.与社会伦理有关的问题解决后，更能增强我的道德责任感

很不同意 □1 □2 □3 □4 □5 很同意

附录4 合作信息查寻与检索的相关性判断影响因素调查问卷

亲爱的朋友：

您好！感谢您在百忙之中抽时间阅读完成这份问卷。本次调研旨在探索了解普通用户在合作信息查寻与检索时，哪些因素在影响着您和团队成员对信息的判断。本次调研所收集的信息仅用于撰写硕士学位论文，不涉及任何其他目的，我们承诺对您的个人资料严格保密。本次调研选项无标准答案，无对错之分，请您根据您的切身经历如实填写，感谢您的支持。

请在您认为合适的答案上划√，或在需要的地方填写答案。

衷心感谢您的支持和配合！

西南大学计算机与信息科学学院 2012级硕士生童迎

电话：×××；QQ：×××

【概念解释】

合作信息查寻与检索(CIS&R)：指多人因兴趣或任务组成团队在信息查找的过程中以共享检索过程或检索结果的方式进行合作。常见的合作信息查寻的例子有：同学们共同查阅信息资料完成课堂作业，朋友们一起上网查寻购物、美食、旅游信息，同事或科研工作者合作查寻信息共同完成项目研究等。

第一部分：基本信息

1.您的性别：

□A.男 □B.女

2.您的年龄：

□A.18岁及以下 □B.19~26岁 □C.27~34岁 □D.35岁以上

3.您的学历

□A.高中及以下 □B.大学专科 □C.大学本科 □D.硕、博士研究生

4.您的专业所属学科门类：

□A.哲学 □B.经济学 □C.法学 □D.教育学 □E.文学 □F.历史学

□G.理学 □H.工学 □I.农学 □J.医学 □K.管理学 □L.艺术、体育学

5.您是否进行过下列信息查寻活动【即：合作信息查寻与检索】(可多选)：

□A.完成一个小组任务，团队将任务分解后，每人负责一部分任务进行信息查寻，然后共享过程或结果信息

□B.在QQ群，问答社区(如百度知道)、社交网站(如人人网)等和他人一起提问/回答以获得信息或帮助

□C.在信息查寻过程中使用各种交流方式(如口头交流、纸上书写、QQ、语音、短信等)跟别人讨论或寻求帮助

□D.在信息查寻过程中，浏览利用他人的评价或回答(如淘宝、百度知道、他人的推荐等)

□E.将我查寻到的信息或者查寻过程分享给他人

□F.没有合作信息查寻与检索经历

6.您在平时常与他人一起查寻的信息类型有：【可多选】

□A.工作任务所需信息　□B.学习任务所需信息　□C.衣食住行所需信息

□D.个人兴趣有关信息　□E.休闲娱乐信息　□F.医疗卫生所需信息

第二部分：合作信息查寻与检索相关性影响因素量表

分量表Ⅰ【填写说明】请您根据最近一次与他人组成团队合作开展信息查寻时的真实情况，选择您对以下描述的认同程度，其中 1=“非常不符合”，2=“比较不符合”，3=“不确定”，4=“比较符合”，5=“非常符合”，请您在对应的数字上打“√”。

编号		非常不符合	比较不符合	不确定	比较符合	非常符合
1	我参与的合作查寻任务不太复杂	①	②	③	④	⑤
2	在进行合作信息查寻与检索(CIS&R)时，浏览、阅读的信息与团队在现实生活中需要完成的实际任务(如：完成课程论文、制定旅游计划等)相符	①	②	③	④	⑤
3	在进行合作信息查寻与检索(CIS&R)时，浏览、阅读的信息与团队的具体任务(如：查找某一篇文章、查找某个景点)相符	①	②	③	④	⑤
4	在进行合作信息查寻与检索(CIS&R)时，我比较重视这次查寻任务	①	②	③	④	⑤
5	在合作查寻任务进行到不同阶段时，我/团队成员会改变之前对某信息的判断	①	②	③	④	⑤
6	在进行合作信息查寻与检索(CIS&R)时，查寻设备(包括使用的工具和网络)能顺利响应或运行	①	②	③	④	⑤
7	在进行合作信息查寻与检索(CIS&R)时所在的场所是方便的	①	②	③	④	⑤
8	在进行合作信息查寻与检索(CIS&R)时所在的场所是我/团队熟悉的	①	②	③	④	⑤
9	我具备与这次合作查寻任务相关的知识	①	②	③	④	⑤
10	我认为自己具有良好的阅读习惯	①	②	③	④	⑤
11	我认为自己拥有丰富的日常生活经验	①	②	③	④	⑤
12	在进行合作信息查寻与检索(CIS&R)时，我相信自己有正确判断信息的能力	①	②	③	④	⑤
13	在进行合作信息查寻与检索(CIS&R)时，我保持着积极乐观的情绪状态	①	②	③	④	⑤
14	在进行合作信息查寻与检索(CIS&R)时，我能清楚地表达我的意见和看法	①	②	③	④	⑤
15	在进行合作信息查寻与检索(CIS&R)时，我能理解团队成员向我传达的观点和意见	①	②	③	④	⑤
16	在进行合作信息查寻与检索(CIS&R)时，我能对空间立体结构(如：三维立体图)进行解读	①	②	③	④	⑤
17	在进行合作信息查寻与检索(CIS&R)时，我是以严谨、认真的态度对待它的	①	②	③	④	⑤
18	我认为我的团队成员具有优秀的品质或人格魅力(如诚实、执着、正直、善良等)	①	②	③	④	⑤
19	我和团队成员彼此之间相互认识	①	②	③	④	⑤

续表

编号		非常不符合	比较不符合	不确定	比较符合	非常符合
20	我和团队成员相互之间比较熟悉	①	②	③	④	⑤
21	我和团队成员之间有比较深厚的感情	①	②	③	④	⑤
22	我所在的团队氛围比较友好、和谐、融洽	①	②	③	④	⑤
23	在合作过程中，团队成员间会相互信任、依赖	①	②	③	④	⑤
24	在进行合作信息查寻与检索(CIS&R)时，我倾向于相信熟悉的成员向我传达的信息	①	②	③	④	⑤
25	在进行合作信息查寻与检索(CIS&R)时，我倾向于相信对我有利的信息	①	②	③	④	⑤
26	在进行合作信息查寻与检索(CIS&R)时，有时我会为了得到团队的统一意见而放弃自己对信息的判断	①	②	③	④	⑤
27	在进行合作信息查寻与检索(CIS&R)时，我倾向于相信符合自己情况的信息	①	②	③	④	⑤
28	在进行合作信息查寻与检索(CIS&R)时，有时我会因为团队领导者/专家/权威者的意见而放弃自己的意见	①	②	③	④	⑤
29	在进行合作信息查寻与检索(CIS&R)时，我愿意就合作查寻任务或查寻到的信息进行交流讨论	①	②	③	④	⑤
30	在进行合作信息查寻与检索(CIS&R)时，我会积极踊跃地参与到交流讨论中	①	②	③	④	⑤
31	在进行合作信息查寻与检索(CIS&R)时，我能无所顾忌地交流讨论，表达自己的意见	①	②	③	④	⑤
32	在进行合作信息查寻与检索(CIS&R)时，我可以立刻投入到交流状态中	①	②	③	④	⑤
33	在进行合作信息查寻与检索(CIS&R)时，团队有多种交流方式(如：语言交流、肢体交流、共享屏幕、传递资料等)	①	②	③	④	⑤
34	在进行合作信息查寻与检索(CIS&R)时，我明确合作查寻任务所需的内容	①	②	③	④	⑤
35	在进行合作信息查寻与检索(CIS&R)时，我能准确地了解团队的需求或请求	①	②	③	④	⑤
36	在进行合作信息查寻与检索(CIS&R)时，我明确合作查寻的目的	①	②	③	④	⑤
37	在进行合作信息查寻与检索(CIS&R)时，我明确自己所负责的查寻子任务的目标	①	②	③	④	⑤
38	在进行合作信息查寻与检索(CIS&R)时，我查寻的目标与团队查寻的目标是一致的	①	②	③	④	⑤
39	在进行合作信息查寻与检索(CIS&R)时，查寻到的信息符合我/团队成员提交的检索式	①	②	③	④	⑤
40	在进行合作信息查寻与检索(CIS&R)时，查寻到的信息符合团队的需求	①	②	③	④	⑤
41	在完成合作信息查寻后，我/团队比较满意查寻到的信息	①	②	③	④	⑤
42	在进行合作信息查寻与检索(CIS&R)时，找到的信息有利于解决团队的实际任务	①	②	③	④	⑤

分量表Ⅱ【填写说明】请您根据最近一次与他人组成团队合作开展信息查寻时的真实情况，选择您对以下描述的认同程度，其中 1=“非常不符合”，2=“比较不符合”，3=“不确定”，4=“比较符合”，5=“非常符合”，请您在对应的数字上打“√”。

编号		非常不符合	比较不符合	不确定	比较符合	非常符合
1	在进行合作信息查寻与检索(CIS&R)时，我浏览的信息内容比较容易理解的	①	②	③	④	⑤
2	在进行合作信息查寻与检索(CIS&R)时，我浏览的信息内容重点比较突出的	①	②	③	④	⑤
3	在进行合作信息查寻与检索(CIS&R)时，我浏览的信息内容长度适宜	①	②	③	④	⑤
4	在进行合作信息查寻与检索(CIS&R)时，我浏览的信息内容简单明了	①	②	③	④	⑤
5	在进行合作信息查寻与检索(CIS&R)时，我浏览的信息具有丰富的信息量	①	②	③	④	⑤
6	在进行合作信息查寻与检索(CIS&R)时，我浏览信息不需要等待太久	①	②	③	④	⑤
7	在进行合作信息查寻与检索(CIS&R)时，我浏览信息不需要密码或注册	①	②	③	④	⑤
8	在进行合作信息查寻与检索(CIS&R)时，我浏览的信息是免费的	①	②	③	④	⑤
9	在进行合作信息查寻与检索(CIS&R)时，我浏览的信息标题中出现了我使用的关键词	①	②	③	④	⑤
10	在进行合作信息查寻与检索(CIS&R)时，我浏览的信息摘要中出现了我使用的关键词	①	②	③	④	⑤
11	在进行合作信息查寻与检索(CIS&R)时，我浏览的信息标签中出现了我使用的关键词	①	②	③	④	⑤
12	在进行合作信息查寻与检索(CIS&R)时，我浏览的信息简介中出现了我使用的关键词	①	②	③	④	⑤
13	在进行合作信息查寻与检索(CIS&R)时，我更看重出现在比较有名的网页或网站的信息	①	②	③	④	⑤
14	在进行合作信息查寻与检索(CIS&R)时，我更看重出现在政府机关的网页中的信息	①	②	③	④	⑤
15	在进行合作信息查寻与检索(CIS&R)时，我更看重出现在官方网页中的信息	①	②	③	④	⑤
16	在进行合作信息查寻与检索(CIS&R)时，我更看重出现在声誉比较高的网页或网站中信息	①	②	③	④	⑤
17	在进行合作信息查寻与检索(CIS&R)时，我更看重作者是专家的信息	①	②	③	④	⑤
18	在进行合作信息查寻与检索(CIS&R)时，我更看重来源于权威期刊的信息	①	②	③	④	⑤
19	在进行合作信息查寻与检索(CIS&R)时，我更看重来自专业教材的信息	①	②	③	④	⑤
20	在进行合作信息查寻与检索(CIS&R)时，我浏览的信息主要针对特定的领域	①	②	③	④	⑤
21	在进行合作信息查寻与检索(CIS&R)时，我浏览的信息是准确的	①	②	③	④	⑤
22	在进行合作信息查寻与检索(CIS&R)时，我更看重在其他来源也出现过的信息	①	②	③	④	⑤
23	在进行合作信息查寻与检索(CIS&R)时，我浏览的信息是完整的	①	②	③	④	⑤
24	在进行合作信息查寻与检索(CIS&R)时，我浏览的信息是最新的	①	②	③	④	⑤
25	在进行合作信息查寻与检索(CIS&R)时，我浏览的信息是详细的	①	②	③	④	⑤
26	在进行合作信息查寻与检索(CIS&R)时，我会关注布局美观的网页或网站上的信息	①	②	③	④	⑤
27	在进行合作信息查寻与检索(CIS&R)时，我会关注布局清楚的网页或网站上的信息	①	②	③	④	⑤
28	在进行合作信息查寻与检索(CIS&R)时，我会关注信息目录清晰的网页或网站上的信息	①	②	③	④	⑤

参考文献

白冰, 2008. 国外高校群体信息查寻行为研究综述[J]. 图书馆学研究, (6): 2-6.

卞冉, 车宏生, 阳辉, 2007. 项目组合在结构方程模型中的应用[J]. 心理科学进展, 15(3): 567-576.

巢乃鹏, 张咏, 褚峻, 2001. 国外信息查寻行为研究进展[M]. //中国国防科学技术信息学会编. 情报学进展(四). 北京: 国防工业出版社: 99-121.

成颖, 2011. 信息检索相关性判据及应用研究[D]. 南京: 南京大学.

成颖, 孙建军, 宋玲丽, 2005. 相关性标准研究[J]. 中国图书馆学报, 31(3): 55-60.

褚峻, 张咏, 巢乃鹏, 2003. 信息查寻活动中的合作行为与合作式信息查寻[J]. 大学图书馆学报, 21(4): 35-39.

丁堃, 王昕, 2005. 科研团队的沟通探析[J]. 现代管理科学, (11): 85-86.

郭桑, 李桂华, 2012. 任务情境及其对信息查寻行为的影响研究[J]. 情报理论与实践, 35(11): 12-16.

韩芳芳, 2014. 社会合作信息查寻与检索的行为机制研究[D]. 重庆: 西南大学.

韩毅, 2003. 基于检索相关性转移的本体论检索系统[J]. 情报科学, 21(2): 194-197.

韩毅, 2011. 合作信息查寻与检索的内涵及分类研究[J]. 情报科学, 29(4): 600-604, 608.

韩毅, 2012. 合作信息查寻与检索的几个问题探析[J]. 图书情报工作, 56(6): 38-41, 68.

韩毅, 2013. 合作信息查寻与检索的 5c 模型与语境机制[J]. 图书情报工作, 57(19): 42, 43-49.

韩毅, 程莉, 傅梅芬, 等, 2011. 人肉搜索的自组织聚合探析[J]. 情报资料工作, (5): 48-52.

韩毅, 李健, 樊志伟, 等, 2009. 合作信息检索的演化发展及研究现状[J]. 情报科学, 27(9): 1430-1435.

韩毅, 李鹏, 2011. 合作信息查寻与检索的知识共享模型[J]. 中国图书馆学报, 37(6): 43-49.

韩毅, 李鹏, 李琳琳, 等, 2012. 嵌入合作的信息查寻与检索社会认知模型[J]. 情报科学, 30(3): 444-449.

韩毅, 周畅, 2015. 学术团队合作信息查寻与检索行为的影响因素实证研究[J]. 情报学报, 34(4): 432-448.

郝文杰, 2008. 企业研发团队知识共享的内在机制与影响因素研究[D]. 哈尔滨: 哈尔滨工业大学.

贺德方, 2006. 数字时代情报学理论与实践—从信息服务走向知识服务[M]. 北京: 科学技术文献出版社.

贺颖, 孟鹏, 宋文胜, 2003. 情报用户知识结构的认知视角分析——布鲁克斯方程式的进一步探讨[J]. 情报杂志, 22(7): 6-8.

胡秀梅, 邓小昭, 2010. 文献呈现次序对用户相关性判断的影响[J]. 图书情报工作, 54(14): 32-35.

黄慕萱, 1997. 资讯检索中“相关”概念之发展[J].图书馆学刊, (12):39-62.

黄刚铭, 2003. 虚拟社群激励机制之研究[D]. 嘉义: 南华大学.

黄慕萱, 1997. 资讯检索中“相关”概念之发展[J]. 图书馆学刊, (12): 39-62.

黄祥喜, 1984. 关于情报检索中的相关性问题的研究[J]. 情报科学, 2(5): 25-31.

季晓芬, 2008. 团队沟通对团队知识共享的作用机制研究[D]. 杭州: 浙江大学.

姜道奎, 2012. 团队知识共享机制研究[D]. 济南: 山东大学.

金杨华, 2005. 目标取向和工作经验对绩效的效应[J]. 心理学报, 37(1): 136-141.

康竣凯, 2004. 探讨华人文化特征对于华人关系行销之影响——以台湾地区螺丝产业为例[D]. 台中: 台湾逢甲大学.

拉菲 • 默罕默德, 2004. 网络营销[M]. 王刊良, 译. 北京: 中国财政经济出版社.

李宁, 2000. 群体心理学[M]. 广州: 暨南大学出版社.

李鹏, 2013. 合作信息查寻与检索的相关性判断研究[D]. 重庆: 西南大学.

李鹏, 韩毅, 2012. 社会合作信息查寻与检索: 机制、模型与特征 [J]. 情报杂志, 31(1): 151-155. 165.

李鹏, 韩毅, 2013. 扎根理论视角下合作信息查寻与检索行为的案例研究[J]. 图书情报工作, 57(19): 24-29.

李鹏, 李琳琳, 韩毅, 2014. 基于性别与学科背景差异的研究生合作信息查寻与检索行为分析[J]. 情报科学, (10): 93-99.

刘佳, 2014. 企业项目团队的合作信息查寻与检索行为机制研究[D]. 重庆: 西南大学.

刘蕤, 田鹏, 王伟军, 2012. 中国文化情境下的虚拟社区知识共享影响因素实证研究[J]. 情报科学, 30(6): 866-872.

罗蔚, 2012. 高校科研团队知识共享影响因素研究[D]. 成都: 西南交通大学.

马丹, 郑艳, 2012. 教学科研团队建设与创新型人才培养的几点思考[A]. //湖南工业大学法学院. 第三届教学管理与课程建设学术会议论文集[C], 144-147.

马庆国, 2002. 管理统计: 数据获取、统计原理、SPSS 工具与应用研究[M]. 北京: 科学出版社.

庞弘燊, 徐文贤, 2009. 近年来国外信息检索的相关性研究进展[J]. 中国图书馆学报, 35(4): 88-94.

戚媛媛, 邓胜利, 2010. 交互式问答服务中用户行为影响因素的实证研究[J]. 情报杂志, 29(1): 32-36.

钱俊, 2010. 信息行为分析中的认知研究[D]. 南京: 南京航空航天大学.

乔欢, 2010. 信息行为学[M] . 北京: 北京师范大学出版社.

荣泰生, 2009. AMOS 与研究方法[M]. 重庆: 重庆大学出版社.

沙勇忠, 任立肖, 2005. 网络用户信息查寻行为研究述评[J]. 图书情报工作, 49(1): 128-132.

商淑秀, 张再生, 2015. 虚拟企业知识共享演化博弈分析[J]. 中国软科学, (3): 150-157.

疏礼兵, 2006. 团队内部知识转移的过程机制与影响因素研究——以企业研发团队为例[D]. 杭州: 浙江大学.

孙建军, 成颖, 柯青, 2007. TAM 模型研究进展——模型演化[J]. 情报科学, 25(8): 1121-1126.

孙平, 曾晓牧, 2004. 认识信息素养[J]. 大学图书馆学报, 22(4): 34-37.

孙曙迎, 2009. 我国消费者网上信息搜寻行为研究[D]. 杭州: 浙江大学.

童迎, 2015. 语境视角下合作信息查寻与检索的相关性模型研究[D]. 重庆: 西南大学.

童迎, 李鹏, 夏慧, 2013. 合作信息查寻与检索相关性判据的探索性因子分析[J]. 图书情报工作, 57(19): 30-36.

王瀚, 2016. 合作信息查寻与检索中知识共享的博弈学习机制研究[D]. 重庆: 西南大学.

王家钺, 2001. 信息检索中"相关性"概念的研究[J]. 现代外语, 24(2): 181-191.

王庆喜, 2005. 企业资源与竞争优势: 基于浙江民营制造业企业的理论与经验研究[D]. 杭州: 浙江大学.

王涛. 2007. 高校科研团队的激励机制研究[D]. 南京: 河海大学.

王雅坤, 成全, 2012. 信息检索相关性研究综述及发展趋势[J]. 图书与情报, (1): 88-94.

吴丹, 2011. 跨语言信息检索: 翻译优化理论与技术[M]. 北京: 科学技术文献出版社.

吴丹, 2011. 跨语言信息检索:翻译优化理论与技术[M].北京:科学技术文献出版社:87.

吴丹, 邱瑾, 2012. 国外协同信息检索行为研究述评[J]. 中国图书馆学报, 38(6): 100-110.

吴丹, 秋瑾, 2013. 协同信息检索行为中的认知研究[J]. 情报学报, 32(2): 125-137.

吴美美, 1998. "逻辑相关"和"适切相关": 中文资讯检索系统评鉴量标初探[J]. 图书馆学与资讯科学, 24(2): 44-64.

吴明隆, 2009. 结构方程模型——AMOS 的操作与应用[M]. 重庆: 重庆大学出版社.

吴明隆, 2010. 问卷统计分析实务: SPSS 操作与应用[M]. 重庆: 重庆大学出版社.

伍玉, 王瀚, 韩毅, 2017. 合作信息查寻与检索中知识共享影响因素指标体系构建及仿真研究[J]. 情报理论与实践, 40(4): 100-105.

徐树维, 2010. 用户同步写作检索模型及其机制研究[D]. 北京: 中国科学院文献情报中心.

严贝妮, 2008. 国外合作式信息查寻研究进展[J]. 情报资料工作, (2): 40-43.

杨堤雅, 2000. 网际网路虚拟社群成员之角色与沟通互动之探讨[D]. 嘉义: 台湾中正大学.

杨雷, 左文宜, 2012. 动态群体决策: 个体交互、知识学习和观点演化[M]. 北京: 科学出版社.

杨晓琼, 韩毅, 李健, 等, 2010. Web 语境中合作信息查寻与检索的概念框架[J]. 图书情报工作, 54(22): 38-42.

杨晓琼, 李健, 樊志伟, 等, 2013. 合作信息查寻与检索行为研究进展[J]. 图书情报工作, 57(19): 14-23.

杨燕, 2008. 知识型员工沟通满意度与工作投入关系研究[D]. 广州: 华南理工大学.

伊凡希雅・莱昂斯, 阿德里安・考利. 2010. 心理学质性资料的分析[M]. 毕重增, 窦刚, 王金良, 译. 重庆: 重庆大学出版社.

俞国良, 王青兰, 杨治良, 1999. 环境心理学[M]. 北京: 人民教育出版社.

张爱霞, 张新民, 罗卫东, 2007. 信息查寻与信息检索的整合研究——对 IS&R 集成研究框架的评述[J]. 图书情报工作, 51(10): 10-55.

张华, 2008. "人肉搜索引擎": 彰显了网络的什么力量?[J]网络传播, (3): 38-39.

张庆普, 张伟, 2012. 个体在组织内知识寻求行为影响因素实证研究[J]. 哈尔滨工程大学学报, 33(9): 2-6.

张新民, 化柏林, 罗卫东, 2008. 相关性研究探析[J]. 情报学报, 27(5): 691-697.

张耀辉, 2012. 网络环境下基于用户体验与感知的信息质量影响因素实证研究[D]. 天津: 天津师范大学.

赵亮, 2011. 影响消费者在线购买行为因素的实证研究[D]. 哈尔滨: 黑龙江大学.

赵玲, 鲁耀斌, 邓朝华, 2009. 基于社会资本理论的虚拟社区感研究[J]. 管理学报, 6(9): 1168-1175.

赵玉洁, 2010. 跨学科团队知识共享影响因素实证研究[D]. 济南: 山东大学.

周畅, 2014. 学术科研团队语境下合作信息查寻与检索的行为机制研究[D]. 重庆: 西南大学.

周畅, 韩毅, 2015. 高校学术团队合作信息查寻与检索行为的实证调查研究[J]. 情报理论与实践, 38(10): 110-115.

周三多, 2005. 管理学[M]. 北京: 高等教育出版社.

周涛, 鲁耀斌, 2009. 基于社会影响理论的虚拟社区用户知识共享行为研究[J]. 研究与发展管理, 21(4): 78-83.

朱少英, 齐二石, 徐渝, 2008. 变革型领导、团队氛围、知识共享与团队创新绩效的关系[J]. 软科学, 22(11): 1-4.

邹永利, 1999. 情报学研究的认知观点[M]. 北京: 北京航空工业出版社.

A•班杜拉, 2003. 自我效能: 控制的实施[M]. 缪小春, 李凌, 译. 上海: 华东师范大学出版社.

Abecker A, Bernardi A, Hinkelmann K, et al. , 2000. Context-aware, proactive delivery of task-specific information: the knowmore project[J]. Information Systems Frontiers (ISF), (3-4): 139-162.

Ackerman M S,1994.Providing Social Interaction in the Digital Library[C]//Proceedings of Digital Libraries '94: First Annual Conference on the Theory and Practice of Digital Libraries ,College Station, TX:198-200.

Agarwal N K, Poo D C C, 2009. Collaborating to search effectively in different searcher modes through cues and specialty search[N]. https: //www. infosci-journals. com/downloads/excerpts/reference/IGR4262_ YMJPIKDH5T. pdf

Allen T J, 1977. Managing the flow of technology: Technology transfer and the dissemination of technological information within the R&D organization[M]. London: Cambridge, MAMIT Press.

Amershi S, Morris M R, 2009Co-located collaborative web search: understanding status quo practices. In: Proceedings of the 27th international conference extended abstracts on Human factors in computing systems[C]. Boston: 3637-3642

Ardichvili A, Maurer M, Li W, et al. , 2006. Cultural influences on knowledge sharing through online communities of practice[J]. Journal of Knowledge Management, 10(1): 94-107.

Bagozzi R P, Yi Y, 1988. On the evaluation of structural equation models[J]. Journal of the Academy of Marketing Science, 16(1): 74-94.

Barry C L, 1994. User-defined relevance criteria: an exploratory study[J]. Journal of the American Society for Information Science, 45 (3): 149-159.

Bates M, 1989. The Design of browsing and berrypicking techniques for the online search interface[J]. In Online Review, 13(5): 407-424.

Belkin N J, Oddy R N, Brooks H M, 1982a. ASK for Information Retrieval: Part I. background and theory[J]. Journal of Documentation, 38(2): 61-71.

Belkin N J, Oddy R N, Brooks H M, 1982b. ASK for Information Retrieval: Part II. results of A design study Research[J]. Journal of Documentation, 38(3): 145-164.

Bhandar M , Pan S L , Tan B C Y, 2007. Towards understanding the roles of social capital in knowledge integration: A case study of a collaborative information systems project[J]. Journal of the Association for Information Science & Technology, 58(2): 263-274.

Blake C , Pratt W, 2006. Collaborative information synthesis I: A model of information behaviors of scientists in medicine and public health[J]. Journal of the Association for Information Science & Technology, 57(13): 1740-1749.

Bock G W , Kim Y G, 2002. Breaking the myths of rewards: an exploratory study of attitudes About knowledge sharing[J]. Information Resources Management Journal, 15(2):14-21.

Bock G W, Zmud R W, Kim Y G, et al. , 2005. Behavioral intention formation in knowledge sharing: Examining the roles of extrinsic motivators, social-psychological forces, and organizational climate[J]. MIS Quarterly, 29(1): 87-111.

Bock K, 2002. Breaking the myths of rewards: An exploratory study of attitudes about knowledge-sharing[J]. Information Resources Management Journal, 15(2): 14-21.

Bogozzi R P, Yi Y, 1988. On the evaluation of structural equation models[J]. Academic of Marketing Science, 16(1): 74-94.

Brookes B , Brookes B , Brookes B C , et al. , 1980. The foundation of information science: part 1 - philosophical aspects[J]. Journal of Information Science, 2(5): 125-133.

Byrne B M, 1998. Structural equation modeling with Amos: basic concepts applications and programming. Mahwah, NJ: Lawrence Erlbaum Associates.

Byström K, Murtonen K , Kalervo J, et al. , 1995. Task complexity affects information seeking and use[J]. Information Processing & Management, 31(2): 191-213.

Charmaz K, 2009. 建构扎根理论: 质性研究实践指南[M]. 边国英, 译. 重庆: 重庆大学出版社.

Chen I Y L, Chen N S, Kinshuk, 2009. Examining the factors influencing participants' knowledge sharing behavior in virtual learning communities[J]. Journal of Educational Technology & Society, 12(1): 134-148.

Chen I Y L,Chen N S,Kinshuk, 2009. Examining the factors influencing participants' knowledge sharing behavior in virtual learning communities[J].Educational Technology & Society, 12(1):134-148.

Cheney G, 1982. Organizational identification as process and product: A field study unpublished masters' thesis[D]. New York: Purdue University.

Cheung F M, Leung K, Zhang X, et al. , 2001. Indigenous Chinese personality constructs: Is the five-factor model complete[J] Journal of Cross-Cultural Psychology, 32(4): 407-433.

Chiu C M, Hsu M H, Wang E T G, 2007. Understanding knowledge sharing in virtual communities: An integration of social capital and social cognitive theories. [J]. Decision Support Systems, 42(3): 1872-1888.

Chiu C M,Hsu M H,Wang E T G, 2006. Understanding knowledge sharing in virtual communities: an integration of social capital and social cognitive theories[J].Decision Support Systems, 42(3):1872-1888

Chou M L, 1996. Protective and acquisitive face orientations: a person by situation approach face dynamics in social interaction[D]. Hong Kong: University of Hong Kong.

Chu R L, 2006. Pressure of face and its reversal behavior[J]. Chinese Social Psychological Review, 1: 161-185.

Chu R L, 2006. Social interactions among the Chinese: on the issue of face[J]. Chinese Social Psychological Review, 2: 79-106.

Cool C , Belkin N J , Frieder O , et al. , 1993. Characteristics of text affecting relevance judgments[J]. Automotive News, 17(4): 77-84.

Daghfous A , 2004. An empirical investigation of the roles of prior knowledge and learning activities in technology transfer[J]. Technovation, 24(12): 939-953.

Devellis R F, 2010. 案例研究的方法应用[M]. 魏永刚, 席仲恩, 龙长权, 译. 重庆: 重庆大学出版社.

DeVellis R F, 2010. 量表编制: 理论与应用[M]魏勇刚, 席仲恩, 龙长权, 译. 重庆: 重庆大学出版社.

Dourish P, Bly S. 1992. Portholes: Supporting Awareness in a Distributed Work Group [C] //Proceedings of the SIGCHI Conference on Human Factors in Computing Systems, Monterey California USA:541-547.

Dumais S, Grudin J, Poltrock S, et al., 2000. Collaborative information retrieval[C]//CHI'00: Conference on Human Factors in Computing Systems,The Hague The Netherlands :298.

Duncan R B, 1972. Characteristics of organizational environments and perceived environmental uncertainty[J]. Administrative Science Quarterly, 17(3): 313-327.

Endsley, Mica R, 1995. Toward A Theory of Situation Awareness in Dynamic Systems[J]. Human Factors, 37(1): 32-64.

Evans B M, Chi E H, 2010. An elaborated model of social search[J]. Information Processing & Management, 46(6): 656-678.

Fidel R , Pejtersen A M , Cleal B , et al. , 2010. A multidimensional approach to the study of human-information interaction: A case study of collaborative information retrieval (p 939-953)[J]. Journal of the Association for Information Science & Technology, 55(11): 939-953.

Foley C, Smeaton A F, 2007. Evaluation of Coordination Techniques in Synchronous Collaborative Information Retrieval[N]. http: //workshops. fxpal. com/jcdl2008/submissions/tmpE2. pdf

Foley C, Smeaton A F, Lee H, 2006. Synchronous collaborative information retrieval with relevance feedback[A]. Collaborate Com 2006-2nd International Conference on Collaborative Computing: Networking, Applications and Worksharing[C]. Atlanta, 9: 17-20.

Fornell C, Larcker D, 1981. Structural equation models with unobservable variables and measurement errors[J]. Joumal of Marketing Research, 18(1): 39-50.

Foster J, 2010. Collaborative information seeking and retrieval[J]. Annual Review of Information Science & Technology, 40(1): 329-356.

Galotti K M, 2005. 认知心理学[M]. 吴国宏等, 译. 西安: 陕西师范大学出版社.

Ginsburg M, 2008. Annotate! A Tool for Collaborative Information Retrieval[N]. http: //ieeexplore. ieee. org/stamp/stamp. jsp?arnumber=00725675

Goker A S , He D , 2005. Personalization via collaboration in web retrieval systems: a context based approach[J]. Proceedings of the American Society for Information Science & Technology, 40(1): 357-365.

Gonzólez I R, 2013. Group' s Affective Relevance, Affective Feedback, and Emotional Awareness(Part 1)[OL]. [2013-12-25]. http: //collab. infoseeking. org/node/19.

González I R, Shah C, 2010a. A proposal for measuring and implementing group' s affective relevance in collaborative information seeking[C]. Workshop on human-computer interaction and information retrieval (HCIR).

González I R, Shah C, 2010b. Group' s affective relevance: a proposal for studying affective relevance in collaborative information seeking[C]. Acm International Conference on Supporting Group Work. New York: ACM.

Govern J M, Marsch L A, 2001. Development and Validation of the Situational Self-Awareness Scale[J]. Consciousness & Cognition, 10(3): 366-378.

Granovetter M, 2000. The strength of weak ties[J]. American Journal of Sociology, 78(3): 1360-1380.

Grudin J, 1994. Computer-supported cooperative work: Its history and participation[J].IEEE Computer, 27(5): 19-26.

Guielford J P, 1965. Fundamental Statics in Psychology and Education[M], New York: Mc Graw-Hill.

Hansen P, Järvelin K, 2004. Collaborative information searching in an information-intensive work domain: preliminary results[J]. Journal of Digital Information Management, 2(1): 26-30.

Hansen P, Järvelin K, 2005. Collaborative Information Retrieval in an information-intensive domain[J]. Information Processing and Management, 41(5): 1101-1119.

Hart S G, Staveland L E, 1988. Development of NASA-TLX (Task Load Index): Results of empirical and theoretical research. [J]. Advances in Psychology, 52(6): 139-183.

Hertzum M, 2008. Collaborative information seeking: The combined activity of information seeking and collaborative grounding[M]. New York: Pergamon Press, Inc.

Hsieh Y I, 1993. Effects of search experience and subject knowledge on the search tactics of novice and experienced searchers[J]. Journal of the American Society for Information Science, 44(3): 161-174.

Hu L T, Bentler P M, Kano Y, 1992. Can test statistics in covariance structure analysis be trusted [J]. Psychologically Bulletin, 112(2): 351-362.

Hust A, Klink S, et al., 2009. Towards Collaborative Information Retrieval: Three Approaches[N]. http: //dbis. uni-trier. de/Mitarbeiter/klink_files/www/Postscript/TowardsCIR. Pdf.

Hyldegard J, 2006. Collaborative information behaviour: exploring Kuhlthau' s information search process model in a group-based educational setting[M]. London: Pergamon Press, Inc.

Ingwerson P, Järvelin K, 2005. The turn: integration of information seeking and retrieval in context [M]. Dordrecht: Springer.

Ingwerson P, Järvelin K, 2007. 转折一在情境中集成信息查寻与检索[M]. 张新民, 译. 北京: 科学技术文献出版社.

Jarvenpaa S L, Knoll K, Leidner D E, 1998. Is anybody out there? antecedents of trust in global virtual teams[J]. Journal of Management Information Systems, 14(4): 29-64.

Jeon S H, Kim Y G, Koh J, 2011. Individual, social, and organizational contexts for active knowledge sharing in communities of practice[J]. Expert Systems with Applications, 38(10): 12423-12431.

Jeon S H,Kim Y G,Koh J, 2011. Individual, social, and organizational contexts for active knowledge sharing in communities of practice[J].Expert Systems with Applications, 38 (10):12423-12431

Jeon Y J, Rieh S Y, Do You Trust Answers? Credibility Judgments in Social Search Using Social Q&A Sites[EB/OL]. [2013-8-23]. http: //research. microsoft. com/en-us/events/cscw2013smqaworkshop/credibility_social_qanda. pdf.

Jung J J, 2007. Ontological framework based on contextual mediation for collaborative information retrieval[M]. Amsterdam: Kluwer Academic Publishers.

Kabicher F S, Rinderle M S, 2012. Work experience in PAIS-concepts, measurements and potentials[J]. International Conference on Advanced Information Systems Engineering (CaISE 2012), 678-694.

Kabicher-Fuchs S, Rinderle-Ma S, 2012. Work experience in PAIS: concepts, measurements and potentials[C]// International Conference on Advanced Information Systems Engineering. Berlin: Springer-Verlag.

Kankanhalli A, Tan B C Y, Wei K K, 2005. Contributing knowledge to electronic knowledge repositories: an empirical investigation[J]. Mis Quarterly, 29(1): 113-143.

Karamuftuoglu M, 1998. Collaborative information retrieval toward a social informatics view of IR interaction[J]. Journal of the American Society for Information Science, 49(12): 1070-1080.

Karunakaran A, Reddy M C, Spence P R, 2013. Toward a model of collaborative information behavior in organizations[J]. Journal of the American Society for Information Science and Technology, 64(12): 2437-2451.

Kelloway E K, 1998. Using LISREL for structural equation modeling-A researcher’ s guide[M]. Thousand Oaks, CA: Sage Publication.

Kerr S, 1978. Substitutes for leadership: their meaning and measurement[J]. Organizational Behavior and Human Performance, 22(3): 375-403.

Kim J , Burton R M, 2002. The effect of task uncertainty and decentralization on project team performance[J]. Computational & Mathematical Organization Theory, 8(4): 365-384.

Kim S, Oh J S, Oh S, 2010. Best-answer selection criteria in social Q&A site from the user oriented relevance perspective[J]. Proceeding of the 70th Annual Meeting of the American Society for Information Science and Technology, 44(1): 1-15.

Koh J, Kim Y G, 2004. Knowledge sharing in virtual communities: an e-business perspective[J]. Expert Systems with Applications, 26(2): 155-166.

Kotlarsky J, Oshri L, 2005. Social ties, knowledge sharing and successful collaboration in globally distributed system development projects[J]. European Journal of Information Systems, 14 (1): 37-48 .

Kromer P, Snasel V, Platos J, 2008. Investigating Query Similarity Measures for Collaborative Web Search[C]. Seventh International Conference on Computer Information Systems and Industrial Management Applications, Ostrava, Czech Republic, 27-32.

Kuhlthau C C, 1991. Inside the Search Process: Information Seeking from the Users' Perspective[J]. Journal of the Association for Information Science&Technology, 42(5): 361-371.

Kurbanoglu S S, Akkoyunlu B, Umay A, 2013. Developing the information literacy self - efficacy scale[J]. Journal of Documentation, 62(6): 730-743.

Kurbanoglu S S,Akkoyunlu B,Umay A, 2004,Developing the information literacy self-efficacy scale[J].Journal of Documentation, 62(6):730-743.

Lancaster F W, 1979. Information Retrieval Systems: Characteristics, Testing and Evaluation[M]. Journal of Business Communication, 37(1): 60-61.

Lander M C, Purvis R L, Mccray G E, et al. , 2004. Trust-building mechanisms utilized in outsourced IS development projects: a case study[J]. Information & Management, 41(4): 509-528.

Leckie G J , Pettigrew K E , Sylvain C, 1996. Modeling the information seeking of professionals: A general model derived from research on engineers, health care professionals, and lawyers[J]. The Library Quarterly, 66(2): 161-193.

Lederer A L, Sethi V, 1991. Critical dimensions of strategic information systems planning[J]. Decision Sciences, 22(1): 104-119.

Levy D M, Marshal C C, 1994. What color was george Washington’ s white horse[C]. Proceedings of Digital Libraries Workshop—DL94. New York: Springer-Verlag, Heidelberg, pp. 19-21.

Liberman C J, 2011. Why organizational identification ‘matters’ as a communication variable: A state of the art view of past, present, future trends[J]. Proceedings of the New York State Communication Association, 132-151.

Limayem M, Hirt S G, 2003. Force of habit and information systems usage: theory and initial validation[J]. Journal of the Association for Information Systems , 4 (3):65-97.

Limayem M, Hirt S G, 2003. Force of Habit and Information Systems Usage: Theory and Initial Validation[J]. Journal of the Association for Information Systems , 4 (3) : 65-97

Limayem M, Hirt S G, Cheung C M K, 2007. How habit limits the predictive power of intention: the case of information systems continuance[J]. MIS Quarterly, 31 (4) : 705-737.

Limayem M, Hirt S G, Cheung C M K, 2013. Habit in the context of is continuance: theory extension and scale development[N]. http: //is2. lse. ac. uk/asp/aspecis/20030087. pdf.

Limayem M,Hirt S G,Cheung C M K.Habit in the context of IS continuance: theory extension and scale development[J].[2013-4-12]. http://is2.lse.ac.uk/asp/aspecis/20030087.pdf

Lin M J J , Hung S W , Chen C J , 2009. Fostering the determinants of knowledge sharing in professional virtual communities[J]. Computers in Human Behavior, 25 (4) : 929-939.

Lin M J,Hung S W,Chen C J, 2009. Fostering the determinants of knowledge sharing in professional virtual communities[J].Computers in Human Behavior, 25 (4):929-939.

Lin W B, 2008. The exploration factors of affecting knowledge sharing – the case of Taiwan’ s high-tech industry[J]. Expert Systems with Applications, 35 (3) : 661-676.

Lindbladh E , Lyttkens C H, 2002. Habit versus choice: the process of decision-making in health-related behaviour[J]. Social Science & Medicine, 55 (3) : 451-465.

Lindbladh E, Lyttkens C H, 2002. Habit versus choice: the process of decision-making in health-related behaviour[J]. Social Science & Medicine, 55 (3):451-465.

Liu D, Wu I, 2008. Collaborative relevance assessment fo task-based knowledge support [J]. Decision Support Systems, 44 (2) : 524-543.

Lu Y , Xiang C , Wang B , et al. , 2011. What affects information systems development team performance? An exploratory study from the perspective of combined socio-technical theory and coordination theory[J]. Computers in Human Behavior, 27 (2) : 811-822.

Lu Y, Xiang C,Wang B,et al., 2011. What affects Information Systems Development Team Performance? An Exploratory Study from the Perspective of Combined Socio-Technical Theory and Coordination Theory[J].Computers in Human Behavior, 27 (2):811-822

Lyons E,Coyle A.心理学质性资料的分析[M].毕重增主译, 2010.重庆:重庆大学出版社,48-49.

Madlock P E, 2008. The Link Between Leadership style, communicator competence and employee satisfaction[J]. Journal of Business Communication, 45 (1) : 61-78.

Maltz D, Ehrlich K, 1995. Pointing the way: Active Collaborative Filtering[C]// Sigchi Conference on Human Factors in Computing Systems. New York: ACM Press/Addison-Wesley Publishing Co.

Mancuso, J. Special report 一 The motivational Profile of the entrepreneur. CEO Clubs, 1979

MBA 智库百科. 成就动机理论. [2013-12-08]. http: //wiki. mbalib. com/wiki/ .

MBA 智库百科. 激励机制. [2013-12-08]. http: //wiki. mbalib. com/wiki/.

McQueen R J , Mills A M, 1998. End User Computing Sophistication in a Large Health Services Organization.// Khosrowpour, M. (Ed).Effective Utilization and Management of Emerging Information Technologies - 1998 Information Resources Management

Association Conference, 263-276.

McQueen R J, Mills A M, 1998. End user computing sophistication in a large health services organization[C]//Effective utilization and management of emerging information technologies: 1998 Information Resources Management Association Conference. Idea Group Publishing, Hershey, PA. 263-276.

Mizzaro S, 1997. Relevance: The whole history[J]. Journal of the American Society for Information Science, 48(9): 810－832.

Mizzaro S, 1998. How many relevances in information retrieval?[J]. Interacting with Computers, 10(3): 303-320.

Montgomery D C, Blodgett J G, Barnes J H, 1996. A model of financial securities salespersons' job stress[J]. The Journal of Services Marketing, 10(3): 21-38.

Montgomery D C,Blodgett J G,Barnes J H, 1996. A Model of financial securities salespersons' job stress[J].The Journal of Services Marketing, 10(3):21-38.

Mowday R T, Steers R M, Porter L W, 1979. The measurement of organizational commitment[J]. Journal of Vocational Behavior, 14(2): 224-247.

Mowday R T,Steers R M,Porter L W, 1979. The Measurement of organization commitment[J].Journal of Vocational Behavior, 14 (2):224-247.

Naderi H , Béatrice Rumpler, Pinon J M , 2007 . An Efficient Collaborative Information Retrieval System by Incorporating the User Profile[M]// Adaptive Multimedia Retrieval: User, Context, and Feedback. Berlin: Springer Berlin Heidelberg.

Naderi H, Rumpler B, Pinon J M, 2007. An Efficient Collaborative Information Retrieval System by Incorporating the User Profile[M]. //. Marchand M S et al. (Eds.): AMR 2006, LNCS 4398, 247-257.

Ouellette J A, Wood W, 1998. Habit and intention in everydaylife: the multiple processes by which past behavior predicts future behavior[J]. Psychological Bulletin. 124(1): 54-74.

Park T K, 1992. The Nature of revelance in information retrieval : an empirical study[D]. New York: Indiana University.

Park T K, 1993. The Nature of relevance in information retrieval: an empirical study[J]. The Library Quarterly, 63(3): 318-351.

Park T K, 1993. The nature of relevance in information retrieval: An empirical study[J]. Library Quarterly, 63 (3): 318-351.

Parker D F , Decotiis T A, 1983. Organizational determinants of job stress[J]. Organizational Behavior & Human Performance, 32(2):160-177.

Parker D F, Decotiis T A, 1983. Organization determinants of job stress[C]. Organization Behavior and Human Performance, 32(2): 160-177.

Paul S A, 2010. Understanding together: sensemaking in collaborative information seeking[D]. Pennsylvania State University, University Park, PA, USA.

Poltrock S E , Grudin J , Dumais S T , et al. , 2003. Information seeking and sharing in design teams[C]// International Acm Siggroup Conference on Supporting Group Work. New York: ACM.

Poltrock S, Dumais S, Fidel R, et al. , 2003. Information seeking and sharing in design teams[C]. ACM conference on supporting group work (GROUP' 03), Sanibal, Island, FL.

Prekop P, 2002. A qualitative study of collaborative information seeking[J]. Journal of Documentation, 58(5): 533-547.

Procter R , Goldenberg A , Davenport E , et al. , 1998. Genres in support of collaborative information retrieval in the virtual library[J]. Interacting with Computers, 10(2): 157-175.

Reddy M C , Dourish P, 2002. A finger on the pulse: temporal rhythms and information seeking in medical work. [C]// Acm Conference on Computer Supported Cooperative Work. New York: ACM.

Reddy M C , Jansen B , 2008. A model for understanding collaborative information behavior in context[J]. Information Processing & Management, 44 (1) : 256-273.

Reddy M C , Jansen B, 2008. A model for understanding collaborative information behavior in context[J]. Information Processing & Management, 44 (1) : 256-273.

Reddy M C, Spence P R, 2008. Collaborative information seeking: A field study of a multidisciplinary patient care team[J]. Information Processing & Management, 44 (1) : 242-255.

Resnick P, Iacovou N, Sushak M, et al., 1994. Grouplens: An Open Architecture for Collaborative Filtering of Netnews[N]. http: //www. si. umich. edu/~presnick/papers/cscw94/GroupLens. htm.

Ridings C M, Gefen D, Arinze B, 2002. Some antecedents and effects of trust in virtual communities[J]. Journal of Strategic Information Systems, 11 (3) : 271-295.

Roberto G I, 2010. A Proposal for studying users' behaviors in collaborative information seeking through a convergence map[C]. In Proceedings of Collaborative Information Behavior Workshop at GROUP 2010. Florida: 10.

Rogers W M, Schmitt N, 2004. Parameter Recovery and Model Fit Using Multidimensional Composites: A Comparison of Four Empirical Parceling Algorithms. [J]. Multivariate Behavioral Research, 39 (3) : 379-412.

Saracevic T, 1996. Relevance reconsidered. In: Proceedings of the second conference on conceptions of library and information science (CoLIS 2) [C]. Copenhagen (Denmark) , 201-218.

Saracevic T, 2014. Relevance: a review of the literature and a framework for thinking on the notion in information science. Part III: Behavior and effects of relevance[J]. Journal of the Association for Information Science & Technology, 2014, 58 (13) : 2126-2144.

Saracevic T. 1975. Relevance: A review of and a framework for the thinking on the notion in information science[J]. Journal of the Association for Information Science & Technology, 26 (6) : 321-343.

Savolainen R, Kari J, 2006. User-defined relevance criteria in web searching[J]. Journal of Documentation, 62 (6) : 685-707.

Schamber L, 1994. Relevance and information behavior[J]. Annual Review of Information Science and Technology, 29 (1) : 3-48.

Schamber L, Bateman J, 1996. User criteria in relevance evaluation: toward development of a measurement scale[J]. Proceedings of the 59th Annual Meeting of the American Society for Information Science, 33 (1) : 218-225.

Schamber L, Eisenberg M B, Nilan M S, 1990. A re-examination of relevance: toward a dynamic, situational definition[J]. Information Processing and Management, 26 (6) : 755-776.

Schwarzer, Ralf. 1994. Optimism, Vulnerability, and self-beliefs as health-related cognitions: A systematic overview[J]. Psychology & Health, 9 (3) : 161-180.

Shah C, 2008. Toward Collaborative Information Seeking (CIS) . Joint Conference on Digital Libraries[C]. Pennsylvania: Pittsburgh.

Shah C, 2012. Collaborative information seeking in context[J]. Collaborative Information Seeking : The Information Retrieval Series, 34 (1) : 25-38.

Sheperd J, 1983. The information needs and information seeking behavior of polytechnic history Lectures[R].

Sicilia M A, Garcia E, 2004. Fuzzy group models for adaptation in cooperative information retrieval contexts[M]//P. Van Emde Boas et al. (Eds.) : SOFSEM 2004, LNCS 2932, Springer-Verlag Berlin Heidelberg, 324-334.

Sidler G, Scott A, Wolf H, 1997. Collaborative Browsing in the World Wide Web[C]. Proceeding of the 8th Joint European Network Conference.

Sonnenwald D H , Maglaughlin K L , Whitton M C, 2004. Designing to support situation awareness across distances: an example from a scientific collaboratory[J]. Information Processing & Management, 40(6): 989-1011.

Sonnenwald D H , Pierce L G , 2000. Information behavior in dynamic group work contexts: interwoven situational awareness, dense social networks and contested collaboration in command and control[J]. Information Processing & Management, 36(3): 461-479.

Stein A , Maier E, 1995. Structuring collaborative information-seeking dialogues[J]. Knowledge-Based Systems, 8(2-3): 82-93.

Stojanovic N , Stojanovic L, 2004. On Modelling Cooperative Retrieval Using an Ontology-Based Query Refinement Process[M]// Conceptual Modeling – ER 2004. Berlin: Springer Berlin Heidelberg.

Strauss A, Corbin J, 2001. 质性研究入门: 扎根理论研究方法[M]. 吴芝仪, 廖梅花, 译. 台北: 涛石文化事业有限公司.

Su L T, 1994. The relevance of recall and precision in user evaluation[J]Journal of the American Society for Information Science, 45(3): 207-217.

Talja S, 2002. Information sharing in academic communities: Types and levels of collaboration in information seeking and use[J]. New Review of Information Behaviour Research, 3(1): 143-159.

Tang R, Solomon P, 2001. Use of relevance criteria across stages of document evaluation: On the complementarity of experimental and naturalistic studies[J]. Journal of the American Society for Information Science and Technology, 52(8): 676 – 685.

Taylor A , Zhang X , Amadio W J, 2009. Examination of relevance criteria choices and the information search process[J]. Journal of Documentation, 65(5): 719-744.

Taylor R S, 1968. Question-Negotiation and Information Seeking in Libraries[J]. College and Research Libraries, 29(3): 178-194.

Tedjamulia, Steven J J, David R O, et al., 2005. Motivating content contributions to online communities: towards a more comprehensive theory. In: Proceedings of the 38th Hawaii International Conference on System Sciences[C] . Hawaii.

Tiamiyu M A, 1992. The relationships between source use and work complexity, decision-maker discretion and activity duration in Nigerian government ministries[J]. International Journal of Information Management, 12(2): 130-141.

Triandis H C, 1980. Values, attitudes, and interpersonal behavior[J]. Nebraska Symposium on Motivation, 27(2): 195-259.

Twidale M B, Nichols D M, Paice C D, 1997. Browsing is a collaborative process[J]. Information Processing and Management, 33(6): 761-783.

Vakkari P, 2003. Task - based information searching[J]. Annual Review of Information Science & Technology, 37(1): 413 – 464.

Vakkari P, Hakala N, 2000. Changes in relevance criteria and problem stages in task performance[J]. Journal of Documentation, 56(5): 540-562.

Verplanken B, Aarts H, Knippenberg A V, 1997. Habit, information acquisition, and the process of making travel mode choices[J]. European Journal of Social Psychology, 27(5): 539 – 560.

Victor O, Amos D, 2008. Collaborative information retrieval among economic intelligence actors[C]. Proceedings of the fourth Interational Conference on Collaboration Technologies (CollabTech 2008). Wakayama, 21-26.

Wasko M L, Faraj S. 2000. "It is what one does": why people participate and help others in electronic communities of practice[J]. Journal of Strategic Information Systems, 9(2): 155-173.

Westbrook L, 2001. Faculty relevance criteria: internalized user needs. [J]. Library Trends, 50(2): 197-206.

White H D , McCain K W, 1998. Visualizing a discipline: an author co-citation analysis of information science, 1972 – 1995[M]. New York: John Wiley & Sons, Inc.

Wilson E O, 1976. Sociology: the new synthesis [M]. Cambridge: Harvard University Press.

Wilson T D, 1981. On User Studies and Information Needs[J]. Journal of Documentation, 37(1): 3-15.

Wilson T D, 1997. Information behaviour: an interdisciplinary perspective[M]. London: Pergamon Press, Inc.

Wilson T D, 1999. Models in information behavior research[J]. Journal of Documentation, 5 (3) : 249-270.

Wilson T D, 2000. Human information behavior[J]. Information Science, 3 (2) : 49-56.

Wood W, Quinn J M, Kashy D A, 2002. Habits in everyday life: thought, emotion, and action[J]. Journal of Personality and Social Psychology. 83 (6) : 1281-1297.

Wu I, Liu D, 2003. A Collaborative Relevance Feedback Approach to Task-driven Recommendation [C]. 7th Pacific Asia Conference on Information System. South Australia Adelaude, 2003: 52-67.

Xie I, 2009. Dimensions of tasks: influences on information - seeking and retrieving process[J]. Journal of Documentation, 65 (3) : 339-366.

Yang S C, Farn C K, 2009. Social capital, behavioural control, and tacit knowledge sharing-A multi-informant design[J]. International Journal of Information Management, 29 (3) : 210-218.

Yang S C,Farn C K, 2009. Social capital, behavioural control, and tacit knowledge sharing-amulti-informant design[J].International Journal of Information Management, 29 (3):210-218

Zhang X M, 2002. Collaborative relevance judgment: A group consensus method for evaluating user search performance[J]. Journal of the American Society for Information Science and technology, 53(3): 220-231

Zhang X, 2014. Collaborative relevance judgment: A group consensus method for evaluating user search performance[J]. Journal of the American Society for Information Science and Technology, 53 (3) : 220-231.

Zuo B, 2002. The Chinese relation orientation: concept and its Measurement[J]. Journal of Central China Normal University (Humanities and Social Sciences), 41 (1) : 74-80.